方泽

Further

杨红林

著

画龙

西方传世影像里的
中国形象 (1500—1949)

北京时代华文书局

图书在版编目（CIP）数据

画龙：西方传世影像里的中国形象：1500-1949 / 杨红林著 . -- 北京：北京时代华文书局，2025. 6. -- ISBN 978-7-5699-6109-6

Ⅰ . D691

中国国家版本馆 CIP 数据核字第 2025B8W477 号

HUALONG：XIFANG CHUANSHI YINGXIANG LI DE ZHONGGUO XINGXIANG 1500—1949

出 版 人：陈　涛
策划编辑：畅岩海
责任编辑：畅岩海
装帧设计：郭　阳　孙丽莉
责任印制：刘　银

出版发行：北京时代华文书局 http://www.bjsdsj.com.cn
　　　　　北京市东城区安定门外大街 138 号皇城国际大厦 A 座 8 层
　　　　　邮编：100011　电话：010-64263661　64261528

印　　刷：北京盛通印刷股份有限公司
开　　本：710 mm×1000 mm 1/16　　　　　成品尺寸：155 mm×230 mm
印　　张：40.75　　　　　　　　　　　　　字　　数：350 千字
版　　次：2025 年 6 月第 1 版　　　　　　　印　　次：2025 年 6 月第 1 次印刷
定　　价：158.00 元

《巴达维亚城堡》。油画，荷兰画家安德烈斯·贝克曼（Andries Beeckman，1628—1664）创作于 1661 年左右，荷兰国家博物馆收藏。

《中国集市》。挂毯，原画由法国画家佛朗索瓦·布歇（François Boucher，1703-1770）创作，18世纪上半期。

《中国风格的花园》。英国版画，18世纪，维多利亚与艾尔伯特博物馆收藏。

10 f.t

《广州海珠岛旁帆船及花艇》。布面油彩画，佚名，19世纪。

与西洋人做生意的中国人。18世纪外销画。

如何化解人类的隔膜

杨红林《画龙：西方传世影像里的中国形象（1500—1949）》序

　　杨红林先生早些天发来大著《画龙：西方传世影像里的中国形象（1500—1949）》一书待刊稿，希望我能够写几句以为序。红林兄是我们近代史研究所研究生，也是近代史研究领域很有成就的青年才俊，于情于理我都没有推辞的理由。只是忙于琐事，耽搁了许久，实在有点对不住。

　　红林这部书从很宏大的视野讨论中国在西方的形象变迁，是一部图文并茂又极具思辨色彩的作品，娓娓道来讲述了中西过往几百年交往的历史，尤其注重"西方传世影像"中的"中国形象"演变史。作者有得天独厚的职业优势，作者的积累，以及先前的著述也为这部大著打下了坚实的根基，因而这部用了五年时间的巨作构思严谨，论述周密，我真诚认为值得读者期待。

　　作者的讨论我大致都能够认同。我也一直觉得人类的终极未来一定是走向大同，世界一体。只是在过往几千年里，在未来可预见的日子里，人类各个文明体之间隔阂、误会、冲突似乎也无法完全避免。如何化解人类的隔膜，最大限度减少因隔膜而误会而相互伤害，可能是全世界智者必须面对的问题。上一次冷战结束后，亨廷顿等西方思想家看到了这些问题，但基本思路以为文明必然冲突，可能这个结论并不能成立。人类文明不是为冲突而存在，而是为了消解冲突，走向和谐，才需要文明之"软实力"。

　　人类的最初起源究竟如何，现在还是一个未解之谜。但文明确实从一开始就呈现出五颜六色，并不统一。我在研究中国文明问题时将之归结为自然

环境，最初的自然环境决定了文明的差异，然后随着人类交往的发生，小共同体不断合并，不断形成更大的共同体，于是有了部落、王朝、国家，有了更大范围的文明。仅就中国文明而言，我们看到秦之前并不存在一个一以贯之的传统，更不存在后世中国各地普遍信仰遵守的文明，齐鲁、吴越、楚蜀等，各地文明千差万别，但都在持续的漫长冲突交流中消弭自己的印记，接纳他者的文明，渐渐地融汇为我们今天所谓的中华文明。

秦之后依然如此。秦汉时期的匈奴，稍后的鲜卑、契丹、女真、满族，他们的文明形态与中原的文明在接触之初也是充满紧张、冲突，战争连绵不断，但最后不是也渐渐地"五族共和"，像梁启超、傅斯年、顾颉刚等人所描述所期待的那样，中华民族是一个了吗？

中国是世界的一个部分，中国走过的路极大可能预示着世界未来的路。其实在西方过往的历史中，也有中华文明逐渐一体类似的情形。西方人从希腊、罗马一路走来，不也是不断冲突，不断融合，渐渐地构成了我们所谓的西方了吗？直至现在，西方依然只是一个广泛的概念，如果细究，西方内部又何尝不是可以分解为英美法德俄诸多文明形态。这些相近相似的文明形态经过千百年的冲突融合开始相互容忍了，理解了，可以共生共存甚至合为一体了，这本身就是文明的力量。因此，我不相信文明必然冲突，我相信因为冲突，所以更需要文明，需要融合。

在过往几千年，大自然的约束，东西方文明各自过着自己的日子，双方并没有很多的接触，因此东西方文明谈不上融合，因为他们并没有真正接触，真正冲突。东西方文明的接触起始于大航海时代。大航海拉近了世界的距离，这短短的几百年让人类迅速进入一个地球村，东西南北中大家不得不交往甚至密切交往。红林这部书研究描述的就是这个时间段中西之间的交往，研究在 1500 年至 1950 年这四百多年间西方人对中国的认识。

大航海之前，中西之间也有交往，如秦汉，如宋元，但真正引起双方共鸣和改变的还是明代中晚期开始交往，大致以利玛窦来华开始。

利玛窦的到来，给中国知识人带来了不一样的西方文化，徐光启、李之藻以及顾炎武、黄宗羲、王夫之，还有李贽、钱谦益等，都从西方知识中获取某些启示或启迪，他们从西方知识体系中看到了中国传统文化的某些不足或缺憾，因而发誓向西方人学习，准备用二十年时间将利玛窦那一批传教士带来的那六千部典籍译成中文。徐光启、利玛窦合作翻译的《几何原本》就是这六千部中的一种。毫不夸张地说，《几何原本》改变了中国人的知识体系，重建或者说极大丰富了中国数学知识。假如不是后来政治上的变故让这个宏大的翻译计划中途夭折，六千部五花八门的西方典籍全部翻译成中文，一定会极大改变中国知识生产方式，让中国更早融入世界。

西方人对中国也不只是单向输出，实事求是说，利玛窦那一代来自泰西的传教士也从中国学到了不少，他们将中国经典翻成西文出版，建构了西方最早的中国学。至于他们将在中国所见所闻所传闻的东西写成文字寄回母国，或者寄到罗马教廷，也极大丰富了《马可·波罗行纪》带给西方人的东方知识。敞开心扉的交流对双方都有好处，在那个不太长的时代，西方知识源源不断传入中国，中国知识流向西方。直至清初几十年，传教士带来的知识，包括天文地理、医药卫生、水利工程等，都在中国知识分子、政治圈引起极好的反响。即便汉人士大夫不愿接续康熙皇帝去认真学习西方，但他们的所谓汉学以考据、求实为宗，在很大程度上正如梁启超、胡适所说的那样，蕴含着西方近代科学的精神或因素。

康熙皇帝是西学的狂热信徒，他如饥似渴学习西方一切有意义的知识，然而正如胡适所强调的那样，由于满汉之间此时尚有很重的心结，康熙帝的个人喜好并不能转变为举国认知。特别是此时的罗马教廷有意识改变利玛窦以来"适应性"传教政策，这让康熙皇帝显然不快，甚至愤怒。关键人物的喜怒哀乐肯定会影响知识界，特别是那些善于察言观色的赌徒，于是在杨光先等人煽动下，西方知识进入中国的趋势开始逆转，西学中源说甚嚣尘上，中国由此陷入上百年的自我封闭状态。尽管如此，利玛窦等人的精神依然影响着西方人看中国，依然从中国发现了很多有意义的东西，在启蒙时代的中国形象并不总是负面。正如许多研究者所意识到的那样，莱布尼茨的思辨哲学，伏尔泰的自然神教观，魁奈及杜尔哥的重农学说，无不与中国古典文明有着或多或少的血缘关系。

中国文明促进了欧洲的觉醒，但中国在十八世纪却陷入了自我封闭状态。与此同时，英国开始了工业革命，法国发生了大革命，美国脱离英国，独立建国，这让人眼花缭乱的变化深刻改变了世界，然而却在中国这边几乎毫无声响。

十八世纪中国与西方的联系并没有完全中断，中外贸易延续明朝的趋势，一如既往继续进行，广州口岸持续繁荣，来华商人络绎不绝，但是中国对外部世界的变化似乎无感，对十八世纪影响人类历史进程的三大事件竟全然不知。中国闷声发大财，贸易顺差持续扩大，所谓"康乾盛世"并不是虚幻，确实是持续几百年贸易顺差堆积起来的真金白银。富裕的清廷有理由无视世界，更不要说遥远的西方了。

但是西方工业化、城市化之后也出现了仅凭自身无法走出的困境。工业化、城市化造就了大批失业人口，这就是所谓的"有闲阶级"；同时工业化的急剧发展，也让大量有闲阶级变成"灵活就业者"，获取一些收入。这些收入不能转化为投资资本，于是只能拿来消费，于是出现了一些月光族，他们加大了西方社会对中国物美价廉之茶叶、丝绸、瓷器等消费需求，中外之间贸易的不平衡更加严重。于是，英国政府在工业化发生仅二十年，就派遣使团出访中国，希望构建近代国家关系，希望中国开放市场。1788年卡思卡特使团因故没有抵达中国；第二个使团即马戛尔尼使团于1793年进入中国，也谒见了乾隆皇帝，但因种种原因，中英并没有就后续合作达成任何共识。中国对英国人的用意有各种揣测，最终放弃了这次机会。而英国人则利用了这次机会比较深入观察、研究了中国社会、中国人，从他们留下的大量文字、图片看，英国人的观察深入而广泛。

马戛尔尼使团访华是划时代的大事件，中国形象在这次事件前后发生了天翻地覆的变化。之前的中国，被传教士、商人塑造成为远东一个文明悠久的富庶国家，而他们的现场观察，尽管是蜻蜓点水、走马观花，却彻底颠覆了西方人对中国的认识。在他们的笔下，中国贫富差距极大，朱门酒肉臭，路有冻死骨。他们沿途所见底层民众生活艰辛寒酸，不忍直视。

中国的军事技术极为落后，官僚体系僵硬腐败，经济贸易体制极为封闭，社会停滞，知识陈旧，不知道外部世界。至于外交礼仪，他们更觉得中国的僵化不可思议。总而言之，如果说中国形象在十八世纪晚期大规模塌方，马戛尔尼使团的观察、记录，尤其是在西方世界的传播，是最为关键的一次。

此后，中西交往陷入空前困境。1816年，英国再派阿美士德使团，嘉庆帝竟然因一些细枝末节而拒绝。又过了二十多年，中英之间贸易失衡更加严重，鸦片问题更让中国政府头疼。中国与西方因贸易扩大而加深理解，《海国图志》《瀛寰志略》带给中国一个全新的西方形象，这为稍后中国向西方学习准备了条件。

就大历史而言，甲午战争无疑是中国现代化的一个挫折，但战后中国迅即开始维新，开始变法；进而新政，进而宪政，直至共和。这一系列急剧变化给中国带来了很大的不一样，在短短几十年，君主专制一变君主立宪，再变民主共和。中国成为亚洲第一个共和国，此时中国的国际形象应该说达到了一个新的高点，中国与世界的关联已经没有什么障碍。

回望过去几百年中国在西方、在世界的形象，有高有低，大致而言，中国向上、开放，西方对中国也会释放善意，相互关系就比较融洽。相反，中国自身如果陷入动荡、封闭、贫穷，世界也会转变立场。总而言之，中国的形象主要的不是外国人怎样看，而是中国人怎样干。中国进入改革开放新时代，中国的国际威望、国际地位，很自然也就达到一个新的高点。

至于扭曲、偏见与刻意抹黑，甚至妖魔化，在过往几百年也不是没有，比如近代的"黄祸论"，一度猖獗的"排华"主张，都是对中国形象的扭曲。遇到这样的情形，抱怨、愤怒无济于事，正确的做法还是做好自己，身正不怕影子斜，历史终究会给予公平的解释。

杨红林先生的这部巨著具体描述了几百年来的中国国际形象的演变与问题，许多讨论深得我心。我的这些不成熟的想法，在很大程度上也是读了这部书的一点感想。不对之处，红林兄及各位读者不吝赐教。是为序。

马勇，2025年3月30日。

一

　　明万历十一年（1583 年），一位名叫利玛窦的意大利传教士抵达广东肇庆，这是继明万历十年（1582 年）首次到达澳门后再次踏上大明王朝的国土。在随后长达 27 年的传教生涯中，利玛窦对这个神秘的东方古国产生了浓厚的兴趣，并对其进行了深入的观察。几百年后，当人们翻开他的著作《中国札记》时，随处可见由衷的赞赏之词。利玛窦写道，中国的领土"目前超过世界上所有王国合在一起"，"无论是衣食用品还是奇巧物与奢侈品，在这个王国的境内都有丰富的出产，无须外国进口"，他们的"缫丝业规模如此之大，很容易与欧洲产品竞争"。毫无疑问，利玛窦眼中的中国，绝对是那个时代全世界所仰慕的对象。

　　实际上，利玛窦所看到的一切，在中国历史上并非昙花一现。种种研究表明，早在 15 世纪以前，中国就一直走在世界前列。据经济史学家安格斯·麦迪森计算，公元 1000 年时，中国的 GDP 已占世界的 22.7%，随后就一直保持在 20% 以上，到 1820 年则达到 32.9%。著名学者贡德·弗兰克在《白银资本》中也指出，中国曾长期占据世界经济的中心地位，其经济总量经常能占到整个世界的 50% 以上，而在经济极为繁荣的宋代，这一数字甚至曾高达 90%。的确，作为中国历史上工商业最发达的朝代，大宋王朝无疑是当时世界的超级大国，其经济文化多方面的成就，在当时世界上居于绝对领先地位。就是这个中国历史上疆域最小的中原王朝，却在社会发展方面达到了空前的高度，其人民的生活水平甚至已达到了欧洲大城市18世纪初的水平。更令人惊叹的是，在许多领域，宋代都出现了新的时代特征，如出现了世界上最早的纸币，技术工人的待遇非常之高，城市化率竟达30%。宋代中国还保持着对外部世界的高度开放，并在造船业和航海业上取得巨大进步。到12世纪末，中国商人已开始取代阿拉伯人在东亚和东南亚的海上优势地位。由于在世界经济中居于主导地位，当时中国的进出口贸易也非常繁荣，印度的细纹棉织品，中亚的皮革、马匹，以及南亚的优质木材、玉石、香料和象牙等大批涌入内陆，而瓷器、丝绸等高端产品则源源不断地流向全世界。

到明代时，中国同样是世界的中心，在经济、文化、科技、军事等方面都保持着绝对的优势。这一时期的商品经济高度发达，江南地区还出现了后世通常所说的资本主义萌芽。据估计，当时中国的经济总量占到世界的45%，其工业产量则占世界的2/3以上。以铁产量为例，明代是北宋的2.5倍，永乐年间高达9700吨，而当时欧洲铁产量最多的俄罗斯还不到2400吨。值得一提的是，明代的军事力量尤其是海上军事力量非常强大。著名科技史学者李约瑟就认为："明代海军在历史上可能比任何亚洲国家都出色，甚至同时代的任何欧洲国家，以至所有欧洲国家联合起来，可以说都无法与明代海军匹敌。"保罗·肯尼迪也在其代表作《大国的兴衰》中说："全球三分之一的钢铁产量用于明帝国生产兵器。"在对外贸易方面，明代也走在世界的最前列。据弗兰克估计，在从16世纪中期到17世纪中期的百余年间，由欧亚贸易流入中国的白银在七千到一万吨左右，约占当时世界白银总产量的1/3，由此可见当时中国处于世界经济中心的地位。与此同时，明代曾先后涌现出李时珍、徐光启、徐霞客、宋应星等多位科学巨人。更难能可贵的是，明代知识分子还对西方科学采取了欢迎的态度。例如著名科学家徐光启，就曾受教于传教士利玛窦，并翻译了《几何原本》《逻辑学》等西方科学著作。或许是受这一事实的触动，稍后的德国大思想家莱布尼茨曾在《中国近事》中说："中国这一文明古国与欧洲难分轩轾，双方处于对等的较量中。"此外，明代末期还一度出现了中国思想界的"启蒙运动"，市民文化也大有流行之势。来自西方的天主教，那时也曾在南方广为传播，并受到一部分高级知识分子的欢迎，甚至南明小朝廷的后妃们都普遍信仰天主教。

在这样一种背景下，中国的"软实力"也开始强大起来。利玛窦记载道："人们衣饰华美，风度翩翩，百姓精神愉快，彬彬有礼，谈吐文雅……他们都自称'大明人'。"有趣的是，16世纪中期的另一名传教士沙勿略在日本传教时，就时常会感受到中国文化的辐射力：当抵制西方宗教时，日本人总会说："如果基督教是真正的宗教，那么聪明的中国人肯定知道它并接受它。"

1405年7月，明代大航海家郑和率领一支规模庞大的船队，拉开了七下西洋的大幕。直到1433年，这支船队先后远涉太平洋、印度洋、大西洋，最远到达红海和非洲东海岸，航迹遍及30多个国家和地区。由于其规模庞大、人员众多、组织严密、装备精良、技术先进，船队所到之处，都引起了强烈反响。更重要的是，通过郑和的远航，全世界都认识到了当时中国在各领域的巨大优势。史料证明，郑和的宝船长约70米，排水量达2000吨，而87年后哥伦布横渡大西洋时，其旗舰"圣玛利亚"号的排水量仅为233吨。

如果俯瞰世界横向对比，不难发现，就在郑和开始下西洋时，欧亚大陆西端的法国正遭受着百年战争的蹂躏，英国尚未完全废除农奴制。至于东南亚和非洲的一些地区，甚至还处在奴隶制社会之中。就像保罗·肯尼迪在《大国的兴衰》中指出的："在近代以前时期的所有文明中，没有一个国家的文明比中国文明更发达、更先进。"对于大明王朝而言，这无疑是一个走向世界的绝佳机遇。

然而令人困惑的是，不久之后，明王朝突然选择了从世界舞台上主动退出。1433年，郑和在第七次远航途中病逝。随后，由于受到许多大臣的强烈质疑，宣德皇帝下诏："下西洋诸番国宝船悉令停止"，从而彻底废止了海外开拓活动。而曾经乘风破浪于大洋之上的郑和宝船，则渐渐腐烂在太仓的港湾里。据说为防止再有人出海，兵部官员甚至焚烧了郑和苦心经营多年的造船厂和留下的各种图纸及资料。

就这样，在一个世界历史上最关键的时间节点，中国将力量转向了内部，却把原本掌控于手中的海洋留给了西方冒险者。对于这一幕，黑格尔曾感慨地说"中国人把头转过去，背向海洋"。保罗·肯尼迪则认为："中国倒退的关键因素纯粹是信奉孔子学说的官吏们的保守性"，也正是由于这一原因，"所有重要官吏都关心维护和恢复过去，而不是创造基于海外扩张和贸易的更光辉的未来"，并且导致整个帝国的主流阶层对商业和私人资本的厌恶，结果就出现了许多令人痛心的局面：印刷术没有发挥真正的作用、纸币被终止流通、海外贸易受到控制……

　　令人唏嘘的是，正是在中国发生这一巨大转变后，欧洲却上演了地理大发现、启蒙运动、工业革命等一系列壮举。世界的天平，从此开始慢慢倾斜。到明朝末期时，中国在造船业和海军实力方面已出现了严重的停滞和倒退。以至于当时曾被明朝扣押的葡萄牙使节皮列士竟敢以轻蔑的口气声称中国"弱不禁风，不堪一击"，并狂妄地表示"率数十大船攻克马六甲的印度总督不费吹灰之力便可拿下中国沿海各地"。

　　虽然郑和下西洋的辉煌只是昙花一现，但明代中国的综合国力仍居于世界的最前列。随着明王朝于 1644 年的覆亡，皇太极建立了清王朝。也就是在同一时代，欧洲发生了英国资产阶级革命，工业革命的大潮随后也开始涌动。而在遥远的东方，尽管在清代前期曾出现了所谓的康乾盛世，但据学者研究发现，这种繁荣只不过是对明代的恢复性增长。比如铁和布匹的生产，清代始终未能恢复到明末的水平。另外一方面，清统治者为进一步强化专制集权体制，采取了空前严厉的文化专制统治，从而直接扼杀了向近代社会演进的趋向。在这种氛围下，广大知识分子也逐渐失去创新精神，致使大批科技成果和科技著作失传。具有讽刺意味的是，像《天工开物》之类的科学巨著却被翻译成英、俄、德、日等多种文字，在异国他乡大放异彩。

　　不可否认，清初的顺治、康熙等皇帝也曾对西方世界产生过浓厚的兴趣。著名的传教士汤若望，当时就深受顺治的礼遇。号称"千古一帝"的康熙，更是一生热心学习西方科学。这位开明的皇帝对算学、天文、地理、光学、医学、解剖学等自然科学都有浓厚的兴趣，其身边还聚集了一批中外科学家。

不但如此，他还关注西方科学技术的发展，曾派白晋带着赠送给路易十四的大量中国书籍回到法国，以加强双方的科技文化交流，从而间接推动了西方对中国正面形象的传播。然而个人的兴趣是一方面，治国理念又是另一方面。康熙皇帝没有像同时代的彼得大帝那样再往前迈一步，而是仍恪守祖制，厉行文字狱。随着他的去世，所有新气象便成为过眼烟云。到雍正初年，清王朝又开始大规模驱赶传教士，同时将西方科学打入冷宫，只有少数传教士因其特长得以继续留在宫廷中服务。

关于这一历史结果，德国社会学家马克斯·韦伯在其《儒教与道教》中曾进行过分析。在对中国社会和宗教文化进行了深入研究后，他得出结论：虽然中国自秦代以来就拥有统一帝国式的持久和平，人民有广泛的迁徙自由，货币经济也十分发达，还曾出现了世界上最大的城市，但理性化的经济秩序并未在这片国土上产生出来，而其主要原因之一就在于中国传统文化的保守性起了阻碍作用。从这个意义上看，像康熙皇帝这样的君主只是一个特例，他对转变中国文化的发展方向并无多大帮助，从而使天朝帝国面对一系列历史机遇时无动于衷。

或许在康熙皇帝的继承者们看来，当时的天朝帝国有理由拒绝与外部世界的纠缠。据经济学家估计，在乾隆年间，中国的经济总量仍占世界的60%。麦迪森的结论则是：尽管错过了多次历史机遇，在清前期的120年中，中国的经济增长仍四倍于欧洲。但在这种繁荣的背后，清王朝在封闭自己的道路上越走越远了。自清初以来，历代统治者为了沿海的安定，基本上都实行严厉的海禁政策。特别是1662年郑成功收复台湾后，清政府连下三道迁界令，将东南沿海的村庄居民全部内迁50里，房屋、土地全部焚毁或废弃，不准沿海居民出海。而乾隆继位后，在海禁方面基本上沿袭了先祖的政策。18世纪中叶，西方资本主义国家已开始工业革命，其海外贸易日益扩张。特别是以英国东印度公司为首的西方商人，一直强烈渴望寻找机会打开中国市场。当时在中国沿海的4个通商港口，前来进行贸易与投机的洋商日益增多。据说当乾隆第二次南巡到苏州时，从地方官那里了解到，每年仅上海一个港口就有一千多艘船出海贸易。于是为了避免麻烦，乾隆遂在1757年下旨实行"一口通商"政策，这一命令基本标志着清政府彻底奉行起闭关锁国的政策，这种政策同时也禁绝了中外间大规模的经济文化交流。马克思曾评价说：一个人口占世界三分之一的幅员辽阔的帝国，不顾时势，仍然安于现状。而与此同时，西方工业革命的浪潮正席卷而来，冒险者已开始了全球范围的扩张。为了打开中国封闭的大门，他们决定开始小心翼翼地进行试探。

1793 年，英国使臣乔治·马戛尔尼（George Macartney, 1737—1806）携带英王乔治三世致中国皇帝的信，率领一支 90 余人的使团来到中国。当时，英国已成为世界上最强大的资本主义国家，为扩大海外市场，它开始寻求与中国建立大规模贸易关系。不过面对试图与中国"交使通商"的英国使团，83 岁的乾隆帝却将他们当成向自己进贡祝寿的蛮夷。结果在承德避暑山庄的接见过程中，双方发生了一些不愉快的事情。先是觐见礼仪成为争论的焦点，清朝要求马戛尔尼行三跪九叩礼，而后者则只同意行单膝跪礼。接着，当马戛尔尼提出通商的要求时，乾隆皇帝更是断然拒绝。他说："天朝物产丰盈，无所不有，不需要与外国通商"，且"天朝尺土，俱归版籍"，想租地经商更不可能。由于乾隆对参与世界贸易毫无兴趣，马戛尔尼使团的访华之行无功而返。

回过头来看，当时所谓的"天朝帝国"实际上已开始走向衰落了。多年以后的统计表明，自 18 世纪以后，中国的经济发展水平已落后于一些西欧国家。一个典型的例子是：当 18 世纪 30 年代英国的铁工厂开始兴旺时，中国北方的许多鼓风炉和炼焦炉却已被完全废弃了。甚至有学者认为，1820 年时，中国的人均国民产值还不到英国的一半。著名历史学家黄仁宇特别从经济角度入手分析了这一现象，他指出，虽然明清时期的中国出现了许多新因素，但由于"缺乏有效的货币制度和商业法律"，因此天朝帝国经济的发展，只有单线条数量上的扩充，而缺乏质量上的突破。

就在清王朝还沉浸在"康乾盛世"的迷梦中时，那些最早叩开国门的欧洲人其实已发现了众多破绽。虽然乾隆皇帝自夸"天朝物产丰盈"，但马戛尔尼却发现这个国家当时"遍地都是惊人的贫困"。当他失望地打道回府时，更是毫不留情地指出，清朝"不过是一个泥足巨人，只要轻轻一抵就可以把他打倒在地"。或许从某种意义上看，马戛尔尼并非毫无收获，因为可能又看到了新的希望。到嘉庆时，不甘失败的英国再次派出阿美士德率领的访华使团向中国提出通商的要求，但同样遭到了拒绝。从此，彻底失去耐心的西方世界，开始考虑以另一种方式来将中国纳入自己的体系中来。

随之而来的，便是西方中国形象的急剧逆转，西方人开始戴着有色眼镜看中国。其实早在 18 世纪中叶时，随着英国人安逊对中国人倍加诋毁的航海游记广泛传播，随着耶稣会被罗马教会解散，各种有关中国的负面信息日益增多，欧洲一些知识分子已经对当时的"中国热"表示质疑，认为中国不值得西方学习。德国大哲学家黑格尔就曾写道，中国是一个暴政国家，几千年来没有变化发展，中国的历史从本质上看是没有历史的，任何进步都不可能从中产生。即便在法国，许多著名的启蒙思想家也一改"中国热"流行时的论调，转而鄙视中国文化。比如孟德斯鸠在写《论法的精神》的时候，就认为中国的政体是一种暴政。另一位法国思想家沃尔内也把中国政治概括为棍棒专制主义，他在 1791 年写道："中国人由于竹棍专制主义而堕落，由于星象迷信而盲从……在其流产的文明中，在我看来，它只是一个机械的民族。"1793 年，思想家孔多赛在评价中国时认为：这个民族在科学、艺术方面领先于其他民族，但火炮的发明未能避免这个民族被蛮族征服，甚至连印刷术的发明也完全无助于人类精神的进步。同一时期的法国作家德·萨德甚至曾充满恶意地描写道："中国皇帝与官吏不时地采取措施，逼迫人民造反，然后从中获得血腥屠杀民众的权力。"在这种氛围下，18 世纪末的法国还出现了一股批判讽刺伏尔泰"崇拜中国"的思潮。1770 年，有一个自称杜尔班的人在巴黎出版了一本名为《锡兰游记或哲学家游记》的书。该书嘲笑的对象是一位叫阿尔法·拉比尤斯的有"东方癖"的哲学家。阿尔法·拉比尤斯在书中是一个"彷徨的才子""被所有的国王驱逐""疯狂地仰慕中国""坐在一条去北京的船上""热情洋溢地称赞孔夫子著作"。明眼人一看就知道，这是在影射崇尚中国文化的伏尔泰。作者还声称，中国根本不配所有的阿尔法·拉比尤斯们给它制造的名声："中国出过哪些艺术家？直到 17 世纪，他们还是那套没有明暗对比的绘画，没有声部的音乐，没有布局的建筑。假如他们真的历史悠久，那么随着时间的推移，他们应该学会不再用单音节说话，从他们那个由6万个字母组成的字母表中删去一些东西了。"1793年，著名化学家拉瓦锡曾向国民公会提交了一份《关于公共教育的思考》的报告。在这份报告中，他不顾一位科学家所知道的科学史常识，竟无视中国古代在指南针、印刷术、中国式代数、火药、火枪等方面辉煌的成就，武断地认为中国的艺术与两千年前一模一样，进而把中国当作一个落后挨打以致亡国的反面典型。

在英国，18世纪晚期的一些著作言论也对中国充满了贬低、蔑视和嘲笑。著名作家笛福甚至在他的《鲁宾逊漂流记》里也不放过这样的机会，他不但对中国事物几乎一概予以否定，还说中国的建筑、制造业、贸易都无可观之处。从没有到过中国的笛福居然说北京是个建设得很糟糕的城市，房屋、街道、宫殿全不足道。这位善于想象的作家还凭空写道："中国人的骄傲简直达到了无以复加的程度，只有穷困才达到更高的程度……美洲那些赤身裸体的生番要比他们活得快乐多了，因为那些人既然什么都没有，也就不需要什么了，而中国人则傲慢而无礼。"另一位英国文学家约翰逊在评价中国时，在勉强承认了长城和瓷器后接着就说，中国人用方块字而不用字母就是最大的落后。由于中国往往被描述成一个愚昧落后、令人恐怖的蛮荒之国，一位名叫丁尼生的诗人甚至说："在欧洲住50年也强似在中国过一世。"或许是受外界舆论的压力，当时一位原本对孔子十分景仰的著名汉学家威廉·琼斯也开始转变论调。他在1790年的一篇报告里，对中国的哲学、科学、手工艺乃至音乐和诗歌都大加贬斥。更值得一提的是，1793年马戛尔尼使团访华的失败，进一步增加了英国人对中国的恶感。正如法国著名学者佩雷菲特指出："马戛尔尼使团在西方与远东的关系中是一个转折点。它既是一个终点，又是一个起点。它结束了一个世纪以来的外交与商业上的接近；它在西方人中开始了对中国形象的一个修正阶段。"

进入19世纪以后，许多西方学者纷纷将清王朝视为"停滞的帝国"。在美国，与中国形象相关的名词包括堕落、邪恶、残暴、欺诈、愚昧、被动、停滞……与自由、正义、进步、进取的美国形象完全对立。1836年在费城出版的一本儿童读物这样描写中国人："中国人的性格绝不是温文尔雅的……妇女处于愚昧、附属和隔离的状态，男人们则奴颜婢膝、欺诈、漠视真理。从国王到乞丐的中国社会的每一阶层和每一级官吏，都无情地实践一套欺骗和伪善的系统……一般说来，中国人也没有任何信仰。"直到 19 世纪末期，在华英国人克拉克等于 1894 年出版的《上海见闻录》（*Sketches in and around Shanghai, etc*）一书中，依然毫不掩饰地如此描述中国人的形象："在我们的想象中，对中国人还存在着如下的刻板印象：脸如满月，胡子无力地下垂着，眼睛斜视，长长的辫子以及像佛塔一样的帽子，这些当然都是中国人的主要特征。他周边的环境也往往非常古怪：总有一两座佛塔，有无数的石桥横跨在数不清的水道上，树上垂挂着一簇簇蓝色的水果；淑女们穿着极其古怪的裙子聚集在一起，用巨大的折褶表示她们的脚和脚踝，光头的顽童们习惯性地跷着一只脚在莲花池中摸鱼。当欧洲人关注所谓中国事务时，十有八九会描绘出以上这样一幅场景。"1899 年，英国诗人吉卜林竟公然在一首诗中写道："肩负白人的使命／派遣你最优秀的种子肩负白人的使命／派遣你最优秀的种子／让你的儿子离乡背井／去征战俘虏／等候最沉重的职责／奔赴那满是恐慌人群的荒野／管理新获的沉默仆从／一半恶魔，一半孩童……"，为帝国主义的殖民政策进行狡辩。而同一年，美国讽刺杂志《法官》（*Judge*）上刊登了一幅名为《白人的负担》的漫画，漫画中英国的男性代言人约翰牛和美国的男性代言人山姆大叔，分别背着自己未完全驯化的"殖民地子民"，克服压迫、野蛮、邪恶、人相食、奴役和残酷等各种险阻，艰难地向着"文明的高峰"攀登；其中英国的殖民地是中国、印度、埃及和苏丹，美国的殖民地是菲律宾、波多黎各、古巴、萨摩亚和夏威夷。

事实表明，在整个 19 世纪，随着欧洲科学技术的进步与工业革命的拓展，欧洲人的自大感也发展到了极端，同时把中国当成一个落后黑暗的国家和欧洲的对立面。当时的欧洲人可能没有意识到，他们心目中的中国形象之所以发生了颠覆性的转变，归根结底是他们自己看待中国的坐标发生了变化。从历史的角度看，这种转变的影响是极为深远的。实际上，在此后两个世纪里，欧洲人都是在此基调上看待中国的。不管是不谙中文的欧洲学者，还是亲历中国的游客，他们从一开始就不可能客观公正地认识中国。以至于即便到了 1928 年，一位法国作家仍旧如此评价中国人："他们既聪明又愚蠢，既软弱又有忍耐性，既懒惰又惊人的勤劳，既无知又机灵，既憨厚而又无比的狡猾，既朴素又出乎常规的奢华，无比的滑稽可笑。"

进入 20 世纪后，一方面由于中国社会自身发生了一系列巨变，封建专制王朝统治结束，经济社会文化等领域都发生了变革；一方面西方世界先后经历两次世界大战，西方文明面临空前危机。在此背景下，西方的中国形象也开始变幻不定，不再像此前的几个世纪那样，要么长期被刻意美化，要么长期被恶意丑化。特别是在美国的主导下，短短半个世纪中，从傅满洲到陈查理，从《大地》到蒋介石与宋美龄，从抗战中国到红色中国……西方的中国形象可谓阴晴不定。英国汉学家雷蒙·道森在其代表作《中国变色龙》一书中就用"变色龙"来比喻西方人眼中的中国形象，系统地总结了几个世纪以来西方中国形象的历史演变。

正如大多数学者所意识到的，回顾历史我们不难发现，尽管在西方视野里的中国形象经历了如此剧烈的变迁，但一个明显的事实却不容忽略，西方中国观是西方特意挑选的中国形象，其中不乏对现实的客观描写，但更多是根据西方自身的需要来理解中国的。从文化层面进行分析，西方的中国形象毕竟是西方人自己建构的，因此对中国的反映有真实的一面，也难免有变形、歪曲的一面。

二

"你站在桥上看风景，看风景的人在楼上看你"——毫无疑问，16 世纪以来的中国与西方正是处于这样一种语境之中。自 16 世纪以来，随着东西方距离的不断拉近，两个原本陌生的世界也开始从不同的角度"看"对方。当中国人以好奇的目光审视接踵而至的西方人时，对方也在怀着复杂的心态审视这个奇特的国度。由于双方的地位经历剧烈变迁，最终西方世界占据了更多的主动，而中国则更多地扮演着"被"审视的角色，西方人也由此形成了一种根深蒂固的中国形象。近代以来，随着中国国际地位迅速降落，西方人眼中的中国形象也日益趋向负面。作为这一转变的亲历者，西方摄影师对中国拍摄的历史照片堪称最生动的佐证。

所谓"中国形象"，亦称"中国印象""中国意象"等，实即具象化的"中国观"。从历史学的意义上讲，西方人的"中国观"系指西方对中国的认识与感受，这些认识的信息既有客体的现实描述也有主体的自我感受。值得一提的是，作为西方审视中国的重要载体之一，流传至今的各类影像（包括插图、绘画、版画、艺术图案、漫画、招贴画、摄影、电影等）无疑成为透视西方"中国观"的一扇窗户。从 16 世纪到 20 世纪，一批又一批西方传教士、商人、外交家、记者、游历者、探险家来到中国，其中许多人不但亲身经历了近代中国所发生的一系列重大历史事件，而且以近距离观察者的身份留下了大量的文字和图片报道。即便是很多没有机会踏足中国的西方人，特别是那些对遥远中国充满兴趣的画家、绘图员、雕版师、设计师、插图师、漫画家乃至摄影师，依靠丰富的想象力，或纯粹出于好奇，或出于某种目的，或出于个人好恶，创作了众多形态各异的影像，无意间成为折射那个时代西方社会认知中国形象的视觉档案。

众所周知，在 18 世纪末之前，中国在欧洲人的想象中一直是个神秘的国度。特别是元朝著名旅行家马可·波罗的游记广泛传播后，许多欧洲人往往把中国视为童话般的王朝，这种印象一直持续到了 16 世纪。新航路开辟后，随着各路传教士、商人、冒险家来到中国，他们所发回的各种报告也直接引起了欧洲对中国的巨大兴趣。例如著名传教士利玛窦等人，他们不但在中国获得了很大成就，同时也成为向欧洲知识界介绍中国文化的重要人物。毋庸置疑，这些传教士有关中国的报道往往很不全面，甚至有刻意美化中国的倾向，但这却对当时的欧洲产生了巨大影响。当时，中国正处于康乾盛世，而欧洲仍在经受着教派纷争和战乱之苦。因此当前往中国的传教士们将一幅美好的中国图景呈现在人们面前时，立即引来整个欧洲的无比惊羡。结果在17 至 18 世纪的 100 多年间，欧洲便出现了前所未有的"中国热"。在长达

100多年的"中国热"期间，无论是在物质、文化还是政治制度方面，欧洲都对中国极为追捧。

得益于16世纪后欧洲印刷业的发展以及版画技术的空前提高，当然还有社会风尚的大力推动，这一时期西方世界出现了大量反映中国形象的插图、版画作品，许多著名的艺术家也参与中国形象的描绘中，创作了许多流传至今的油画、壁毯、设计图纸等，这些制作精美、生动有趣的影像资料在世界范围内广泛传播，对于中国形象在西方世界深入人心产生了重要影响。本书第一卷以大航海时代开启后早期抵达中国的冒险家们留下的游记、欧洲传教士传回欧洲的图画和地图、早期访华使节团队成员创作的图画以及欧洲"中国热"期间涌现出来的大量图像资料为对象，还原这三百年间欧洲人对中国形象的塑造过程。

从18世纪中后期开始，随着欧洲启蒙运动、工业革命等一系列事件的发生，加上西方各国谋求扩大对华贸易的外交努力相继失败、"礼仪之争"引起的传教冲突，导致之前西方人塑造的近乎完美的中国想象开始破灭。随之而来的，便是西方中国形象的急剧逆转，西方人开始戴着有色眼镜看中国。进入19世纪以后，许多西方学者纷纷将清王朝视为"停滞的帝国"。到19世纪中叶，随着摄影术的发明，越来越多的西方人开始用照相机在中国的各个角落捕捉镜头，并把这些影像传播回西方。在那个信息交流仍不发达的年代，这些来自遥远东方的影像将在极大程度上影响西方人心目中的中国形象。特别是一些商业摄影师，为了迎合西方市场，他们在拍摄各种东方式风景的同时，往往选择性地将镜头对准那些充满猎奇色彩的景象：鸦片、乞丐、砍头、行刑、小脚、辫子等等。到19世纪至20世纪之交时，随着中国在国际社会中的地位跌至低谷，西方的中国形象也发展到了负面的顶点。特别是由于1900年义和团运动所引发的心理恐慌，西方世界甚至出现了喧嚣一时的"黄祸"论。本书第二卷即以1800—1900年间西方世界流传下来的外销画、版画、摄影、漫画等为载体，深入剖析在此百年间西方人眼中中国形象是如何一步步走向最低谷的。

随着欧洲工业革命的开始，所谓的"中国热"也很快烟消云散。特别是在英国的马戛尔尼使团无功而返之后，西方人对中国的态度迅速发生了转变，西方人原先对中国的崇敬开始转变为蔑视。而接下来的事实表明，正是在这种"中国观"的支配下，列强发动了一系列侵略战争，以武力为后盾打破了清王朝的闭关锁国体制，并肆意在这个古老的国度攫取利益。鸦片战争发生后，西方衡量中国的天平进一步倾斜。此时的西方人越来越以胜利者和征服者自居，而中国在他们的眼中已成为落后民族和野蛮文化的一种"标本"。因此对于绝大多数西方观察者而言，都很难避免戴着有色眼镜来审视中国的偏见，而这种偏见的主题便是傲慢与猎奇。

非常巧合的是，几乎就在鸦片战争爆发的同时，摄影术也登陆中国了。1839 年 8 月，达盖尔摄影法宣告诞生，很快这种能够真实记录影像的技术便被广泛运用。摄影术发明后，西方许多摄影师相继来到中国。显然，摄影术的发明、现代交通手段的进步和鸦片背后的坚船利炮，使这些西方人近距离观看、记录和体验这个古老而神秘的国度成为可能。早在 1844 年，法国人于勒·埃及尔就在广州为时任两广总督耆英拍摄了肖像。第二次鸦片战争之后，西方人获得进入中国内地游历的特权。以此为契机，越来越多的西方人开始用照相机在中国的各个角落捕捉镜头，并把这些影像传回西方。可以想象，在那个信息交流仍不发达的年代，这些来自遥远东方的影像将在极大程度上影响西方人心目中的中国形象。

在 19 世纪下半叶来华西方摄影家中，比较著名的包括费利斯·比托、弥尔顿·米勒、乔治·拉比、威廉·桑德斯、约翰·汤姆逊等人，他们的一些摄影作品在后世流传非常广泛。而如果对这些西方影像的内容进行考察，就会发现一个共同的特征，即明显的猎奇心理。例如费利斯·比托作为1860 年第二次鸦片战争期间的西方战地摄影记者，跟随英法联军来到中国，从而有机会在中国北方拍摄了大量的、残酷的战争场景，记录了北京皇家园林的破坏和对天津的占领。作为随军为数不多的摄影师，他甚至为恭亲王奕䜣拍摄了那张著名的肖像照。通过这些作品可以看出，作为最早将镜头对准中国的西方人之一，比托对古老的中国国度怀有一种复杂的情感。一方面是对城墙、寺庙等宏伟建筑的强烈兴趣，另一方面则是对战败者冷漠的态度。

特别是反映大沽炮台失陷后的一组照片，更是在阐释了战争残酷的同时，又将中国置于一种"标本"化的意境。

继比托之后十多年来到中国的西方摄影师，大多都是站在这种立场上拍摄中国影像的。例如在中国活动时间较长的弥尔顿·米勒、乔治·拉比、威廉·桑德斯等人，他们的作品从内容上看基本限于西方人猎奇的范围。即便是在近年来备受推崇的约翰·汤姆逊，其摄影作品的"猎奇"色彩也很明显。尽管有学者称"汤姆逊来中国不是为了要看各种野蛮风俗，不像另一些人以'殖民式凝视'的态度观看"，但是就像那个年代大多数摄影师一样，为了迎合西方社会的猎奇心理，汤姆逊也对小脚、鸦片、刑罚、乞丐之类的题材格外关注。据他本人回忆，为了拍摄到中国妇女小脚的照片，他甚至在厦门不惜花费重金才实现了这一心愿。实际上即便是在中国生活了多年的立德夫人，尽管以对华友好著称，但在其著作《穿蓝色长袍的国度》中也多次强调了中国人的"残忍和背信弃义"。而这也许是绝大多数西方作者在他们的游记、评论中出现得最频繁的中国人的性格缺点。值得一提的是，立德夫人的这本著作中就插入了反映中国人生活的大量图片。

显然，西方人心目中中国形象发生逆转的过程中，从中国流传到西方的各类影像也起到了催化剂的作用。因为从某种程度上讲，影像所产生的视觉冲击力远比文字的感染力强大得多。在傲慢心理的驱使下，那些西方摄影师的镜头在面对中国人的时候，总是呈现为一种对被摄者的强化，而在这些以非常强势的视角强化出来的影像里，中国人总是代表着某种软弱无力，浮现出更多的是一种赤裸、粗俗、简陋和粗暴。正如一些研究者指出的："殖民时代照相机记录的中国，与其说是忠实复制了当时的中国，不如说它是一种选择性的对中国的诠释。"

到19世纪与20世纪之交时，随着中国在国际社会中的地位跌至低谷，西方的中国形象也发展到了负面的顶点。特别是由于1900年义和团运动所引发的心理恐慌，西方世界甚至出现了喧嚣一时的"黄祸"论。所谓"黄祸论"，是起源于19世纪主要针对中国等亚洲黄种人的一种言论，旨在丑化黄种人，进一步造成黄种人与其他人种（主要指白色人种）的对立，企图为侵略制造舆论。早在 1895 年，当中国正遭受着甲午海战惨败的痛苦时，德国皇帝威廉二世却开始在公开场合提出"黄祸"说法。在他的授意下，宫廷画家赫尔曼·奈克法斯画了一幅名为"黄祸"的画。画中七位天使一样的人物分别代表德、英、法、意、奥、俄、美七个西方国家，她们拿着长矛与盾牌站在一处悬崖上，头顶是一个大十字架的背景，大天使米歇尔站在崖边，大家面向前，表情严肃而神圣地说："欧洲国家联合起来！保卫你们的信仰与你们的家园！"在悬崖深涧、隐约的山河城廓的那一边，半空中悬着一团奇形怪状的乌云，乌云中心闪现着一团火焰中佛陀的坐像，骑在一条中国式的恶龙身上。尽管当时威廉二世耸人听闻的"黄祸"幻景并没有多少人当真，随着义和团运动的爆发，这幅画以及"黄祸"论却迅速流传开来。

义和团运动爆发后，由于同中国的信息交往一度阻塞，结果西方社会便纷纷凭空杜撰各种恐怖的传言，各种报刊上到处充斥着有关西方人在中国遭到血腥屠杀的"报道"。但实际上，"有关义和团的恐怖传说，是西方 20 世纪中国形象的一个阴暗恐怖的、以地狱为背景的序幕。它在 19 世纪西方轻蔑、鄙视的鸦片帝国的睡狮形象上，加上了一些可怕的色彩，似乎那个垂死僵化的帝国躯体内，还蕴藏着一种邪恶的危险的因素，一种令人想起东方地狱与世界末日的因素"。就这样，一方面，中国人被视为劣等民族受到西方的鄙视与丑化，另一方面却又不断遭受到西方的剥削与欺压。例如在美国，不可救药的"中国佬"就成为许多白人的口头禅。的确，对于西方人而言，中国就是一个无可救药的国度，到处充斥着腐败、贫困、愚昧与野蛮。而他们一面在这个国度享受着种种特权的同时，一面又充满厌恶地将那些具有嘲讽意味的影像广为传播，最终形成一种长期盘踞在西方人脑海中的中国印象。

这一时期，摄影技术也有了飞速发展。随着照相机的进一步小型化，越来越多的普通西方人也能有机会把镜头对准他们所感兴趣的场景。当年八国联军进入中国时，就有许多军官士兵及随军记者乃至传教士扮演了摄影师的角色，为后世留下了大量反映那一时期中国图景的影像。但问题是，由于以往中国观根深蒂固的影响，他们的镜头依然是有选择性的。例如 1900 年以个人身份来到中国拍摄的美国摄影师詹姆斯·利卡尔顿，先后游历了广州、汉口、上海、宁波、苏州、南京、烟台、天津、北京等地。通过他拍摄的影像，我们依然能感受到当时西方人非但不为自己的侵略行径感到内疚，反而将鄙夷、仇恨的目光投向中国。当他们以征服者的姿态进入中国时，这个国家在他们心目中的形象早已变得面目全非。实际上，殖民时代照相机记录的中国，与其说是忠实复制了当时的中国形象，不如说它是一种选择性的对中国形象的诠释。

进入 20 世纪后，中国社会自身发生了一系列巨变，封建专制王朝统治结束，经济社会文化等领域都发生了变革，政局动荡、外敌入侵、民生凋敝，可谓"纷乱的土地"。而另一方面，西方世界先后经历两次世界大战，西方文明面临空前危机。本书第三卷即以 1900—1950 年间这短短的半个世纪中西方世界留下的大量影像资料为载体，系统梳理该阶段西方的中国形象变幻不定的曲线。可以说，在整个 20 世纪上半叶，西方视野中的中国形象基本上是从谷底一直向上爬升的，直到 1949 年才再度发生逆转。特别是 20 世纪 30 年代以后，随着中国人民奋起反抗日本侵略者的暴行，越来越多的西方人为这种勇气所感动。以此为契机，西方的中国形象发生了很大转变。尤其是第二次世界大战中，由于中国成为世界反法西斯阵营的重要一员，中国人的形象又被勤劳、诚实、爱好和平所代替。遗憾的是，历史的改变并非一朝一夕。随着冷战的开始，这种良好的态势却又被意识形态的铁幕所阻断。自新中国成立以来的大多数时间里，西方的中国形象仍处于变幻不定的局面，是明是暗，阴晴不定。甚至进入 21 世纪的今天，形势似乎依然没有根本性改变。

这一时期，中国先后经历了清末新政、辛亥革命、五四运动、北伐、抗日等重大历史事件。作为这些事件的亲历者和记录者，莫理循、西德尼·甘博、斯特朗、斯诺、史沫特莱、罗伯特·卡帕、伊文思等西方摄影师为后世留下了大量的历史影像。通过这些影像可以看出，当中国人民为了争取民族独立与复兴而奋起时，越来越多的西方人开始摆脱旧观念的影响，对这个国家越来越表示出同情与支持。例如著名的西方记者莫理循，在其游历中国期间先后拍摄了大量的照片，其中相当一部分反映了清末民初中国社会的新生事物，如废除酷刑、编练新军、民主革命等。反映 20 世纪初西方中国形象发生明显转变的另一位摄影家当数甘博。作为一名美国社会经济学家、人道主义者和摄影家，甘博对伟大的东方文化深深着迷，也为她的贫穷而震惊。从 1917 年到 1932 年，他作为一名志愿者先后三次来到中国，并花费了七八年的时间从事问卷调查、实地访问和摄影活动，留下了上万张珍贵的照片。在中国期间，甘博用照相机真实地记录了五四运动、五卅运动等重大历史事件。而与 19 世纪下半叶那些早期来华西方摄影师不同，他的照片既有深度又有广度。更重要的是，他所拍摄的照片是以同情的角度来研究及了解当时的中国。虽然同样将镜头对准了各种下层百姓，但却使读者明显感受到一种深沉的人道主义情感。

20 世纪 30 年代以后，西方的中国形象发生了很大转变。作为这一时期西方中国形象的主要塑造者，美国人对中国的看法最具有典型意义。在 19 世纪美国人的想象中，典型的中国人不是拖着辫子、吸食鸦片、神情麻木的病夫，就是残忍凶恶、狡诈阴险的异教徒。而到 20 世纪 30 年代，伴随美国人对中国态度的变化，中国人的形象又被勤劳、诚实、爱好和平所代替。尤其是第二次世界大战中，由于中国成为世界反法西斯阵营的重要一员，美国舆论更是对中国不吝赞美。1938 年，《时代》周刊甚至把蒋氏夫妇评为该年度新闻人物。

二战期间，大量的美国记者和军事人员被派来中国，他们也为后世留下了大量历史影像。通过对这些影像进行分析，我们不难发现，在多数西方人的心目中，此时的中国无疑就是可爱、勇敢、勤劳、善良的代名词。例如二战期间驻重庆的《生活》杂志记者们，就以他们的镜头表达了对中国人民的敬意。在这些影像中，无论条件多么艰苦，坚持抗战的中国民众都表现出了旺盛的斗志和不屈的精神。又如克林顿·米勒特和保罗·伯彻两位美国战地服务人员留下的彩色反转胶片，一方面为后人呈现了战时云南大后方的美丽景色，一方面也表现了当年中美两国之间亲密的关系。

诚然，在近代西方人流传下来的中国影像中，上述这些摄影师们拍摄的影像只是沧海一粟，但却足以成为我们考察近代西方中国形象变迁的一扇窗户。西方中国形象发生转变的过程中，从中国流传到西方的各类影像无疑起到了催化剂的作用。因为从某种程度上讲，影像所产生的视觉冲击力远比文字的感染力强大得多。长期以来，人们习惯于主要将文字史料作为历史研究的核心，而影像资料很少引起重视。早在 20 世纪 60 年代初，西方学术界就已把图像作为叙述的媒介或材料纳入叙事研究中。实际上与文字相比，影像资料更能给人以一种形象的直观感觉，甚至能更真实地反映很多历史细节。而借助影像这种特殊的语言形式对历史进行书写，也能很大程度上弥补文献史料不够生动形象的缺憾。事实上，如果系统梳理 16 世纪以来西方流传下来的各类影像，不难看出数百年间西方人心目中的具象化中国形象是如何演变的。从《马可·波罗行纪》等作品在欧洲流传开始，西方人就开始怀着强烈的好奇心想象：中国人长什么样？穿什么衣服？有什么样的行为举止？在 15 世纪欧洲印刷术大发展之前，关于这些问题的图像化表达，只能是零星地出现在珍贵的手抄本中，普通民众很难有目睹的机会。直到 16 世纪以后，随着地理大发现带来的东西方交往日益密切，越来越多的中国器物得以抵达西方，越来越多的西方人得以前往中国，甚至偶尔会有中国人机缘巧合到访西方，从而为中国主题的影像生产提供了源源不断的素材。无论是贝利尼、维米尔、鲁本斯等画家描绘的中国器物和人物，还是柏应理、李明、基歇尔、杜赫德等传教士关于中国著作中的精美插图，无论是纽霍夫、威廉·亚历山大、博尔热、钱纳利等来华画家们基于亲身见闻的画稿，还是华托、布歇、阿罗姆等艺术家根据二手信息勾勒的奇幻"中国风"，都在某种程度上真实反映了当时西方人对于中国形象的认知。至于 19 世纪中期摄影术诞生之后，一批又一批西方摄影者接踵而至，他们根据自己的需要和立场对中国进行全方位的拍摄，从而留下了海量的影像档案。正如苏珊·桑塔格在《论摄影》中指出："拍摄就是占有被拍摄的东西。它意味着把你自己置于与世界的某种关系中，这是一种让人觉得像知识，因而也像权力的关系。"不管这些西方人手中的照相机是西洋镜还是哈哈镜，毕竟我们可以从中看到自己，也可以看到他人。

三

清同治十一年（1872年）五月，时任清朝直隶总督李鸿章在写给朝廷的《复议制造轮船未可裁撤折》中写道："臣窃惟欧洲诸国，百十年来，由印度而南洋，由南洋而中国，闯入边界腹地，凡前史所未载，亘古所未通，无不款关而求互市。我皇上如天之度，概与立约通商，以牢笼之，合地球东西南朔九万里之遥，胥聚于中国，此三千余年一大变局也。"三年之后的光绪元年（1875年），这位对国际局势心怀忧虑的洋务大臣又在《因台湾事变筹划海防折》中感慨："历代备边，多在西北。其强弱之势、主客之形，皆适相埒，且犹有中外界限。今则东南海疆万余里，各国通商传教，来往自如，麇集京师及各省腹地，阳托和好之名，阴怀吞噬之计，一国生事，数国构煽，实为数千年未有之变局！"的确，面对"数千年未有之大变局"，一百多年前的中国人似乎很无奈。面对西方列强的侵略和蔑视，中国形象的塑造权已根本不掌握在自己手中。当然，对于西方人在认识中国方面经常陷入的误区，少数西方人也曾进行过反思。例如清朝末年活跃于中国的美国外交官何天爵就曾在《真正的中国佬：西方人眼中的中国》一书中呼吁："批评指责中国人比正确全面地了解他们要简单容易得多。因为东西方彼此接触了解的历史还太短暂，机会太少。我们对中国的认识大多来自想象和猜测，而不是立足于事实。因此，对于中国人的种种误会和曲解便是很自然而不可避免的事情，然而他们的确是一个值得认真研究的民族。现实生活比任何神奇的虚构和猜测都要丰富有趣得多，对于中国人也是如此。"1871年1月，美国驻华公使镂斐迪在专门呈报给华盛顿的一份报告中，曾深有体会地感慨："中国是一个自身充满各种差异的国度。没有一种有关中国的概括性描述是安全可靠或者正确的，因为如果有50个例子可以证明一个说法是真的话，会有100个例子等在那里证明事实并非如此。中国的政府是这样，其他的方面也是这样。"然而后来的事实证明，历史的改变并非一朝一夕。当西方的中国形象好不容易在二十世纪三四十年代得到扭转时，这种良好的态势却又被意识形态的铁幕阻断。正如美国著名中国问题专家乔舒亚·库珀·雷默也在《中国形象》一书中提出："直到 2004—2005 年左右，中国仍然是世界上最不被理解的国家之一。"

2008 年 5 月 18 日，《华盛顿邮报》的"观点"栏目，刊登了一首名为《你们究竟要我们怎样生存？》（*What Do You Really Want from Us？*）的英文诗，在诗文前编辑特别说明："此诗 3 月份在互联网上出现，然后在中英文博客和网站上像病毒一样迅速蔓延传播，但此诗的作者是谁未获证实。"该诗写道："当我们是东亚病夫时，我们被说成是黄祸／当我们被预言将成为超级大国时，又被称为主要威胁／当我们闭关自守时，你们走私鸦片强开门户／当我们拥抱自由贸易时，却被责骂抢走了你们的饭碗／……你们究竟要我们怎样生存？"这首诗当年在互联网上热传并引起中西方网友热议，被评论为是多年来受到双重标准困扰的海外华人向西方偏见"射出的一记利箭"，而其矛头实则指向由西方媒体导向所塑造的欧洲中心论的公众意识。尽管有评论者认为，仅仅用怨天尤人的心态来诉说历史悲情和讨伐现实不公，无助于这个国家的长远进步，尤其对于中国的历史研究者而言，系统地梳理并反思西方的中国形象无疑具有特殊意义。

早在九十年前的 1935 年，著名作家林语堂先生就在《中国人》出版之际提出："可见，中国在当今世界上是最使人感到神秘而惊愕不已的国家，而且这还不只是由于中华民族的古老及其地域的广阔。中国是当今世界上有着持续文化传统的最古老的国家，她的人口也居世界之首；她一度是雄视全球的强大帝国，一个引人瞩目的征服者，她为世界贡献了自己某些最重要的发明，她拥有自己独特的文学、哲学和生活的智慧；她在艺术领域中展翅飞翔之时，其他国家还刚刚在学着拍打自己的翅膀。然而，今天的中国，无疑是这个地球上最混乱、最受暴政之苦、最可悲、最孤弱、最没有能力振作起来稳步向前的国家。……那么，谁来做她的解说员呢？这似乎是根本无法解答的难题。"显然，21 世纪的中国人有理由回答这个问题。

当今世界，我们面对的是百年未有之大变局。从某种意义上讲，21 世纪的这种"百年未有之大变局"甚至要比 19 世纪李鸿章所面对的"数千年未有之大变局"更为复杂严峻。要实现中华民族伟大复兴，当代中国人所要承担的任务更加艰巨。回望历史，西方的中国形象错综复杂、变幻无穷，有正面的、美好的，也有负面的、丑陋的。而在现实和未来，西方的中国形象仍会不断演绎变化。当今国际形势不确定性日益凸显，互联网高度普及，然而国际信息的沟通与精神的理解反而呈现更深的隔膜。由于某些国家、某些政治势力、某些利益集团的左右，我们看似同处一个地球村，但却越来越难以包容相待。环顾现实，种族矛盾、贫富分化、宗教冲突、资源争夺、意识形态等因素引发的割裂与敌视，依然是难以解决的痼疾。不可回避的是，当中国以惊人的脚步前进时，当数以亿计的中国人走出国门去了解世界时，许多西方人却很少踏足中国的土地，也很少真正试图了解中国，结果就是陷入信息茧房，对这个东方国度、这个古老民族的认识竟然与一百年前无异，其傲慢、无知、顽固的程度令人唏嘘。究竟是什么造成了这一现象？这无疑非常值得我们深入探究。

数百年来，在西方世界流传广泛的有关中国形象的影像材料中，龙无疑是出现频率很高也是最具代表性的元素之一。据学者施爱东考证，到 16 世纪时，中国龙纹已传入欧洲，并常常被作为教堂的装饰，早期来华传教士利玛窦等人也很早就认识到了龙与中国皇帝之间的微妙关系。总体上看，16—18 世纪之间，由于西方世界对中国怀有一种美好的想象，无论是服饰、瓷器还是建筑、版画中，充满神秘色彩的中国龙都呈现出一种"典雅、伟大、高贵"的色彩。例如 1687 年出版的《中国哲学家孔子》内所附的孔子画像中，其上方就配了一幅双龙戏珠图案。1735 年出版的杜赫德所著《中华帝国全志》中，更是第一次将龙升格为"中国人的国家象征"。而在 17—18 世纪"中国热"期间，欧洲服装商们为了迎合人们的嗜好，纷纷仿制以中国龙为图案的丝织衣料。到 19 世纪，随着西方中国观的剧变，特别是鸦片战争之后，龙这种原本带有时尚意味的中国符号在西方的处境迅速恶化，更多地成为讽刺漫画的主角，变得怪诞、凶恶、丑陋。这一时期，西方各国出现了大量以中国龙为主题的讽刺漫画，画面中的龙呈现给读者的往往是辫子、八字胡须、曲张的双手、长而尖的指甲、大腹便便的身躯等标志性元素，或面目狰狞、或楚楚可怜，让人望而生厌。巧合的是，正是在 19 世纪末这样一

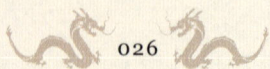

个龙在西方被丑化、恶化的时期，随着清朝政府在设计国旗、邮票、警徽、钱币等大量使用龙的形象，龙这一符号更进一步被西方普遍接受作为中国的国家标志。以上种种情形，本书所采用的相当一部分影像资料就是最好的明证。当然，到 20 世纪，随着中国社会自身发生了一系列重大变革，西方的中国形象也开始产生新的变化，作为中国象征的龙，在有些影像资料中也曾一度变得可爱可亲。至于新中国成立以后的一段时期里，西方世界在意识形态的驱使下，又常常以红色巨龙塑造中国形象，我们也同样不应忘记。鉴于此，本书以"画龙"为题，无疑是对数百年来西方刻画中国形象历程的生动概括。

时至今日，国家形象的研究、传播、塑造等课题已成为当代中国所关注的焦点之一。毋庸置疑，研究西方中国形象演变历史，把握不同时代西方塑造中国形象的特点，有助于我们重塑中国形象，扭转西方对中国形象塑造逻辑的错误认识。自 20 世纪 50 年代"形象学"兴起之后，西方的中国形象研究就逐渐引起了学者的广泛关注，中国学界在数十年来也可谓成果丰硕。追溯起来，本课题的研究最早始于十年前。得益于所就职的国家博物馆丰富的近代历史影像收藏，笔者 2014 年即开始"西方摄影作品背后'中国观'的变迁"课题的研究，对国家博物馆馆藏历史照片进行了系统梳理和研究。及至 2020 年，一场世纪大疫情给全世界都带来了巨大冲击。有感于一场偶然事件引发的人类在心理层面的空前割裂与冲突，不由使人陷入更深层次的思考，因此开始着手从更长历史时段、更多考察对象来进行研究。如今整整五年的心血告一段落，但愿于我们所处的这个特殊时代有所裨益。本项研究得以顺利推进，要特别感谢众多国际博物馆界的开放资源，毕竟仅靠有限的出国实地考察是远远无法获取大量珍贵资料的。作为一名博物馆同行，在此必须诚挚鸣谢大英博物馆（British Museum）、维多利亚与艾尔伯特博物馆（Victoria and Albert Museum, V&A）、伦敦国家美术馆（The National Gallery）、伦敦国家肖像美术馆（National Portrait Gallery）、纽约大都会博物馆（The Metropolitan Museum of Art）、华盛顿国家美术馆（National Gallery of Art）、美国国立历史博物馆（National Museum of American History）、盖蒂博物馆（J. Paul Getty Museum）、波士顿艺术博物馆（Museum of Fine Arts Boston）、芝加哥艺术博物馆（The Art Institute of Chicago）、克利夫兰艺术博物馆（Cleveland Museum of Art）、库珀·休伊特史密森尼设计博物馆（Cooper Hewitt, Smithsonian Design Museum）、美国国会图书馆（Library of Congress）、法国国家图书馆（La bibliothèque nationale de France）、俄罗斯埃尔米塔什博物馆（Hermitage Museum）、柏林国家博物馆（Staatliche Museen zu Berlin）、荷兰国家博物馆（Rijksmuseum）、荷兰海事博物馆（Maritiem Museum Rotterdam）、西班牙普拉多国家博物馆（Museo del Prado）、比利时皇家历史与艺术博物馆（Musees royaux d'Art et d'Histoire）、爱尔兰国家博物馆（National Museum of Ireland）等机构提供的部分开放学术资源。

衷心感谢著名历史学家马勇老师慷慨为本书作序，先生勉励学术后辈的拳拳之心实在令人感动。感谢北京时代华文书局的编辑畅岩海老师的精心策划，在此前曾经愉快合作的基础上，本书得以顺利出版。

杨红林

目　录

第一卷

奇幻的国度
(1500—1800)

　　我们面临这样一个文化矛盾：四百年来，欧洲人关于中国的真实知识中总掺杂着想象，二者总是混淆在一起，以至我们确实无法轻易地将它们区分开。

——史景迁

　　正如希腊人认为其他民族都是蛮族一样，中国人说他们有两只眼睛可认识世上万事，至于我们欧洲人，在对我们进行传授以后，我们就有了一只眼睛，而认为其他人都是瞎子。

——巴洛士

　　要从西方历史中发现西方对中国的敬意，我们必须回到1500—1800年这一时段。

——孟德卫

第一章

初见：从谜区查的神秘抄本说起

要弄清楚中国人的情况。他们来自哪里？距离有多远？到马六甲贸易的间隔时间有多长？携带什么商品？每年往来商船的数目和船的规模如何？是否在当年返回？他们在马六甲或者其他地方是否设有商馆和公司？他们是否很富有？性格怎么样？有没有武器和大炮？身穿什么服装？身材高矮如何？此外，他们是基督徒还是异教徒？他们的国家是否强大？有几位国王？国内有没有摩尔人和其他不遵守其法律及不信仰其宗教的民族？如果他们不信仰基督教，他们信仰和崇拜什么？风俗如何？国家规模以及与什么国家接壤相邻？

——曼努埃尔一世，1508 年。

1947 年，英国历史学家、著名汉学家博克舍（Charles R. Boxer）教授在伦敦的一场拍卖会上发现了一本绘有大量精美插图的手稿抄本。[①]该抄本共有 314 页文字，97 页手绘插画，通篇是由手写体的西班牙文撰写，其装订方式属于 16 世纪末至 17 世纪初一种流行于伊比利亚半岛的风格。遗憾的是，抄本仅有 5 个部分标有明确的作者，而插画的绘制者身份难以考证。作为一名在远东史领域深耕多年的顶尖学者，博克舍教授还长期致力于收集该领域的珍贵图书和手稿，他敏锐地意识到该手稿的意义非同一般。经过三年的潜心研究，博克舍教授于 1950 年发表了关于该手稿的第一篇学术文章——"A Late Sixteenth Century Manila MS"，将其称为"MS（Manila Manu）"，即马尼拉手稿。该手稿至此才真正为世人所知，而学术界则为铭记博克舍教授的贡献将其命名为 The Boxer Codex，中文译名则根据他本人的签名命名为《谟区查抄本》（马尼拉手稿的藏书印上有其名字日文拼音"谟区查"）。1967—1969 年，博克舍教授在印第安纳大学执教并担任校图书馆顾问期间，又将抄本捐赠给了该校善本图书馆。

根据博克舍教授的考证，《谟区查抄本》大约绘制于 1590 年，最早也被称为《盗贼群岛史》，其中包含了西班牙人最初接触菲律宾群岛、印度、中国时所见的当地居民。除了描述历史典故，该手稿还包含了当地居民和他们独特的服饰彩绘，是了解早期东南亚风俗历史的重要史料。《谟区查抄本》可能是为了向西班牙政府汇报而编撰的，反映了当时西班牙对中国及东南亚地区的兴趣和情报收集需求。博克舍教授在研究中提出，最有可能负责编撰

① 查理·拉尔夫·博克舍（1904—2000），又译为博克塞、谟区查。生于英国，1923 年被任命为林肯郡团的准尉，1930—1933 年在日本担任教授语言的官员，1933 年出任官方的日语翻译，1936 年受命赴香港从事情报工作。1941 年成为日本战俘，1946 年随远东委员会英国代表团返回日本。在亚洲活动期间，博克舍发表了大量有关远东历史的论文，被公认为这个领域内最著名的权威。1947 年结束军旅生涯，受聘担任伦敦大学贾梅士葡语教授，1967 年退休执教于印第安纳大学，并担任该校图书馆顾问，1969—1972 年出任美国耶鲁大学欧洲海外扩张史教授。值得一提的是，其第二任妻子即为曾因撰写《宋家三姐妹》而蜚声世界的美国著名女作家项美丽（Emily Hahn）。

这本书的人是当时西班牙驻菲律宾的总督戈麦斯·佩雷斯·达马雷尼亚斯（Gómez Pérez Dasmariñas）或他的儿子路易斯·佩雷斯·达马雷尼亚斯（Luis Peréz Dasmariñas）。从西班牙人出现到 1617 年，戈麦斯·佩雷斯·达马雷尼亚斯被誉为菲律宾最好的总督。他非常信任中国人，因此父子二人似乎都熟悉中国艺术家的作品。1593 年，只有 25 岁的路易斯·佩雷斯·达马雷尼亚斯接替父亲担任总督后，最迟在 1594 年，他委托一位中国艺术家制作了一件非常大的圣母玛利亚雕塑。[①] 由此推测，《谟区查抄本》中的插画可能由当地的中国画家或工匠绘制，他们使用中国生产的纸张和颜料，结合了中国绘画的传统技巧和西方的审美风格。

从绘画风格、着墨和色彩上看，由于其中部分绘画作品图案与《山海经》中记述的插图非常相似，而且使用中国生产的纸张和颜料，《谟区查抄本》中的中国插画应当属于明代中国绘画。其中有关中国神像的插画可能是源自《封神演义》以及《三国演义》。每幅插画上都绘有边框和名称，这些边框呈现出一种中西融合的风格，而画上方的名称则是用厦门方言的罗马体书写而成。《谟区查抄本》中有关明代中国的插画及文字部分共计有 58 幅插图和 110 段描述性文字，主要内容涵盖了明末时期的中国人物、神灵、异兽和鸟类。博克舍教授的研究指出，这些插画和文字为后人提供了了解早期东南亚风俗历史的重要史料，同时也是研究明代中国社会和文化的重要资源。

今天的人们目睹这部充满神秘色彩的《谟区查抄本》，多少会感到好奇并充满疑问：在近代意义上的正面接触之前，欧洲人是如何认识、如何描绘中国人的？

事实上，众所周知，由于地理距离的阻隔，在千百年的时间里，古代欧洲对中国和中国人的认识主要通过间接的贸易和文化交流获得，而这些认识往往带有一定的神秘色彩和想象成分。在古罗马时期，中国被称为"塞里斯"

---

① The Early History of the Boxer Codex, JOHN N.CROSSLEY, Journal of the Royal Asiatic Society, Volume 24, Issue 1, January 2014, pp.115-124, Published By Cambridge University Press.

图 1-1-1：《谟区查抄本》内插图，描绘的是早期西方殖民者初到西太平洋时与密克罗西亚的查莫罗人接触的情况。

(Seres)，意为"丝国人"，因为丝绸是当时中国对欧洲最重要的出口商品之一。古罗马的作家，如老普林尼，就描述中国人为身体高大、红发碧眼的民族，这些描述显然是基于传说和想象，而非实际接触。此外，古希腊史学家马尔塞林对中国物产的富饶和社会秩序给予了高度评价，他认为塞里斯国疆域辽阔，物产丰富，城市虽稀疏但规模大，人民热爱和平。随着时间的推移，尤其是通过丝绸之路的贸易，欧洲对中国的了解逐渐增多。到了中世纪，特别是元朝时，一些欧洲旅行家和传教士开始有机会直接访问中国，他们带回了更多第一手的描述和见证，由此产生了西方最早的中国人（主要是所谓的"鞑靼人"）图像。

据有关研究者考证，目前来看，西欧最早的"鞑靼人"图像出现在英国本笃会修士马太·帕里斯（Matthieu Paris，1200—1259）的手稿抄本《大编年史》（*Chronica Maiora*）中。这幅插图中有一行铭文写道："灭世者鞑靼或食人肉的鞑靼"，以印证当时欧洲人对于鞑靼人相貌的文字描述："他们的面庞宽大、斗鸡眼。口中发出可怖的声音，透露出内心的残忍，穿着未经处理的动物生皮，用牛皮、驴皮或马皮防御……他们以公牛皮为衣，收集尺寸合适的铁皮为铠甲，十分坚固，在战场上战无不胜。"而实际上，无论是文字还是插图，显然都没有忠实于历史的"真相"，与"鞑靼人"的形象并不相符。

从 13 世纪中叶起，由于蒙古帝国版图的扩张及其宽松的商业和宗教政策，东西方之间的交通往来空前繁荣，许多欧洲商人和传教士得以来到

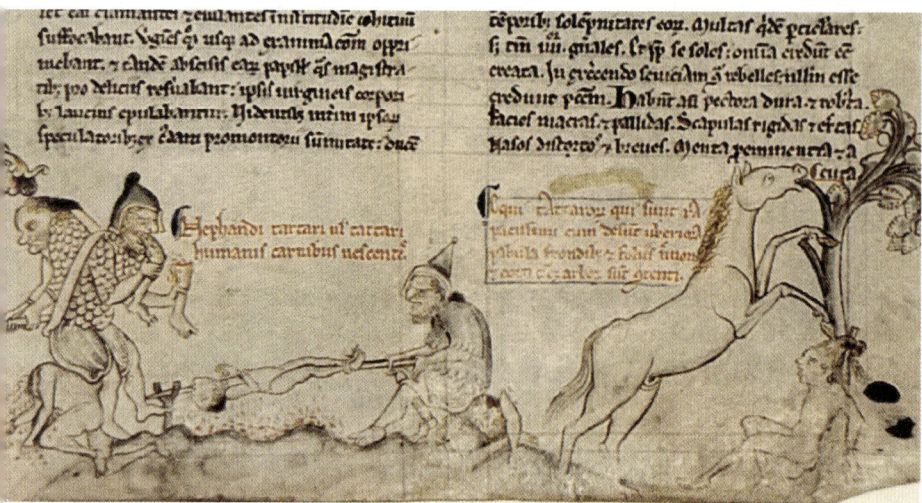

图1-1-2：鞑靼的盛宴，马太·帕里斯《大编年史》抄本插图，13世纪。引自郑伊看著：《来者是谁：13—14世纪欧洲艺术中的东方人形象》。

中国，与当地居民产生直接接触。在东西交往的进程中，一些商人和传教士作为中介者记录下自己的所见所闻，较为著名的比如柏朗嘉宾（Jean de Plan Carpin，1182—1252）的《柏朗嘉宾蒙古行纪》、鲁布鲁克的威廉（William of Rubruk，1220—1290）的《鲁布鲁克东行纪》、鄂多立克（Odoric de Pordenone，1286—1331）的《鄂多立克东游录》、威尼斯商人马可·波罗（Marco Polo，1254—1324）的《马可·波罗行纪》、约翰·曼德维尔爵士（Sir John Mandeville，？—1372）的《曼德维尔游记》等。这些游记中常常包含大量对于"鞑靼人"的相貌、着装、发式的文字描述，从而为西方世界提供了最早的具象化的中国形象。当然，这些作者在讲述自己的精彩"见闻"时，往往加入自己的杜撰与想象。例如《马可·波罗行纪》中，就对中国的繁荣和富饶给予了极高的评价，书中描述了中国的黄金、香料、丝绸以及先进的技术和管理方式。然而这些描述在欧洲引起了不同的反响，有些人对这些描述持怀疑态度，有些人则对中国充满了向往和好奇。在当时印刷术尚未普及的情况下，《马可·波罗行纪》以抄本的形式广为流传，而几乎每种版本都会配有精美的插图，例如保存在伦敦国家图书馆的版本制作于14世纪中叶，

图 1-1-3：忽必烈大汗授予马可·波罗金色牌符，《马可·波罗行纪》抄本插图，1413 年，法国国家图书馆版本。

由巴黎画师绘制了 36 幅插页；保存在牛津大学博德雷恩图书馆的版本制作于 1400 年前后，包括 38 幅插图；纽约摩根图书馆收藏的版本于 1410 年在巴黎制作，包括 34 幅插图；保存在法国国家图书馆的版本制作于 1413 年，其中配有 84 幅插图。而在这些插图中，元朝皇帝忽必烈的外表几乎都是欧洲人特点，显然与东方人相去甚远，只是通过服饰、帽子来区别其身份。

与此同时，从 15 世纪开始，在一些欧洲艺术作品中，也出现了个别更接近真实的中国人形象。例如 1440 年前后，意大利画家皮萨内洛（Pisanello，约 1395—1455）在维罗纳圣安娜斯塔西亚教堂佩勒格里尼礼拜堂拱门上方绘制了一幅名为《圣乔治与公主》的壁画。在画面中，皮萨内洛表现了一组人物，其中有一位手持弓箭、穿戴铠甲的"鞑靼"士兵，其双檐帽、蒙古褶、高耸的颧骨和塌鼻头等细节表明，皮萨内洛对于"鞑靼人"的相貌和装束已经有相当的了解，与 13 世纪画师马太笔下的"鞑靼人"形象相比已经有了本质上的差别。

在人员直接交流稀缺的时代，通过长途贸易实现的商品交流就成为东西方之间形象传播的重要渠道。依托丝绸、瓷器、茶叶等辗转抵达欧洲的东方

图 1-1-4：《圣乔治与公主》中的"鞑靼人"形象，约 1440 年，皮萨内洛，卢浮宫博物馆收藏。

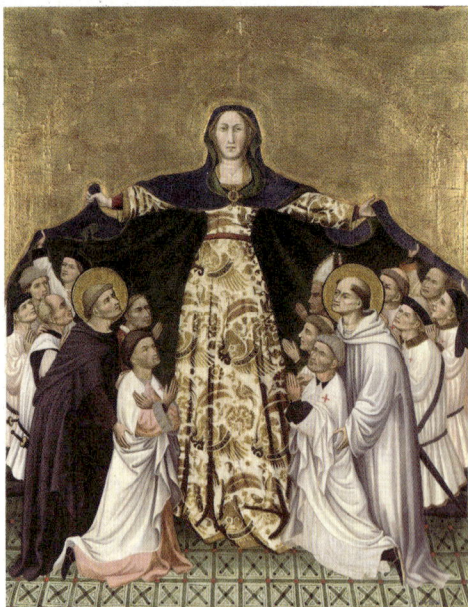

图 1-1-5：《圣母玛利亚与蒙特萨骑士团的大师们》，木版蛋彩画，约 1412 年，安东尼·佩里斯，西班牙普拉多国家博物馆收藏。

物品，欧洲人想象神秘的中国，想象东方的富足与精致的生活。早在古罗马时期，好几位作家都曾在他们的著作中留下了有关中国丝绸的记载，而著名的独裁者凯撒据说也曾在一次公开场合身着丝绸而引起轰动。到奥斯曼帝国时期，中国的丝绸通过横贯欧亚大陆的陆上交通线大量输往中亚、西亚和非洲、欧洲国家。不过在欧洲早期历史上，以图像的方式呈现中国丝绸的情况并不多见。活跃于 15 世纪初的西班牙瓦伦西亚画家安东尼·佩里斯（Antoni Peris，1388—1424）曾创作了一幅《圣母玛利亚与蒙特萨骑士团的大师们》的祭坛画，画面中的圣母身着华丽礼服，在白色缎面上装饰着中国古代丝绸织物的图案，包括凤凰、羽毛、豹子等。

相比于丝绸，瓷器更是传播古代中国形象的最佳物质载体。特别是在元朝时，中国出产的丝绸、瓷器、茶叶、漆器、铁器、药材等商品通过陆路和海路大量运销海外，丰富了欧洲人的日常生活。不过在地理大发现之前，能够顺利抵达欧洲的中国瓷器仍然数量有限。加上奥斯曼帝国横亘在东西交通要冲，当时的欧洲几乎只有占据交通和商业便利的意大利人能够获取较多的中国瓷器。由于来之不易，欧洲人自然格外珍惜。例如著名的"盖涅雷斯 – 方特希尔瓶"，又称"丰山瓶"，是有档案记载最早抵达欧洲的一件中国瓷器。这件产自景德镇的青白釉瓷瓶，大约于 1320—1340 年间制作，由方济各会传教士乔瓦尼·迪·马里尼奥利（Giovanni di Marignolli）在出使元朝宫廷期间从中国带到欧洲。作为元朝时极少数得以抵达欧洲的中国瓷器，"丰山瓶"曾被隆重地镶嵌在银鎏金座上，先后成为多名王公贵族的珍藏。

到 16 世纪前后，来自中国的瓷器特别是青花瓷甚至取代金银器走上欧洲神

图 1-1-6："盖涅雷斯 – 方特希尔瓶"，约 1320—1340 年，爱尔兰国家博物馆收藏。

图 1-1-7：《三博士来朝》，油画，1495—1505 年，安德烈亚·曼特尼亚，盖蒂博物馆收藏。

图 1-1-8：《诸神的盛宴》，油画，1514 年，乔凡尼·贝利尼，华盛顿国家美术馆收藏。

坛，作为圣洁的礼物敬献给耶稣和圣母，在当时欧洲很多画家的画作里，经常可以看见中国瓷器的身影。目前所知最早出现青花瓷的欧洲绘画作品，一般认为是意大利画家安德烈亚·曼特尼亚（Andrea Mantegna，约 1431—1506）创作于 1495—1505 年间的《三博士来朝》。画面上，耶稣基督、圣母玛利亚和约瑟夫戴着光环，穿着简单的衣服，而来自东方的三位博士则穿着异国情调的衣服和珠宝，并携带精美的礼物。其中卡斯帕留着胡子，光着头，向圣婴赠送了一只罕见的、精致的中国瓷杯，杯子里面装满了金币。

欧洲人将中国瓷器呈现在画作中的最经典的案例，无疑当推意大利画家乔凡尼·贝利尼（Giovanni Bellini，约 1430—1516）及其名作《诸神的盛宴》。这幅完成于 1514 年的油画，原本是贝利尼为费拉拉公爵阿方索·伊斯特（Alfonso I d'Este）的埃斯滕斯城堡创作的神话题材绘画之一。画面上的人物皆为古罗马诸神，画中共有三件大花瓷钵，两件被高高举起，一件盛满水果放在地面。一幅画里同时出现三件青花瓷大器，也表明 16 世纪之前青花瓷已经进入意大利上层贵族家庭。有趣的是，就在贝利尼完成《诸神的盛宴》后不久，葡萄牙航海家皮雷斯率领第一个葡萄牙使团抵达广州，开始了欧洲国家与中国官方的首次正式接触。

不过从总体上看，直至 16 世纪下半叶，对于大多数欧洲人来说，中国形象依然只是一个抽象乃至虚幻的概念。近代意义上的东西方接触，还要从地理大发现算起。

到地理大发现时期，欧洲与中国的接触主要体现在探索新的贸易路线和进行文化交流上。在这一时期，欧洲国家为了寻找通往东方的新航路，开展了一系列航海探险活动。这些活动不仅促进了欧洲与亚洲的直接联系，也对全球贸易网络和文化交流产生了深远影响。欧洲殖民者在 15 世纪末至 16 世纪期间的航海探险，特别是达·伽马绕过好望角到达印度的航行，为欧洲直接与中国建立贸易联系提供了可能。这打破了之前由阿拉伯商人和威尼斯商人控制的丝绸之路贸易垄断，使得欧洲国家可以直接与亚洲进行贸易，包括与中国的贸易。地理大发现促进了全球贸易的发展，中国的商品如丝绸、瓷器、茶叶等在欧洲市场上变得日益重要。这些商品的流入不仅刺激了欧洲的内需市场，也促进了欧洲经济的繁荣。同时，欧洲的文化、科技和哲学等也通过贸易传入中国，促进了东西方文化的交流和融合。然而与欧洲的积极扩张不同，明代中国的统治者采取了重农抑商政策，并在大部分时间实行"海禁"政策，这限制了中国与外界的接触和贸易。

因此，最早在欧洲流传的关于中国人相貌和服饰的传闻和图像，基本上是葡萄牙人、西班牙人、荷兰人在马六甲、印度见过中国商人或听说有中国人之后的记录，并没有亲眼所见的经历。不过随着新航路开辟后欧洲早期殖民活动的日益密集，东西方的正面接触也逐渐多了起来。

作为地理大发现的先行者，葡萄牙人无疑是最早与中国进行交往的群体。特别是在16世纪之后，相比欧洲其他国家而言，葡萄牙人可以说是中国形象最活跃的塑造者。1498年，达·伽马率船队抵达印度，开辟了前往东方的新航路。1507年，葡萄牙探险家阿尔布克尔克占领了霍尔木兹海峡[①]，取得印度洋霸权，并继续向东推进，到达满剌加（今马六甲），从而摸到了中国沿海的门槛。鉴于很多去过印度回国的葡萄牙人向国内传达的关于中国的情报均较为模糊，葡萄牙国王曼努埃尔一世（1495—1521在位）于1508年2月派遣迭戈·塞哥拉（Diego Sequeira）征服马六甲，就下达指令："要弄清楚中国人的情况。他们来自哪里？距离有多远？到马六甲贸易的间隔时间有多长？携带什么商品？每年往来商船的数目和船的规模如何？是否在当年返回？他们在马六甲或者其他地方是否设有商馆和公司？他们是否很富有？性格怎么样？有没有武器和大炮？身穿什么服装？身材高矮如何？此外，他们是基督徒还是异教徒？他们的国家是否强大？有几位国王？国内有没有摩尔人和其他不遵守其法律及不信仰其宗教的民族？如果他们不信仰基督教，他们信仰和崇拜什么？风俗如何？国家规模以及与什么国家接壤相

---

① 阿方索·德·阿尔布克尔克（Afonso de Albuquerque），1453—1515年，16世纪初期葡萄牙探险家，曾多次在远东地区开展军事殖民活动，占领了果阿和马六甲，后被任命为葡属印度殖民地总督，为葡萄牙王国在东方的霸权奠定了基础。

邻？"由此可见葡萄牙人对详细地了解中国是多么地迫切！ ①

　　1509 年，塞哥拉船队来到马六甲海域，葡萄牙人由此和在这里生活的中国人进行了最早正面接触。一位无名氏作者根据一位目击者的口述对他们见到的中国人进行了记录："这些秦人身材高大，均匀，不留胡子，但有髭须，小眼睛，颌骨离鼻子较远，长发，面孔扁而黧黑。"不过由于塞哥拉未能占领马六甲，他的船队不久即被迫启程归航，因此对中国人也只是有初步的间接了解。②

　　1513 年 5 月，葡萄牙探险家欧维治（Jorge Álvares）率领船队从马六甲航行至珠江口的屯门澳，与当地居民进行了香料贸易，成为首位通过海路抵达中国沿海的葡萄牙人，也为中国和葡萄牙之间的贸易关系铺平了道路。就在同一时期，一位名叫多默·皮列士（Tome Pires，又译作托马斯·皮雷斯）的冒险家也来到中国沿海开展活动，并于 1512 年至 1515 年间撰写了《东方志》（Suma Oriental），书中包含了许多对中国的详细描述。有趣的是，之后他居然奉命在广州登岸，成为葡萄牙乃至整个西方世界首位进入中国的使者。1517 年，葡萄牙人费尔隆·伯列士·安德拉吉率一支舰队，护送葡使皮列士从马六甲抵达广州。安德拉吉本人返回马六甲，皮列士及其使团成员在广州等待三年后，方得到明朝的许可赴北京。1520 年初，使臣一行从广州出发，5 月皮列士等据传和正德皇帝在南京曾有一次会晤。正德皇帝命使团去北京，以便正式接见。不过葡萄牙使臣于次年初到达北京时，却恰逢流亡的马六甲国王派遣的使臣也抵达这里，而他们的任务就是控告葡萄牙人用武力夺取马六甲的罪行，请求明朝援助其复国。与此同时，一些明朝大臣也上奏指控葡萄牙人此前在屯门澳等地的暴行，以及占领藩国马六甲等不法

----

① 《葡萄牙国家档案馆藏有关葡萄牙航海与征服档案汇编》，1982 年，里斯本，第 194—195 页。转引自万明：《明代中葡两国的第一次正式交往》，《历史研究》1997 年第 2 期。

② 参见姚风著：《中外文学交流史（中国—葡萄牙卷）》，山东教育出版社，2015 年 12 月。

事。于是，葡萄牙使臣最终未能得到朝廷接待。不久后正德皇帝去世，而新皇帝嘉靖继位后，葡萄牙使臣立即被遣返广州并被投入监狱，使团中一些人死去，但其中一名叫克利斯多弗·维埃拉的人设法从监狱中送出一封信，记述葡萄牙人此行中国的遭遇，被称为《广州葡囚书简》。也有的材料说，皮列士于1524年5月病死于狱中。[①]

值得一提的是，皮列士之前所撰写的《东方志》倒是留下了对有关中国形象的详尽描述。他记述道，中国有大量的漂亮马匹和骡子，以及丰富的商品，如丝绸、瓷器等，这些都表明中国是一个商业活动频繁的国家；中国的法律严格，司法公正，官员清廉，而且国家的管理体制运作良好；中国人大多信仰佛教和道教，但也有一部分人信仰伊斯兰教，有不少宗教仪式和节日；中国的医生和药剂师具有高超的技艺，而且中国的教育制度完善，学者们对天文、数学等领域有着深入的研究。他对中国的军事力量也有所描述，提到中国的武器和大炮，以及军队的规模和组织。他提到了中国人的饮食习惯、服饰风格以及对礼仪的重视。令人惊奇的是，在皮列士眼中，当时中国人的形象居然是这样的："中国人的肤色是白色，和我们一样白。他们大多穿黑棉服，并且他们穿这种有五块衣襟的袍子，和我们的一样，只是他们的袍子更宽大。在冬天他们腿上穿毡袜，足上穿样式好的、长仅及膝的靴子，并且他们穿用羔皮和其他毛皮镶裹后的衣服。他们有的人穿大衣。他们戴圆形丝网帽，像我们在葡萄牙用的黑筛。他们更像德国人。……他们的女人像西班牙女人。她们穿带褶的裙子，系腰带，以及穿稍微宽松的上衣，比我们国家的要长。她们的长发在头顶上卷得优美，她们用金针把发别紧，有条件的人在头发四周饰以宝石，并在她们的头顶、耳上和脖子上戴上金首饰。她们用大量铅粉涂面，再在上面搽胭脂，她们的打扮使塞维尔女人相形见绌，她们像寒冷地方的女人一样喝酒。她们穿尖头丝缎做的拖鞋。她们手上都拿着扇子。

---

① 克利斯多弗·维埃拉、何高济：《广州葡囚书简（1524？）——葡中首次交往的见证》，《国际汉学》，2004年第1期。

她们和我们一样白，有的眼睛小，有的大，鼻子如常。"①

皮列士的中国之行结束后不久，体现葡萄牙人对亚洲认知的书籍便出现了，其中最具代表性的当推《卡萨纳滕斯抄本》（葡萄牙语：*Códice Casanatense*），其因保存在罗马的卡萨纳滕斯图书馆而得名，抄本最初被 17 世纪的葡属印度首府果阿的收藏者所拥有，后来传回欧洲，成为红衣主教吉罗拉莫的藏品，主教去世后被拍卖，成为教会图书馆的藏品。《卡萨纳滕斯抄本》是一部反映葡萄牙人 16 世纪开拓东方海疆的见闻插图集，全书没有过多的文字描述，只有大量手绘插图，内容以东方各地的居民形象为主，辅以不少具有异域风情的生活习俗。由于抄本中没有涉及日本的内容（葡萄牙人在 1541 年才接触到日本人），所以可能是在 1540 年前制作的。这些插图可能是居住在果阿的印度艺术家的作品，其中包括一幅表现中国夫妇的画面，不过他们穿的却是西方服饰，外表也更像欧洲人，显然仍带有想象的成分。

除皮列士之外，葡萄牙人加斯帕尔·达·克路士（Gaspar da Cruz）、若奥·德·巴洛士（João de Barros）稍后也在他们的著述中留下了对中国人的描述。克路士是一位 16 世纪的葡萄牙多明我会传教士和作家。他在 1554 年来到马六甲，并在 1556 年获得了进入中国的许可，访问了广州等地。克路士在中国的停留时间不长，但他对所见所闻做了详细的记录，并在返回葡萄牙后出版了关于中国的著作。克路士的著作《中国概说》（*Tratado em que se contam muito poliglamente as cousas Remarkaveis do Grande Reyno da China*）首次出版于 1569—1570 年间。这本书是第一部在欧洲出版的、专门描述中国的著作之一，它提供了关于中国社会、文化、宗教、经济和政治的详尽信息。克路士在书中描述了中国的地理、人民的生活方式、宗教信仰、法律制度、货币系统、农业和手工业等。克路士对中国的经济活动印象深刻，他提到了中国丰富的商品和繁荣的市场，特别是对丝绸、瓷器、茶叶等中国特产的描述。他详细介绍了中国的社会结构，包括不同的社会阶层，如官员、商人、农民和手工艺人等。他还提到了官员的选拔制度，即通过科举考试选拔

---

① 何高济译：《神奇的东方——皮列士〈东方志〉》，《国际汉学》，2000 年第 2 期。

Jente detera dachina chamav e
diinas sualei hede Jintios estatera
dachina be m Kica mais bem piri
guosa bana negua cam pera ela por
quese per dem m____nauios ÷

141

图 1-1-9：身着西方服饰的中国明朝夫妻，《卡萨纳滕斯抄本》插图。

官员。克路士注意到中国宗教的多样性，包括佛教、道教和儒教。他描述了寺庙、僧侣和宗教仪式，以及宗教在中国社会生活中的重要性。他对中国的法律制度和社会秩序表示赞赏，提到了法律的严格执行和官员的清廉。他还提到了中国的刑罚制度，包括对犯罪者的惩罚。克路士对中国的科技和教育水平表示钦佩，他提到了中国的印刷术、天文学和医学知识，以及对教育的重视。他描述了中国人的日常生活，包括饮食习惯、服饰风格和家庭生活。他还提到了中国人的礼仪和待客之道。克路士对中国的建筑和城市规划也有所关注，他提到了城市的布局、桥梁的建设以及皇宫的宏伟。克路士在书中这样描写中国人的相貌："尽管中国人一般都不好看，小眼睛，扁脸扁鼻，无须，仅下巴上有几根毛，仍然有中国人有很漂亮的面孔，匀称，大眼睛，浓须，尖鼻，但这些人很少，可能他们是古代中国人和各族通婚所传下来的混种。"

巴洛士是 16 世纪的葡萄牙历史学家和官员，他并未亲自前往中国，但他基于其他旅行者和传教士的报告在著作《亚洲》(*Asia*)中详细描述了中国。巴洛士介绍了中国的广阔领土和多样的气候，描述了中国的山脉、河流和平原，以及这些地理特征对农业生产的影响。他对中国的政治制度进行了描述，包括皇帝的权力、官僚体系和行政管理。他还提到了中国的法律和司法制度，以及对官员的选拔和监督。巴洛士对中国的经济活动给予了高度评价，他提到了中国的农业、手工业和商业的繁荣，以及中国商品在国际贸易中的重要性。他描述了中国人的社会风俗和日常生活，包括饮食习惯、服饰、节日庆典和婚丧礼仪："不论是她们还是他们，都娇生惯养，非常讲究穿着及用人的服侍，并在吃喝上面花费大量金钱及时间，因为顿顿都是宴会，长达整日整夜，连佛兰德人和德国人也自叹不如。在那些宴会上有各种演奏的、玩杂技的、演喜剧的、说笑话的，以及一切能使他们高兴的娱乐活动。餐具是再干净不过的，因为都是细瓷餐具。也有用金银杯盏的。吃任何东西都是用按他们方式做成的叉子（指筷子），哪怕吃小块的食物也不用手抓。"

图 1-1-10：巴洛士有关中国作品中的版画插图，出版于 1706 年，插图反映的是中国人的宗教信仰。

紧随葡萄牙人之后，西班牙官员、冒险家、商人、传教士等也很快来到远东，开始试图同中国建立联系。为满足当时欧洲各国对中国的全方位了解，西班牙人门多萨（Juan González de Mendoza）于 1585 年奉罗马教皇之命出版了《中华大帝国史》（*Historia de los Cosas mas Notables, Ritosy Costumbres, del Gran Reino de la China*）。与巴洛士一样，门多萨也终生从未到过中国，他的著述基本是综合了克路士、巴洛士以及同为西班牙人的传教士达拉所提供的报告，在精心整合后出版印行，并很快就在欧洲广为流行。

在这部巨著中，门多萨对中国的政治制度和社会结构进行了详细介绍，包括皇帝的权力、官僚体系、科举制度以及社会等级划分。他惊叹于中国的经济繁荣和广泛的贸易网络，强调了中国商品如丝绸、瓷器、茶叶等在国际贸易中的重要性。门多萨描述了中国的宗教信仰，包括佛教、道教和儒教，并提到了宗教在社会生活和文化中的影响。他对中国的科技成就和教育制度表示赞赏，提到了中国的印刷术、天文学、医学等知识领域的先进性。门多萨强调了中国法律的严格性和司法的公正性、法律对维护社会秩序的作用。他对中国的军事力量进行了描述，包括武器、战略和防御工事，以及军队的组织和训练。门多萨对中国的文化和艺术成就表示钦佩，提到了文学、音乐、绘画等艺术形式的繁荣。他对中国的风俗习惯进行了细致的观察，包括饮食习惯、节日庆典、婚丧礼仪等。可以说，门多萨为欧洲读者创造了一个在各方面都明显优于西方的完美中国形象。如果说马可·波罗为欧洲人塑造了一个物质层面的中国神话，那么门多萨则将其提升到了精神层面，为欧洲人建构了一个文明智慧与道德秩序清晰且近乎完美的中国幻象。[①]

正是怀着这样一种近乎崇敬的心态，门多萨在书中对中国人的外貌和打扮的描写基本上充满了溢美之词：

> 大明的百姓一般是白的和健壮的，小时候很好看，大了就变丑。

---

① 邹雅艳：《16 世纪末期西方视野中的中国形象——以门多萨〈中华大帝国史〉为例》，《南开大学学报》（哲学社会科学版），2017 年第 1 期。

他们胡须少，眼睛小。他们因一头长发而骄傲。他们让头发长得长长的，把它盘成一个髻，留在头顶，然后他们给它罩上个发网，中央分开，以保持和固定发型，戴一鬃毛制的帽子。这是他们一般的头饰。但他们长官的帽子是另外的类型，用最精美的线织成，里头的发网用金线织成。他们每天早晨要花很多时间梳理头发。妇女不用什么发饰，只戴些花环，或者金银饰品，别在发髻上。

女人与外界隔绝而且是贞洁的，我们很少在城市和大镇看见妇女，除非是老妪，只有在村里，那里看来要单纯些，可以看到更多的女人，她们甚至在地里干活。她们从婴儿时起便习惯缠脚，以致破了脚形，让大脚趾后所有的脚趾都往下弯。男人常把一个指头的指甲留得很长，并引以为荣。我便看见许多人的指甲和指头一般长。他们日常的衣服是用棉布缝制，染成蓝色或黑色，居丧期的服饰除外。这时他们的衣服是用另一种粗布，而与死者的血缘越近，用的布就越粗。他们一般穿的服装是一件长而宽的上衣，拖到袜子处，和一条长而窄的汗裤，鞋是草鞋，有的人不穿衬衣，而穿一件丝网内衣，网眼大到可把指头伸进去。陪我们的那些军官，在户内因热脱掉外衣，就穿这种丝网内衣和汗裤走来走去。军、官的仆役大多把头发盘在顶上，用一根绳和针穿过去把它固定下来。他们穿袜子和草鞋，袜是织成的，但看去不怎么像丝网。

大人物、军官和官吏穿长丝袍，一般用缎子，拖到地，有大而宽的袖口，穿肥大的黑色鞋，尖向上翘。穿鞋前先用布条裹住脚和腿。不同的鞋帽可用以区别官员或军官等等。他们通常在丝袍的胸背绣上一头大狮子。老百姓的帽子是圆的，士绅的帽子则是方的，像牧师的四角帽，用马鬃制成，但居丧时戴的却不同，一如前述。总督、官员、军官及长官在家戴一顶类似主教小法冠的帽子，有金边和刺绣。但当他们上街或上席位，他们却戴另一种帽子，后半翘起约六英寸，两边笔直插上可说是两只翅膀或大耳朵。所有官员都戴这种帽，军官和总督也一样。但如这些军官或官吏去参见上司，那不戴这种帽，而是用一把伞。

我在很多地方看见图画上皇帝的帽子，和官员的帽子形状差不多，不过它是方的，我们描写的那两只翅膀不那么大，不是插在两边，而是高竖在后面，像角一样立起。书手或秘书的帽子也有类似的耳朵，但制作彼此不同。皇帝的廷臣和顾问，他们的帽子在耳朵的形状和安置方面也与众不同。学生帽子的形状像信箱或箱子，修饰打磨得锃亮。他们僧侣的帽子状如法冠，但和上述军官的不同，而且他们把帽子前沿的褶做成蔷薇花饰。由此可从帽子的形式知道某人是谁及他担任的职位。他们是平易、谦恭和厚道的民族，只有曼达林才自认是神。他们是大工匠，积极从事他们的工作，因此令人惊异地看到他们是多么勤奋地提供产品，而在这方面他们是最有天才的。所有街道上都有各种行业。①

作为欧洲早期汉学的重要作品之一，《中华大帝国史》对后来的欧洲对中国的认知产生了深远的影响，其不仅满足了欧洲人迫切了解中国的愿望，而且在很大程度上塑造了近代早期西方的中国形象。

图 1-1-11：《中华大帝国史》出版后，很快就风靡整个欧洲，有关中国题材的出版物也迅速增加，图为 1599 年德国法兰克福地区印刷的木版画中关于中国的描绘。

① [西] 胡安·冈萨雷斯·德·门多萨著：《中华大帝国史》，孙家堃译，中央编译出版社，2009 年 10 月。

即便如此，由于缺乏第一手的现场记录，当上述这些文字描述传回欧洲时，艺术家们在根据文字描述进行形象创作时，往往会出现较大偏差。艺术家们所呈现出来的中国人物，其外貌、服饰、神态往往是在经过多重想象后勾画出来的。例如16世纪末活跃于欧洲的版画家、印刷商以及铜版雕刻师多米尼克·库斯托斯（Domicinus Custos，1560—1612年）创作的系列版画作品集"土耳其苏丹、苏丹女眷和其他历史人物"（Turkish sultans, sultanas and other historical figures）中，就有两位中国人物的肖像，一幅被命名为"Xunang, China Dominator"，一幅被命名为"Junglieu. Sinens Imperator"，不过从外表看起来两个人物差别却很大，显然艺术家对于中国历史文化的了解非常有限，其信息来源更可能是元朝时商人或传教士的游记，其中想象的成分很大。

图 1-1-12："Xunang, China Dominator"，版画（印刷品），16世纪，多米尼克·库斯托斯，维多利亚与艾尔伯特博物馆收藏。

图 1-1-13："Junglieu. Sinens Imperator"，版画（印刷品），16世纪，多米尼克·库斯托斯，维多利亚与艾尔伯特博物馆收藏。

16 世纪后期，继葡萄牙、西班牙之后在海上崛起的荷兰人也对远东产生了浓厚的兴趣，进行了一系列探险活动，试图寻找从北方通往中国的航线。1594—1595 年间，探险家、商人，被后世称为"荷兰的马可·波罗"的林斯霍滕（Jan Huyghen van Linschoten，1563—1611）选择从北冰洋航行前往东方，最远到达日本以及中国台湾地区，并留下了名为《旅程》（*Itinerario: Voyage ofte schipvaert van Jan Huyghen van Linschoten naer Ost ofte Portugaels Indien*）的航海日记，初版于 1597 年。虽然他本人并未能踏足中国，但仍在该书中基于其他旅行者和商人的报告和描述详细记录了有关中国的许多情况。作为一个商人和探险家，林斯霍滕对中国的贸易和经济活动特别感兴趣。他描述了中国港口的繁忙景象，以及中国商品如丝绸、瓷器、茶叶等在国际贸易中的重要性。著作中提供了关于中国沿海地区的地理信息，包括航线、港口和航海条件，这些信息对于当时的航海者和探险家来说非常重要。另外林斯霍滕还对中国不同社会阶层的生活方式、宗教信仰、节日庆典以及饮食习惯、服饰风格和社会礼仪等进行了记录。值得一提的是，《旅程》中还出现了中国人的图画，画中人物包括穿着优雅的中国平民、穿着华丽的中国官员和夫人。

图 1-1-14："中国服饰"，版画（印刷品），林斯霍滕航海日记《旅程》插图。

图 1-1-15:"中国皇帝",版画(印刷品),林斯霍滕航海日记《旅程》插图。

在促进东西方商业和文化交流方面,荷兰人可谓后来居上,并且在几乎整个 17 世纪的欧洲都扮演了重要角色。尽管葡萄牙和西班牙在新航路的开辟方面要稍早一些,但是在向欧洲传播中国形象这个领域,后起的荷兰人却表现出了更强烈的兴趣。自从 1602 年成立东印度公司之后,商业精神十足的荷兰人便开足马力,劈波斩浪不远万里向欧洲大规模输入中国商品,其中瓷器更是重中之重。有记录显示,仅仅在 1602—1657 年间,荷兰东印度公司所订购的中国瓷器就多达 300 万件,使得中国瓷器很快风靡欧洲,进而广泛影响欧洲各国的审美趣味和社会生活。因此后人不难发现,正是在这时期,随着荷兰画家在欧洲艺术界的强势崛起,在他们的很多作品中都可能看到中国瓷器的身影,包括范·迪切克、勃鲁盖尔、维米尔等一大批大名鼎鼎的画家,其出现频率远远超过了欧洲其他国家。

除了已经日趋大众化的瓷器,荷兰人还凭借得天独厚的优势,得以用他们的画笔将更真实的中国人呈现在他们的艺术作品中,这方面荷兰艺术家同样走在了近代早期欧洲的前列。在这方面,著名的油画《圣方济各·沙勿

图 1-1-16:《静物：花瓶里的花》，油画，老扬·勃鲁盖尔（Jan Brueghel the Elder），1609—1615 年，西班牙普拉多博物馆收藏。

图 1-1-17:《静物：水果、面包和奶酪》，油画，弗洛里斯·克莱兹·范·迪切克（Floris Claesz van Dijck），约 1615 年，荷兰国家博物馆收藏。

略的奇迹》(*The Miracles of St. Francis Xavier*) 堪称典型例子。这幅由绘画大师保罗·鲁本斯（Peter Paul Rubens）于1617—1618年间创作的油画，生动地描绘了圣方济各·沙勿略在亚洲传教时所行的一些奇迹。这些奇迹包括使死者复活、治愈盲人和瘸子，以及在神庙中使偶像倒塌破碎。画面中，不同种族的听众带着些许怀疑或着迷的表情，正在聆听沙勿略传播的福音，而其中赫然有一位身着黄色长袍、头戴东坡巾的东亚男子。曾经在相当长的时期里，这名东亚男子被认为是一名佛罗伦萨商人在日本长崎买到并带往欧洲的朝鲜仆役。然而近年来经过有关学者详细考证，最终认定这名男子是1600年抵达荷兰的中国商人李锦。据考证，李锦号兴浦（Yppong），原本是中国福建海澄县人，在明末出海经商，常年定居于泰国南部港口城市北大年。其1600年5月搭乘商船抵达荷兰泽兰省，随后在此地受洗成为新教教徒。1600年末，李锦在泽兰省的米德尔堡与当地律师尼古拉斯·德·弗里斯 (Nicolaas de Vrise) 结为好友，而后者则在《友人簿》(*Alba amicorum*) 中为李锦画了一幅画像，并且请其本人题字纪念。在1600年李锦抵达荷兰的时候，鲁本斯正在威尼斯游学深造，因此没有与其直接谋面。不过1608年返回家乡担任宫廷画师后，鲁本斯偶然看到了弗里斯的《友人簿》，出于对这名信仰基督教的中国访客的兴趣，在1617年左右参照其画像画了一幅素描。后来在创作《圣方济各·沙勿略的奇迹》时，鲁本斯又把李锦作为中国基督教徒的代表画进去。① 于是在这样一幅诞生于17世纪初的世界名作中，后人可以看到一名形象生动的中国人，画面既寓意着东西方宗教文化的强烈碰撞，又昭示着一个东西方大规模密切交流以及冲突的时代即将到来。

另外，当荷兰人在巴达维亚（今雅加达）建立殖民据点后，他们与同样来这里进行商业贸易的中国人也有了更广泛的直接交往，由此得以更客观地表现中国形象。例如活跃于17世纪中期的荷兰画家安德里斯·比克曼（Andries Beeckman，1628—1664）就以其对巴达维亚的描绘而闻名。在其绘

---

① 泰斯·韦斯斯泰因：《鲁本斯作品中的"朝鲜男人"的新身份——中国商人兴浦的肖像》，葛思康、夏博宇译，《世界美术》，2021年第3期。

图 1-1-18:《圣方济各·沙勿略的奇迹》，油画，1617—1618 年，鲁本斯，维也纳艺术史博物馆收藏。

图 1-1-19: 中国商人李锦的肖像，素描，约 1617 年，鲁本斯，盖蒂博物馆收藏。

图 1-1-20:《巴达维亚的市场》，油画，安德里斯·比克曼，约 1640—1666 年，荷兰国家博物馆收藏。

制的油画《巴达维亚的市场》中，可以看到一个明朝装束的中国人，束发戴网巾，正在向顾客推销水果，手里数着荷兰东印度公司发行的银币。当时正值明末清初之际，大量中国东南沿海移民前往东南亚经商，由于南明政权的存在，很多人当时还保留着明朝装束特点。

继荷兰人之后，英国人也加入东西方贸易通道的探险中。1635 年，英国东印度公司从葡萄牙人那里获得远东殖民地的贸易权利，同年便租了一艘英国船"伦敦"号运货到中国。"伦敦"号抵达中国澳门后，停留了三个月，英国人在岸上搭个小棚子为自己经商，这是英国船只与英国人首次到达中国港口。彼得·芒迪（Peter Mundy，1596？—1667）是一位英国旅行家和商人，从 1627 年开始受雇于东印度公司，曾访问苏拉特和莫卧儿皇帝在阿格拉的朝廷。1637 年，他以商人的身份跟随韦德尔船长（Captain John Weddell，1583—1642）率领的第一支英国来华船队到达珠江口，在澳门及广州城外共待了 6 个月。在其后来撰述的《彼得·芒迪欧洲亚洲旅行记：1608—1667》（*The Travels of Peter Mundy in Europe and Asia, 1608—1667*）中，他留下了一些对中国见闻的详细描述。例如在记述中国人的礼节时写道："一个普通的中国人在行礼时的样子，他会将一只手放在另一只手上，以一种抖动的动作把手向头部移动，同时稍微低下头。"[①] 难得的是，在芒迪出版的游记中还附了一些关于中国人形象的插图，从这些画面看，还是比较接近明朝中国的实际情况的。

正是由于早期西方殖民者的到来，东西方两个世界终于发生了近代意义上的大规模正面接触。16 世纪末到 17 世纪初，来自葡萄牙、西班牙、荷兰、英国的探险家、商人以及传教士们，虽然很难堂而皇之地踏上中国的土地，不过他们依然可以依托东南亚的各个商业港口，与同样在这里经商、生活的中国人产生部分联系，从而对中国形象有了初步的认识。菲律宾的首位主教萨拉扎尔（Domingo de Salazar）在 1590 年的信件就曾记述，这些充满热情

---

① 叶向阳：《从 18 世纪英国旅华游记看中英接触中的通事》，《国际汉学》，2023 年第 1 期。

图 1-1-21：17世纪英国探险家彼得·芒迪描绘的明朝中国人形象，1637年。

的中国人不仅学习了西班牙语，还学习了欧洲的绘画技巧和雕刻。因此我们有理由相信，《谟区查抄本》中的插画极有可能是中国当地画师根据西班牙人的授意所完成的。

从《谟区查抄本》里中国题材插画的具体内容来看，既描绘了当时的中国社会各阶层人物，包括平民、文官、武将、皇族等，以及他们的服饰、生活习惯和社会地位，也包括道教、佛教以及民间信仰的神祇和仪式，还包含了大量描绘异兽和神话生物的插画，这些生物的形象和特征与中国古代的《山海经》中描述的生物惊人地相似，展现了当时人们对神秘和超自然现象的想象和理解。①

---

① 王晗一：《在马尼拉看大明：〈谟区查抄本〉中的中国人物插画》，《明清史研究辑刊》。

《谟区查抄本》中有一系列描述中国人物的插画。例如"常来"①插画展现了一对男女,男子头戴黑色圆高帽,蓄络腮胡,身着淡蓝色长袍,手持折扇;女子则将头发分为三束盘于头顶,身着绿色长袖衫,下身着红色褶裙,脚蹬红靴。这些细节描绘了当时中国人的服饰特色,并且成为当时探险东亚及东南亚地区的欧洲人最为熟知的形象。"文官"插画被描绘为头戴黑帽,帽子后缀双翼,身披圆领蓝边红袍,胸前绣有金色纹样。腰间束有腰带,脚蹬皂靴。这种服饰的描述与明代官员的公服相符,其中黑帽可能指的是乌纱帽,是明代官员常戴的帽子。袍子上的金色纹样可能表示了官员的品级,因为明代官员服饰上的纹样有严格的等级规定。此外,文官的配偶或女性亲属在插画中也有所描绘,她们的服饰同样精致,发型和珠宝发饰表现出了当时女性的时尚和地位。"大将"插画描绘了一位身着华丽军服的将军,这种服饰在明代后期通常见于武神形象,如门神。这些武神被绘制成身着华贵铠甲的守护神,突出其神性和法力,以此来满足民众对于武神的想象。"皇帝"插画描绘了一位身着华丽黄袍、头戴华冠的皇帝,以及一位身着华贵服饰、头戴凤簪的皇后。皇帝的服饰细节,如圆领蓝边黄袍以及腰间悬五彩缎带,和皇后的红色圆领长襦裙,都是明代皇族服饰的典型特征。然而,插画中的皇帝形象与明代实际的帝王形象相去甚远,这可能是因为画师在塑造这一形象时,选用了非现实的参考对象,如道教的神仙画或佛教的供养人,这些形象常常手执笏板、衣带飘飘,以此来满足人们对于中国最高统治阶层的想象。画师也可能参考了当时流行的印刷版物中的帝王形象,这些插画对明代民间的帝王形象刻画可能形成了一种定式。"太子"插画展现了太子头戴黑色幞头,身着圆领蓝边黄袍,胸前、两肩和胯前绘有复杂的金色纹样。太子腰间系一腰带,右手另扶着腰带,足蹬皂靴。太子妃的发型为高盘髻,饰有华丽的凤形发冠以及各种珠宝发簪,她身着圆领短襦,腰悬五彩缎带,下身同为

---

① "Sangley"是西班牙人用来称呼从福建来到菲律宾等地的中国人的叫法,源自中文"常来"的变体发音,意为经常往返,用来指代频繁往来于福建和马尼拉等地的中国人,特别是那些满载货物的中国商人。

图1-1-22："常来"，《谟区查抄本》。

图1-1-23："文官"，《谟区查抄本》。

图1-1-24："皇帝"，《谟区查抄本》。

图1-1-25："仙姑"，《谟区查抄本》。

二层襦裙，肩披绿色绸带，左手单手执一笏板。

《谟区查抄本》中除了描绘明代中国的社会各阶层人物之外，还包含了一些神仙画像，这些画像展现了明代中国东南沿海地区的民间信仰，包括普化天尊、太上老君、关羽、哪吒、土地公等以道教体系为主的神灵。特别值得注意的是，受到跨洋贸易的影响，插画中还融入了类似送子张仙等东南沿海地区信奉的海神。然而不知何故，妈祖或观音，作为当时最负盛名的女性海神，在《谟区查抄本》中却没有留下任何图像或文字信息。画师反而绘制了妈祖的两位侍神——千里眼和顺风耳，同时描绘了一位手持利剑、宝葫芦的"Siamcou"（仙姑）。

最后值得一提的是，《谟区查抄本》中还出现了许多类似中国古籍《山海经》插图的图画，描绘了许多神话生物和异兽，如人面鸟身、蛇身人首等。虽然这些奇怪的图画并非直接源于《山海经》，但或许由于当时东西方间的文化交流和传播，使得《山海经》中的形象被西方人所知，最终得以在《谟区查抄本》中呈现。

图 1-1-26：类似中国古籍《山海经》的神话生物和异兽，《谟区查抄本》。

参考文献：

［美］奇迈可著：《成为黄种人：亚洲种族思维简史》，方笑天译，浙江人民出版社，2016年10月。

［美］桑贾伊·苏拉马尼亚姆著：《葡萄牙帝国在亚洲1500—1700：政治和经济史》，巫怀宇译，广西师范大学出版社，2018年11月。

［葡］多默·皮列士著：《东方志：从红海到中国》，何高济译，江苏教育出版社，2005年8月。

［葡］费尔南·门德斯·平托著：《葡萄牙人在华见闻录：十六世纪手稿》，王锁英译，三环出版社，1998年6月。

［西］胡安·冈萨雷斯·德·门多萨著：《中华大帝国史》，孙家堃译，中央编译出版社，2009年10月。

［英］博克舍编：《十六世纪中国南部行纪》，何高济译，中华书局，2006年8月。

李冬君：《走进宋画：10—13世纪的中国文艺复兴》，北京时代华文书局，2023年1月。

郑伊看：《来者是谁：13—14世纪欧洲艺术中的东方人形象》，江苏凤凰美术出版社，2023年3月。

第二章
发现：卫匡国的中国地图

我受上帝的感召到了中国，在中国停留期间，为了传教的神圣职务，或是为了逃避鞑靼的凶焰，使我到处奔走，漫游了中国的广大地方，我考察了各省和各城市的位置，并对它们进行准确的测量……直到长城方止。

——卫匡国，1655年。

"中国人和欧洲人，居住在旧世界的两端，一个靠近太平洋之滨，另一个濒临地中海和大西洋，是在地理上相互隔绝的情况之下而在文化上发展和成熟起来的。起初，他们相互不知道对方的存在，后来通过传闻和间接贸易中的商品交流才相互认识，然后，旅行带来了偶然的接触，最后，葡萄牙人在1511年占领马六甲之后才有了直接来往和军事接触。"在1931年首次出版的中西文化交流史名著《欧洲与中国》一书中，英国学者赫德逊（G.F. Hudson）开宗明义地这样写道。的确，在地理大发现之前的千百年间，对于早期的西方人来说，中国是一个遥远而陌生的国度。而在中西方交往和探寻的过程中，对彼此地理状况的认知无疑是最重要的内容之一，不过在长达上千年的时间里，这种认知更多是基于传闻的想象。

在公元前1世纪古希腊历史学家斯特拉波（Strabo）的著作中，提到了当时已知世界的极东方区域存在一个名叫"塞里卡"（Serica）的国家，而那里的人们就被称为了塞里斯人。到公元1世纪时，古罗马地理学家梅拉

(Pomponius Mela) 对于塞里斯人所生活的地域似乎有了更多了解。他曾记载说塞里斯人生活在印度以北，斯基泰人以南区域，而斯基泰人则在里海周边。古罗马博物学家老普林尼 (Gaius Plinius Secundus) 在自己的著作《自然史》中也记载说，在里海以东遇到的第一个种族是塞里斯人，他们以生产来自树林中与羊绒类似的产品而著称。到公元 2 世纪时，古代欧洲地理学的集大成者托勒密（Ptolemy）绘制出了一幅扇形世界地图。托勒密的世界地图虽然在当时具有局限性，但它代表了人类认识地球过程中的一次重要尝试，并成为后来地图制作的基础。这份地图在后来的世纪中被重新发现和复制，对 15 世纪末至 16 世纪的地理大发现产生了重要影响。有趣的是，在托勒密的世界地图上还出现了中国较为模糊的地理方位，只不过位置要比实际上更偏东。托勒密世界地图上的中国被描绘为位于亚洲的东部，也就是所谓的"塞里斯"。而直至公元 13 世纪之前，由于东西方处在互相寻找的时期，西方人对中国的记载有许多是道听途说，以讹传讹，所以还谈不上对中国地理的真

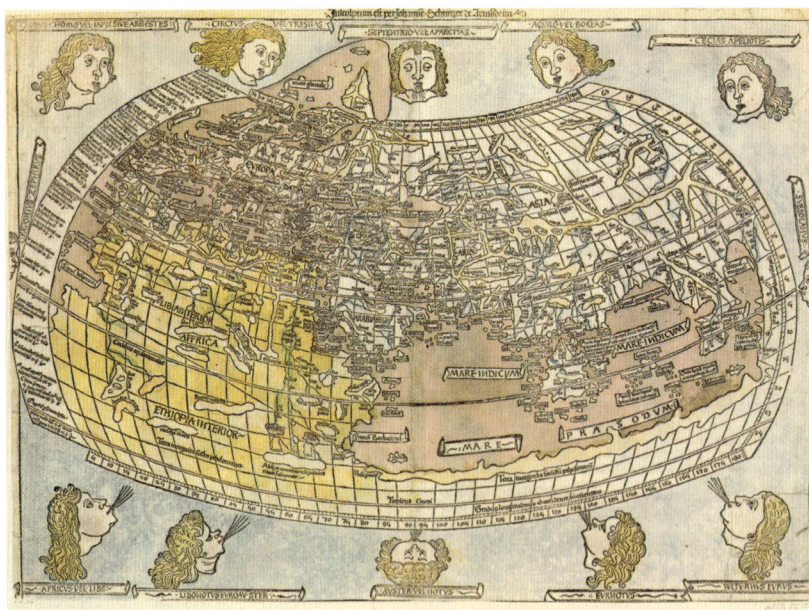

图 1-2-1：1482 年德国乌尔姆地区木刻彩色托勒密世界地图，大英博物馆收藏。

正认识。[1]

随着《马可·波罗行纪》13 世纪末在欧洲各国开始流行，西方人才开始走出以往只有取道陆路才能到达中国的认知，相信亚洲大陆的东部并非封闭的水域，而是海岸的边缘。正是抱着这种信念，哥伦布手握《马可·波罗行纪》踏上了寻找前往契丹的海洋之路的冒险之旅。而 14 世纪著名的《加泰罗尼亚地图》，也同样参考了马可·波罗对于亚洲的记录。[2]

完成于 1375 年的《加泰罗尼亚地图》是由当时西班牙地区阿拉贡王国的约翰王子委派著名的犹太绘图师亚伯拉罕·克雷斯克父子绘制的，地图绘制在六张羊皮纸上，后来因为对折次数多了，在对折的地方折断，变成了十二张羊皮纸。地图主要绘制的是从西班牙直布罗陀海峡到西欧、东欧、西亚、中亚直到中国的交通地图，也包括从西班牙到大西洋、地中海、黑海，再到东罗马帝国首都——君士坦丁堡的航海图。其中关于东亚部分，其主要知识来自《马可·波罗行纪》和鄂多立克等人的其他东方游记。《加泰罗尼亚地图》上的中国被放置在亚洲的东部，相对于其他地区来说，位置较为准确，这表明了地图制作者已经对中国的大致位置有了一定的了解。例如在地图上对中国元朝首都标注其名称为"汗八里"（今北京），并绘出忽必烈皇帝像。在该地图上还描绘了蒙古的金帐汗国、伊利汗国、察合台汗国，画出每一个统治者的画像。进一步研究发现，在地图上，标出了有关中国的地名约 30 个，其中有些重复出现。不少地名所标位置正确，例如西北沙漠附近的"甘州"，西南边陲的"永昌"和"金齿"，北方的汗八里，南方的行在（今杭州）和剌桐（今泉州）等。在北京城旁边，还有一段文字说明：北京城市宏大，城墙坚固，每个城门有上千卫兵把守等。地图上还说忽必烈是"世界上最富有的君主，有 1200 名骑兵护卫"。在中国部分，还画有 6 条大江，而且它们都来源于西北地区的同一条江河。这说明地图的作者对中国境内水系

---

[1] 龚缨晏：《丝绸之路兴衰与早期欧洲地图上的中国》，《文汇报》，2016 年 10 月 21 日。

[2] 张国刚：《丝绸之路与中西文化交流》，《西域研究》，2010 年第 1 期。

图 1-2-2：《加泰罗尼亚地图》，法国国家图书馆收藏。整幅地图高 69 厘米，长近 4 米。地图为彩色，还用金叶装饰，被誉为"中世纪最好、最丰富完备的一幅世界地图"。这幅地图在西班牙、意大利、俄罗斯、土耳其等国有晚期的抄本。

的认识非常模糊。此外，在中国沿海还有 3 个港口，自北而南，一个港口在杭州附近，一个在泉州附近，最后一个在广州附近。[①]尽管《加泰罗尼亚地图》在地理信息上有所进步，但仍然包含了一些基于传说和早期旅行者描述的异域元素，这些元素反映了地图制作者对未知地区的想象。

从中世纪晚期至文艺复兴时期，随着探险活动的增加和地理知识的发展，加上地图制作技术逐渐进步，欧洲地图上的中国形象开始逐渐丰富和精确。15 世纪和 16 世纪的大航海时代开启了新的海上航线，葡萄牙和其他欧洲国家的航海家开始直接探索通往中国的海上路线，这些航海活动为欧洲地图上的中国形象提供了新的视角和数据。地图作为地理信息的图像化表达形式，其所反映的中国地理状况由模糊逐渐转为清晰，从象征逐渐转为具体。大航海时代来临后，以葡萄牙和西班牙为代表的欧洲冒险家和航海者、商人在追逐东方财富的动力下进入中国，并对这个广袤的国土产生了极大的兴趣，大量反映中国地理的书籍在欧洲出版发行。

1584 年，欧洲著名的制图者亚伯拉罕·奥特利乌斯[②]（Abraham Ortelius，1527—1598）在《寰宇大观》中刊印了耶稣会士巴尔布达（Luis Jorge de Barbuda）绘制的《中国新图》（*Chinca olim Sinarum Regionis, Nova Descriptio*），这是西方历史上绘制的第一幅单幅中国地图。这幅地图在西方地图绘制史上具有重大意义，它首次将中国作为一个独立的地理单元来绘制，成为接下来 70 多年中西方人绘制中国地图的标杆，而且它反映了西方人对中国的认识从想象到真实的过渡。

这是一幅横着的中国地图，它的方位呈上西下东和左南右北的态势。中

---

① 龚缨晏、邹银兰：《〈1375 年加泰罗尼亚地图〉：新技术与新知识的结晶》，《地图》，2005 年第 2 期。

② 亚伯拉罕·奥特利乌斯，佛兰德制图师和地理学家，因创作了世界上第一本现代地图集 *Theatrum Orbis Terrarum*（《世界剧场》）而闻名，该地图集于 1570 年出版，被广泛认为是尼德兰制图学黄金时代的开端。奥特利乌斯还被认为是第一个提出大陆漂移理论的人。

国的北部是绵延的山脉和长城，西部也是山脉横亘，中国就处在这样一个半封闭的环境里。图上标出了明朝的两京十三省和一些府州县，地名分两级，两京十三省与府县地名分别用大小两种罗马字体表示。图上还画出了复杂的水系与鄱阳湖、洞庭湖及星宿海等湖泊。在这幅图上的中国西部画着一个名为"Lacus"的湖泊，它实际就是明代一些地图上的黄河源——"星宿海"，显然巴尔布达参考了当时明代的地图资料。不过巴尔布达的地图上还有一些想象的内容，如风力四轮车，实际上反映了当时西方对东方的一些神秘化想象和传说。巴尔布达并没有亲自到过中国，但他通过大航海时代以来在中西交流中获取的直接资料绘制了中国地图，向西方人提供了既确切又有想象成分的中国地理知识。《中国新图》作为中国地理的概要图像，在西方延续时间超出 70 年，直到 1655 年卫匡国（Martino Martini，1614—1661）的《中国新地图集》（Novus Atlas Sinensis）出版，其广泛影响才走向式微。

在真实的认识无法填补地图上的空白之时，西方的制图员们往往将各种道听途说或想象的动物、风俗等作为装饰布在地图上，成为普通民众了解远方最直观的形象。例如约多库斯·洪迪厄斯（Jodocus Hondius）1606 年出版的《中国地图》，只是调整了方向，大部分内容承袭了巴尔布达的地图。约翰·斯皮德（John Speed）1626 年出版的《中华王国地图》，不仅承袭了巴尔布达地图，而且丰富了图上内容，图上有了更多关于中国或东亚地区一些风俗习惯的介绍。1631 年，荷兰地图制作者赫尔曼·莫尔（Herman Moll）制作的《最新绘制全亚洲详图》（Nova Totius Asiae Tabula）也是一幅重要地图。这幅地图在当时被认为是亚洲地理的最全面和最新的描绘，它展示了17 世纪初期欧洲对亚洲，包括中国的认识和理解。地图提供了当时已知的亚洲地理信息，包括山脉、河流、湖泊、岛屿以及主要城市和地区的位置。地图上的海岸线较为精确，展示了亚洲各国的海岸轮廓，这对于航海者和探险家来说非常重要，有助于他们在海上导航和探索新航线。地图上标注了亚洲各国的行政区划，如中国的省份、日本的封建领地等，这些信息有助于了解当时的政治结构和管理体系。该地图将中国放置在亚洲的中心位置，展示了其广阔的领土和与周边国家的相对位置。地图上标注了中国的主要城市，

图1-2-3：巴尔布达的1584年版《中国新图》，威斯康星大学密尔沃基分校图书馆收藏。

图1-2-4：1631年荷兰地图制作者赫尔曼·莫尔制作的《最新绘制全亚洲详图》。

如北京、南京、广州等，以及其他重要的地标，如长城、黄河和长江等。中国的海岸线和附近的岛屿，如台湾、海南岛等，也在地图上得到了体现。

17世纪中期以后，以利玛窦等为代表的传教士逐渐在中国立足，并将西方科学知识传入中国，同时也更加深入中国内地，从而对这个神秘国度的地理知识更加了解。为了取得欧洲各国对其传教事业的支持，传教士们开始不遗余力地美化中国，他们从制度、精神等层面建构出一个秩序井然而又道德文明的中国形象，将中国的光辉形象传进欧洲。正是在此背景下，由著名传教士卫匡国基于实地探索绘制的新一代中国地图问世了。

卫匡国，意大利籍耶稣会传教士，汉学家、历史学家和地理学家，"卫匡国"是其汉名。1640年，卫匡国偕同21名耶稣会士启程渡海东航来到中国，主要在浙江杭州、兰溪、分水、绍兴、金华、宁波活动，又在南京、北京、山西、福建、江西、广东等地留下了足迹，至少游历了中国内地15省（两京、13布政司）中的六七个省，所以对中国山川地理、人物掌故详熟于胸。在传教过程中，他广交江南名士、达官贵人，致力学习汉文华语，阅读中华典籍舆志，因此对中国历史文化极富造诣。这些经历和知识，为他日后的汉学研究奠定了坚实的基础。卫匡国入华之初，适逢明王朝摇摇欲坠、满洲大军长驱直入之际，因此得以目睹了一系列重大历史事件的发生。[1]

1650年，卫匡国被委任为中国耶稣会传教团代理人，赴罗马教廷为中国礼仪辩护。1654年底，他在罗马参加了关于中国的礼仪之争，同多明我派辩论多时，最后以他的见解获胜。罗马教廷事后颁布敕令称，中国教徒的敬天祭祖尊孔等礼仪只要无碍于天主教的传播均可照旧进行。西方传教士进入中国的障碍得以排除，天主教也逐渐中国化。卫匡国完成使命后于1657年再次来华，曾觐见清顺治帝，后返浙江传教，在浙江巡抚佟国器支持下于杭州重新建了一所新教堂，1661年竣工，其宏伟壮丽为当时中国西式教堂之首。可惜卫匡国本人同年5月不幸病逝于杭州，享年47岁，葬于大方井天主教司铎公墓。

---

[1] 许明龙：《卫匡国在华行迹再探》，《世界宗教研究》，1995年第1期。

作为最早系统地将中国介绍给欧洲的西方人之一，卫匡国赴欧洲游说期间用拉丁文撰写了《中国上古史》《中国新地图集》《鞑靼战纪》和《中国文法》等4部介绍中国历史、地理和文化的著作。1653年，他在阿姆斯特丹完成了著作《鞑靼战纪》，1654年首次出版于安特卫普，嗣后在科隆、伦敦、罗马等地出版。该书记述了万历以来明代辽东的战事，并且比较详细地介绍了天启、崇祯朝的政治与国内形势，把辽东战事、李自成等流民起义和宦官魏忠贤专政称为使明"帝国毁灭"的三个因素。书中对李自成进京、崇祯自杀以及吴三桂在父亲被李自成执为人质后，仍然率领清兵入关等，都有细致的描述。由于视角独特，《鞑靼战纪》作为反映明清嬗替之际最早和最原始的记载之一，具有较高的史料价值。

图1-2-5：1655年，荷兰女画家米叶琳娜·沃蒂尔为卫匡国画的肖像。画中的卫匡国，蓄有长发和胡子，像个牧师，特意翻开外衣露出中国丝绸面的夹袄，头戴东方情调的毛线帽，似乎在显示他的"中国通"身份和从中国回来的"背景"。这是卫匡国存世的唯一画像。

卫匡国把自己在中国游历时测量的数据、荷兰东印度公司提供的数据以及明朝地理学家罗洪先绘制的《广舆图》结合后，用西式方法绘制了17世纪欧洲最先进的中国地图——《中国新地图集》，于1655年首次在阿姆斯特丹出版。《中国新地图集》在当时被认为是非常精确的，它不仅展示了中国的地理特征，还包括了城市、河流、山脉等详细信息。全书内有17幅地图，中国总图一幅，北直隶、山西、陕西、山东、河南、四川、湖广、江西、江南、浙江、福建、广东、广西、贵州、云南各省一幅，此外，含日本地图一幅。在前言中，叙述了中国的地理位置、自然环境、居民、城乡状况、手工技艺、建筑、科学、宗教、王朝纪年表、中国长度单位等内容。最后还介绍了女真族的历史、语言、习俗、宗教及与汉族的关系。而在有关各省的记载中，内容则包括地理位置、名称来源、建制沿革、面积方位、气候物产、名山大川、城镇交通、户口租赋、风俗习惯、人文古迹、掌故逸闻等。据卫匡国自云，在中国15个省中他亲自勘测了7省（北直隶、浙江、山西、河南、江南、福建、广东），其余8省的资料则是极其忠实地取自中国地理学家。卫匡国在《中国新地图集》呈献给奥地利奥波尔德大公的题词中声称："我受上帝的感召到了中国，在中国停留期间，为了传教的神圣职务，或是为了逃避鞑靼的凶焰，使我到处奔走，漫游了中国的广大地方，我考察了各省和各城市的位置，并对它们进行准确的测量……直到长城方止。"

卫匡国利用了自己在中国的实地考察和研究，以及当时可用的最新地理信息，力求在地图上准确反映中国的地理特征。地图上标有中国的主要城市、河流、山脉、湖泊和岛屿等地理信息。这些信息不仅包括了名称，还尽可能地提供了位置和相对关系的准确性。卫匡国的地图展示了当时的行政区划，包括省份、府、州、县等，为研究当时的中国政治结构提供了重要资料。值得一提的是，卫匡国的地图不仅具有实用性，还具有很高的艺术性。

在《中国新地图集》地图中，卫匡国以花饰的方式描绘了晚明社会的各个生活场景。例如，在北直隶图上，人物形象占据了整个地图的1/6的面积，其中包括皇帝、皇后和龙凤的图案；在山东图上则绘制了四个山东猎户的形象；在云南图上分别绘出了观音坐像和大象及土著的图案；在贵州图中绘出了官员和兵士的形象；而在四川图中的人物形象明显就是关羽和周仓，生动而有趣；在江西图上，花饰中人物形象有些特殊，左侧一人手持竹杖，似在行路，右侧三人中的两人在作揖，除左侧人物戴似斗笠的帽子外，其余三人未戴冠或方巾，他们的发髻样式也不同于一般明人；湖广图上，画几株疏朗的稻穗，两个农民分立左右，一个农民一手挥着一根小树枝，一手扶着犁在犁地的样子，另一个农民则在撒谷播种，十分形象地说明了"湖广熟，天下足"这句谚语。

总之，《中国新地图集》在描绘中国地理的同时，也包含了对中国人的

图1-2-6：《中国新地图集》中的北直隶地图。

图1-2-7：《中国新地图集》中的贵州地图。

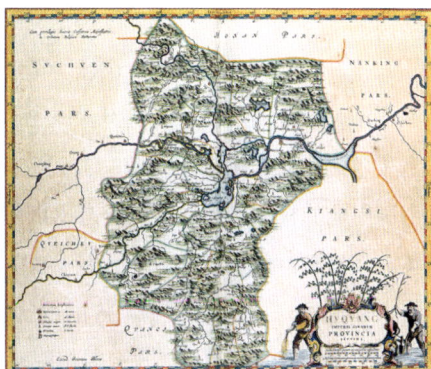

图1-2-8：《中国新地图集》中的湖广地图。

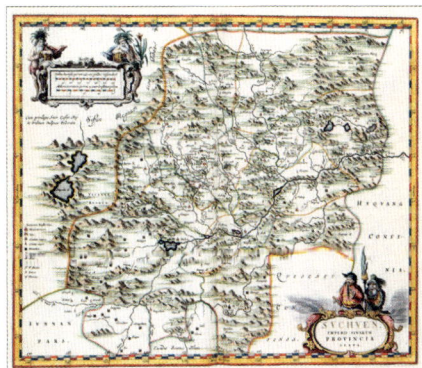

图1-2-9：《中国新地图集》中的四川地图。

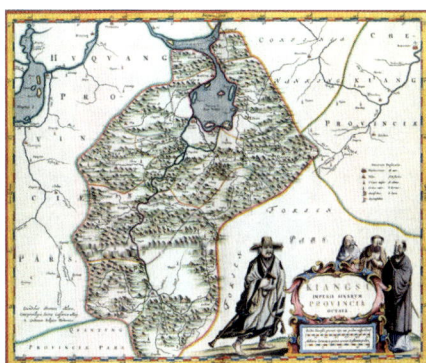

图1-2-10：《中国新地图集》中的江西地图。

描绘。这些描绘反映了当时中国人的生活方式、服饰、职业和社会习俗。地图上的插图展示了当时中国人的服饰，包括官员的官服、学者的长袍、士兵的盔甲以及普通百姓的日常着装。这些服饰的细节，如颜色、样式和装饰，都有助于欧洲人了解中国的社会等级和文化特征。地图描绘了中国人的日常生活场景，如市场交易、农业生产、家庭生活等。地图上的中国人被描绘在从事各种职业和工艺活动，如陶瓷制作、丝织、金属加工等。这些描绘展示了中国的手工业和工艺技术的发达。地图包括了对中国人宗教信仰和文化活动的描绘，如佛教寺庙的僧侣、道教仪式、儒家学堂等。

《中国新地图集》为当时欧洲了解中国地理的必读之书，所以引起欧洲地理学界的重视，曾被译成几种欧洲文字出版。继 1655 年在阿姆斯特丹出版后，1656 年又在西班牙出版，1672 年再版于布拉格，在欧洲影响甚广，卫匡国也因此被称为"西方研究中国地理之父"。在 1735 年法国人杜赫德出版《中华帝国全志》之前，卫匡国的这部图集一直是欧洲地理学界关于中国舆地的权威参考书。甚至有欧洲学者认为："自卫匡国的《中国新地图集》问世后，从前在公众中广泛传播的所有介绍中国的印刷品通通成了废纸。"1662 年，著名的布劳家族的第二代约翰·布劳（Joan Bleau）着手出版了史上最庞大的地图集《大地图集》，该地图集成为 17 世纪欧洲价格最昂贵的一套书，而《中国新地图集》便是《大地图集》中的一卷。

卫匡国所绘中国地图之所以能出版发行并迅速影响整个欧洲，其背后无疑离不开布劳家族的大力支持，而这也恰恰反映了 17 世纪以来荷兰人对于制图业的热衷。自从 1581 年脱离西班牙独立后，荷兰很快就发展成为首屈一指的海洋强国，这也直接催生了该国制图学进入最为繁荣的时期。地图几乎成为那个年代荷兰人生活中的一部分，这种社会热潮甚至经常反映在当时流传下来的艺术作品中。例如 17 世纪中期著名油画家约翰内斯·维米尔的《军人与微笑的女郎》《读信的蓝衣女子》《拿着水罐的年轻女子》《持鲁特琴的年轻女子》《绘画艺术》等作品，画面中墙壁上均悬挂着地图，这充分反映了当时荷兰家庭的装饰喜好，以及他们对本国在制图方面卓越地位的自豪感。

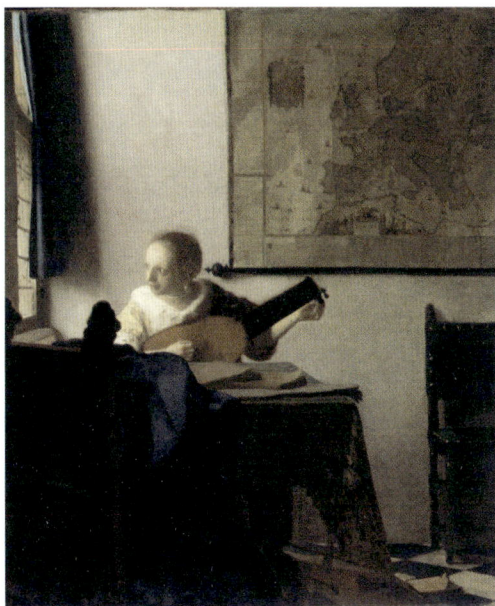

图 1-2-11：《持鲁特琴的年
轻女子》，油画，约 1662—
1663 年，约翰内斯·维米
尔，大都会艺术博物馆收藏。

图 1-2-12：《拿着水罐的年
轻女子》，油画，1665 年，
约翰内斯·维米尔，大都会
艺术博物馆收藏。

17世纪下半叶至18世纪，整个欧洲文化视野中的中国形象始终处于上升期，卫匡国的地图无疑以图像的形式介绍了中国的地理疆域和社会风俗，从而首次为欧洲大众提供了认识中国最直观而形象的媒介。如果说此前的传教士利玛窦和艾儒略让中国认识了欧洲，特别是欧洲的地理，那么卫匡国则在马可·波罗带回那些不十分确凿的信息后，第一个将中国的自然面貌、经济和人文地理的现状系统地介绍给欧洲，为欧洲在19世纪与中国进行文化和贸易交流开拓并铺平了道路。而在不到一个世纪后，为满足欧洲人对中华帝国更强烈的好奇心，一部以康熙《皇舆全览图》为基础进一步优化提升的新版中国地图又诞生了，这便是著名的唐维尔（Jean Baptiste Bourguigron d'Anville，1697—1782）地图。

原来在康熙四十七年（1708年）时，康熙皇帝下令时在清宫服务的耶稣会传教士雷孝思、马国贤、白晋、杜德美等人，会同中国学者何国栋、索柱、白映棠、贡额、明安图等人，采用西方的测绘技术，包括天文观测与星象三角测量方式，并使用梯形投影法绘制一部中国全图，是为康熙《皇舆全览图》。该地图于康熙五十六年（1717年）完成，它覆盖了当时清朝的广大领土，东北至库页岛，东南至台湾，西至伊犁河，北至北海（今贝加尔湖），南至崖州（今海南岛）代表了当时中国地图绘制的最高水平。康熙《皇舆全览图》绘制成后不久便在欧洲引起极大关注，其副本及资料很快被传教士冯秉正等带入欧洲。1737年，法国著名的地图学家和地理学家唐维尔依据《皇舆全览图》及其他资料改编成自己的中国地图集。这些中国地图最先发表在杜赫德于1735年出版的《中华帝国全志》上，作为书中的插图，后又以地图集的形式单独出版，名为《中国新图集》（*Nouvel Atlas de la Chine*）。

相较于此前西方的中国地图，由于参考了更多科学实测资料，唐维尔的中国地图对中国内陆的了解要详细得多，其精确度已非常接近现代地图。

该地图整幅版面从里海延伸到库页岛，但它的描绘重点聚焦在中国，全幅地图以北京为本初子午线，横跨西经65度至东经30度，北纬15度至25度。顶端小字部分说明了该图所表现的大致情况，山脉、河流的描绘细致入微，用小字标出各城市。全幅地图除了地图、图表、城市轮廓以外，所有的旋涡卷饰和图示都用中国最独特的人物、符号、动物和植物加以装饰。左下角精美的寓言式的旋涡花饰显示了康熙皇帝正主持以他之名对全国进行测量的测量队，两位神父同一队武装护卫队一起，正在调查一位农民的居所、房间数和家畜数。里面的文字标示"中国、中国鞑靼、西藏"。右下角的比例尺旋涡花饰被一对猎狼者所环绕。

需要注意的是，唐维尔的地图集更大的贡献在于，它开始形塑了欧洲人的中国观。受该地图的影响，此后欧洲在论及中国时逐渐从"王国"变成"帝国"。对于启蒙运动时期的欧洲人而言，此时的中国已不再仅仅意味着发现土地和获取财富的机会，而是代表着一种制度优越、文化独特的完美国度，特别是地图上那些带有浓郁中国风情的风土人情旋涡花饰，简洁明了地表现出当时中国民间社会最具特色的一面，为中国"天朝上国"的形象做出最直观的表达。

纵观欧洲近代以来被描绘在西方地图里的中国，我们就会发现中西交流越深入，中国在西方绘制的地图上就越清晰和翔实。西方对中国的认知从想象向科学理性转变，经历了一个漫长的过程，巴尔布达、卫匡国和唐维尔的地图便构成了这个过程中的三个重要环节。

参考文献:

[日] 宫崎正胜著:《航海图的世界史:海上道路改变历史》,朱悦玮译,中信出版社,2014 年 5 月。

[西] 帕莱福等著:《鞑靼征服中国史 鞑靼中国史 鞑靼战纪》,何高济译,中华书局,2008 年 11 月。

[英] 哈·麦金德著:《历史的地理枢纽》,林尔蔚、陈江译,商务印书馆,2008 年 4 月。

[英] 赫德逊著:《欧洲与中国》,王遵仲、李申、张毅等译,中华书局,1995 年 4 月。

[英] 杰里·布罗顿著:《十二幅地图中的世界史》,林盛译,浙江人民出版社,2016 年 8 月。

周宁编著:《大中华帝国》,学苑出版社,2004 年 5 月。

中国的南方天气很热，那里生长着所有印度的水果：椰子、香蕉、杧果和菠萝等。北方有葡萄、无花果、栗子、各种各样的核桃、蜜桃和棉花，还有各种各样的梨子。

——卜弥格，1656 年。

从 16 世纪中期开始，随着地理大发现的推进，欧洲人的视野迅速扩大，一块块"新大陆"呈现在他们面前，而这些新世界的各种新鲜事物也直接刺激了他们的好奇心和占有欲，博物学便由此应运而生。在这股新兴的热潮中，除了开辟植物园、引种新物种外，制作动植物标本以及绘画成为博物学的两大新技术。标本制作和绘画技术使新事物变成"文本"，以便长久的保存，供不能亲临现场者分享。[1] 在此背景下，千百年来充满神秘色彩的中国，那里的一草一木更成为西方人感兴趣的焦点。在互相接触初期，由于迟迟无法与这个国度建立大规模的人员交流，因此他们只能借助零星抵达这里的传教士们的知识传播。

在这方面，16 世纪末期来华传教士的先驱者利玛窦（Matteo Ricci,

---

[1] 吴国盛：《西方近代博物学的兴衰》，《广西民族大学学报》（自然科学版），2016 年第 1 期。

1552—1610）堪称敏锐。在由耶稣会士金尼阁（Nicolas Trigault）整理并翻译出版的《利玛窦中国札记》中，第一卷第三章的内容就是专门介绍中国的富饶及其物产。在利玛窦的笔下，晚明时期的中国，地域辽阔，物产丰富，拥有种类繁多的食物原料。踏上古老的中华大地，利玛窦惊叹道："世界上没有别的地方在单独一个国家的范围内可以发现有这么多品种的动植物。"值得一提的是，他还特别向西方人介绍了中国的茶叶："有一种灌木，它的叶子可以煎成中国人、日本人和他们的邻人叫作茶的那种著名饮料。中国饮用它为期不会很久，因为在他们的古书中没有表示这种特殊饮料的古字，而他们的书写符号都是很古老的。的确，也可能同样的植物会在我们自己的土地上发现。在这里，他们在春天采集这种叶子，放在荫凉处阴干，然后他们用干叶子调制饮料，供吃饭时饮用或朋友来访时待客。"①

不过与利玛窦比起来，晚一辈的来华传教士卜弥格（Michel Boym，1612—1659）在西方所产生的影响更为深远。

卜弥格是波兰籍来华耶稣会传教士，他出身于波兰贵族家庭，父亲是波兰国王的御医。卜弥格自幼对哲学和医学有着浓厚的兴趣，由于受到有关远东的传奇式描述的吸引，促使他加入耶稣会并前往东方传教。1643 年，卜弥格从里斯本出发前往中国，1644 年抵达澳门，并在那里的耶稣会士使团潜心钻研汉语，很快达到通晓汉语文字并初晓中国文化的程度。1647 年，卜弥格被耶稣会中国传教会派往海南岛传教，在那里进行了大量科学考察和研究工作，搜集了许多有关中国动植物特别是医用动植物和中国地理及自然环境的资料。

卜弥格抵达中国的时间正值明清之际的动荡时期，他的生活和传教活动因此也受到了当时社会政治环境的极大影响。1649 年初，南明永历朝廷向耶稣会中国使团请求派遣一位耶稣会士协助已在永历朝廷工作的耶稣会士瞿安德 (Andreas Wolfgang Koffler)，卜弥格被选中并派往位于肇庆的永历朝廷。在永历朝廷期间，卜弥格不仅参与了宗教活动，还深度介入了南明朝廷的

① 刘朴兵：《利玛窦视野中的晚明饮食文化》,《西夏研究》, 2014 年第 1 期。

政治事务，包括作为特使前往欧洲寻求援助。他在 1651 年从澳门出发，历经艰险回到欧洲，于 1655 年底得到新任教皇亚历山大七世的接见。然而他的求援行动并未获得预期的支持，只得于 1656 年带着遗憾返回中国。1658 年，卜弥格抵达越南河内时，发现政局的变化已使其无法返回中国，最终于 1659 年 8 月在越南与广西的边境线上结束了他的一生。

虽然其传教和政治生涯可谓命运多舛，不过卜弥格却因其特长及兴趣而在博物学领域做出了很大贡献。出身贵族的他是一名画家，凭借此优势，他为后世留下了一大批有关中国的图像资料，特别是由于他同南明永历政权有着特殊的亲密关系，因此他的画笔下有许多反映明代服饰风格的人物形象。比如有两组 17 与 18 世纪在欧洲广为流传的版画插图，不但出现了南方省份常见的妇女、士兵、农民等形象，甚至还描绘了永历皇帝和皇后的形象，可谓影响深远。

受当时欧洲博物热的影响，卜弥格在中国传教的过程中，除了本职工作之外，还积极传播中国文化并收集各种自然地理信息。他深入而系统地研究过中国的语言、文化、历史、地理、物产、风俗习惯、医学等，用拉丁文撰写了有价值的著作，影响深远。他是系统地向欧洲介绍和研究中医、中草药的第一人，最早向欧洲介绍了《黄帝内经》，他的《中国诊脉秘法》等医

图 1-3-1：卜弥格画像。

学著作对欧洲了解中医起到了重要作用。而他所著的《中国地图集》和《中国植物志》，为后来的东亚动植物学和地理学研究奠定了基础。

1647 年，卜弥格被耶稣会中国传教会派往海南岛传教，在海口以南大约 50 公里的定安县城新成立的耶稣会教士使团工作。他在这里住了大概一年时间，其间进行了大量的科学考察和研究工作，搜集了许多有关中国动植

图1-3-2：这幅利玛窦与徐光启的画像，据考证很可能是卜弥格所绘。

图1-3-3、图1-3-4：这组反映中国宫廷女性的画像，据考证很可能是卜弥格所绘。①

---

① 陆文雪：《阅读和理解：17世纪—19世纪中期欧洲的中国图像》，香港中文大学博士论文，2003年6月。

物特别是医用动植物和中国地理及自然环境的材料，绘制了许多动植物及中国人生活场景的图像，为他日后撰写中国植物志和中医著作、绘制中国地图做好了充分准备。

卜弥格的《中国植物志》（*Flora Sinesis*）是他生前唯一出版过的著作，于 1656 年在维也纳出版。《中国植物志》是欧洲发表的第一部关于远东和东南亚大自然的著作。有些学者认为，卜弥格是第一个采用"植物志"这个名称的科学家。该著作对中国植物（和动物）的介绍和其中的插图，内容涉及面很广，在中西文化交流中具有重要的意义。尽管其中的一些插图和描述可能并不完全准确，但它们为日后的东亚动植物学的发展建立了初步基础。可以说，卜弥格的《中国植物志》对后世产生了深远的影响。它不仅为西方世界提供了关于中国自然资源的第一手资料，而且也为后来的博物学家和植物学家提供了宝贵的参考。这部著作的出版，标志着欧洲对远东地区自然生态的认识迈出了重要的一步，并且促进了东西方之间的科学和文化交流。

《中国植物志》中绘制了 19 幅植物图和 8 幅动物图，详尽地描述了每一种植物的样貌，从叶子的大小、宽窄，树干的高瘦，到树枝及其花果的颜色、形状，再到果瓤的质地和颜色，无微不至，不少果实都给出了剖面图。卜弥格笔下这些绚丽多彩、笔触细腻的动植物插图配以中文和拉丁字母，赏心悦目。书中虽然难免出现一些疏漏，比如他把柿子误称为"柿饼"，把无毒的"蚪蛇"标为"蚪毒"，中文汉字的写法略显生硬，有的还存在错误，如凤凰图中"凤凰"二字都缺少了一些笔画，这反映了当时西方人对中国汉字的认识还处于相对模糊的阶段。但瑕不掩瑜，卜弥格因此被冠以植物学家的头衔，他亦当之无愧。波兰汉学家爱德华·卡伊丹斯基说卜弥格的《中国植物志》中动植物的介绍和插图，是欧洲近一百年来人们所知道的关于中国动植物的唯一资料。[①]

通过这部著作，后人不难感受到，卜弥格眼中的中国无疑是多彩的，以

---

① [意] 爱德华·卡伊丹斯基:《明王朝的最后特使——卜弥格传》,《东欧》, 1997 年第 1 期。

图 1-3-5：卜弥格所绘绿毛龟图。

至于他在《中国植物志》中惊叹道："这整个中国的土地是多么美好，那里的大自然比任何地方都要慷慨和大方。"我们可以看到，卜弥格描绘的中国植物枝干粗壮，果实巨大而又肥硕，俨然外星生物，其中主要的有反（番）椰树、芭蕉、槚如树（腰果）、荔枝（龙眼）、蒲桃树、反（番）波罗蜜（凤梨）、杧果、枇杷树、臭果（番石榴）、菠萝蜜、柿饼树、亚大树、土利按、桂皮树、无名果树、香料树、茯苓树、香料树（胡椒）、大黄、生姜，以及麝、蚺毒、松鼠、绿毛龟、凤凰、野鸡等。

例如卜弥格记载道：在中国，生长着许多柿饼树。其果实呈金黄带紫的颜色，比橙子大。它的瓤很松软，里面呈淡红色，瓤的表皮也是这颜色。中间有核，晾干后像欧洲的无花果样，可以保存多年，中国的医生把它当药用。他在书中不仅比较了中国南北水果的不同，他还比较了他所熟悉的欧洲和印度等国家和地区的物产情况。他介绍说："中国的南方天气很热，那里生长着印度所有的水果：椰子、香蕉、杧果和菠萝等。北方有葡萄、无花果、栗子、各种各样的核桃、蜜桃和棉花，还有各种各样的梨子。"在动物方面，他记载道："中国有种最美丽的鸟，它从人们的面前消失被视作王室的凶兆。雄的为凤，雌的为凰。中国的诗人说：它的肩膀象征美德，翅膀象征正义，腰部象征服从，身体其他部分象征忠诚。这是种组合起来的鸟，前面像犀牛，后面像鹿，头像龙，腿像龟，尾巴像鸡，翅膀闪耀着五种最美丽海鸟的颜色。大官们在衣服上绣这种鸟的形象，但尺寸不能超过两个巴掌。野鸡，羽毛艳丽，肉味上佳，体型特别大。中国还有另一种鸡，叫长尾鸡。尾巴极美，上面的羽毛有六个手掌长，产自高丽，陕西和广西。还有一种叫作驼鸡，因为它像骆驼一样有驼峰，头白色，长十四个手掌。"[1]

《中国植物志》从篇幅来说并不算长，但其中的图像在很长的一段时间内都是欧洲学者对中国植物研究的重要甚至是唯一参考资料，包括尼霍夫、基歇尔、杜赫德等人都先后参考过这本著作。例如卜弥格提到的反（番）菠萝（凤梨），据文献记载原本是明朝末年才从南美传入中国南方的，然而很快却被来华传教士当成了中国特产，随后经卜弥格等人描绘的图画又进一步在欧洲传播，成为中国形象的一个代表性符号，最终在 17 与 18 世纪的"中国热"期间风靡一时，甚至

图 1-3-6：《收获菠萝》。挂毯，法国博韦皇家挂毯厂，18 世纪上半叶，艾尔米塔什博物馆收藏。

---

[1] 周鸿承：《十七世纪中期西方人眼中的中国食物原料研究——以卜弥格、卫匡国和基歇尔为中心》，《中国农史》，2018 年第 1 期。

经常出现在反映上层贵族生活的场景中。而有些来自中国的物种成功移植到欧洲后，往往会备受珍视。

除了《中国植物志》，卜弥格还留下了一部未能出版的《中国地图集》。《中国地图集》系卜弥格于1652 年左右绘制，是中文—拉丁文对照的地图集，手稿藏于梵蒂冈图书馆。地图集包括了当时中国的浙江、福建、四川等十五个行省地图，以及一张中国全图、一张海南岛图和一张辽东地图。卜弥格的地图绘制技艺精湛，地图均为彩色，且配有大量插图，包括人物说明、当地物产、矿藏和代表性动植物等。

图 1-3-7：中国甜橙。版画（印刷品），1794 年，原画作者为弗朗西斯·惠特利（Francis Wheatley，1747—1801）。

例如卜弥格在《中国地图集》"贵州"省图右侧附录有一幅完整的中国宴会图像。在图像下方的拉丁文注中，卜弥格特别提到中国人用筷子吃饭，而且吃饭的时候有喝茶的习惯。卜弥格所绘"中国宴饮图"及其拉丁文注释文字是西方知识系统中留有关于中国食物知识的重要证据。在"四川"图中，他还在地图上绘有野鸡图。而在"湖广"图上，卜弥格绘画了雉鸡。

与利玛窦一样，卜弥格《中国地图集》一书对茶这种植物也有准确的描述："这小小的叶子类似科里亚利亚漆树的叶子。虽同是茶，但其品种繁多。它不是野生，而是人工培植的。茶不是大树，是矮小的灌木丛植物，它有许多铺展开来的分枝。它的花看上去没有什么不同，只是它的白色会逐渐变成黄色。夏季到来时，它首先送出花的芬芳并略有香气。接着变成绿色的浆果，然后变黑。它柔软的绿叶被采摘下来，制成茶叶。人们分几次采摘，每次都很仔细很认真地采摘，然后放在铁锅里以微火对叶片进行蒸煮，此后盖上一个轻轻的网，放到微火上，直到烘干，接着把干茶叶堆起。经营者把茶叶放到桶、罐等容器中，使它们远离潮湿的地方。当茶叶放到刚开的水中时，不一会，它们就恢复本色，将叶片伸展开，使水有颜色和茶味，它们的味道并不都是不愉快的。它呈绿色。中国人认为喝热茶能产生力量与效果。他们常常不分昼夜地饮茶，并用来接待客人。茶叶的品种很多，而且价格差别很大。中国人之所以得痛风和结石症的较少，主要得益于饮茶。饭后饮茶，可消除任何消化不良症。茶也被用来清除体内残存物，舒畅心情，并使那些想保持头脑清醒的人驱赶睡魔。中国人根据它的产地给茶命名。最好的茶叶是六安松龙茶（音译），也是以它的产地命名的。"

在《中国地图集》中，卜弥格还记载了基督教在中国的传播情况，包括耶稣会在华驻地的分布情况。地图中用统一的图例标注了拥有耶稣会驻地的中国城市，并画有基督教的宗教遗迹，如泉州的三块十字架碑和《大秦景教流行中国碑》。卜弥格不但对《大秦景教流行中国碑》的碑文进行了翻译和研究，还在写给老师基歇尔的信中说明了景教碑的背景和重要性，他指出：基督教在中国的发端始于东方亚述教会，随佛教东传路线沿丝绸之路进入中国。东方亚述教会发源于叙利亚，后传入波斯，由阿罗本传入中国。阿罗本到达唐朝都城长安三年后，太宗皇帝颁布敕令，允许基督教在中国传教，还可以在长安建修道院。阿罗本撰文阐释了景教，强调景教倡导的对国家的忠诚和对父母的孝顺并没有违反中国传统，反而是为中国传统锦上添花。景教碑文描述了当时基督教的发展历史。可能是唐朝灭佛时，景教碑被埋于西安附近。机缘巧合，1623年一个农民在他自己靠近西安的田地里挖出了景教碑。景教碑的发现在中国的一些地方引起了轰动，而后在欧洲的学术界也引起了极大关注。[①]

在《中国地图集》中共有11种植物和10种动物的绘图，有部分与《中国植物志》相同。而在地图集的文字说明部分，即《中华帝国简录》和《中

---

①[美]魏若望（John W. Witek）著，崔祥芬、王银泉译：《17世纪末到18世纪初"大秦景教"碑情况介绍：卜弥格和刘应发挥的作用》，《国际汉学》，2017年第3期。

图 1-3-8：卜弥格绘制的柿饼树图。

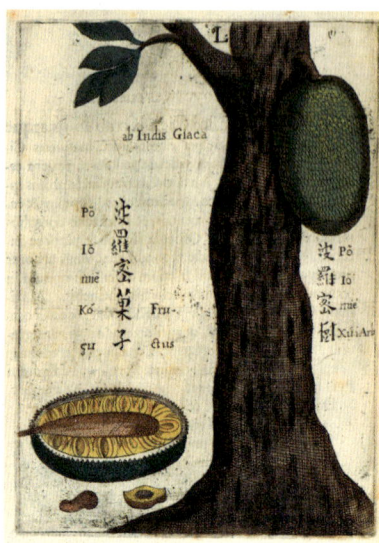

图 1-3-9：卜弥格绘制的菠萝蜜树图。

图 1-3-10：卜弥格绘制的茶树图。

图 1-3-11：卜弥格绘制的河（海）马图。

图 1-3-12：卜弥格绘制的玄豹图。

国事物概述》中，又有很多《中国地图集》与《中国植物志》中不曾提及的动植物，对当时欧洲感兴趣的大黄、麝等进行了详尽的描述。这些未曾公开发表的作品，也为耶稣会同僚所参考，影响着当时欧洲的汉学发展。

总之，卜弥格在《中国植物志》和《中国地图集》中，通过技法高超的图像方式传递了更为丰富的中国形象。而伴随着 17 世纪欧洲印刷业的快速发展，包括卜弥格在内的耶稣会士所塑造的图像化中国形象也深刻地影响了当时欧洲的知识阶层。

可以说，在向欧洲图文并茂地介绍中国的动植物及各类特产有关信息方面，来华传教士一直保持着浓厚兴趣，几乎视之为与传教事业一样重要的使命。实际上，卜弥格并不是唯一具有绘画才能的来华传教士。据记载，包括意大利传教士毕方济、利类思、费约理、聂云龙、利博明，法国传教士卫嘉禄、陈忠信、席若汉以及葡萄牙传教士戴国恩等在内都曾在中国澳门、北京等地从事美术创作，而知名度更高的马国贤、郎世宁、利博明、张纯一、王致诚、艾启蒙、安德义、穆保禄、贺清泰、潘廷璋等更是曾进入清朝宫廷从事绘画活动，产生了很大影响。不过像卜弥格一样用图

图 1-3-13：卜弥格绘制的《大秦景教流行中国碑》图。

像方式广泛收集中国的动植物信息的传教士，数量还是比较有限，在他之后活跃在中国的法国耶稣会传教士汤执中 (Pierre d'lncarville，1706—1757) 以及蒋友仁（P. Benoist Michel，1715—1774) 算是特例。

汤执中是法国传教士，除了传教之外，他还是一位植物学家。由于曾经在清宫乾隆皇帝的御花园服务，他利用职务之便收集了许多中国特有的花木

种苗，将它们运往法国，例如荷花、苏铁、角蒿、翠菊、侧柏、槐树、臭椿等。当然，他同时也把欧洲的一些植物移植到了中国。擅长绘画的他不但绘有《中国漆记》《中国烟火制法》《养蚕法》等图册，还绘制和收集了不少中国动植物图画。

而同样曾长期服务于乾隆时期清朝宫廷的蒋友仁，在这方面的工作甚至要更胜一筹。蒋友仁也是法国传教士，原名伯努瓦·米歇尔，身为耶稣会士的他同时又是天文学家、地理学家、建筑学家。1737 年加入耶稣会后，1743年抵澳门，经钦天监监正戴进贤推荐奉召进京。由于其精通天文、地理和历法，蒋友仁在清廷中得到了乾隆帝的赏识和重用。他参与了圆明园的若干建筑物设计，负责了海晏堂大水法等喷泉的设计及施工指导。他的设计精巧别致，展现了中国宫廷里亘古未有的奇景。蒋友仁还绘制了《坤舆全图》，这是一部极精致的绢本彩绘世界全图，采用了球状投影法，并将东西两半球绘于一幅绢本上。这幅地图不仅包括了当时最新的地理发现，还附有天文图和天文学内容，蒋友仁希望通过这幅地图将欧洲地理大发现之后的"世界"介绍给中国人。

造纸术作为中国四大发明之一，一直备受西方关注。蒋友仁利用在中国的记录资料编辑而成《中华造纸艺术画谱》（*Art de faire le papier à la Chine*），以 27 幅水粉画描绘了竹纸的制造工艺流程，此书出版于 1775 年。这本书详细记录了中国造纸的历史、工艺流程、不同地区的造纸特色，以及各种纸张的用途和装饰方法。它是研究中国造纸艺术和相关艺术形式的重要参考资料。介绍中国造纸术的起源和发展，以及它如何传播到世界各地，对全球文化和科技发展产生的影响。详细描述传统造纸的各个步骤，包括选材、浸泡、捣浆、抄纸、压榨、晾干等。

与卜弥格、蒋友仁类似，许多当时在中国活动时间较长的传教士或商人，往往都会有意识地搜集这个国度自然物种方面的图像信息。即使不能自己绘画，他们也会向当地中国画师购买相关的图像资料，然后长途跋涉带回国。例如法国国家图书馆收藏的一套 16 册《中国自然历史绘画》图谱，其中就包括了中国动物图谱、野生植物图谱、花鸟图绘、制漆图谱等，其形成背景

图1-3-14、图1-3-15：《中华造纸艺术画谱》中描绘的造纸工序之泡竹子、抄成纸。

就是18—19世纪时，法国王室为对中国有更深的了解而向传教士和商人广泛收集而成。其中的中国制漆图谱，真实记录中国漆树种植、生漆材料采集加工、漆器制作工序及流程，生动展示了那个年代的漆艺工匠是如何在家庭作坊制作漆器的。从绘制风格上看，此图谱应为中国当地画师所绘，由西方人购买后进行标注修改，进而在西方传播。

至于这套《中国自然历史绘画》中的植物、花鸟和动物图谱，其创作者则为法国画家皮埃尔-约瑟夫·布乔兹（Pierre Joseph Buchoz，1731—1807），他同时也是一位法国律师、医生、植物学家和博物学家。布乔兹是第一位复制东方风格的欧洲画家，他的很多绘画作品专门介绍中国本土的花卉、鸟类、蝴蝶、昆虫以及各类大型动物，并以其精细而闻名。他的插图作品不仅在艺术上受到赞赏，同时也在科学分类和动植物学研究上具有重要价值。

图 1-3-16:《中国自然历史绘画·清漆图谱》,18世纪,法国国家图书馆收藏。

图 1-3-17、图 1-3-18:《中国自然历史绘画·植物·花鸟画谱》中描绘的中国植物,18世纪,布乔兹绘。

图 1-3-19、图 1-3-20:《中国自然历史绘画·动物画谱》中描绘的中国动物,18世纪,布乔兹绘。

参考文献：

[意] 利玛窦、[比] 金尼阁著：《利玛窦中国札记》，何高济等译，中华书局，2010 年 4 月。

[波] 爱德华·卡伊丹斯基《中国的使臣：卜弥格》，张振辉译，大象出版社，2001 年 5 月。

Animaux de la Chine. By Pierre Joseph Buchoz. 1786—1787.

Art de faire le papier à la Chine. By Michael Benoist. 1775.

Flora Sinensis. fructus floresque humillime porrigens. By Michael Benoist. 1656.

Plantes de la Chine. By Pierre Joseph Buchoz. 1786—1787.

第四章
历奇：尼霍夫的远东见闻

据我们所知，尚无一个荷兰人有过你们要进行的这次远涉重洋的行程，你们将会遇到很多前所未闻、前所未见的稀奇事物。因此，你们要一件一件把它们完整地画下来，也要准确地把你们途中的见闻记录下来。配属给你们的管事是一专业素描家。你们可以让他把沿途可能看到的所有城市、乡村、宫殿、河流、城堡和其他奇异的建筑物以他们本来的形象描绘下来。

——荷兰东印度公司，1654 年。

1655 年 10 月 15 日，广州城外热闹非凡，彩旗招展，鼓乐喧天。原本颇为开阔的一块平地上，一夜之间搭起来十座漂亮的帐篷。原来在这天，驻守广州的清朝两位藩王——平南王尚可喜、靖南王耿继茂要在这里宴请一群远道而来的荷兰使团。随着站在两排帐篷前边的乐师们手持喇叭等乐器开始奏乐，只见两位中国官员引导着金发碧眼的使臣来到两位藩王面前，向藩王和两旁欢迎的人们按例行礼后，一场隆重的欢迎宴会便开始了。据使团成员尼霍夫记录："这时，一位中国管家穿过拥挤的人群，叫人安排菜肴。管家身穿绣满金龙和其他怪兽的蓝色丝袍，他叫两个侍者在二位藩王和都统面前各放一张桌子，桌上铺着深红色桌巾，然后为二位使臣各安排一张桌子，摆满用特殊方法煎烤的各种菜肴和糖果。每张桌子上都有九十多个纯银碟子，每个碟子的菜肴也各不相同。主人向客人敬酒表示欢迎后，就揭开菜盘上的盖子，请二位使臣用餐。二位藩王显得非常高兴，时时让他们的管家好奇地问起荷兰的各种情况，又常常示意二位使臣阁下要用金杯开怀畅饮，一次又一次地和我们干杯。二位使臣叫人为藩王和都统各斟一杯西班牙酒，他们很喜欢这种酒，以致后来都不愿意再喝中国烧酒了。"①

自 17 世纪以来，无论是侥幸抵达北京进入大明王朝宫廷的葡萄牙使节皮列士，还是以传教士身份深入中国腹地的利玛窦、卫匡国、卜弥格，几乎从未享受过如此隆重的接待。那么，在大清王朝刚刚建立不久，同样来自西洋的这群访客，他们又是如何实现这种中西交往方式突破的呢？一切还得从荷兰东印度公司说起。

话说在地理大发现之后，最先抵达远东开拓商业版图的葡萄牙人和西班牙人，很快就在这里建立了自己的据点，并一直试图与传说中富庶无比的中国建立正式的经贸关系，不过在多次试探后均无功而返。出乎意料的是，在他们之后迅速崛起于海洋之上的荷兰人反倒走在了中西交往的最前沿。

荷兰原本是西班牙王国的属地，1568 年才开始为政治独立而进行同西班牙的战争，直到 80 年后才实现这一目标。而就在此期间，为了打破西班牙的海上贸易封锁，荷兰人一直在开展对东方的商业和贸易活动。1596 年，荷兰航海家、探险家威廉·巴伦支（Willem Barendsz）率领船队向北航行，试图开辟经由北冰洋抵达中国的新航道，而他们随身携带的一部重要参考资料，正是西班牙传教士门多萨所著《中华大帝国史》的荷兰语译本。尽管巴伦支的航程并未达到预期目的。但正是在这一年，荷兰商船却首次绕道好望角到达苏门答腊与爪哇。1602 年，荷兰东印度公司正式成立，并被荷兰政府赋予发动战争、订立条约、占据领地、建筑堡垒的特权。凭借着严密的组织和火力强大的舰队，荷兰人在南洋各地开始大规模的商业活动，成功驱逐原先在此地立足的葡萄牙人，1619 年又设置巴达维亚总督府，作为其在南洋经营东方商业和殖民事业的根据地。很快，荷兰人便迎来海外贸易的全盛

① [荷] 约翰·尼霍夫原著，[荷] 包乐史、[中] 庄国土著：《〈荷使初访中国记〉研究》，厦门大学出版社，1989 年 1 月，第 50—51 页。

时期，中国的茶叶、丝绸、香料、瓷器等奢侈品经由他们之手源源不断运回西方，从而开创了属于自己的"黄金时代"。

尽管荷兰在巴达维亚建立了商业根据地，并在这里同来来往往的中国商人进行贸易，但为了获取更大利润，他们仍希望能够直接与中国本土直接大规模通商。实际上早在明万历二十九年（1601年），荷兰船队就首次抵达澳门，要求与明朝"通贡市"。史载广东税监李凤在广州接待了来访的荷兰人，"召其酋入城，游处一月，不敢闻于朝，乃遣还"。明天启三年（1623年），荷兰代表范·密尔德（Van Milaert）曾航行至福建，寻求得到明朝官方的贸易许可，可惜未果而返。直到1644年明朝灭亡后，在清王朝实行严格的海禁政策之前，形势一度有所放松，西方人才开始有机会与中国进行较为正式的官方交流。传教士卫匡国在1650年返回欧洲途中经过巴达维亚时，就曾建议荷兰东印度公司设法赴北京与清政府谈判，以便恢复因战争中断的与中国的丝绸、瓷器贸易。于是荷兰东印度公司决定抓住有利时机，主动派使者先行与广东地方官员进行通商交涉。

顺治十年（1653年）初，荷兰东印度公司代表施合德尔（Fredrick Schedel）乘船来到广州，会见平南王尚可喜并交涉通商，由此揭开了荷兰与清朝第一次正式交往的序幕。由于荷兰人采取了一系列友好措施，因此双方的接触还算顺利。于是在1655年7月14日，荷兰东印度公司的两个高级商务官德·侯叶尔（Pieter de Goyer）和凯塞尔（Jacob Keyzer）被任命为访华使节，携带巴达维亚总督呈给中国皇帝的官方文书，率领一支由16个人组成的使团从巴达维亚出发，以朝贡的名义，满载着敬献给顺治皇帝的礼物前往北京。

这支荷兰使团于8月18日到达广州，其携带的官方文书需先经广东当局译出后送往北京等待批示。在此期间，为了拉近与平南王尚可喜、靖南王耿继茂的关系，荷兰使团进献了相当丰厚的礼物，这才有了10月15日盛大的欢迎宴会。值得一提的是，由于担心荷兰人的外交行动会影响到本国的商业利益，一些在华葡萄牙籍耶稣会士曾多方暗中阻挠这次访问，甚至不惜造谣破坏荷兰人的声誉。不过由于广州两位藩王的极力支持，朝廷最终还是于

1656 年 1 月批准荷兰使团进京朝贡。因为路途遥远，朝廷的谕旨于 2 月下旬才到达广州。经过一番紧张准备，荷兰使团于 3 月 17 日正式启程前往北京。

按照朝廷规定的朝贡线路，荷兰使团踏上了是一条长达 2400 公里的漫长旅程：他们乘船逆水溯北江穿过广东，再骑马翻越广东、江西交界的大庾岭，到江西再乘拖船顺赣江而下进入长江，然后经过南京、扬州进入大运河，最终从大运河到达北京。7 月 17 日，经过整整四个月的长途跋涉，荷兰使团终于进入北京城，将官方文书呈送给礼部，并由礼部官员来查点贡使准备呈献给皇帝的礼品。据记载，资金实力雄厚的荷兰使团为清朝皇帝准备了价值达 21，000 荷兰盾的贡品，清朝礼部官员对荷兰的礼品也极为赞赏："皇帝和宫廷官员对我们带至的所有礼物极为满意，甚至礼品尚未全拿出来，鞑靼人似乎已经出奇地满意，并愿向我们提供各种方便。但汤若望见到我们的人把大量的物品，特别是武器、马鞍、大毛毯、红珊瑚、镜子等奇珍异品一件件摆出来时，从内心里发出一声长叹。"

在随后的两个多月里，除了与清朝各有关衙门的官员进行交涉、拜访汤若望等耶稣会士以寻求帮助，荷兰使团还必须为面见中国皇帝时的一系列礼仪进行多次演习。根据清朝惯例，贡使进表时，须在礼部行三跪九叩之礼，这实际上是为了朝见皇帝所做的礼节预演。8 月 22 日，荷兰使团被召到礼部行三跪九叩礼。清朝官员的理由是免得在真正谒见皇帝时出差错，并借此检验贡使的诚意。与有些西方国家使节纠结于礼仪程序不愿让步不同的是，荷兰人奉行实用主义的原则。为了获得贸易特权，他们并不在这些问题上计较，而是完全听从指挥按照清朝的礼仪行跪拜叩头之礼。相比之下，与他们几乎同时来到北京进行商业谈判的俄国使团就因不愿妥协而早早被赶出了北京。荷兰人记载称："9 月 14 日，莫斯科来的使臣连皇宫都未能进去，就必须离开北京了。有人说他不愿按照这个国家的律令，在皇帝的圣旨前下跪、叩头，所以他不得不离开这个国家。……我们后来听说，这个使团被扣留在这个国家，在接到皇帝准许他们自由通行的命令前不能继续他的行程。有些人就是那么高傲，他们为了保持那种自以为是的尊严而不得不付出重大代价。"

令荷兰人失望的是，尽管他们在礼仪方面完全遵从大清王朝的规定，为打通关节又送出了不菲的礼物，但最终结果也只是稍微体面一些而已。从 10 月 2 日到 14 日，顺治皇帝正式接见了荷兰使臣一次，让他们参加了三次宫廷宴会，并回赐了一批礼品，但最终也没有给予他们对华贸易特权。

10 月 16 日，满怀失望的荷兰使团被迫离开北京，于 1666 年 1 月 28 日抵达广州，2 月 22 日乘坐两艘快船返回巴达维亚。从 1655 年 8 月到达广州，1657 年 2 月离开，荷兰使团此次中国之旅前后耗时 20 个月，

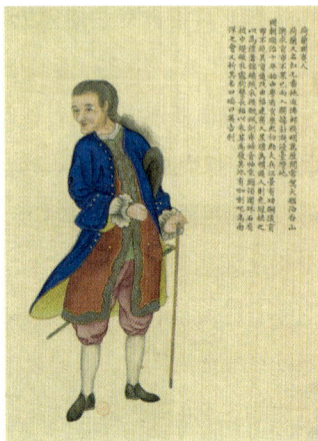

图 1-4-1：清乾隆中期绘制的职贡图内对于荷兰人的图文描述，述及了其职贡国的身份。

却仅仅获得"八年一次率 100 人组成的使团前往中国，并派 20 人北上，同时可在广州登陆贸易"的许可。[1] 以至于直到 20 世纪初期，美国历史学者马士还为荷兰人愤愤不平："这两个使节事事都顺从中国人的要求。他们带来贵重的礼物，并且听凭这些礼物被称为贡物，自己也竟这样称呼它；他们也拜领了优厚的恩赐；他们俯伏在皇帝面前；他们在皇帝的圣谕、诏书和宝座之前恭行三跪九叩首的礼节；他们情愿以一个亚洲藩属向宗主国来朝贡的使臣地位自居。他们希望用这种方式在中国取得贸易特权，就像他们在日本以同样手段所取得的一样。但他们所得到的只不过是被准许每八年遣使一次，每次随带四艘商船而已。"[2] 当然，虽然自由贸易的目的没有达到，但由

① 陈晓岚：《从〈荷兰东印度公司使节第二及第三次出访（大清）中国记闻〉看荷据时期两岸关系》，《华章》，2013 年第 19 期。

② 马士（Hosea Ballou Morse，1855—1934），美国历史学者，1874 至 1908 年曾在大清海关总税务司服务，1909 年退休后定居英国从事外交、经贸史研究，代表作即《中华帝国对外关系史》。

于通过这次访华建立起了正式的邦交，荷兰也成为有清一代唯一列入清朝礼部朝贡国名单中定有贡期的西方国家。

尽管从商业角度看此次荷兰使团几乎是一无所获，不过由于荷兰东印度公司一个小小的决定，却使得1655年的这次访华之旅成为西方历史上具有划时代意义的一次冒险，并且对西方社会进一步认识中国产生了深远的影响。

1655年7月，当这支荷兰使团准备启程前往广州时，荷兰东印度公司董事会特地给两位使节侯叶尔和凯塞尔发了一道指示："据我们所知，尚无一个荷兰人有过你们要进行的这次远涉重洋的行程，你们将会遇到很多前所未闻、前所未见的稀奇事物。因此，你们要一件一件把它们完整地画下来，也要准确地把你们途中的见闻记录下来。配属给你们的管事是一专业素描家，你们可以让他把沿途可能看到的所有城市、乡村、宫殿、河流、城堡和其他奇异的建筑物以它们本来的形象描绘下来。你们应当带上耶稣会士卫匡国所写的中国旅行记和所作中国地图，它们可能在你们的行程中或其他情况下发挥作用。"从这道指示不难看出，虽然当时已有 些具有绘画才能的传教士如卫匡国、卜弥格、白乃心等陆陆续续给西方传送回有关中国的图像资料，但总体上看较为零散，有些资料又是建立在道听途说基础上的，很难形成具有实证价值的、成体系的第一手资料，而这正是当时西方所有国家都迫切需要的。因此，作为最新崛起的西方商业势力，荷兰人在出访前就已经意识到，有必要派遣一名具有绘画才能的专业人员跟随使团，将他们沿途所见所闻忠实地用画笔记录下来，从而在深入了解中国的具体信息方面先行一步，进而巩固

图1-4-2：约翰·尼霍夫肖像版画，荷兰海事博物馆收藏。

乃至扩大自身在远东海洋上的商业优势。而一位名叫约翰·尼霍夫（Johan Nieuhoff，1618—1672）的幸运儿，便成为这段历史的创造者。

约翰·尼霍夫出生于本特海姆的于尔森市，他多才多艺、性格开朗且善于交际，爱好诗歌、美术和音乐，喜欢冒险，能说多种语言。1640 年曾随舅舅亚历山大·毕加尔到巴西，后到荷兰东印度公司任职并参与了多次探险活动。身为一名素描画家，尼霍夫被荷兰东印度公司任命为访华使团的管事，其主要职责就是把旅行中所看到的各种奇事异物画下来。事实证明，1655 年尼霍夫可谓圆满完成了任务，他不仅记录了出使中国期间目睹的风土人情，更用画笔绘制了许多水彩图稿。

从尼霍夫的文字记录可以看出，荷兰人对于此次访华进行了充分的准备，对于中国的地理、历史也有较为准确的描述。他们不仅详细记载了中国各地府、州、厅、县的名字，还包括哪些城市有鞑靼兵驻扎、该省份当年的税收如何。甚至提前考虑到将来的贸易需要，特别留心了各地的习俗和特产。当然，毕竟在中国的时间有限，他们对沿途见闻的记录也只能是浮光掠影的，并且主要集中在自然景色、风土人情、建筑奇观等方面。

例如在从巴达维亚到达广州后，1655 年 8 月 19 日，"二位使臣应二位广东藩王之邀前往广州，海道亲率大群随员来迎。随行约有十五艘船，都张帜结彩，装饰得很漂亮，二位使臣登上他们的一艘船，连同秘书巴隆及几位近身随员一起，于下午出发前往广州。次日，我们奉命尽快驾小艇赶去同行。因此我们即刻起锚出发，当晚来到一个小堡垒旁边，在水深 2 呷处的河流中央停泊。这条河在此处宽约二哩，沿河岸有很多小岛。当我们溯河而上时，看见左边某高丘上，有一个九层宝塔。稍远一个岛上尚有一个塔，广州市东面的河对岸又有一个塔。河两岸景色优美，人烟稠密，土地肥沃，辛勤的农夫一年可收获两次。"除了文字记录外，尼霍夫在广州留下的画作也比较多，包括《老藩王》《小藩王》《广州城全景图》《从珠江眺望广州城全景图》《藩王设宴场面图》《荷兰使团下榻广州寓所图》《广州城内牌楼》《珠江上的水上要塞》等。在荷兰人眼中，"广州城里的房屋与宝塔都很漂亮壮观，较中国大部分城市更胜一筹。当我们经水门去二位藩王的府第时，穿过了十三道

图 1-4-3：《老藩王》平南王尚可喜。《荷使初访中国记》，1665 年法文版。

图 1-4-4：《小藩王》靖南王耿继茂。《荷使初访中国记》，1665 年法文版。

图 1-4-5：《从珠江眺望广州城全景图》。《荷使初访中国记》，1665 年法文版。

图 1-4-6：《广州城内牌楼》。《荷使初访中国记》，1665 年法文版。

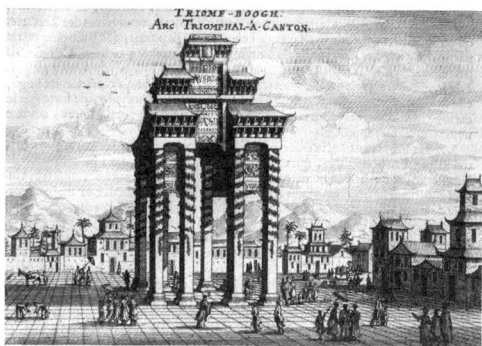

石砌的牌坊，这些牌坊上雕刻的人像、花卉都栩栩如生。"①

在途经江西境内的南康城时，②尼霍夫对岸边的一处寺庙及中国人的民间信仰产生了浓厚兴趣。他发现："（南康）城东有一座九层宝塔，站在塔上可俯瞰全城，该城有几处漂亮的房舍和美丽的宝塔，其中最有名的是慈云寺。这座庙的第一进殿里有两个巨人分列两旁，塑造得非常高大逼真。一个在摆弄一条龙，他显得强健有力，冷面无情，就像海格立斯对待那些扑进摇篮里的怪物那样。另外一个巨人用一把出鞘的长剑和一副狰狞的恶相威胁着所有的观众，脚下倒踩着一个矮子；这些塑像充分说明中国人在这种艺术上的才华。第二进殿里有一神龛，神龛周围的墙壁上悬挂着异教徒奉献的许多精致物品。第三进殿里有一个非常高的镀金女神像，和尚的寝室就在这尊神像的周围，都悬挂着窗帘。该城的城墙高大坚固，用砖头砌成，所有的炮眼都有盖子，盖子上画着凶恶的兽头，绕墙走约需二个小时。"③

在尼霍夫的诸多画作中，宝塔作为一种特有的中国建筑景观，尤其给这位西方来客留下了强烈的视觉冲击，以至于几乎每座途经的城市，都会有宝塔的身影出现。特别是在实地参观了南京城著名的大报恩寺塔后，尼霍夫不但以很多笔墨进行了描述，更是用画笔将其精心描绘下来，不经意间又让这座建筑物的美名传回西方，成为此后百余年间西方人对东方想象的重要组成部分。

大报恩寺塔位于南京城中华门外，1412年，明永乐皇帝朱棣下令由郑和等人担任监工官，"依大内图武，造九级五色琉璃塔，曰第一塔，寺曰大报恩寺"，历时整整19年工夫，耗银248万余两，动用10万人才竣工。此塔通体琉璃，高80米，是南京城墙平均高度的6.5倍，在当时的技术条件

---

① 帅倩：《17世纪首批访京荷使眼中的广州印象》，广州文博，2010年。

② 今赣州市南康区，清时属南康府。

③ [荷]约翰·尼霍夫原著，[荷]包乐史、[中]庄国土著：《〈荷使初访中国记〉研究》，厦门大学出版社，1989年1月，第59页。

图 1-4-7：南康城慈云寺。《荷使初访中国记》，1665 年法文版。

图 1-4-8：慈云寺内神像。《荷使初访中国记》，1665 年法文版。

下堪称一大奇迹。全塔上下有风铃 152 个，日夜作响，声闻数里；塔的飞檐下垂金铃鸣铎，门侧、塔心置簧灯，共放置油灯 146 盏，油灯昼夜不熄，极为壮观。因此，在其被毁之前，大报恩寺塔一直是明、清时期南京乃至中国最具特色的标志性建筑物，也是当时中外人士游历南京的必到之处。至于远道而来的西方传教士和商人，则无不称赞这座"瓷塔"为"东方建筑艺术最豪华、最完美无缺的杰作"，认为其可与罗马大斗兽场、土耳其索菲亚大清真寺、英国沙利斯布里石环、意大利比萨斜塔、埃及亚历山大陵墓和我国的万里长城并称为当时的世界七大奇迹。早在明万历四十一年（1613 年），葡萄牙传教士曾德昭（Alvaro Semedo，1585—1658）初到南京时，就对大报恩寺塔留下了深刻印象。他记录称，该塔七层，建筑技艺精美绝伦，塔身嵌满各种佛像，似是用瓷砌造，这座宏伟建筑堪与古罗马最有名的建筑媲美。三十多年后，传教士卫匡国也在他的《中国新图集》中对"瓷塔"进行了详细的描述："塔八角九层，从塔顶到底部凡九百腕尺，塔身宽厚壮伟，外部涂有瓷土，上面饰以浮雕和各式图案。塔内铺有各种石料，平整净洁，光可鉴人，幽暗处更甚。塔内有曲折向上的螺旋形楼梯，并非建于塔心，而建在一侧夹墙之内。游人可通过每层的券门走到塔外美丽的大理石阳台，每层塔楼的阳台皆饰以金色栏杆，栏杆环绕整个塔身。阳台之上或塔顶檐角，四处悬挂有铎铃，风起铃鸣，悦耳动听。塔之顶层有镀金铜像一座，众多善男信女登塔即为祭拜此像。塔之四周建有供奉其他神像的庙宇，其建筑艺术之高超即便古罗马人见了也会啧啧称奇。"

当尼霍夫 1655 年 5 月 9 日来到南京城时，循着前人著述的指引来到实地参观这座建筑奇观："在南京城南边城濠外的山坡上，有一著名的寺庙——报恩寺，该寺由几座漂亮的房舍组成。这些建筑造型奇特古朴，可列为中国最著名的工程之一。那些异教的和尚们为我们打开庙门，并让我们看一个约有一万尊塑像的大殿。该寺的正中央建有一座瓷塔，是在鞑靼人到来的七百多年以前建造的，历经多次战乱，迄今安然无恙。它的光辉业绩证明了那句关于'不朽'的古谚。若站在塔的最高层，可以俯瞰全部城区的市郊，一直看到长江对岸，如此稀世奇观真叫人赏心悦目。特别是若注意到该城的幅员

图1-4-9：南京大报恩寺塔。《荷使初访中国记》，1665年法文版。

之广和城的两翼从城墙外一直延伸到长江边时，就更觉得这个城市壮观无比。上面说的那个塔有九层共一百八十四个阶梯，里外都有漂亮的塔廊，所上的在黄色和红色中透着绿色。在楼台上有通气孔和铁栅窗，各个塔檐的檐角都挂着铜铃，随风飘动，铃声不断。塔尖顶着一个沉重的松果，据说是用纯金造成。"① 除了"是在鞑靼人到来的七百多年以前建造的"这句话暴露出荷兰人在中国历史知识方面的不足之外，尼霍夫不仅以文字绘形绘色地描摹"瓷塔"的地点、高度、结构、形状、内外装饰及顶部设计，还准确地手绘出此塔的雄姿，从而形象生动地揭开了"瓷塔"的神秘面纱。"瓷塔"从此声名远扬，成为17至19世纪欧洲人心目中当之无愧的中国建筑奇迹和都市象征，该版画也被制作成挂毯、壁纸等进入寻常百姓家。②

---

① [荷]约翰·尼霍夫原著，[荷]包乐史、[中]庄国土著：《〈荷使初访中国记〉研究》，厦门大学出版社，1989年1月，第68页。

② 施晔：《东印度公司与欧洲的瓷塔镜像》，《山西师大学报》（社会科学版），2020年第1期。

欣赏沿途景色之余，尼霍夫一行偶尔也会跟当地百姓近距离接触，从而对这个国家的民情有所了解。由于文化差异的存在，有些场景难免会让他们感到不适乃至反感。例如在南京，他们就目睹了当地乞丐们的可怕行为，对他们造成了强烈的视觉冲击："我们到达南京停泊后，有几个乞丐来船上大行怪事。其中有两个相互猛烈地对撞脑袋，吓坏了所有的观众。他们继续对撞头颅，除非我们给他们钱，否则将撞到其中一人死亡，就像以前他们多次干过那样。另外有一个乞丐跪着喃喃自语之后，就把脑袋撞向一块大石头，撞得惊天动地。还有几个乞丐在头上放药材烧，一直烧得头皮发出臭气，哭喊呻吟，直到有人给钱才罢休。另外一些盲人成群结队赶来，在号子的节拍下互相用石块击打胸膛和背部，打得头破血流。这些乞丐有的从小就长得奇形怪状，其外貌令人胆寒，似乎像狂暴的魔鬼里克。后来我们在黄河边时，有一个占卜天气的先生来到船上，他用一根铁条刺穿脸颊恐吓我们，还抽出两把锋利的菜刀吓唬我们说，如不给他银子，就要自残自己。他只穿一条裤子，上身赤裸，抖动着躯干，就像个被魔鬼逮住的人。鞑靼人都非常害怕，给了他很多礼物，以祈求好天气。我们因此大笑起来，拒绝给他银子。我们说，我们只怕上帝，不怕魔鬼。"①

当然，尼霍夫一行在与中国人士的互动中也有一些美好的回忆。比如在途经沧州时，"当地长官的夫人派一个士兵带我们进一个大厅里去见她。在大厅里，她就像另一个女神狄安娜，举止雍容，服饰华贵，端坐在三十多名鞑靼美女中。她的左边铺着一张阿拉伯地毯，我们必须坐在上面叙述一切有关荷兰的事情。他们称荷兰为'和兰国'，我们享用了她的佳肴美酒后，就尽量礼貌、虔诚地向她告辞。在门口，她客气地道歉说，她的丈夫，也即当地长官去了北京，否则她们将留使臣阁下在此盘桓几天，使我们在长途旅行的疲乏后能稍许休息。二位使臣从通事那里得知，她的丈夫很受朝廷和皇帝器

---

① [荷] 约翰·尼霍夫原著，[荷] 包乐史、[中] 庄国土著：《〈荷使初访中国记〉研究》，厦门大学出版社，1989年1月，第69页。

图 1-4-10：在南京城目睹的乞丐。《荷使初访中国记》，1665年法文版。

图 1-4-11：在黄河边目睹的占卜怪象。《荷使初访中国记》，1665年法文版。

重，就送了一份古玩礼物给她，她也很感谢地收下了。"[1]

作为此次访华之行最重要的环节，在北京所经历的一切无疑是尼霍夫重点描述的对象。当 10 月 2 日终于得到顺治皇帝的接见时，尼霍夫格外认真地观察了周围的一切并尽量记录下来。不仅当天的朝觐仪式令他们终生难忘："后来我们又经过一个广场，终于来到内宫，大汗的住处就在这里。这个内宫是个完整的四方形，两旁站满了武士，他们一律穿绣有图形的红色丝质长袍。在内宫左边的最前面排列有一百一十二个人，每一个人都拿着一面

---

① [荷] 约翰·尼霍夫原著，[荷] 包乐史、[中] 庄国土著：《〈荷使初访中国记〉研究》，厦门大学出版社，1989 年 1 月，第 77 页。

特别的旗子。皇座旁站着二十二个人，各撑着一把华丽的遮阳伞，伞上有十个像是太阳的圆圈，还有六个月亮。此外我们看见，广场的一边有十六根缀有彩色丝缨的铁棒，铁棒旁边有三十六面旗帜，绘着镀金的龙和其他动物；另有十面较小的旗帜，四根镀金的梃棍，四把戈戟和四个镀金的鬼头。在另一边我们看到的情形也是一样的，还有数不清的众多廷臣。在皇座的台阶前面站立着六匹雪白的马，罩着镀金的马衣，马鞍上缀有珍珠和红宝石。当我们正在注意这些景物时，又听到了小乐钟的声音，然后就看到一个士兵从人群后面走出来，甩了三圈皮鞭。他甩得极其熟练，听起来就好像是三声清脆的手枪声。皮鞭甩过之后，那位副中堂就和约三十个人一起走到皇座的前面，这些人都是这个国家显要的达官贵族，都穿着华丽的金色衣服。在广场中央有二十块标有记号的石头，上面刻有文字，让各级官员各依品位在各自的位置处下跪。他们在那里随着司仪的唱礼声行礼。我们同时也听到一阵由几种乐器合奏出来的柔美的音乐，还伴有悦耳的歌声。这批人退下之后，就另有一批人上来；随后是喀尔喀的使臣和厄鲁特的使臣，他们行礼完毕之后，就轮到我们和那些吐鲁番人走到皇座前面。那个副中堂在左边指示二位使臣阁下要到标着第十等的界石旁边站立。这时司仪就像以前那样开始唱礼，我们就跟着号令统统跪下，把头弯向地面三次，然后很快地退到一旁，回到原来的地方。二位使臣阁下和上述使节被带到一个高高的台上，但我们却都留在下面了，有侍者在那里给我们喝加牛乳的鞑靼茶。然后我们再次听见那小乐钟和皮鞭的响声，于是所有的人就统统跪下。"而且那神秘无比的中国皇宫也令他们叹为观止："上面说的这个皇宫举世闻名，因此我要进一步描绘一下它的情况，将我自己看到的和观测过的数据尽量写下来。这个皇宫为正方形，方圆十二里，但需步行三刻钟，位于北京城的第二道城墙之内。所有的建筑都造得金碧辉煌，壮观无比。房屋外面巧妙地延伸着镀金的柱廊和栏杆。屋顶沉重，建造精美，是用黄色釉瓦覆盖的；在有阳光的时候，这些釉瓦远远看去，就像黄金那般闪烁。这个皇宫的东、西、南、北方向各有一大门，所有建筑物沿 I 字形中轴道路分布，很整齐地被分成几个部分。城墙是用红色的瓷砖建造的，上覆黄瓦，高不过十五呎。城墙外面有一个极为开阔的广

图1-4-12：中国女性。《荷使初访中国记》，1665年法文版。非常奇怪的是，尽管与中国人有了近距离接触，但出版物中尼霍夫画笔下的许多中国人的形象，其外貌却依然与欧洲人有些类似。显然，这些画稿在后来的流传中应该也经历了层层改动。

图1-4-13：鞑靼武士。《荷使初访中国记》，1665年法文版。

图1-4-14：中国的知识阶层。《荷使初访中国记》，1665年法文版。

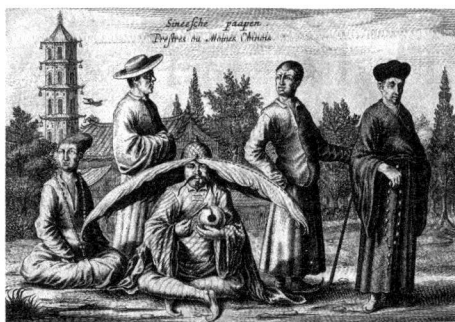

图1-4-15：中国农民。《荷使初访中国记》，1665年法文版。

图 1-4-16：中国居民。《荷使初访中国记》，1665 年法文版。

图 1-4-17：中国贵族妇女。《荷使初访中国记》，1665 年法文版。

图 1-4-18：中国马戏表演。《荷使初访中国记》，1665 年法文版。

图 1-4-19：中国演员。《荷使初访中国记》，1665 年法文版。

场，经常有骑士和士兵在那里守卫，非有命令皆不得通行……使臣阁下通过南门，来到一个前院。这座前院位于方圆四百步的铺砖十字路口上，我们往右行，经过一道四十步长的石桥以及一个有五个拱门、五十步长的大门楼时，在正前方可以看见三座精美的房屋。这个广场长宽各四步，上述三个防御用的坚固的城楼控制着整个广场。第三个广场和皇帝住处所在的广场一样，呈正方形，四座主要的宫殿造型典雅古朴，并依中国建筑的风格盖着贵重的瓦。这些宫殿有四个台阶可供上下，这些台阶占去了广场面积的三分之一，广场上铺着灰色的石板。在这最深之处的十字道路的尽头，有几处花园。花园里满是各种果树和漂亮的房屋，这些都是这个皇帝派人精心栽培建造的，我们从未见过如此漂亮的地方。"[1]

1658 年，结束访华使命的尼霍夫回到荷兰，并把手稿笔记交给自己的弟弟、画家亨德立克（Hendrik Nieuhoff）编辑。1665 年，《荷使初访中国记》（*An Embassy from the East-Indian Company*）一书的荷兰文、法文版首先出版，出版者是阿姆斯特丹的书商兼雕版艺人雅可布·范·梅尔斯（Jacob van Meurs）。紧接着德文（1666）、拉丁文（1667）与英文（1669）版相继出版。而尼霍夫也因此在西方声名大噪，他的出使记录与图像迅速成为十八世纪欧洲流行的中国风情的参考脚本，许多当时的艺术家与建筑师都曾利用他书中的中国图像，来营造欧人想象的中国风情。不过必须指出的是，实际上当初尼霍夫在中国只创作了 70 幅水彩和素描插画，但在后来不同版本的编辑过程中，出版方为了使图书更具吸引力，经常对尼霍夫的画稿进行重新刻版和制作，最终呈现在世人面前的《荷使初访中国记》竟变成了 150 幅版画之多，而且几乎所有的图像均在原作的基础上做了很大的改动，多出了许多臆造的情节，其中还有若干幅图文来自从来没有去过中国的德国耶稣会传教士基歇尔的《中国图说》。[2] 特别是英文版第二部分《中国概述》，描述了中国的政

---

[1] [荷] 约翰·尼霍夫原著，[荷] 包乐史、[中] 庄国土著：《〈荷使初访中国记〉研究》，厦门大学出版社，1989 年 1 月，第 87—89 页。

[2] 袁宣萍：《纽霍夫与欧洲中国风》，《中华文化画报》，2008 年第 4 期。

图1-4-20：在北京见到的政府官员。《荷使初访中国记》，1665年法文版。

图1-4-21：清朝官员。《荷使初访中国记》，1665年法文版。

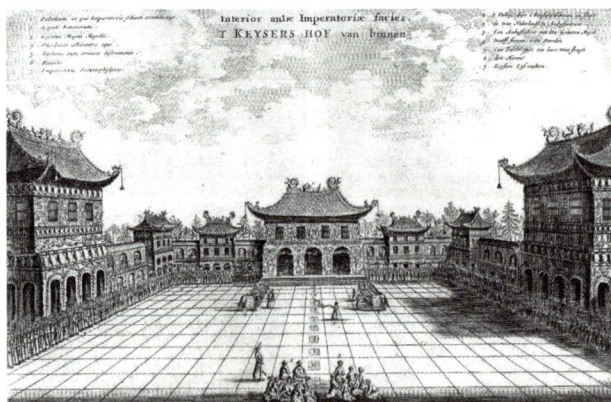

图1-4-22：清朝皇宫。《荷使初访中国记》，1665年法文版。

府和官员、语言和文字、演员和乞
丐、服装和礼仪、葬礼和坟墓、体
形和风尚、哲学和偶像、寺庙和
塔、水域和桥梁、植物和动物、山
脉和矿产、基督之前统治中国的皇
帝、最近的鞑靼人与中原人的战争
以及鞑靼人统治中国等内容，但这
个部分的图画几乎都不是尼霍夫的
作品。

　　由于对 1656 年的无功而返不
甘心，荷兰人之后又曾再度派出
使团访问北京。康熙五年（1666
年），为寻求自由贸易许可，由

图 1-4-23：根据尼霍夫画作改编的
西方版画，18 世纪。

彼得·范·侯尔恩（Pieter van Hoorn）率领的一支船队，历经长达近六个
月的跋涉抵达北京城，觐见了康熙皇帝，并献上许多豪华昂贵的礼物。与
上一次使团一样，此次使团中也有一名画家彼得·范·多尼克（Pieter van
Doornik）随行，并在此次的旅行中画了 22 张速写，不过对后世所产生的影
响远没有尼霍夫那么大。尽管荷兰人的一系列访华努力并没有达到所预期的
效果，但就当时的实际情况看，他们已经在欧洲各国的东方贸易竞争中占得
了先机，并且在近百年的时间里扮演了东西方交流交往的关键角色。得益于
当时欧洲出版业的蓬勃发展，以及荷兰人在宗教文化方面的自由宽松理念，
大量有关中国形象的知识都是经由他们传播到欧洲的。无论是他们的商人、
航海家、制图师还是画家，都为后世贡献了许多宝贵的视觉材料，使得后人
至今仍然可以借助这些生动形象的载体重温那个时代。

　　就在葡萄牙、荷兰等国家漂洋过海不远万里前来中国寻求自由贸易之
时，欧亚大陆北方的俄罗斯也通过陆上通道辗转前来试图建立外交关系。早
在 1618 年，俄罗斯人就向明朝派出了由哥萨克人佩特林率领的一支小分队，
对中国进行了非正式访问。由于没有携带足够好的礼物和国书，佩特林使团

图 1-4-24：18 世纪欧洲版画《南京集市》，其源头显然是出自尼霍夫访华时的画稿。

尽管到达了北京，但最终并未见到万历皇帝。不过在他们留下的报告中，仍初步描述了有关中国的一些信息。比如在他们眼中，紫禁城看起来非常宏伟壮观，尤其是大理石部分看上去洁白如雪。城里人口非常之多，市场上有很多宝石、黄金、银子、丝绒、绸缎和锦缎。[1] 而到 1654 年，由巴依科夫率领的俄罗斯使团算是一次正式的访问。在向莫斯科汇报时，巴依科夫也对北京的建筑风格、市井风貌、社会状况、市场情况做了详细描述："汗八里的房屋都是砖砌的，构造简单，铺着各色琉璃瓦，到处都画着龙，除皇宫外，

---

[1] 张箭：《俄使佩特林首访明代中国初探》,《暨南史学》, 2012 年。

图 1-4-25：根据尼霍夫画作改编的中国题材铜版画（一），1682 年。

图 1-4-26：根据尼霍夫画作改编的中国题材铜版画（二），1682 年。

图 1-4-27：信仰的寓言。1670—1672 年，油画，约翰内斯·维米尔，大都会艺术博物馆收藏。作品画面中大尺幅的帷幕上，表现的正是中国人物和景色，反映了当时荷兰人对中国事物的热衷以及双方密切的交流。

图1-4-28：一名中国战士和一个穿着时髦的女人。广州，版画，出自A New Book of Chinese Designs Calculated to Improve the Present Taste etc. 1680年，阿姆斯特丹。这幅版画由阿姆斯特丹出版商、雕刻师、地球仪制造商和艺术品经销商约翰内斯·德·拉姆创作。拉姆最出名的是他的地图和地图集，其中一些是基于其他地理学家的地图，其中一些则是他绘制的。同样，他的一些插图也受到了早期欧洲探险家对亚洲、非洲和新大陆的描述的启发，这幅版画显示了荷兰东印度公司与中国之间贸易的活跃。

其他房舍都很低矮。……中国京城的男女居民都很健壮干净。但汉族妇女的脚都非常小，小得和孩子的一样。据说，是故意把脚缠成那个样子的。她们穿的棉袄都很短，开襟，不过袖子却很宽大，像我们的夏衫。她们的头发梳成日耳曼人的样式。男子身穿带扣的长袍，扣子缝在下面。不论男女，衣服的颜色都很素净，只有土爷和朝臣才穿华丽的衣服。他们在冬季戴一种小帽，很像便帽，只是在帽顶上有一簇红丝缨。夏天男子戴的帽子也不大，用草编成，顶上也戴相同的红缨。男子不蓄发，仅在头顶留一簇头发，梳成蒙古式辫子。"巧合的是，这支使团在北京还与荷兰使团相遇并多有交往。正如尼霍夫所述，由于俄国使团拒绝跪拜之礼而被驱逐出境，他们的使命很快以失败告终。1692—1695 年间，在经历了中俄雅克萨之战后，当时的沙皇彼得大帝再次向中国派遣了一支使团，这支使团的游记《俄国使团使华笔记（1692—1695)》于 1704 年出版，书中也有部分关于中国的版画。该书由荷兰人伊兹勃兰特·伊台斯（Izbrant Ides）和德国人亚当·勃兰特（Adam Brand）所著。伊兹勃兰特·伊台斯是当时荷兰驻俄国的外交官，他随同俄国使团来到中国，并在北京逗留了一段时间。书中描述了使团对北京城的印象，包括城市的规模、建筑、街道以及居民的日常生活，还涉及了当时中俄之间的外交礼仪和贸易关系。

图 1-4-29：1704 年版《俄国使团使华笔记（1692—1695）》中关于中国的版画。

参考文献:

[德]克里斯托费尔·弗里克、克里斯托弗尔·施魏策尔著:《热带猎奇:十七世纪东印度航海记》,姚楠、钱江译,海洋出版社,1986年11月。

[荷]伊兹勃兰特·伊台斯、[德]亚当·勃兰德著:《俄国使团使华笔记(1692—1695)》,北京师范学院俄语翻译组译,商务印书馆,1980年6月。

[荷]约翰·尼霍夫原著,[荷]包乐史、[中]庄国土著:《〈荷使初访中国记〉研究》,厦门大学出版社,1989年1月。

[罗马尼亚]尼·斯·米列斯库著:《中国漫记》,蒋本良、柳风运译,中华书局,1990年。

[美]马士著:《中华帝国对外关系史》,张汇文译,上海书店出版社,2000年9月。

周宁著/编:《大中华帝国》,学苑出版社,2004年5月。

L'Ambassade de la Compagnie Orientale des Provinces Unies vers l'empereur de la Chine, ou Grand Cam de Tartarie, JEAN NIEUHOFF, 1665.

第五章

造梦：
基歇尔描绘的新东方

在地球上找不到比它更强大、人口更多的国家了。世界上只有中华帝国才有那么多的城市，多得几乎数不清，它们很繁荣，很多城市大到可以被看成一个省。到处都是城镇、堡垒、别墅、宫殿和寺庙。中国长期被长达三百里的长城包围着，人们可以把整个帝国称作一个城市。您能看到极其丰富的生活必需品，似乎大自然将很少赐予别处的福祉全部赐给了中国。

——基歇尔，1666 年。

几乎就在尼霍夫所著《荷使初访中国记》的荷兰文版于 1665 年首次出版之际，阿姆斯特丹的出版商仅仅在两年后再度推出了一部中国主题的重量级图书，它就是德国耶稣会士基歇尔（Athanasius Kircher，1602—1680）编撰的《中国图说》。

纵观整个 17 世纪，在向西方世界传播中国形象方面，耶稣会传教士无疑是绝对的主力军。正如有学者指出："对 17 世纪的欧洲人来说，遥远的东方是一个神奇的梦，从 15 世纪开始到入华耶稣会士，一本本游记、一封封书信，像一阵阵清风吹进欧洲那中世纪的城堡。异国的风情，悠久的文化，富饶的物质生活，美丽的传说，所有这些都令欧洲人怦然心动。于是了解中国、遥望东方成为社会的时尚。"①而正是在这股时尚开始在西方世界掀起热潮时，基歇尔的《中国图说》出版了，并迅速成为推动欧洲"中国热"的最重要、最有影响的著作之一。

基歇尔是欧洲17世纪著名的学者、耶稣会士。他1602年出生于德国的富尔达，1618年加入耶稣会，后在德国维尔歇茨堡任数学教授和哲学教授。他兴趣广泛，知识广博，仅用拉丁文出版的著作就有40多部，一人身兼自然科学家、物理学家、天文学家、机械学家、哲学家、建筑学家、数学家、历史学家、地理学家、东方学家、音乐学家、作曲家、诗人，并因此被称为最后一个文艺复兴人物。他还在罗马学院收藏世界各地的自然产物与历史文物，其在罗马的工作室堪称一个小型博物馆。作为一名耶稣会士，尽管基歇尔并未从事海外传教事业，更不曾踏足中国，甚至终生没有离开过欧洲，但他却与当时许多前来中国活动的耶稣会传教士保持着密切关系，不断从这些人那里获取第一手有关中国的信息和资料。他不但是卫匡国的数学老师，还与卜弥格以及同样具有绘画才能的传教士白乃心（Jeam Grueber，1623—1680）常年保持书信往来，当这些传教士由中国返回欧洲时也设法与他们会面，尽可能多地了解情况。

由于在获取海外传教士第一手资料方面得天独厚的便利条件，加上自身渊博的知识和丰富的想象，基歇尔于1667年出版了《中国图说》，该书拉丁文的原书名为 *China Monumentis qua Sacris qua profanis, Nec non variis Naturae & Artis Spectaculis, Aliarumque rerum mem.orabilium Argumetis illustrates*（《中国宗教、世俗和各种自然、技术奇观及其有价值的实物材料汇编》，简称《中国图说》）。与此前西方世界出版的有关介绍中国的著作相比，《中国图说》的内容更加丰富，学术性更强，而所附的大量插图更增添了其生动性和真实性。在书中，基歇尔通过传教士在中国各地旅行的所见所

① 张西平：《遥望中国——简介基歇尔的〈中国图说〉》，《国际汉学》，2000年第2期。

闻，不仅介绍了中国及亚洲各地的宗教信仰，还有他们所见到的各种人文与自然的奇异的事物，如中国的动植物、矿产、建筑、技艺、文字等，同时附有数十幅精美的图画，因而出版后引起很大反响，被称为当时之中国百科全书。该书共分六个部分，第一部分介绍在西安出土的大秦景教碑，分别从字音、字义、解读三个方面全面介绍了大秦景教碑；第二部分介绍西方人如马可·波罗、白乃心、吴尔铎（Albert d'Orville, 1621—1662）等在中国各地的旅行，将中国、中亚、南亚的许多风俗人情、宗教信仰作了详细介绍；第三部分介绍中国及亚洲各地的宗教信仰，特别是向欧洲的读者介绍了中国的儒、释、道三种文化；第四部分是介绍传教士们在中国各地所见到的各种人文与自然的奇异事物，包括中国的山川、河流、植物、动物等；第五部分介绍中国的庙宇、桥梁、城墙等建筑物；第六部分首次向西方人介绍了中国文字的各种类型。

基歇尔出版《中国图说》的目的，就是为了让西方读者获得"奇异、神秘"的整体中国印象。他指出，在中国，居住着鞑靼人和中国人，他们被强有力的政府和君王统治着，每个外国人都能够在这个帝国发现奇异的事物。为了说明这一点，他不惜笔墨夸张地写道："在地球上找不到比它更强大、人口更多的国家了。世界上只有中华帝国才有那么多的城市，多得几乎数不清，它们很繁荣，很多城市大到可以被看成一个省。到处都是城镇、堡垒、别墅、宫殿和寺庙。中国长期被长达三百里的长城包围着，人们可以把整个帝国称作一个城市。您能看到极其丰富的生活必需品，似乎大自然将很少赐予别处的福祉全部赐给了中国。"这种类似于马可·波罗风格的描述，很多出自其本人的想象。①

与尼霍夫所著《荷使初访中国记》一书类似，基歇尔的《中国图说》之所以能够取得巨大成功，很大程度上也是因为书中所附的精美插图。因为

---

① 张西平：《欧洲传教士汉学的兴起——以基歇尔和卜弥格为例》，《北京论坛（2006）文明的和谐与共同繁荣——对人类文明方式的思考："文明的演进：近现代东方与西方的历史经验"历史分论坛论文或摘要集（增编）》，2006年。

图 1-5-1：基歇尔肖像版画（印刷品），1655 年。

图 1-5-2：一个鞑靼女人。版画（印刷品），1667 年，基歇尔绘，大英博物馆收藏。

图 1-5-3：《中国图说》内页插图，图中人物为汤若望与利玛窦。

Feki

Feki Foli gi kerker

图 1-5-4：中国人驯兽，《中国图说》。

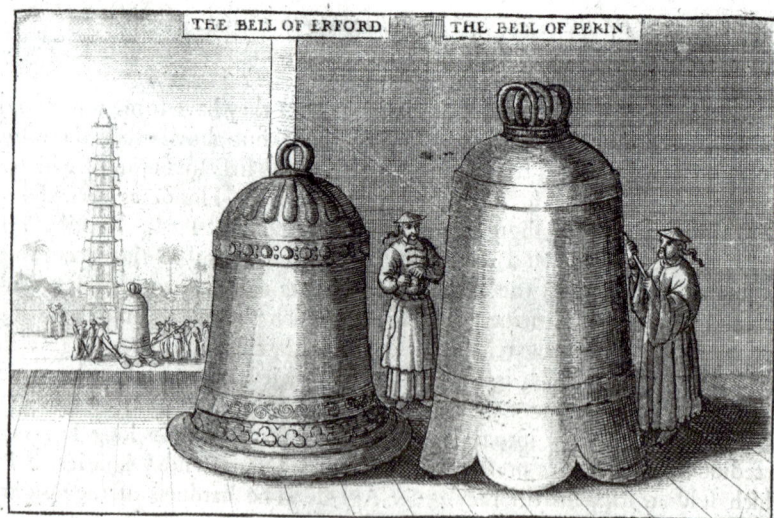

THE BELL OF ERFORD   THE BELL OF PEKIN

图 1-5-5：北京的大钟，《中国图说》。

号称基于第一手资料，这些插图给西方世界展现了一幅中国社会生活的鲜活画面。当然，基歇尔本人也公开承认，书中这些有关中国的图画有很多都来自一直向他提供资料的卜弥格和白乃心。白乃心是奥地利耶稣会士，1658年到达澳门，不久即被召入北京，在北京留居两年。1661年4月，白乃心奉汤若望之命，与比利时耶稣会士吴尔铎一起出发西行，以寻找一条通往欧洲的陆上交通线。他们从北京出发，途经西宁、拉萨，而后翻过雪山，穿越尼泊尔，经孟加拉国而至阿格拉，共计行走了11个月。吴尔铎不幸于1662年4月8日在阿格拉病逝后，白乃心在当地传教士的陪伴下继续前行，由印度、波斯、土耳其而抵斯米纳，最终乘船抵达罗马，完成了从中国返抵欧洲的陆路尝试，成为从中国内地由陆路进入西藏，经尼泊尔、印度返回欧洲的第一批欧洲人。由于具有绘画才能，白乃心在往返中国途中以及传教期间还留下了大量图画，对所目睹的植物、动物以及人文景观进行了细致描绘。特别是在西藏之行中，他还绘制了一些关于西藏宗教、社会和建筑情况的图画。这些图画是西方人第一次通过图像了解西藏的情况，虽然图画中的一些细节中加入了想象成分，但整体上为西方世界提供了宝贵的影像信息。

图1-5-6：白乃心所绘之汤若望画像，《中国图说》。

图1-5-7：改编自卜弥格所绘中国妇女图中的明朝妃子图。

《中国图说》中有一幅中国妇女图原系卜弥格所绘，很可能是南明朝的妃子。基歇尔在文字介绍中将其与中国皇宫的皇后和妃子联系起来："皇帝和皇子们选妃子时，只注重女人的外表美丽与否，而不论她是否贵族出身。高官不向往与皇族联姻，因为做了皇帝的嫔妃非常可怜无助，她们被限制在宫中，而再也见不到她们的家人。有些妃子是由政府官员挑选的，少数是由皇帝自己选。只有皇帝最初的妻子一个人被认为是合法的。皇帝和皇子可以有九个妃子，和三十六个更低级的妃子，所有这些人都是皇帝的嫔妃。最终他们拥有数不清的姬妾，既不是皇后也不是妻子，只是供皇帝和皇子随意取乐的。"

与卜弥格一样，基歇尔在书中介绍了中国的自然地理状况，甚至概述了中国十五个行省的户数、男丁的数量和稻米、丝、盐等产量，对于中国各大城市和民间习俗也有介绍。值得一提的是，书中还对中国的山脉及山上的奇异动物进行了论述。特别是谈到江西龙虎山时，配了一幅奇异的图画：山顶居然有龙虎相斗的场面，而龙则是长了翅膀的形象。根据中国典籍记载，龙虎山本名云锦山，东汉中叶，第一代天师张道陵偕弟子到此炼九天神丹，传说三年丹成后，有青龙白虎环绕丹鼎，云锦山从此得名龙虎山。

显然，卜弥格当年绘制的有关中国的动植物图画对基歇尔产生了很大影响，以至于在《中国图说》一书中，反映这部分内容的图画占比是最多的，植物有胡椒、无花果、菠萝、茶树、藤蔓、大黄、菠萝蜜、椰树等，动物有海马、松鼠猫、麝鹿等。这些图画绝大多数都参照了卜弥格的原作，只不过根据新的需要重新组合并加上背景图画而成。植物方面，基歇尔重点专门介绍了茶叶。不过后世一些学者也对基歇尔的这种做法作出批评，比如专门研究卜弥格的波兰学者卡伊丹斯基就认为，基歇尔对卜弥格的图像进行创造和发挥，但这么做并没有取得很好的效果，有些后来还引起了对卜弥格和基歇尔这些图像的真实性的怀疑。

作为一名耶稣会士，中国的宗教文化当然是基歇尔关注的重点内容。自1623 年被偶然发现以后，大秦景教流行中国碑就一直备受来华传教士们的高度重视，包括曾德昭、卜弥格等人都曾对其进行深入研究，并将有关成果

图 1-5-8：江西龙虎山，《中国图说》。

及时介绍给欧洲同行。而基歇尔不但根据第一手材料介绍了该碑文的发现过程，还首次刊出了卜弥格对碑文的注音和翻译。通过基歇尔的译文，西方读者看到了一个美好的、强大的、文明的中国唐朝形象：唐太宗以其伟大的智慧治理人民，太宗的儿子高宗是伟大的领导者，其品德不亚于其祖父，他使人乐享康乐，玄宗使一度坍塌的道法支柱得以复起，代宗文武皇帝毫无困难地处理国家事务，德宗建中圣神武皇帝能够扬善罚恶。值得一提的是，基歇尔在介绍大秦景教流行中国碑时，两次提到了"龙"和"龙髯"。他向西方读者解释道，根据中国传说，君主乘龙飞天后，他的部下携带兵器，抓住龙须，和君主一同飞天，后来人们保存龙须，以表示对君主的怀念，并认为"这

图 1-5-9:《中国图说》中引用自卜弥格《中国地图集》的动物图画（一），基歇尔根据自己的想象进行了改造。

图 1-5-10:《中国图说》中引用自卜弥格《中国地图集》的动物图画（二），基歇尔根据自己的想象进行了改造。

图 1-5-11:《中国图说》中引用自卜弥格《中国地图集》的动物图画（三），基歇尔根据自己的想象进行了改造，背景中的人物形象也换成了清朝风格。

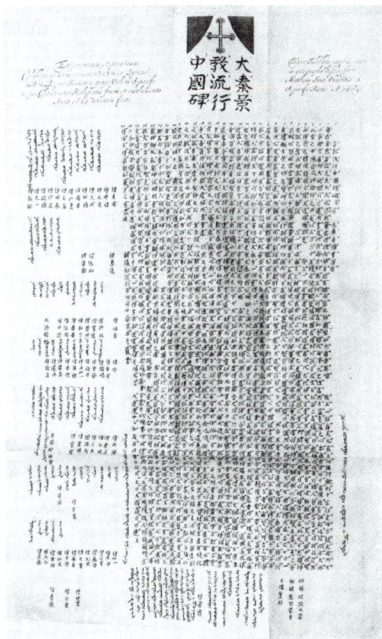

图 1-5-12：大秦景教流行中国碑图
文介绍，《中国图说》。

图 1-5-13：中国神仙，《中国图说》。

件事一直到今天都对迷信的人产生影响，他们在衣服、书、图画和所有公共纪念碑上画上龙的形象。"[1] 另外基歇尔还介绍了从中国本土以及西方传入的各类偶像崇拜、寺庙和神祇，诸如海神庙、天后庙、玄天上帝庙、鬼神祠、岳渎庙、喜神祠、太白金星庙、城隍庙、和合神庙、药神庙、树神庙、天坛、地坛、雨神庙、先农坛，各路菩萨和神仙。《中国图说》中有坐在莲花宝座上的千手观音和各路天上海里的神仙图画，并说佛祖就是救世主，"是另外一个朱庇特，神态威严法力无边"。

在那个中国知识尚未在西方普及的时代，基歇尔的《中国图说》因其精美的插图、广博的知识赢得了当时欧洲的一片赞扬，被称为"当时之中国百科全书"。由于需求旺盛，因此在 1667 年拉丁文版首次出版后，第二年就出

---

[1] 何辉：《基歇尔〈中国图说〉中的中国》，《国际公关》，2018 年第 4 期。

图 1-5-14：九层塔，《中国图说》。

图 1-5-15：皇帝接受觐见图，《中国图说》。

了荷兰文版，1670 年又出版了法文版，而它的内容也被许多书籍广泛采用。包括莱布尼茨在内的许多著名学者案头都有这本书。而本书的内容也对这些学者的中国观产生了重大影响，甚至直接为 18 世纪欧洲"中国热"奠定了基础。有趣的是，由于这本书深受一般读者喜爱，尤其是因为书中的插图精美，以至于欧洲许多图书馆中这本书的插图几乎无一幸免地被读者撕去。

《中国图说》出版半个多世纪后，另一名耶稣会传教士在前人知识传播的基础上，接续出版了一部有关中国的具有划时代意义的巨著，这便是杜赫德（Jean-Baptiste du Halde，1674—1743）及其所著《中华帝国全志》。

杜赫德是法国耶稣会传教士、汉学家和地理学家，1692 年进入耶稣会，1708 年他在巴黎书院任教，"杜赫德"是其汉名。与基歇尔一样，虽然他也终生未曾到过中国，但却出版了非常翔实的介绍中国历史、文化、风土人情的著作，即 1735 年出版的《中华帝国全志》，全名为《中华帝国及其所属鞑靼地区的地理、历史、编年纪、政治和博物》（*Description géographique, historique, chronologique, politique, et physique de l'empire de la Chine*）。《中华帝国全志》是杜赫德通过参考二十多位耶稣会士的手稿及印刷作品编辑而成，堪称 18 世纪欧洲关于中国的最全面、最详尽的介绍性作品之一，被誉为"法国汉学三大奠基作之一"，一经出版便轰动了欧洲，几年之内竟出版了 3 次法文版、2 次英文版，另外俄文和德文本也出版发行。本书共四卷，每卷四至五本，凡约二百万字，以多介绍、少评论的方式描述了中国及其满洲鞑靼地区的地理、历史、政治、医学、文学、教育、工艺科技等诸多方面的内容，有些部分乃是直接从中文书翻译成法语，并配有多幅地图和插画，对于研究当时的中国及其满洲鞑靼地区的情况具有极高价值。与一般内容庞杂的百科全书不同，《中华帝国全志》广泛涉猎欧洲读者可能感兴趣的各种话题而又注重兼顾客观立场，选取的内容大多为在当时看来中国的先进方面。而这种编辑意图也很明显，就是希望通过宣传中国的优势与先进、中国人的智慧与道德，最终赢得多数欧洲人对于中国传教事业的支持。

在书中，杜赫德详细介绍了中国的地理特征，包括山脉、河流、湖泊和平原等自然景观，以及气候和自然资源。他描述了中国的城市规划和建筑风格，包括城墙、宫殿、寺庙、园林等，强调了它们的宏伟和美学价值。杜赫德介绍了中国的政治体系，包括皇帝的权力、官僚制度、科举考试和社会等级，以及法律和税收制度。书中提到了中国的经济活动，如农业、手工业、商业和贸易，以及中国商品在国际市场上的重要性。杜赫德讨论了中国的宗教信仰和哲学思想，包括儒家、道家、佛教等，并描述了它们的教义、实践和对社会的影响。他强调了中国的科技成就，如天文学、医学、数学、印刷术和火药等，并探讨了它们在中国社会中的应用。杜赫德赞赏中国的艺术和文化成就，包括绘画、书法、音乐、戏剧和诗歌等，并记录了它们的特色和价值。书中还描述了中国人的日常生活和风俗习惯，如饮食、服饰、婚丧礼仪、节日庆典等，展示了中国社会的多样性和丰富性。

无论是对于中国的陶瓷、印刷术还是文字、教育等方面，杜赫德都进行了详细的介绍。例如在谈到中国陶瓷生产时，《中华帝国全志》写道："事实上，中国很多地方都生产陶瓷器皿，但是除了景德镇的以外，都不被称为'瓷器'。有些省份如广东、福建等，人们也做瓷器，但外国人对其产品只会嗤之以鼻，因为福建的瓷器只是雪白却无光泽，也没有与别的颜色相得益彰。景德镇的瓷器工匠曾把所有的工具都带到福建，因为当时在厦门，与欧洲人的贸易开展得如火如荼，他们也希望能分一杯羹——不过他们并未获得成功。康熙帝为了弄清景德镇瓷器的奥秘，也曾派人把瓷器工匠和所需原材料等都如数运来京城。这些工匠也铆足了劲想在天子脚下表现一把，但是他们却无法作出令人满意的作品来。这也许与利益、政治等因素有关——不管怎样，只有在景德镇才有灵气做出让世界青睐的瓷器来，甚至连日本人也来中国购买瓷器。"关于中国人的毛笔、印刷术及书籍的装订则写道："中国人写字，不像我们用羽毛笔，阿拉伯人用芦苇茎秆，暹罗人用铅笔，他们用的是用某些动物的毛制成的毛笔，例如柔软的兔毛。当他们要写字时，会在桌上放一块小小的光滑的大理石（砚台），一头被凿成小坑，用以盛水。他们把整块的墨棒于此蘸上水，再放到砚台上平滑的地方加以研磨。在研磨时，根据墨棒与砚台的贴合程度磨出的墨深浅程度也不一样。在写字的时候他们也不是倾斜握笔，而是垂直于纸面好像要把纸戳穿一样。书写顺序是从上往下跟希伯来人一样从右往左。他们的书开始于我们的书结束之处，我们的最后一页却是他们的第一页。文人和学者们对他们的砚台、毛笔、墨棒的摆放十分注意讲究清洁和整齐。这与战士们要求自己的武器干净而光亮有些相似。他们把毛笔、纸、墨和砚台看作四样珍贵的物品，称为文房四宝。在中国能看到很多书，因为从很久远的年代起他们就已掌握了印刷术，而那时欧洲才不过刚刚诞生。不过中国的印刷术却与我们的很不相同。因为我们只有很少数量的字母，通过对它们进行排列组合就可以印刷出厚厚的卷帙，而且由于印完第一页改动一下又可以印第二页，因此也不用浇铸很多字模。相反，中国汉字几乎无穷，不可能把每个字都浇成字模，而且即使完成了浇铸也会发现其中很大一部分是极少用得上的。"在讨论中国人教育孩子的方法时写道："中国的小孩子在五六岁的年纪便开始学习认字——具体哪一年取决于孩子的开蒙程度和父母对其教育的重视程度。不过由于汉字数量巨大，而且他们又不像欧洲人那样有特别的认字方法，所以，如果没有在学习中融入游戏和娱乐的话，这项学习对于孩子们来说实在是个苦差事。因此，人们特别选择了大约一百个汉字——即最常用的、意思与字体也最吻合的那一些，例如天、日、月、人、植物、动物、房屋、最常用的器皿等。然后把这些字所代表的大略的图形刻在字旁边，这些图形尽管粗糙但却足以唤醒孩子们的心智，启发其想象力，帮助他们记忆。这些雕刻正可以被称为他们的启蒙书。其不足之处在于：从幼年时代起这些孩子的思想中便浸透了无尽的怪物和空想，因为他们把太阳画成一只公鸡在一个圆圈里，而一只在臼中舂米的兔子则成了月亮，一个手擎着霹雳的魔鬼——类似于我们祖先画的朱庇特神——就代表雷电。"[1]

可以说，《中华帝国全志》在延续前人介绍中国的基础上，通过进一步深入探究后对中国形象完成了一次更为全面的建构。从 13 世纪的《马可·波罗行纪》中描述中国的虚虚实实，到 16 世纪末门多萨在《中华大帝国史》中第一次为欧洲构建一个比较全面的中国形象以来，传教士在频繁进入中国后陆续为欧洲的中国形象构建添砖加瓦，在这个过程中有过曲折，造成过欧洲人对中国人认知上的偏差，而后又不断的修复，直到杜赫德《中华帝国全志》的出版，把欧洲人的中国形象真正拉回了正轨，并对之后的中国形象塑造产生了重要影响。

毋庸置疑，17 世纪以来耶稣会传教士们所主导的知识传播潮流，有将中国形象传奇化的倾向。而当时欧洲人获得有关中国的信息主要来源于商人、使臣和在华传教士的书信、报告和著述，这就导致许多具体、真实的描述都或多或少掺杂着一些误解、有意的选择乃至歪曲等主观意识。通过分析不难看出，《中华帝国全志》完成了新航路之后西方对中国形象的更深层次描述，实现了由器物化的财物和威严的君权向制度和道德文明的转型。这也反映出当时越来越多的来华传教士不仅局限于向欧洲介绍中国的地大物博，

---

[1] 杜赫德，全慧：《18 世纪法国耶稣会士眼中的中国瓷、中国人教育孩子的方法及其他：〈中华帝国全志〉节译》，《国际汉学》，2014 年第二十五辑。

而是更多地对中国的悠久历史、严格的司法制度、选贤任能的科举制度以及古老的汉语等精英文化进行描写。

正是在 18 世纪整个上半叶，欧洲社会对中国的称颂仍占主流，"中国热"达到了高潮，而《中华帝国全志》无疑是这一时期"中国热"的产物。难能可贵的是，杜赫德并没有完全刻意塑造中国神话。例如与之前欧洲书写中国的代表性著作相比，《中华帝国全志》在中国政治形象的描写方面就没有一味地恭迎上层，文化形象上也并不是只是美好的描写，可以说是比较贴近实际的中国形象描写。从这个角度而言，《中华帝国全志》在西方对中国形象的构建过程中起到了承上启下的作用，而杜赫德本人则无疑是 18 世纪西方构建中国形象的集大成者。[1]

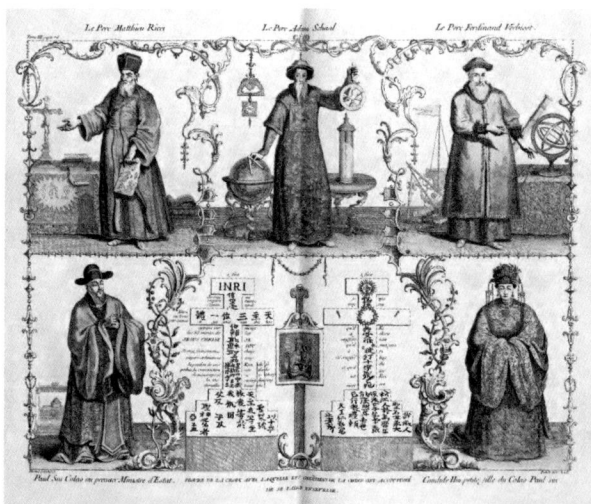

图 1-5-16：《中华帝国全志》中利玛窦、汤若望、徐光启等人画像。

---

[1] 胡艳红：《杜赫德〈中华帝国全志〉中的中国形象研究》，贵州大学硕士论文，2018 年 6 月。

图 1-5-17:《中华帝国全志》中关于中国城市风光、奇异风俗的图画。

图 1-5-18:《中华帝国全志》中关于中国皇帝和官员的图画。

参考文献:

[德] 阿塔纳修斯·基歇尔著:《中国图说》,张西平、杨慧玲、孟宪谟译,大象出版社,2010年3月。

张西平:《欧洲早期汉学史:中西文化交流与西方汉学的兴起》,中华书局,2009年2月。

张国刚:《明清传教士与欧洲汉学》,中国社会科学出版社,2001年5月。

张明明:《〈中华帝国全志〉研究》,学苑出版社,2017年12月。

China Illustrata by Athanasius Kircher, S. J. , Translated by Dr. Charles D. Van Tuyl ,Muskogee, Oklahoma 1986.

J.B. Du Halde, Descirption Geographique, Historique, Chronologique, Politique et Physique de L'empire de la China, A la Hate, Chez Henri Schearloer, 1736.

第六章
颂龙：被美化的中国皇帝

在我看来，皇帝是中等以上的身材，比欧洲人自炫身材匀称的普通人稍胖，但比一般中国人希望的稍瘦一点；面庞丰满，留有患过天花的疤痕。前额宽大，鼻子和眼睛是中国人式的细小的。嘴很美，面孔的下半部长得很好。他的气色也很好。人们可以发现他的举止行为中有某种东西使他具有主宰者的气派，使他与众不同。

———李明，1687 年。

1678 年，一封来自中国的书信在欧洲引起了轰动。这封信是当时正为清朝皇帝康熙效力的传教士南怀仁 ① 写给欧洲耶稣会士们的。他在信中说，

---

① 南怀仁（Ferdinand Verbiest，1623—1688），字敦伯，又字勋卿，比利时人，天主教耶稣会传教士。1658 年抵达澳门，后到陕西传教，1660 年到北京参与汤若望修订历法工作。康熙三年（1664 年），因"历法之争"入狱，次年释放。1668 年复被起用，掌钦天监，制造天文仪器，后任太常寺卿、通奉大夫。南怀仁是清初最有影响的来华传教士之一，为近代西方科学知识在中国的传播做出了重要贡献。南怀仁是康熙皇帝的科学老师，曾经在长达五个月的一段时间里，从早到晚给皇帝讲授几何学和天文学，还将《几何原本》译成满文，陪同皇帝出巡，沿途为皇帝观天测地。康熙皇帝后来对自然科学的浓厚兴趣，对欧洲传教士的宽容态度，应该说都与南怀仁不无关系。南怀仁 1688 年去世后，康熙皇帝亲自撰写祭文，为他举行隆重葬礼，并赐谥号"勤敏"。在明清之际来华而后来客死中国的传教士中，南怀仁是唯一身后得到谥号的。

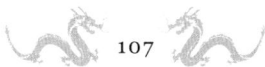

中国皇帝强烈地希望了解世界，并且尤其喜欢学习西方的科学知识，因此呼吁欧洲各国能派遣更多的耶稣会士来华。令人鼓舞的是，没过几年，在欧洲正如日中天的"太阳王"路易十四便派出了好几位博学的耶稣会士作为自己的使节前往中国，从而在东西方各大国的统治者之间发生了一次特殊的接触。

众所周知，近代欧洲开始与中国发生直接联系，要从16世纪传教士的活动说起。当时，以利玛窦等为代表的耶稣会士相继前往中国，试图在这个文明古国开辟基督教的新天地。在传教的过程中，欧洲传教士开始对中国文化有了较深的认识。他们将自己的亲身感受写成报告带回欧洲，或将儒家经典"四书五经"等译为西文，从而将中国的哲学、宗教、科学、技术、艺术等介绍到欧洲。出人意料的是，当欧洲的知识界接触到这些报告和著作后，很快就对中国文化产生了强烈的偏好，进而又引领了后来长达百年之久的"中国热"。而在这一过程中，中国皇帝康熙无疑发挥了重大作用。

1654年出生的康熙是中国历史上非常开明的一位皇帝，他自幼登基，在大风大浪中显示出了雄才大略。尤为难能可贵的是，这位中国皇帝在与汤若望、南怀仁等欧洲传教士的接触中，对西方的天文、数学、物理等都产生了浓厚的兴趣。特别是在目睹了汤若望在与钦天监保守派官员的历法较量中获胜后，康熙更开始努力学习西方科学。由于研究历法就必须要从数学开始，康熙便任命比利时籍传教士南怀仁为自己的第一位数学老师，后者主要教授皇帝欧几里得几何学。正是受这一情形的鼓舞，南怀仁于1678年发出了著名的《告全欧洲耶稣会士书》，呼吁支持在中国的传教事业，希望欧洲派遣更多的耶稣会士来华。1683年，南怀仁又以耶稣会中国教区区长的身份上书罗马教廷，请求速遣传教士来华，并极力宣传中国皇帝的开明与慷慨："凡是擅长于天文、光学、力学等物质科学的耶稣会士，中国无不欢迎，康熙皇帝所给予的优厚待遇，是诸侯们也得不到的，他们常常住在宫中，经常能和皇帝见面交谈。"传教士们还报告称，当听说欧洲的法国已建立起皇家研究院以后，对此颇感兴趣的康熙皇帝也希望在中国建立一个类似的机构。事实上，法国国王路易十四就曾接到一份来自传教士的报告，其中说道："康熙

图 1-6-1：17世纪中国宫廷宴会，德国版画。

图1-6-2：1665年法文版《荷使初访中国记》首页版画，中央为顺治皇帝，左手扶地球，面对读者的正是中国版图，背后诸多士兵，下有四个囚犯，一个戴着厚重的石枷。在书中，尼霍夫对顺治皇帝的形象有详细描写："他头戴一顶红帽，有宽大的皮毛边饰，帽子后面是一种翘起的花翎，垂有孔雀翎毛，完全是睿智的象征。……其项链是白琥珀制造的，只有最大的人物才能使用。……服装非常漂亮和华贵，上面缀满了大量珍珠和宝石，布料上斑驳地绣有飞鸟和蛟龙、多种动物和花草。"

图1-6-3：基歇尔《中国图说》中的少年康熙皇帝图，1667年版。基歇尔描述道："皇帝的服装以龙凤和许多贵重的珍珠宝石作为装饰品，这种着装的方式旨在引起他的臣民的敬畏感。……皇帝穿着黄色的衣服，并禁止任何人穿这种颜色的衣服。他的衣服上有用金线绣的龙。象征这位帝王的龙的图案在宫中随处可见，它们画在或雕刻在用金银制作的瓶子或家具上。"不过这幅图画是显然非常欧洲化的臆想之作，白乃心就曾于1670年致信基歇尔指出"拿着手杖和旁边有一条狗对于中国皇帝是一种冒犯，皇帝应当站在或者坐在一张堆满书籍和数学仪器的桌子旁"。

帝需要招聘您的臣民——熟悉科学和艺术的耶稣会士，其目的是让他们同已在宫廷中的耶稣会士一起，在宫中建立起一个像法国皇家研究院那样的一种研究院。康熙帝的这一英明设想，是在看了我们用满文给他编写的介绍皇家研究院职能的一本小册子之后就已经产生了。他打算编撰介绍西洋各种科学艺术的中文著作，并传播到全国，希望能从尽善尽美的源泉——法国皇家研究院中汲取可供此用的资料。因此，他从法国招聘耶稣会士，就是要在宫中建立研究院。"

面对南怀仁的号召，尽管欧洲曾有许多传教士渴望前往中国，但由于种种原因，很少得到政府的资助，而能做到这一点的，唯有当时的欧洲第一强国——法国。1643年即位的路易十四，在许多方面与康熙都有相似之处。两人都是幼年登基，都迅速带领自己的国家从动荡走向了强盛，并且都偏好文化艺术。遗憾的是，由于地理的隔绝，这两位分居世界东西两端的杰出君主却始终不曾发生联系。

直到17世纪前期，中国所接触的欧洲国家主要是葡萄牙、西班牙与荷兰，而与法国则无直接往来，不过这一切并没有阻止法国人对中国的好奇与热爱。就在欧洲"中国热"刚刚兴起时，法国的宫廷贵族们已热衷于收藏中国瓷器，而路易十四本人更是习惯使用中国或按中国式样制造的家具。1670年，当路易十四为他的情妇蒙特斯潘夫人建造特里亚农宫时，就模仿了中国建筑风格，该建筑也因此被称为"中国宫"。在1667年凡尔赛宫举行的一次舞会上，路易十四甚至将自己打扮得像一个中国人。

特别是在1684年暹罗使团带着丰厚的礼品觐见路易十四后，法国宫廷里的东方热进一步升温。于是在强烈兴趣的驱使下，路易十四力图与中国直接联系。他不但派遣人员与商船前往中国，建立对华贸易公司，还曾接见与中国有联系的人员或抵达法国的中国人。当南怀仁的那封信在欧洲开始流传后，路易十四决定响应号召，派遣传教士作为自己的使节前往中国访问。1685年初，经过认真挑选，路易十四选派了六名耶稣会士。为了显示对此次行动的重视，国王不但给这些人加上了"国王数学家"的头衔，还任命其中四人为法国皇家科学院的通讯院士，同时要求他们测量所经各地区的地理位置和收集科学资料。由于听说康熙十分喜爱西方的科学，路易十四便给中国皇帝准备了丰厚的礼物，其中包括当时欧洲最先进的天文仪器，如带测高望远镜的四分象限仪、水平仪、天文钟，还有一些数学仪器，这些礼物装满了大大小小30个箱子。

　　1685年3月3日，路易十四的六名使节以洪若翰为首从法国布雷斯特出发，经过漫长的行程，最终于1687年7月23日抵达浙江宁波。由于其中一位传教士在途经泰国时为国王所挽留，因此最后到达中国的实为五人，即洪若翰、李明、白晋、张诚和刘应。①1688年2月7日，这五人终于抵达他们的目的地北京，准备觐见康熙皇帝。值得一提的是，本来路易十四还曾给康熙写了一封亲笔信，信中表示希望中国皇帝接见法国所派出的第二批传教士，遗憾的是这封信并没有发出，而是被永远地保存在了宫廷档案中。在这封信里，路易十四作甚至称呼素未谋面的康熙为"最亲爱的朋友"。他在信中写道："至高无上、伟大的王子，最亲爱的朋友，愿神以美好成果使您更

---

① 洪若翰（Jean de Fontaney，1643—1710），字时登，法国人，天文学家，1658年入耶稣会。1687年来华，在广州、江苏传教。1710年逝于法国。

张诚（Jean François Gerbillon，1654—1707），字实斋，法国人，1670年入耶稣会。1687年来华，与白晋等被康熙帝留用宫中讲授西学，并编译《几何原理》《哲学原理》等数学著作。1689年奉康熙之命同徐日升一同参加《尼布楚条约》谈判，担任译员。1707年逝于北京。

白晋（Joachim Bouvet，1656—1730），又作白进，字明远，法国人。年轻时即入耶稣会学校就读，接受了包括神学、语言学、哲学和自然科学的全面教育，尤其对数学和物理学兴趣浓厚。1687年来华，1730年卒于北京。

李明（Louis Le Comte，1655—1728），字复初，法国人，耶稣会传教士。1687年来华，1691年回国，把自己于1687—1692年写的十四封书信以《中国近事报道》（ Nouveaux Memoires sur l' Etat Present de La Chine ）为题汇编出版，1696年在巴黎出版。

刘应（Claude de Visdelou，1656—1737），字声闻，法国人，1673年入耶稣会。1687年来华，1737年逝于印度。著有《鞑靼史》（ Histoire Abrégée de la Tartarie ）、《易经概说》（ Notice du Livre Chinois Nommé Y-King, ou livre canonique des changements avec des notes ）等，还有《礼记》《书经》《中庸》等拉丁文译作。

显尊荣。获知在陛下身边与国度中有许多饱学之士倾力投入欧洲科学，我们在多年前决定派送我们的子民，六位数学家，以为陛下带来我们巴黎城内著名的皇家科学院中最新奇的科学和天文观察新知；但海路之遥不仅分隔您我两国，亦充满意外与危险；因此为了满足陛下，我们计划派送同样是耶稣会士，即我们的数学家们，以及叙利伯爵，以最短与较不危险的陆路途径以便能率先抵达您身边，作为我们崇敬与友谊之表征，且待最忠诚见证者叙利返回之际能发表您一生非凡的作为。为此，愿神以美好的成果使您更显尊荣。1688 年 8 月 7 日写于马利。您最亲爱之好友路易。"

对于法国使节的到来，康熙皇帝可谓喜出望外。尤其是当他们呈上那些先进的科学仪器后，皇帝更是龙颜大悦，不但慷慨地准许他们在中国自由传教，还挑选使节中的张诚和白晋留在宫廷中服务，担任自己的科学顾问。兴奋的康熙下令将那些科学仪器置于宫内御室中，并传旨白晋、张诚学习满语。九个月后，已学会满语的白晋、张诚便开始向康熙讲解所进仪器如何使用，同时还讲解一些天文现象，白晋还将法王路易十四之子梅恩公爵送给他的测高望远镜转呈给康熙。1690 年，张诚、白晋等系统地向康熙讲授几何学和算术。后来，白晋、张诚的满文讲稿被整理成册，并译成汉文，由康熙亲自审定作序。1691 年，应康熙的要求，白晋和张诚还曾讲授人体解剖学。1693 年，当康熙身染疟疾而御医们束手无策时，正是法国传教士洪若翰和刘应献上金鸡纳霜，才治好了皇帝的病。1708 年，在曾参与中俄边境谈判的张诚等人建议下，康熙开始采用经纬度法重新绘制全国地图。十年后，经过法国传教士与中国官员的共同努力，终于绘制完成了当时亚洲水平最高的《皇舆全图》。

回首 300 多年前，身居凡尔赛宫的"太阳王"路易十四与紫禁城中的康熙皇帝，二人虽然从未谋面，但对异域先进文明的强烈兴趣却开启了中法两国交流的大门。或许正是由于这种特殊交往的影响，当 17—18 世纪的"中国热"风行于欧洲时，法国理所当然地成为中心。

从 1598 年利玛窦首次入京开始，到 1700 年成立在华法国耶稣会士传教区这一百多年间，西人以耶稣会士身份来京知名者，约为76人。[1]其中最著名的如利玛窦、汤若望、卫匡国、柏应理、白乃心、南怀仁、白晋、李明、张诚等，都曾近距离与中国皇帝接触，从而得以向西方直接传播有关他们的信息。由于得到了路易十四提供的官方支持，在17世纪后期至18世纪前期，法国传教士占据了来华传教事业的主导地位，而包括李明、白晋、王致诚等人在内，也利用近距离接触中国皇帝的便利，为西方提供了各种图像资料。

作为其中较早返回法国的传教士，李明通过其著作率先向西方传播了有关中国皇帝的详细信息。1691年回国后，他把自己于1687—1692年写的十四封书信以《中国近事报道》(*Nouveaux Memoires sur l′Etat Present de La Chine*) 为题汇编成书并于1696年在巴黎出版。在书中李明以自己在华七年间的亲身经历，对康熙年间的中国作了详尽的介绍，内容涉及气候、地质、物产、建筑、医学、动植物、语言文字、风俗、宗教等方方面面。全书按书信分章节，第一封信介绍其暹罗—北京之行；第二封信谈的是皇帝召见及京师情况；第三、四封信介绍中国城市、房屋建筑、气候、土地、运河、水道及物产；进而言及中国人的国民特性、习惯、优缺点、语言、文字、道德及中国人的才智；后面几封信谈的则是更深层的问题，如政府和政治、中国人的宗教信仰、基督教在中国的立足和发展。在第六封信《致德布永公爵夫人：有关中国人生活的清洁卫生和雅致奢华》中，李明对中国官员讲究排场和皇帝出巡的浩大场面给予了描述。在第九封信《致红衣主教德斯泰大人：论中国政治及政府》中，李明指出："在古代形成的各种政府思想中，可能没有比中国的君主制更完美无瑕的了。这个强大帝国的创立者当初倡导的君主制跟今天几乎一模一样……法律既赋予了皇帝至高无上的权力，也要求在他行使权力过程中要温和适度，这是长期以来支撑中国君主制广厦的两大支柱。"

李明还重点描述了他们面见康熙皇帝时的情形。初进紫禁城，李明立即被豪华的宫殿所吸引。到达康熙所在大殿后，李明就自己近距离对康熙皇

---

① 欧阳哲生：《十七世纪西方耶稣会士眼中的北京——以利玛窦、安文思、李明为中心的讨论》，《历史研究》，2011年第3期。

帝形象的观察做了细致、生动的记录："在我看来，皇帝是中等以上的身材，比欧洲人自炫身材匀称的普通人稍胖，但比一般中国人希望的稍瘦一点；面庞丰满，留有患过天花的疤痕。前额宽大，鼻子和眼睛是中国人式的细小的。嘴很美，面孔的下半部长得很好。他的气色也很好。人们可以发现他的举止行为中有某种东西使他具有主宰者的气派，使他与众不同。"书中还特别插入一幅康熙的肖像画，画下的说明词为"康熙：中国和鞑靼的皇帝。时年41岁。画像作于其32岁时"。

与李明相比，另两位传教士白晋和张诚则幸运地在中国期间得以长期与康熙皇帝相处，并且关系融洽，这也使得后者对欧洲平添了几分好感。与此同时，康熙的勤奋好学也使白晋等人极为钦佩。在自己的报告里，白晋曾这样写道："康熙带着极大的兴趣学习西方科学，每天都要花几个小时同我们在一起，白天和晚上还要用更多的时间自学……尽管我们谨慎地早早就来到宫中，但他还是经常在我们到达之前就准备好了，他急于向我们请教一些他已经做过的一些习题，或者是向我们提出一些新的问题。"而在给路易十四的奏折中，白晋甚至将康熙说成是在法国之外"连做梦也未曾见过的伟大人物"，是自古以来"统治天下的帝王中最圣明的君主"。1693年，康熙又委托白晋，要求他动身回法国招募更多

图 1-6-4：白晋《康熙皇帝传》内康熙皇帝画像。这幅画像可能是由一位当时在清朝政府工作的欧洲耶稣会士所绘，大约于 1686 年由范·德·古赫特（Van der Gucht）雕刻成版画。

的传教士来华。同时，康熙还让白晋带了300多卷中文书，作为赠送给路易十四的礼物。要知道，当时在法国总共只有23册汉文书籍，因此这些精装汉文书籍令路易十四十分高兴。1697年，白晋返回法国后，将康熙皇帝的礼品和自己所撰写的《康熙皇帝传》一并献给路易十四。在自己的著作中，白晋对他与康熙大帝的密切接触进行了回顾，他说，"皇上亲自向我们垂询有关西洋科学、西欧各国的风俗和传闻以及其他各种问题。我们最愿意对皇上谈起关于路易大王宏伟业绩的话题；同样，可以说康熙皇帝最喜欢听的也是这个话题"。总之，白晋将康熙皇帝描绘为另一位"太阳王"，也是希望以此博得路易十四对康熙的好感，从而获取其对传教区进一步的财政和人力的支持，并派遣更多的耶稣会士去中国并支付年薪。结果，路易十四慷慨地答应了这一请求，同时授权白晋花一万法郎为康熙皇帝准备礼物。1699年，白晋率领15名耶稣会士再度返回中国，并携带了路易十四回赠给康熙的一批名贵雕刻。

白晋这次出使的巨大成功，深得康熙皇帝的赞许。到1713年，在张诚和白晋的建议下，康熙又下令在畅春园蒙养斋创建了算学馆，负责翻译西方历算著作，从事天文观测，以及编撰《历象考成》《数理精蕴》《律历渊源》等大型历算著作。对于蒙养斋的算学馆，当时的法国传教士一致视之为"中国皇家科学院"，并且希望其成为法国科学院的附属机构。

对于白晋而言，其出版《康熙皇帝传》的目的，其实主要是引发路易十四对在华传教士的兴趣。因此他在书中极力渲染康熙皇帝的伟大之处，尽管这位堪与路易十四相提并论的中国皇帝并不是基督徒，但是他认为这点不足马上就可以被克服，因为康熙皇帝已经相信儒教和天主教是相统一的。在书中，白晋同样直观地向路易十四介绍了康熙皇帝的形象："今日谨向陛下呈上的这幅画像毋庸置疑是迄今为止人们从东方带到法国的最弥足珍贵的礼品。容我冒昧奏上，以往那些关于这个国家的传记，尽管年代久远，却鲜有能够满足陛下好奇之心并足以引起陛下关注的内容。这幅画像是一位皇帝的画像，而且这位皇帝还有幸在许多方面恰好与路易十四陛下十分相似。陛下统治着崇信天主教的各国国王，而他出于同样的优势，几乎全盘控制了那些信奉异教的各国王公。只此一点，就足以打动陛下的好奇之心，并引起陛下对这位皇帝的兴趣。陛下于几年前派往这位皇帝身边的耶稣会士们，对在地球的极远之地发现了一位当时在法国以外从来未曾见到过的君王而深感惊讶。他和陛下一样，智慧精深非凡，兼具帝王胸怀，严于修身治民，备受国内外民众的爱戴。以其宏伟业绩来看，他不仅威名显赫，而且是位实力雄厚、德高望重的帝王。简言之这位皇帝集英雄美德于一身，即便他的治国之道尚远不如陛下，但至少也可以被称为统治天下的帝王之中最为圣明的君主之一。这正是读这部《康熙皇帝传》卷首语的人们应有的迫切愿望。当我把这幅画像呈献给陛下的时候，我唯一的担心，就是画家的笔触是否有用于这位皇帝本人的形象。这幅画像虽然并不那么细致入微，但我可以断言，其每根线条都是严格地按照他本人的形象勾画出来的。此外还可以肯定不论我们受到中国皇帝的何等宠遇，也丝毫不为之迷惑，而且出于与陛下的利益完全一致的基督教的真正利益，我们理所当然地饱含着对真理与陛下应有的敬意。"

由于白晋在华期间经常奉皇帝之命出入宫廷给康熙讲授西学，故与其交往颇深，对他各方面情况也相当熟悉，因此他能够在书中以相当生动的笔触，全面介绍他所了解的有关康熙皇帝文治武功，品性好恶，生活起居等多方面的情况。

白晋指出，在他写作此书时，康熙44岁但登基已经36年。他对康熙相貌的刻画相当生动，称其仪表堂堂、身材匀称、举止不凡。五官端正，双目炯炯有神，眼睛比一般中国人稍大。鼻子略呈鹰嘴形，鼻尖鼓起。虽然脸上有几颗痘痕，但丝毫无损于他个人的美好形象。他还认为，康熙具有与生俱来的世界上最优秀的禀赋：思想活跃、明察秋毫、博闻强记、智力过人。他有处理一切要务的刚劲毅力，有规划、指挥、实现宏伟事业的坚强意志。他的所有癖性嗜好均高雅不俗，符合其帝王身份。他因主持公道，伸张正义、爱护臣民、倡导德行、以理服人、善于克己而备受国民拥戴。

根据白晋在书中的记载，康熙皇帝自即位之时起，就专心致力于文武之道。他喜欢从旅行、狩猎、捕鱼、赛马、习武、读书、科学研究等能够锤炼

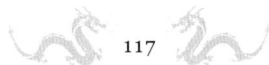

身心的活动中寻求高尚的乐趣，而厌恶萎靡不振、无所事事的生活；他精通武艺，善于猜射，甚至满朝文武无人能与之匹敌；他努力钻研汉族的文学和科学，几乎读过所有的汉文典籍，能够把孔子的大部分著作和被汉族视为圣典的原著熟记于心；具有极高的治国天赋，具有敏锐的观察能力，能够迅速发现事实真相；他统治着一个辽阔而富饶的国家，拥有无数财富，但个人的生活却十分简朴；他特别重视对皇子们的教育，经常亲自检视他们的学习情况；他还擅长处理外交事务，是一位具有对外开放意识的皇帝；他不仅努力钻研中国科学，而且一接触到西洋科学，就对它们产生了极大的热情。

另外白晋作为康熙皇帝的钦差返回法国后，还将自己绘制的中国人物画像交由法国皇家版画师吉法特（Pierre Giffart，1638—1723）制作成《清国人物服饰图册》（*L'Etat présent de la Chine*），于1697年在巴黎出版。该画册内含素描和彩色版画各43幅，描绘内容主要是清代人物服饰，包括帝王、皇室贵族、清朝官、将士、僧尼、文官士族等。每一个不同身份人士都有两种不同服装图，或穿着官服与生活起居便服，或着夏装与冬装。男子皆宽肩细目，蓄胡须；女子则腰身苗条，小足，挂耳饰，衣着华丽，服饰上刺绣着祥龙异鸟奇花之属。达官贵人衣服前胸的补子，标示官阶身份。

图1-6-5：《清国人物服饰图册》中的中国皇帝。

有趣的是，不仅顺治、康熙、乾隆这些清王朝的皇帝受到了欧洲来华觐见者的关注，因而得以在遥远的西方世界流传他们的肖像，甚至就连明末农民起义领袖李自成、清朝的奠基者努尔哈赤等人也被欧洲艺术家描绘成像。

由于白晋的著作几乎完全将康熙帝与路易十四世共同比较，使得这位法国国王因此颇感自豪，常对人表示钦佩康熙之意，也在很大程度上把欧洲人对中国由来已久的好奇，推向了一个仰慕和向往的高度。而在白

图 1-6-6：努尔哈赤（"天命"系其年号）画像，欧洲版画（印刷品），1655—1680 年。

图 1-6-7：明末农民起义领袖李自成画像，欧洲版画（印刷品），约 1696 年。

晋等人之后来到中国的西方传教士们，也同样接续描绘着一个完美的中国形象。例如 1698 年随白晋来华的法国耶稣会士马若瑟（Joseph de Prémare，1666—1735）在 1700 年写给国内同行的信中，就曾这样称颂道："有关中国是世界上最肥沃的地区、最富庶的国家一类话我不再赘言，因为这些年来大家已给您写过千百次。皇帝及其宫廷之豪华、达官显贵们之富有超出了人们的想象。人们无疑首先会对琳琅满目的丝绸、瓷器、家具和珍品收藏产生强烈印象，它们虽不见得更加绚丽多彩，但毕竟比我们多数的欧洲工艺品更引人注目。"[①] 正是通过这些传教士的描述，康熙以"哲人王"的形象在 18 世纪的欧洲引起巨大轰动。

---

① 马若瑟，法国耶稣会士，1698 年随白晋来华，1733 年迁居澳门，1736 年在澳门去世。一生著述丰厚，被认为是来华传教士中中国文学造诣最深者。1728 年著《汉语札记》，这是世界上第一部将汉语白话口语与文言加以区分并分别论述的著作，另译有法文本元曲《赵氏孤儿》。

还有一个细节特别值得关注。在向西方描述中国皇帝的形象时，龙这种特殊的标志也开始受到广泛的关注。在16—18世纪耶稣会士的笔下，龙就是中国的皇帝纹章、至高无上的权力象征。例如在前述康熙皇帝的画像中，康熙戴了一顶冬帽，与龙袍相搭配，画框上环绕着龙，用以展现皇帝作为天子的威严。图中的龙，都是帝王专用的五爪龙，这点较真实地反映了皇帝严格的服装制度。随着相关知识的传播，西方人甚至开始认识到，"黄色及相近色都是清代皇家专用的颜色，普通人不能用黄色及五爪龙凤黄缎"。因此当东方的丝织品在17世纪后半叶成为最流行的款式时，巴黎的制造商为迎合国人的嗜好，纷纷仿制中国的以龙为图案的丝织衣料。而中国工艺品上的精美龙纹以及龙纹所附载的皇权意味，激起了18世纪欧洲贵族阶层的龙时尚，他们以龙为美，以中国风格为时尚。①

在17与18世纪中国皇帝形象向西方传播的过程中，博韦挂毯厂（Manufacture Royale des Beauvais）曾推出一系列有关"中国皇帝"主题的商品，当时曾引起轰动，并一直传世至今，成为东西方文化交流史上经典的例证。

博韦挂毯厂是法国的一家历史悠久的挂毯制造厂，位于博韦市，成立于17世纪，本是路易十四为了促进法国的挂毯制造业而建立的。大约1697—1705年间，路易十四和情妇蒙特斯潘夫人的合法子嗣图卢兹伯爵（Comte de Toulouse）专门向博韦挂毯厂定制了一套中国皇帝故事系列挂毯。参与挂毯图案设计的画家包括让·巴普蒂斯特·莫努瓦耶（Jean-Baptiste Monnoyer，1636—1699）、让·巴普蒂斯特·封特内（Jean Baptiste Blain de Fontenay，1653—1715）和居伊·路易·维尔南萨尔（Guy Louis Vernansal，1648—1729），他们都是法国皇家学院的成员。图像描绘了传教士眼中的顺治或康熙皇帝的宫廷生活，设计则参考了1660年以后法国流传的各种有关中国的人物、建筑、植物和动物图。挂毯上绘制了中国皇帝的日常生活场景，包括上朝、出行、狩猎等，这些场景充满了欧洲人对中国的想象和向往。

《天文学家》中，石头平台上，五个人正围着一个制作精良的天体仪。

① 施爱东：《16—18世纪欧洲人理解的中国龙》，《传说中国》，2011年第3期。

一位白胡须的天文学家坐在椅子上正使用圆规在地球仪表面测量。皇帝站在他身旁，身着红色丝质长袍，胸前有象征皇帝身份的飞龙补子。他右手扶在地球仪上，左手指向空中，正在说些什么。皇帝的身后，一位戴羽毛头巾的人直直地看向观者；另外两位看起来在谈话讨论，他们手指天体仪，其中一人右臂夹着一本书半蹲下来。天文学家的左手置于一张窄窄的桌子上，桌子一直延伸至右方，露出支撑的一角。桌子上面覆盖着厚实的带有流苏的红毯，桌子右侧摆放着一座大型的黄道经纬仪，支撑架做成了飞龙形态，它被雕刻成奇幻的长着蛇尾巴带翅膀的怪兽形象。一位长袍官员正在浑天仪前走上平台，他留着长而卷曲的胡须，右臂夹着一本书。他正看向一位坐在台阶上的少年，少年抬头凝视着他，手里拿着圆规在作图。人物的后方是一座拱廊，由廊柱支撑着呈肋状的廊顶。一个小小的尖顶出现在拱廊的廊顶上方，尖顶上的旗帜随风飘扬，拱廊顶的最左边立着一条飞龙，与皇帝胸前的纹样、浑天仪的支架遥相呼应。一只翅膀伸展的孔雀，落在拱廊的边沿，正欲从栖息处飞向高处。另外一名天文学家，在拱廊外拿着望远镜向天空望去。在平台远处，灌木丛旁，可以看见有塔和宫殿样式的建筑。

《便宴》描绘了皇帝和皇后在室外华丽的帷幕下，围绕着圆桌正在享受便餐的情形。他们脚下的平台上，铺着中国纹样的地毯，圆桌上盖着精巧的餐布，边缘有着金黄色穗带，中间装饰着花缎。皇帝头戴插有孔雀翎毛的头巾，身穿刺绣锦袍，一颗硕大珍珠垂于右耳，坐于装饰有金龙样式的华丽御座上。他望向对面的皇后，举杯欲饮。皇后盘腿坐在蓝色软垫上，身着绣有凤凰和祥云图案的飘逸长袍，头戴珍珠宝石头冠，后披轻盈头纱。她左手拿一把折扇，右手迎向皇帝。四位侍从和两位表演者围绕在他们身旁。一名侍从正在从摆设的瓷器间取出浅盘，瓷器与浅盘的摆设风格正是当时欧洲时下最流行的。身着红衣的音乐演奏者正在弹奏一种像锡塔尔琴的拨弦乐器。一只猴子在她的椅子旁蹲坐，画面中间的侏儒随着音乐跳起舞步。画面右侧的侍女，正在将焚香从木盒里倒入炭炉里。圆桌后面是一位装束讲究、腰间佩剑的侍从，正端着盛有点心和器皿的餐盘。他眼神望着的方向，是一位同样戴清朝官帽手端糕点的侍从，他衣着简约，留有胡须，背后是一位手持长矛

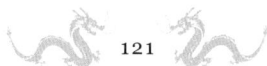

的男仆。右边的餐桌一角，摆满了糕点和器皿。方形华盖在四根金色柱子的支撑下看起来华贵而坚实，每个檐角上都立着一只金色飞龙，装饰着金色花结和流苏的帷帐轻垂下来。背景中是茂盛的树木，树下还有一个人和装着货物的马，远处的建筑看起来像是雉堞的要塞。

《皇帝出行》的画面中，皇帝坐在轿子里，由四位头戴朝冠并留有胡须的侍从抬着。他右手拿节杖，左手置于腰间。皇帝亦头戴朝冠，身穿宝石镶嵌的披肩和腰带，长袍上绣着金色的飞龙。轿顶成锥形，顶点站有雕刻精致的飞龙，皇帝身后坠着刺绣的织物。轿后两位骑马侍卫，一位骑白马腰间佩刀，手举帝王旗帜；另一位骑棕色马，背着箭袋。鸟儿在空中飞翔，远处可见雄伟的宫殿。前景的植物上挂着成熟的果实，花朵散落一地，与挂毯边框上的硕果累累呼应成趣。

《狩猎归来》的画面中，皇帝在铺有华丽鲜艳纹样的流苏地毯上，迈着轻盈步伐。他身后背着箭袋，他一手仍握着打猎的弓箭，一手牵着皇后将她引领到台阶下，一起看狩猎的丰厚收获。猎物里有鹿、水鸟、野鸭等，焚香炉旁一位双膝跪地的侍从正在向走向前来的皇帝皇后举起双手行礼，这与《皇帝上朝》中行礼的人物形象一模一样。两位侍女守在宝座旁观望着这一切。装饰精美的宝座与《皇帝上朝》中相似，但更加宏伟——上方雕刻有两条飞龙，扶手处是两座人面狮身有着蛇尾的雕像，宝座边缘镶嵌着红绿宝石。厚重的红色织物从建筑顶部垂下，将整个宝座围起，背景中是巨大对称的拱形装饰，中间立着一顶伞盖，与下方的宝座一样用金边装饰，富丽堂皇。鸟儿在挂毯和凉廊上飞翔，或栖息，或俯冲，远处依稀可见具有中国韵味的塔与楼台。[1]

在当时的西方艺术中，中国皇帝通常被描绘成充满异域风情和权威象征的形象。中国皇帝在欧洲艺术作品中常常被表现为权威的象征，身着华丽的龙袍，头戴宝冠，坐在精美的宝座上。这些细节强调了皇帝的至高无上地位

---

[1] 岳鑫：《法国博韦皇家手工工厂"中国皇帝"挂毯研究》，中国美术学院硕士论文，2015年5月。

图1-6-8：《天文学家》挂毯，盖蒂博物馆收藏。

图1-6-9：《便宴》挂毯，盖蒂博物馆收藏。

图1-6-10：《皇帝出行》挂毯，盖蒂博物馆收藏。

图1-6-11：《狩猎归来》挂毯，盖蒂博物馆收藏。

和权力。由于西方人对中国的了解有限，中国皇帝的形象往往被笼罩在一层神秘的氛围中。艺术家们通过描绘奇异的服饰、异国的宫殿建筑以及富有东方特色的装饰来强化这种神秘感。在一些作品中，中国皇帝还被描绘成和平与智慧的化身，他不仅是政治领袖，也是艺术和哲学的赞助人。这种形象反映了西方对中国传统文化中儒家思想的理想化理解。西方艺术家在描绘中国皇帝时，往往会加入一些异域元素，如中国风格的纹饰、图案和符号。这些元素使得作品具有独特的东方风情，同时也体现了艺术家对中国文化的想象和诠释。在 18 世纪的洛可可时期，中国皇帝的形象常常与洛可可风格相结合，展现出优雅、轻松和装饰性的特点。

在 17 至 18 世纪"中国热"的推波助澜下，继康熙皇帝之后，他的孙子乾隆皇帝的形象也在西方世界受到关注。

1757 年，为维护国土统一，清王朝武装平定了准噶尔部叛乱，这次胜利被乾隆皇帝认为是自己的重大武功。为了给自己和参战将士留名后世，乾隆决定以图画的方式将这次平叛战况的实景留存下来。这位皇帝如同其祖父一样，善于吸收包容西方的科学和艺术，对宫廷中效力的传教士艺术家创作的画作以及西方的版画技术颇为青睐。于是下令传教士郎世

图 1-6-12：乾隆皇帝肖像版画（印刷品），1801 年。

宁、王致诚、艾启蒙以及安德义（Jean-Damascène Sallusti）等四人分别绘制底稿，完成后再送至法国刻版印刷制成版画，此即著名的《平定准部回部得胜图》。法国方面对此次两国间的交流合作也高度重视，派出了最优秀的版画师参与此项工程。1772—1775 年间，精心完成的 200 套版画分批次运送达北京。对于万里之外艺术家们完成的这批版画作品，乾隆皇帝十分满意。这

图 1-6-13：乾隆皇帝六十大寿宴群叟，版画，1788 年，赫尔曼。

批铜版画，每套 16 张，全面反映了清乾隆时期平定厄鲁特蒙古准噶尔部达瓦奇叛乱以及平定天山南路回部维吾尔大小和卓木叛乱的重大战争场面。绘图采用纯西洋画风，画面采用全景式构图，场面宽广辽阔，结构复杂，人物情节繁多，但又能刻画入微。无论是构图方法、人物造型、景色描写以及明暗凹凸、投影透视等技法，都反映出当时欧洲铜版版画制作的最高水平。运回中国后，乾隆皇帝又在每幅图上方均亲笔书写记述征战功绩的诗作，然后做成两百套三十四页的册子，分送有功将士和各州道府衙门展示宣达。尽管后来由于战乱等各种原因，原始的铜版已踪迹寥寥，但除了故宫博物院等中国收藏机构外，法国国家图书馆、卢浮宫博物馆等处也收藏原版珍品。

"中国热"盛行期间，西方人对于古代中国的帝王如何治理臣民同样深感兴趣。为此，他们甚至在中国《帝鉴图说》的基础上进行改绘，创作出一套西方风格的新版本。

《帝鉴图说》原本是中国明代大臣张居正等编撰的一部图文版读物，当时的目的是规谏年幼的万历皇帝，书中收录了三十二个古代帝王的事迹八十一则，以及二十六个帝王的劣行三十六则。或许是意识到这类帝王准则之类的读物在西方世界会产生示范效应，来华传教士王致诚根据中文文本《帝鉴图说》创制了一套画作，再由法国著名雕刻师赫尔曼雕版而成，于

图 1-6-14:《平定准部回部得胜图》铜版画，郎世宁等绘，清乾隆年间。

1788 年在巴黎出版了法文版的《帝鉴图说》(*Faits mémorables des empereurs de la Chine*，"中国皇帝的真实记忆")，以左图右文形式介绍了中国古代自尧帝至宋哲宗 24 位帝王的事迹，共 24 幅版画。而在图像风格方面，法文版《帝鉴图说》无论是构图、场景的设计，还是人物形象的构建，都颠覆了明代张居正版《帝鉴图说》的图像表达形式，将其中的人物转换为西方古典主义传统中的人物形象。王致诚将具有欧式人物特点的形象移植于中国历史故事之中，塑造出贵族化、神秘化、西方化的中国人物形象，建构了西方社会对中国文化的艺术想象，在很大程度上塑造了西方社会对中国文化的直观体验和美好印象，形象地表达了西方对中国文化的崇拜和赞誉。从而试图通过建构文化乌托邦，向西方引介一个被教化或可教化的东方大国，以此促进西方社会向繁华、崇高的中国学习。

另外值得一提的还有布列东所著的《中国缩影》一书。约瑟夫·布列东 (Joseph Breton，1777—1852)，年轻时师从法国国务秘书亨利·伯丁，1815 年起担任议会速记员。布列东精通几乎所有的欧洲语言，并翻译和主持出版多部著作。1811 年，他以亨利·伯丁搜集的大量中国主题彩色版画为基础，在 1811 至 1812 年间整理出版了六卷本《中国服饰与艺术》。共收录 100 余幅版画，17 万字。插画中的人物上至皇亲贵胄，下至贩夫走卒，展示了 19

图 1-6-15：清刻本《帝鉴图说》彩绘册页，约 18 世纪。

图 1-6-16：法文版《帝鉴图说》，王致诚绘，赫尔曼制。

世纪初期中国的服饰、艺术和手工艺。绘画手法结合了西洋和中国画法，真实生动，颇具特色。

经过 18 世纪西方艺术家的努力，中国皇帝"明君"的形象被塑造起来，并影响了某些西方君主，引起他们的效仿。例如 1756 年春天，在泛着泥土香的空气里，法王路易十五亲自在凡尔赛宫的花园里扶起了犁，学着中国皇帝进行耕田大典；1769 年，奥地利皇帝约瑟夫二世也表演了这一犁地仪式；1770 年，路易十六又再次操犁上场，以显示自己是一位关心农业、关心子民的国王。

与此同时，尤其对于正处于资产阶级革命前夜的法国而言，耶稣会士塑造的充满理性精神、拥有开明君主、宗教宽容的中国形象，正好符合了启蒙思想家伏尔泰等人的胃口。1770 年，伏尔泰曾专门为乾隆写了一首诗《致中国皇帝》："接受我的敬意吧，可爱的中国皇帝，西方人人皆知，尽管我脾气古怪，却素来极爱会写诗的皇帝……听从我的劝告，留在北京吧，千万别来我们这里！"同属启蒙思想家阵营的魁奈则说："中国早期几位帝王都是很好的统治者，他们通过颁布公平的法规，倡导有用的技艺，专心致力于使他们统治的王国繁荣。"而普瓦弗尔甚至呼吁："你想有幸成为全球最强大、最富有、最幸福的君主？请到中国来，看看那位最强大的君主……他所体现的是最真实、最完美的天的形象。"特别值得一提的是对于中国帝王极其重视的亲耕礼，欧洲的君臣们似乎格外感兴趣，这种题材的版画作品屡屡出现。早在公元前 178 年，汉文帝正式向全国下诏举行亲耕典礼，自此之后便成为皇帝重视农耕、体恤百姓、亲近自然的一种最重要的方式。亲耕不仅是一项礼制，随着朝代的发展，它的价值意义已经不仅仅是重视农耕、体恤百姓的一种方式了，而是涵盖了更多的神秘色彩和彰显统治者威严和仁德的一种方式。皇帝的亲耕是一项传统礼节，甚至发展成为一套十分复杂的流程仪式，在清朝时期达到了顶峰。

总之，在 18 世纪的欧洲，中国皇帝常被描绘成权威与智慧的象征。例如，法国画家佛朗索瓦·布歇（François Boucher）的作品《中国皇帝上朝》（1742年）展现了一位身穿华丽龙袍、头戴宝冠的皇帝，坐在装饰繁复的宝座上，周围围绕着宫廷侍从和各种珍禽异兽。当然，这幅画作尽管充分体现了当时欧洲对中国皇权的想象和对东方奢华的向往，所谓皇帝的上朝，更像是一次欧洲贵族懒懒散散的聚会，就连皇帝的打扮都显得滑稽可笑。

图 1-6-17：中国皇帝亲耕图。欧洲版画，原画为普鲁士画家伯恩哈德·罗德所作，1773 年。

图 1-6-18：乾隆皇帝亲耕图。法国版画，1786 年。

图 1-6-19：中国皇帝进行耕田大典。布列东《中国缩影》插图，1812 年。

图 1-6-20：路易十六犁地。法国版画。

图 1-6-21：《中国皇帝上朝》。版画（印刷品），油画原作由布歇创作，18世纪。

参考文献：

［法］李明：《中国近事报道：1687—1692》，郭强、龙云、李伟译，大象出版社，2004 年 7 月。

［意］马国贤著：《清廷十三年：马国贤回忆录》，李天纲译，上海古籍出版社，2004 年 4 月。

［法］谢和耐著：《中国与基督教：中西文化的首次撞击》，耿昇译，上海古籍出版社，2003 年 8 月。

［德］莱布尼茨著：《中国近事：为了照亮我们这个时代的历史》，［法］梅谦立、杨保筠译，大象出版社，2005 年 7 月。

周宁著：《天朝遥远：西方的中国形象研究》，北京大学出版社，2006 年 12 月。

The Emperor's New Mathematics Western Learning and Imperial Authority During the Kangxi Reign 1662—1722. By Catherine Jami Oxford University Press 2012.

La Chine en miniature: ou choix de costumes, arts et métiers de cet empire. By Jean Baptiste Joseph Breton. 1811—1812.

第七章

幻化：孔夫子的国度

我觉得应该好好思考一下孔夫子——我们这里称作 Confucius——对于他的国家的上古时代所作的见证；因为孔夫子决不愿意说谎；他根本不做先知；他从来不说他有什么灵感；他也决不宣扬一种新宗教；他更不借助于什么威望，他根本不奉承他那时代的当朝皇帝，甚至都不谈论他。总之，他是举世唯一的一位不让妇女追随他的教师。

——伏尔泰，1764 年。

中华帝国的伟大皇帝为何能将如此巨大的一个国家治理得繁荣昌盛？这些帝王为何能拥有作为一名贤能统治者所具备的种种美德？当 17 世纪"中国热"开始在西方兴起时，无论是基督教会、知识阶层还是王公贵族，几乎都会发出这些疑问。很快，来华传教士以他们的报告和著述回答了这些问题，而其最核心的答案便是——孔夫子。

柏应理（Philippe Couplet，1623—1693）是比利时耶稣会传教士，他年轻时即受卫匡国的影响，决心前往中国传教。1656 年随卜弥格来华，1659 年抵达澳门开始在中国的传教生涯。柏应理在华期间，曾在江西、福建、湖广、浙江、江南等省传教，尤其在江南省传教时间最长，主持过松江、上海、嘉定、苏州、镇江、淮安、崇明等地的教务。在中国，柏应理不仅传播天主教，而且深入学习中国的语言和文化，与当地文人学士建立了友好关系。他尊重中国文化及风俗习惯，以利玛窦为榜样，着中国服装，努力研究中国的历史、哲学、宗教及儒家思想，并将天主教教理与中国文化相结合。1681年，柏应理受耶稣会中国传教会的委派，回罗马向教皇汇报中国传教工作的状况。他还在1684年觐见法国国王路易十四，陈述派遣传教士去中国的必要性，并回答了关于中国的多个问题，从而坚定了路易十四向中国派遣传教士的决心。在欧洲期间，他发表了多种拉丁文著作，向西方介绍中国，增进了西方对中国的了解，著作包括《天主圣教百问答》《四末真论》《中国历史年表》《中国哲学家孔子》等。尽管在返回中国途中不幸身亡，但柏应理作为一位对东西方文化交流做出杰出贡献的历史人物，其著作对欧洲的汉学研究产生了深远影响，而其代表作便是1687年在巴黎出版的《中国哲学家孔子》。

其实早在1671年之前，来华耶稣会士殷铎泽（Intorocetta Prospero，1626—1696）在返回罗马时就带回了由他以及鲁日满（Rougemont Francois de，1624—1676）、恩理格（Herdtrich Henriques，1625—1684）等共同翻译的《中庸》《大学》《论语》等儒家经典著作的译稿，并交给了基歇尔。基歇尔死后又留在了"罗马学院"（Collegium Romanum），柏应理回到罗马时发现了部分译稿。当法国皇家图书馆馆长得知这部书稿的情况后，便提出希望柏应理能出版这本书。于是柏应理又在书稿中加上自己写的序言和他早前在中国写好的《中国历史年表》，很快《中国哲学家孔子》于1687年在巴黎出版。书的标题全名为：《中国哲学家孔夫子，或者中国知识，用拉丁文表述，通过殷铎泽、恩理格、鲁日满和柏应理的努力》。

此书内容共有四部分：1. 柏应理致法国国王的信；2. 导言性质的序，第一部分出自殷铎泽之手，除阐述中国经籍的概貌、对注疏作简要的介绍外，还就佛教、道教与儒学的异同作了若干说明，此外还介绍了易经的六十四卦及其意义；第二部分为柏应理所写，简述了中国人的基本哲学观念及其对传播基督教教义所构成的困难；3. 论孔子；4.《大学》《中庸》和《论语》的译文。由于此书中有柏应理致法国国王的信，且是他自华返欧期间张罗出版的，所以后人通常把此书视为柏应理的作品。针对当时罗马教会内部围绕在华传教时产生的"礼仪之争"，柏应理在书中为利玛窦"合儒易佛"的传教路线进行了辩护，对中国地方官员与秀才们到孔庙祭拜表示理解，认为儒教不是正式的宗教，只是一种学派，是为了齐家治国而设立的。《论孔子》部分内容为殷铎泽所编写，孔子被介绍为具有极高道德和智慧的中国哲学家，其教义与基督徒的道德原则相似。柏应理在书中强调了孔子作为中国传统文化的代表，其著作和教导在中国社会中具有极其重要的地位。《论孔子》后面是柏应理所作的《中华君主统治历史年表》。这是继卫匡国后，在西方出版的第二份中国年表，是一份在欧洲产生重要影响的中国历史年表。书的最后是《中华帝国及其大事记》，并附柏应理绘制的中国地图。[①]

　　《中国哲学家孔子》中还附有一幅孔子画像插图，这也是欧洲出版物中最早的孔子画像之一。图画中，孔子身穿儒服，头戴儒冠，手持象笏的板子，站在一座庙宇式的书馆之前。书馆上端写有"国学"二字，并附有拉丁注音和解释，书馆柱子上写有"天下先师"字样。孔子身后的两旁是装满经书的大书架，书架上的书籍均标出书名：一边是《书经》《春秋》《大学》《中庸》《论语》，另一边是《礼记》《易经》《系辞》《诗经》《孟子》，并且都附有拉丁文注音。书架最底层是孔子门徒的牌位，左右各九人。左侧从外向内依次可辨是"曾子、孟子、

图 1-7-1：康熙皇帝祭祀孔子。欧洲版画，17 世纪。

子贡、子张、闵子虔"等等；右侧是"颜回、子思、子路"等等。这幅画像不仅展示了孔子作为中国传统文化的重要代表，而且通过书籍的拉丁文注音，体现了柏应理将中国文化传播到欧洲的努力。画像的这种表现形式，既

------

① 张西平：《儒学西传的奠基之作》，《中国哲学史》，2016 年第 4 期。

尊重了历史基础和传统印象，又准确反映了孔子作为伟大思想家、教育家的身份。此外，画像中的孔子形象与中国古代传统服装、手持象笏板等细节，都体现了孔子作为学者和教师的身份，展现了孔子的庄重与尊严。[①] 这幅画像之后在欧洲各种书籍中被反复临摹和改造，对西方人心目中孔子形象的形成起到了关键作用。画中的孔子颇为符合在中国本土常见的传统孔像：长须鬈髯，宽袖长袍。双手在胸前交叉持笏板，恭敬虔诚。为了烘托孔子的重要地位，孔子被刻画得极其高大，显得人物本身的透视与身后的背景不一致，人物浮于背景之外。总之，这幅画像通过种种艺术手段的营造，企图表现出一位充满理性主义精神的孔子形象，他是一位文人，一位教师，一位哲学家，而非一个神秘东方宗教的教主。另一位耶稣会士李明也曾对孔子表现出了高度赞赏："孔子是中国文学的主要光辉所在，如果不对他做专门的介绍，那么我对您所做的介绍就不可能具有一定的深度和广度。因为这正是他们理论最清纯的源泉，他们的哲学，他们的立法者，他们的权威人物。尽管孔子从未当过皇帝，却可以说他一生中曾经统治了中国大部分疆土，而死后，以他生前宣扬的箴言，以及他所作出的光辉榜样，他在治理国家中所占的位置谁也无法胜过他，他依然是君子中的典范。……全国上下敬他为圣人并鼓励后人对他的崇敬之情，这种感情显然将与世长存。国君们在他死后在各地为他建立庙宇，学者们定时前去致以政治的敬意。在许多地方可见大字书写的荣誉称号：致大师，致第一学者，致圣人，致皇帝和国君之师。然而，非常不同寻常的是，中国人从来没有把他造成一座神。"

柏应理通过《中国哲学家孔子》的出版，不仅传播了孔子的教导，也回应了当时欧洲对中国和儒学的兴趣，促进了中西文化的交流。该书向西方传递的信息是：历史上中国人一直蒙受理性，并在很长时间保持着极为纯粹的理性，其中只有自汉朝开始，中国人才接受了佛教和相应偶像崇拜的影响，但及至今日中国人还保留着儒家经典，而这些经典里面体现着自然理

① 陈妤姝：《17—19世纪孔子视觉形象在欧洲的流传和演变》，《南京艺术学院学报（美术与设计）》，2021年第4期。

性和对上天的纯粹信仰。因此，作为首次向西方介绍儒家思想的重要文献，《中国哲学家孔子》一经问世，便受到欧洲学界和民众的广泛关注，法国、荷兰、德国的杂志纷纷发表文章，对此书进行评介。拉丁文版出版仅一年，1688 年就有了法文译本，三年后英译本在伦敦出版。在此后相当长的一段时间中，此书是欧洲人了解儒家思想的主要读物，特别是许多启蒙思想家都认真研读过此书。例如 17 世纪英国著名的政治家、外交家和散文家威廉·坦普尔（William Temple，1628—1690）就对孔子的为人推崇

图 1-7-2：《中国哲学家孔子》中的孔子画像插图。

备至，称赞其是一位极其杰出的天才，学问渊博，德行可佩，品性高超，既爱自己的国家，也爱整个人类。他在读完《中国哲学家孔子》一书后不无感慨地写道："孔子的著作，似乎是一部伦理学，讲的是私人道德、公众道德、经济上的道德、政治上的道德，都是自治、治家、治国之道，尤其是治国之道。他的思想与推论，不外是说：没有好的政府，百姓不能安居乐业，而没有好的百姓，政府也不会使人满意。所以为了人类的幸福，从王公贵族以至于最微贱的农民，凡属国民，都应端正自己的思想，听取人家的劝告，或遵从国家的法令，努力为善，并发展其智慧与德性。"

值得一提的是，当年柏应理返回欧洲时，还带回了一名来自孔夫子国度的年轻信徒，一时在整个欧洲引起了巨大轰动。

这名年轻的中国信徒名叫沈福宗（1657—1692），出生于南京，由于种种原因虽读了几年书，但并没有参加过科举。在偶然结识当时在江南传教的耶稣会士柏应理后加入教会并开始学习拉丁文。1681 年柏应理奉诏回欧洲

向罗马教廷陈述有关"礼仪之争"有关问题时，说服时年二十五岁的沈福宗与之同行前往欧洲，沈福宗也由此成为早期到达欧洲的中国人之一。柏应理与沈福宗一行于 1681 年 12 月自澳门启航，横渡印度洋，绕道非洲南端，于 1682 年在葡萄牙靠岸。沈福宗先参观了柏应理的出生地梅赫伦并拜访了他的家人，然后进入里斯本初修院。在这里，聪明好学的沈福宗很快掌握了所学科目，老师还为他起了一个葡萄牙名字 Michel Alfonso。当时的教皇英诺森十一世听闻居然有中国教徒来到欧洲后，充满好奇地召见了沈福宗，后者到达罗马时还将一批中国文献赠予教皇，这批书籍后被收藏入梵蒂冈图书馆。

可想而知，面对这样千载难逢的机会，一向对中国充满极大兴趣的路易十四自然不会缺席。1684 年，在这位国王的盛情邀约下，柏应理和沈福宗访问法国。9 月 15 日，路易十四会见了沈福宗一行，后者成为历史上第一个会见法国国王的中国人。会面时，路易十四不时向沈福宗提问，沈福宗则对答如流，一时间沈福宗成了巴黎的焦点人物，法国人纷纷谈论他的衣着打扮和言谈举止。9 月 26 日，路易十四宴请沈福宗。宴会上，路易十四询问沈福宗如何使用中国餐具，于是沈福宗拿起桌上从中国进口的镶金象牙筷，当场展示了使用筷子的方法。当晚，沈福宗又表演了汉字书法，据说他还将孔子、康熙皇帝等人的画像展示给法国国王公贵族。为了表示对这位中国客人的敬意，路易十四慷慨地命令打开新建成的凡尔赛宫花园中的所有喷泉，让沈福宗尽情欣赏。当时法国著名的《水星》（*Mercure de France*）杂志专门刊文生动地描述了这次觐见的细节："这位年轻的印度人（注：当时许多西方人往往将中国与印度混为一谈）会说流利的拉丁语，名字叫作沈福宗。他在这个月的 15 号抵达凡尔赛宫殿并荣幸地拜见国王殿下。然后他观看了喷泉表演并于第二天与国王共进午餐。年轻的印度人身着深蓝底绣金线的华丽上装，袖肩饰有猛兽，仲着龙爪，外面罩有绿丝绒外套。国王听完沈福宗用中文念完主祷文后，又命人上菜，饶有兴趣地观赏这位远方来客如何用右手的两个手指灵活地夹着两支象牙筷子取用食物。"在 9 月 26 日的欢迎宴会上，路易十四的宫廷画家还特意绘制了沈福宗的肖像画，现藏于巴黎国家图书馆的版画部。

路易十四见到中国教徒的消息传到英吉利海峡对岸后，同样对中国文化深感兴趣的英国国王詹姆斯二世也不愿错失良机。这位国王年轻时就对中国历史文化颇为喜好，还没有登上王位时就观看中国戏剧、阅读中国书籍。因此在1685年，沈福宗又应邀访问英国，在伦敦与詹姆斯二世会面，成为有记录以来第一位到达英国的中国人。如同路易十四一样，詹姆斯二世也表现出了极大的热情，不但邀请沈福宗出席宫廷宴会，并让宫廷画师克内勒爵士（Sir Godfrey Kneller）为其画像，后来甚至将该画像悬挂于自己的卧室。

图1-7-3：法国宫廷画家绘制的沈福宗画像版画。1684年，后来在西方广为印行。

尽管沈福宗其本人受教育程度有限，算不上中国的饱学之士，但无论在法国还是英国，对于众多渴望深入了解儒家经典的西方知识界人士而言，他无疑是极其难得的老师。毕竟，这位来自中国的年轻教徒能够用拉丁语同他们交流。特别是在牛津大学图书馆，沈福宗与负责人、英国东方学家托马斯·海德（Thomas Hyde）的交往更是留下了中英文化交流史上的一段佳话。在短暂的相识期间，沈福宗在牛津不但与海德共同探讨了中国历史、哲学和语言等问题，还教给后者一些中文。据说为了表示尊敬，沈福宗称海德为"德老爷"，海德则称呼沈福宗为"最尊敬的朋友"。现今保存于大英图书馆的沈福宗与海德之间来往书信和谈话记录显示，海德曾告诉沈福宗自己想创建一种全欧洲都可以使用的汉字注音体系，后者则将中国的辞书《海篇》和《字汇》介绍给他。得益于沈福宗的帮助，海德后来出版了《中国度量衡考》《东方游艺》等著作。由于得到英国知识界的高度重视，沈福宗居然在这个国家居住了两年，之后才返回法国与柏应理重聚，然后又一起在比利时居住了一段时间，最后从比利时前往荷兰，等待乘坐商船返回中国。1692 年，沈福宗随同柏应理搭载荷兰商船启程返华，遗憾的是途中沈福宗突然染病，于 9 月 2 日在非洲东南葡属东非（今莫桑比克）附近去世，时年仅 36 岁。令人唏嘘的是，尽管沈福宗随柏应理前往欧洲时先后游历了荷兰、意大利、法国和英国等国，与罗马教皇和法、英两国国王会见过，结识了许多的西方社会名流，还将随身携带的多部儒家经典以及中国的语言文字、儒家的道德哲学传播到西方世界，但在中国史籍中却没有任何关于他的记载。

时隔二十年后，另一位名叫黄嘉略（1679—1716）的中国人再次来到路易十四面前，并在传播中国文化方面产生了更长远的影响。黄嘉略是福建省兴化府莆田县人，出生于一个天主教家庭，其父教名黄保罗（Paul Hoang）。黄嘉略出生后不久便由当地教会施洗，成为一名天主教教徒。七岁时黄嘉略丧父，母亲将他交给在莆田的巴黎外方传教会传教士李斐理抚养，后李斐理又把黄嘉略托付给主教梁弘仁（Artus de Lionne）。1702 年 2 月，梁弘仁奉命回罗马汇报教务时携黄嘉略及另一名中国教徒同往，于 1703 年 3 月抵达罗马，受到了教皇接见。1706 年，梁弘仁一行在完成教务汇报任务后到达巴黎，准备候船返回中国。不幸的是梁弘仁此时却得了一场重病，黄嘉略也被迫滞留巴黎。为了解决这位中国教徒的生计问题，经法国王室学术总监桑波比诺推荐，黄嘉略开始教授汉语，并得到一份年金，开始了他在巴黎的定居生活，并迅速成为法国人难得的了解中国的窗口。1711 年，黄嘉略又被引荐给路易十四担任其翻译，任务是翻译赴华传教士寄回的信函，整理皇家图书馆的中文书籍，并翻译诸如天文学和中国经典著作章节的原文，编写汉语语法与汉法词典。随着时间推移，黄嘉略与法国知识界多有交往，甚至进入巴黎上流社会，他的打扮也从长袍马褂改为头戴礼帽，腰带佩剑。1713 年，黄嘉略与巴黎姑娘玛丽·克劳德·蕾妮结婚。在宫廷的职务只能带来微薄的收入，黄嘉略的生活实际上非常拮据，导致夫妻关系并不融洽。1715 年他们的女儿黄玛丽出生后不久，他的法国太太病逝。

图1-7-4：沈福宗画像。印刷品，原画为英国宫廷画师克内勒爵士绘制于1687年，题为"迈克尔·阿方索斯·沈福宗，中国皈依者"，画面中的他身穿中式长袍，头戴清朝官员冬季的暖帽，左手倾斜地拿着一个十字架，侧身站立，神情凝重。

尽管生活面临各种不幸，黄嘉略在当时法国乃至欧洲知识界的声望却日益提高。例如以《波斯人信札》闻名于世的启蒙思想家孟德斯鸠，为了能当面与黄嘉略深谈，竟不辞劳苦地短短两月之内八次造访。1713 年 10 月至 12 月，在黄嘉略的巴黎寓所，孟德斯鸠与其深入讨论中国的宗教、刑法、服饰、墓葬，家产观念、文学、科举、妇女地位、国家性质等等。事后，孟德斯鸠将谈话内容整理成三次记录并装订成册，定题为"关于中国问题与黄先生的对话"。而在《波斯人信札》这部经典名著中，至少有五个地方直接描绘叙述了中国事物，甚至主人公郁斯贝克便是以黄嘉略为原型塑造的。1748 年，孟德斯鸠出版的另一部巨著《论法的精神》中，直接引用黄嘉略谈话内容多达六次。

在当时的条件下，生活在异国他乡是极其艰难的。1716 年 10 月 13 日，久病缠身的黄嘉略在巴黎寓所病逝，年仅 36 岁。他年幼的女儿交由外祖父母照顾，当时刚刚继任不久的国王路易十五给予她一份年金作为抚恤。就在一年前，黄嘉略所服务的国王路易十四驾崩。而在其遗留下来的各种文稿中，就包括已基本完成的《汉语语法》，其内容除了介绍汉语语法外，还包括中国简况、中国清朝政府现状、中国十五省概述、中国官职、文人情感、农业种植等。

黄嘉略去世十多年之后，又一批中国客人踏上欧洲的土地，给欧洲人制造近距离认识中国形象的机会，这便是由传教士马国贤创建的"中国学院"的学生。

马国贤（Matteo Ripa，1682—1745）与其前辈传教士利玛窦一样是意大利传教士。他出生于那不勒斯，18 岁时立志献身于传教事业，后在罗马毕业并晋升为司铎。1707 年，受罗马教廷传信部的直接派遣，马国贤等五名传教士带着 5000 个十字架等物品，从鹿特丹出发前往中国。马国贤此行的另外一项使命，就是代表教皇册封时在中国教廷特使多罗为枢机主教。他们先在伦敦转乘东印度公司的一艘商船，经过一路颠簸，马国贤等人于 1710 年到达澳门。第二年，他们又奉皇帝之命抵达北京。为了表明自己在中国传教的决心，马国贤还领取了在华永居的红票，申明自己将永不返回西洋。不过令马国贤失望的是，当时罗马教廷正与中国朝廷展开"礼仪之争"，致使愤怒的康熙皇帝下令禁止耶稣会士在中国传教，一些态度强硬的传教士甚至因此被驱逐出境。幸运的是，一些身怀特别技能的传教士仍被留在宫廷内服务。因此，本来就不属耶稣会的马国贤便由于擅长雕塑和绘画而备受康熙皇帝的器重，成为一名宫廷画师，其资历比著名的郎世宁还要早。

作为供职中国朝廷的第一批非耶稣会传教士，在为康熙皇帝服务的 13 年期间，马国贤积极学习汉语，并显示出其罕见的艺术天分。1713 年，中国的宫廷画家将承德避暑山庄中的山光水色绘成三十六景，随后康熙皇帝命马国贤根据原画刻制成铜版，后者几经努力终于完成该项任务，从而制成了中国第一批铜版画。后来，马国贤还与其他欧洲传教士共同以铜版印制了《皇舆全览图》，这也是中国地理史上第一部有经纬线的全国地图。工作之余，身为传教士的马国贤始终惦记着自己的使命。在回忆录中，他对于自己在中国充当一名艺术家而不是传教士感到很失望。因此即便是在宫中作画期间，他仍积极培养一些中国的神职学员，并且曾替多人施行洗礼。然而由于罗马教廷与中国政府之间的矛盾，传教士们很难取得成功。就连马国贤本人，也曾因受牵连而于 1721 年被捕下狱，只是由于康熙皇帝的怜悯才被释放，继续留在宫廷服务。1722 年 12 月，随着康熙皇帝的去世，失去保护的马国贤决定请求回国。次年 11 月，在得到雍正皇帝的恩准后，他带着五名中国教徒启程返回欧洲。

1724 年，历尽坎坷的马国贤及其中国信徒终于抵达意大利。这五人中，有四名青少年以及一名老师。据档案记载，这四名青少年分别是谷文耀、殷若望、黄巴桐和吴露爵。而说起这些中国男孩的来历，真可谓一言难尽。

原来在马国贤担任宫廷画师期间，往往抓住一切机会从事传教活动。1719 年 6 月，当他跟随康熙皇帝前往热河避暑的途中，曾在古北口镇停下来为一位濒死的妇人做临终告诫。巧合的是，当时古北口有大约 250 名虔诚的基督徒，有些基督徒便恳求马国贤收下自己的子弟并把他们训练成为神父。就这样，马国贤把这四个男孩带在身边，并为他们请了一位名叫王雅敬的中国教师，后者也是基督教徒。四个男孩中，谷文耀（22 岁）、殷若望（18

岁）和黄巴桐（11 岁）来自河北，吴露爵（10 岁）则来自江苏，其父亲曾经是马国贤的抄写员和传道士。康熙皇帝驾崩后，马国贤决定把男孩们带回欧洲，在那里将他们培养成为传教士。接着马国贤又通过一位皇室贵族的帮助，获得了带学生们去欧洲的许可。

1723 年 11 月 15 日，马国贤一行冒着严寒离开了北京。25 天后他们才到达南昌，在此停留 11 天后到达赣州，随后于 1724 年 1 月 10 日到达广州，共耗时 56 天。1 月 23 日，他们登上一艘开往伦敦的英国东印度公司的船。在忍受了船员的敌意骚扰和恶劣的天气后，马国贤等人终于在八个月后抵达伦敦。不过在那里，他们却受到了热情的款待。或许是出于对中国客人的好奇，英国国王乔治一世竟两次邀请他们共进晚餐，会见时间达三个小时。在觐见乔治一世时，马国贤进献了他绘制的一幅包括中国、日本在内的地图副本，这幅地图现仍保存在大英博物馆内。11 月，马国贤终于带领着他的中国学生回到了自己的故乡那不勒斯。随即，他又前往罗马拜见教皇本笃八世，希望后者支持自己建立一所中国学校的计划。教皇虽然对此计划表示赞成，但却拒绝提供经费支持。在接下来的八年间，马国贤频频向有关方面游说，甚至曾求助于神圣罗马帝国皇帝查理六世。终于在 1732 年，马国贤获准在那不勒斯建立一所中国学校，而经费则由查理六世提供。

1732 年 7 月，一家名为"中国学院"的教学机构在那不勒斯诞生了，该校的全称为"圣·法米利亚中华书院"，又名圣家书院。作为一所神学院，它也是欧洲第一个旨在培养赴华神职人员的机构，马国贤则自任总管。在教学内容方面，"中国学院"不但开设中文课，后来还增开了一些中国周边国家的语言课，堪称当时欧洲最早专门从事中国研究的机构。

从建立"中国学院"直到 1745 年逝世为止，马国贤将毕生精力都奉献给了书院建设。当初教皇批准成立"中国学院"时便规定，该校不得接收除中国人和其他宣誓愿意到中国去当传教士之外的人，其目的显然是要为中国留学生建立一所专门的大学。不过由于时代的局限，实际上真正来自中国的学生并不是很多，据说该校的中国学生最多时也只有 6 名。尽管如此，"中国学院"作为第一个欧洲人研究中国文化的专门组织，仍产生了相当深远的影响。

由于特殊的经历，最初随马国贤来意大利的那四名中国男孩便成为"中国学院"最早招收的学生，其中谷文耀和殷若望较早毕业，于1734年被授予神职；而年龄较小的吴露爵和黄巴桐也在1741年被授予神职。后来，除了吴露爵以外，其余三人都返回中国，分别在四川和直隶担任神父，而他们也成为首批留欧并学成回国的中国留学生。至于那名中国教师王雅敬，则于1734年9月离开那不勒斯返回中国，四年后在北京去世。

"中国学院"最初虽然以专收中国留学生为目的，但后来也兼收有志到远东传教的西方人、土耳其人，学生毕业后授予学位。据统计，自创办至1868年被意大利政府收归国有并改名为"意大利国立东方语文研究所"，该学院在137年间总招收中国学生106名，另有意大利学生191名，土耳其学生67名。另据记载，同治以前中国赴欧洲留学的共有113人，其中91人在该院肄业，占这一时期留学生总数的81%，余下的则分散在罗马、里斯本、巴黎等地的学校，由此可见"中国学院"在早期中西文化交流史上的重要地位。由于该学院当时在欧洲享有盛名，当1792年英国使节马戛尔尼准备访华时，还曾专门前来这里搜罗汉语翻译人才，并最终挑选了两名学生担任中文译员。

18世纪后期，偶尔还有中国人通过商业渠道抵达欧洲，每每都会在所到国家引起关注。例如曾有一位名叫Loum KiQua（林起官）的中国商人，他曾在1755年前往葡萄牙里斯本，并在1755年里斯本大地震期间在当地生活。地震后他前往英国，并在那里受到了乔治二世国王和许多贵族的接见。其经历还被记录在当时的文献中，包括与英国作家奥利弗·哥尔德史密斯（Oliver Goldsmith）的通信，这些通信后来被哥尔德史密斯以"Lien Chien Altangi"的名义发表。在英国短暂停留后，此人被安排搭乘东印度公司的一艘船返回广州。即便如此，当时英国人还是将其形象保留下来，法国出生的旅英画家多米尼克·塞雷斯（Dominic Serres，1722—1793）怀着浓厚的兴趣将这名中国商人画下来，并由艺术家托马斯·贝福德（Thomas Burford）制成版画发行。画面中的Loum KiQua左手拿着一根长烟斗，穿着中国服装，戴着帽子，腰间挂着钱包，远景中的帆船、城市、宝塔等形象无疑都是当时西方人想象中的中国元素。

而 1774 年来到英国的中国人黄亚东（Huang Ya Dong）知名度要更高一些，此人曾在异国生活学习了数年，在传播中国文化之余还幸运的同样留下了画像。据考证，黄亚东是广州人，出生于 1753 年，少年时就开始经商。1766 年，英国商人约翰·布莱德比·布莱克（John Bradby Blake）到广州经商时，出于对植物学的爱好和商业计划，此人决定开发广东一带食用和药用植物的经济价值，因此数年广泛收集种子准备带回英国培育。由

图 1-7-5："Loum KiQua"（林起官）。版画，多米尼克·塞雷斯绘，托马斯·贝福德制版，1757 年，大英博物馆收藏。

于需要从中国带回一个懂行的专家作为助手，布莱克便说服黄亚东一起远赴英国。尽管布莱克不幸于 1773 年在广州因病去世，但其父亲老布莱克仍按原计划安排黄亚东于 1774 年 8 月抵达英国。在老布莱克的引荐下，黄亚东来到了多塞特三世公爵的诺尔庄园，以庄园侍从的身份学习英文和其他科学知识。作为沈福宗之后近百年间再度来到英国的少数中国人，黄亚东自然引起了广泛关注。在诺尔庄园的七棵橡树学校就读期间，黄亚东逐渐可以用英语同英国上流社会沟通，其掌握的中国文化和工艺学知识，以及独特的外表和谈吐，都使他成为当地社交界的焦点。有资料显示，黄亚东不但去过在伦敦的皇家学会，还曾去牛津大学帮助重新规整中文词典和书籍。1776 年，多赛特三世公爵出资 70 英镑，委托肖像画家乔舒亚·雷诺兹（Sir Joshua Reynolds，1723—1792）为黄亚东画了一幅肖像。画中的黄亚东盘腿坐在扶手长椅的一端，左手放在腿上，右手握着一把半开的扇子，身上的衣服颜色

鲜艳质地讲究，显然融入了画家心目中的中国元素。虽然后来黄亚东离开英国返回了广州继续经商，但有资料显示其与英国的一些学术界人士仍有书信往来。比如在 1784 年 12 月，他就在回信中婉言谢绝了英国著名汉学家和语言学家威廉·琼斯爵士与其一道翻译中国经典作品的邀请。

若论 18 世纪知识界对中国孔子道德学说的服膺，程度最深的莫过于法国启蒙思想家伏尔泰了。在其代表作之一《风俗论》中，伏尔泰专门对孔子学说进行了介绍，其

图 1-7-6：中国男孩黄亚东。印刷品，原画由乔舒亚·雷诺兹所绘。

资料来源就是柏应理的《中国哲学家孔子》。在该书《论孔子》一节中他写道："没有任何立法者比孔夫子曾对世界宣布了更有用的真理——'己所不欲，勿施于人'"，为此他把"己所不欲，勿施于人"作为自己的座右铭，认为这"是超越基督教义的最纯粹的道德"。伏尔泰盛赞孔子是真正的圣人，不但二十余年如一日地在家中悬挂孔子像，还曾经把自己的书房命名为"孔庙"，自称是"孔庙"大主持，非常地推崇孔子的道德学说。有趣的是，1767 年冬，一位德国青年在给伏尔泰的信中竟这样写道："您是欧洲的孔夫子，是世界上最伟大的哲学家。您的热情和天才，以及您的人道主义的行为，使您赢得了任何世人都不敢企盼的地位：您堪与古代最著名的伟人并列齐名。"

除了在学术上大力宣传孔子的道德学说，伏尔泰还亲自下场，在一些更大众化的文化艺术活动中，将中国的价值观介绍给更多西方人。

1755 年 8 月 20 日，在巴黎著名的法兰西剧院，一场名为《中国孤儿》的戏剧正式公演，而剧作者正是鼎鼎大名的伏尔泰。令人惊奇的是，虽然这场戏的故事来源于中国古代悲剧《赵氏孤儿》，但演出却大获成功，居然一

连 16 场座无虚席，随后竟连续上演 190 多场，真可谓盛况空前。

追溯起来，《赵氏孤儿》这部戏剧走向欧洲的过程中，一位名叫马若瑟的传教士扮演了重要角色。

马若瑟（Joseph de Prémare,1666—1736）是法国籍耶稣会传教士，由于精通汉语，1698 年受路易十四委派前来中国，1714 年后曾被召到清朝宫廷工作。1724 年，随着基督教在中国受到查禁，马若瑟被迫南下广州，1733 年又迁居澳门直至去世。在长期对中国文化的研究过程中，身为传教士的马若瑟对中国戏剧产生了浓厚的兴趣，而他的一些观点还受到了教会内的排斥。一次偶然的机会，马若瑟结识了当时法国权威的中国学家、皇家文学院院士傅尔蒙，此后便把自己大量的研究成果寄给对方，并授权对方可以发表自己的作品。为了让欧洲学者了解中国古代经典的价值，马若瑟从上百种元代戏剧中挑选出《赵氏孤儿》进行翻译。他之所以选中《赵氏孤儿》，是因为该剧无论从主题还是情节而言都非常符合当时法国文学界对悲剧的观念，更重要的是，剧中人物高贵的英雄气概具有强烈的吸引力，尤其适合表达耶稣会的神学观点。

1731 年底，马若瑟仅用了七八天的时间就完成了对《赵氏孤儿》的翻译，并于 12 月 4 日托一艘欧洲货船寄出。几个月后，马若瑟委托的两名送信人先是把包裹先交给了同为耶稣会传教士的杜赫德，后者当时正在编辑《中华帝国全志》。当看到《赵氏孤儿》的译文后，杜赫德如获至宝，立即将其编入《中华帝国全志》中。1734 年 2 月，巴黎《水星》杂志率先发表了几节译成法文的《赵氏孤儿》。1735 年，杜赫德编辑的《中华帝国全志》出版，其中就有《赵氏孤儿》的法文全译本，这也是该剧在欧洲正式发表。不过由于对中国戏剧艺术和中国诗词还缺乏深入研究，加之担心欧洲读者难以理解剧中的唱词，因此马若瑟在翻译时将占全剧一半篇幅的诗歌唱段全部删去，仅以"他唱"二字代之，因而只是大体保存了原作品的轮廓，缺乏韵味。尽管如此，《赵氏孤儿》在法国一经发表，很快就引起了欧洲戏剧界的关注。据说在看到法国出版的《中华帝国全志》后，英国两位出版家立即花重金雇译员进行抢译，主要目的就是率先出版《赵氏孤儿》。

《赵氏孤儿》传入欧洲后，很快就引起众多批评家和剧作家的兴趣，他们将该剧视为东方文化的精华，于是纷纷着手按自己的思路对其进行改编。1741年，英国著名剧作家威廉·哈切特将法文版《赵氏孤儿》改编成英文版《中国孤儿》，并对剧中人物和剧情进行改头换面，只是保留原作轮廓与"搜孤救孤"等主要情节。但由于作者在剧中对英国时政进行了强烈抨击，因而未能正式公演，所产生的影响也不大。1748年，意大利剧作家梅达斯塔苏也以法文版《赵氏孤儿》为蓝本创作了歌剧《中国英雄》，该剧于1752年在维也纳皇宫正式演出时大获成功。

作为18世纪欧洲伟大的启蒙思想家，伏尔泰向来推崇中国的传统哲学。1753年，他偶然间在《法兰西信使报》上看到《赵氏孤儿》的简介，稍后又在《中华帝国全志》上读到了马若瑟的翻译本。起初，由于对中国戏剧了解不多，因此伏尔泰对马若瑟的译本并无太高的评价，认为《赵氏孤儿》并不能跟当时法国的名剧相提并论，甚至戏称只有海峡那边（指英国）和比利牛斯山脉以外（指西班牙）的人才能欣赏。然而在得知《赵氏孤儿》是中国14世纪的作品后，他很快意识到这是一部具有历史真实性及感染力的好剧，认为"《赵氏孤儿》是了解中国精神的里程碑式的作品，是过去和将来有关一幅员辽阔的帝国的任何一部游记都无法比拟的"。由于被该剧中的精神感动，伏尔泰萌发了创作一部新剧的念头。他决心借助《赵氏孤儿》跌宕起伏的情节和斗争来弘扬正气，用悲剧形式来唤起人们对理想人格的追求，激励人们向封建专制、宗教狂热作斗争。

1755年，伏尔泰以马若瑟的译本为蓝本，创作了一部名为《中国孤儿》的戏剧。剧本最初只有三幕，后来听取了朋友的意见，伏尔泰扩大为五幕，并特地在剧本上题写了"根据孔子的教导编成的五幕剧"字样。他在给友人的信中写道："我对剧本做了修改，为的是大胆宣扬孔子的教诲。"为了符合三一律的要求，《中国孤儿》仅写了搜孤和救孤的情节，并别具匠心地添加了一段爱情故事：成吉思汗年轻时爱慕的汉族姑娘伊达梅拒绝了他的爱情，嫁给了宋朝官员尚德，为此成吉思汗便发誓要征服世界。成吉思汗入京，欲追索前朝遗孤，以斩草除根。尚德为救孤而以子代之，伊达梅不忍让亲子去死，便向成吉思汗求情。成吉思汗以娶伊达梅为妻的条件答应赦免，但伊达梅宁死不从。成吉思汗深为尚德夫妇的忠义行为所感动，最后决定一律免于追究，善待前朝遗孤和尚德一家。

有趣的是，《中国孤儿》的演出也是一波三折。该剧曾先期在日内瓦附近的伏尔泰寓所中排演，但由于演员水平拙劣，结果观众反应平淡。据说当时在场观看演出的孟德斯鸠居然在座位上打起了盹，生气的伏尔泰向他扔去帽子说："他还以为是在法庭呢！"好在又经过一番精心准备，当伏尔泰版本的《中国孤儿》于1755年8月20日在巴黎正式公演时，立即获得了巨大成功，随后又在法兰西剧院连续演出16场，场场爆满。听到这一消息后，国王路易十五也邀请该剧前往宫廷演出。在社会各界的强烈要求下，该剧竟连续上演了190多场。一时之间，整个欧洲的社会名流纷纷云集巴黎，为的就是一睹《中国孤儿》的风采。关于《中国孤儿》当时在法国引起轰动的盛况，另一位法国启蒙思想家卢梭的一番话可谓最真实的描写。或许是与伏尔泰不和的缘故，卢梭曾在1755年9月讽刺道："我从来没有看到过这么多的傻瓜，剧场里挤得满满的，咖啡间里回响着他们的警句，塞纳河畔的书摊上放满了人们的小册子，人们对《中国孤儿》是一片欢迎之词，可我却要说几句批评的话，这样一个蹩脚的作家，很少能看到其中的缺陷，也几乎感觉不到其中的美。"

1735年出版的杜赫德编撰的《中华帝国全志》一书中，也有一幅在西方流传甚广的孔子画像版画。整体上看，这幅画像显然是以柏应理著作中的孔子像为原型而创作。绘画师对孔子形象和身后建筑都基本保持原貌，但对许多细节富有深意地做了修改。其中最明显的是将孔子持笏板的姿势改成了拿书，而实际上在孔子的时代纸张尚未发明，中国的书籍以竹简或帛书的形式出现。另外一处较明显的修改就是画中孔子的额头正中凸起一块，而这一相貌特征应该是源自《史记·孔子世家》中的记载"生而首上圩顶，故囚名曰丘云"。而在来华传教士发回欧洲的信件中，也曾特意提及过孔子"额头上甚至有一块不招人喜爱的隆起的肉疙瘩，他经常让别人注意这个疙瘩以示自己的谦卑"。

ORPHAN of CHINA.

图 1-7-7:《中国孤儿》第五幕第
一场。版画（印刷品），1797 年。

LE SAGE, rôle de BEDOUR, et VISINTINI, rôle de ZEDIR.
dans la Clochette.

BEDOUR.
Je ne m'étonne plus des belles actions de cet Aralin, que lui falloit-il
pour avoir des Vertus, et du Courage? un Coup de Clochette!
ZEDIR.
Sonnez mon Prince.

A Paris chez Martinet, Libraire, rue du Coq St. H.

图 1-7-8：在法兰西剧院演出的《喜
剧团》。版画（印刷品），19 世纪初。
这幅彩色版画中，两名喜剧演员都
穿着中国传统服饰，显示了浓厚的
中国色彩。

图 1-7-9:《中华帝国全志》中的孔子
画像。

大约半个世纪后，另一位法国耶稣会士钱德明在广泛借鉴中国本土古籍中有关孔子的画像，编撰了一部《孔子画传》，将孔子的形象以连环画的形式传播到西方。

钱德明（Jean-Joseph Marie，1718—1793），字若瑟，1750年7月到达广州，1751年8月晋京，1761年任法国在华传教区的司库，1779年11月出任法国在华传教区会长，1793年10月死于北京。钱德明在北京居住了四十余年，曾在清朝宫中服务，深受乾隆皇帝的信任，并在宫中向大臣们介绍法国情况。作为来华耶稣会士中最后一位大汉学家，他能用汉文、法文以及满文、蒙文等文字著书立说，是一位罕见的多才多艺的传教士汉学家，著

图1-7-10：钱德明肖像。原画由詹姆斯·格林（James Green）所绘，1726—1749年。

有《满蒙文法满法字典》《汉满蒙藏法五国文字字汇》《中国历代帝王纪年表》《纪年略史》《孔子传》《四贤略传》《历代名贤传》《孙吴司马穰苴兵法》《中国古代宗教舞蹈》《中国学说列代典籍》等，而影响最大的当属《孔子画传》（*Abrégé historique des principaux traits de la vie de Confucius*）。该书采用图文结合的形式介绍孔子生平事迹，共用24幅图画，由当时著名的雕刻家赫尔曼雕版，法文本约刊于1782—1792年间。《孔子画传》延续了《中国哲学家孔子》有关孔子生平部分的叙事结构，但将故事进行了精简以适应欧洲观众的阅读习惯。书中卷首画是孔子正面坐像，其蓝本出自明代《阙里志》中的木刻画插图《孔子冕旒像》。图中孔子头戴十二旒冠冕，手捧镇圭，一如古代天子礼制神情淡然从容，其穿着与曲阜孔庙大成殿中的孔子像一脉相承。

通过百年间西方人对孔子形象的塑造与传播演变，可以看出，从文艺复

图 1-7-11：钱德明著《孔子画传》中孔子正面坐像。

图 1-7-12：钱德明著《孔子画传》中孔子故事插图。

兴到启蒙运动，在西方人的心目中，中国是一个哲学家统治着的庞大帝国，甚至可以说一个幸福和谐的"理想国"。受当时文化交流和传教士活动的影响，孔子被启蒙时期的西方视为道德的楷模，尽管他们可能并不完全理解法家与儒家的区别。而在美国，1790 年成立的联邦最高法院的门楣上刻有三个人的雕像，从左往右依次是孔子、摩西、梭伦，分别象征着道德、神学和政治，而设计师麦克尼尔的设计初衷，就是将其作为东方文明的一种象征。将理想的国家寄托在理想的政治上，再将理想的政治寄托在理想的哲人身上，这是欧洲近代人文主义者以道德秩序为基础的开明君主政治的理想。因此西方传教士、哲学家不仅在异域想象中塑造孔教乌托邦，还试图将孔教乌托邦当作社会文化批判与变革的武器，以改造西方现实。[1]

总而言之，在 18 世纪的西方，从思想家到平民都认为中国是他们的榜样。正如托克维尔（Alexis de Tocqueville, 1805—1859）在《旧制度与大革命》中所说，对于法国的启蒙思想家们而言，"没有一个人在他们著作的某一部

---

[1] 周宁：《东风西渐：从孔教乌托邦到红色圣地》，《文艺理论与批评》，2003 年第 1 期。

分中，不对中国倍加赞扬。只要读他们的书就一定会看到对中国的赞美——他们心目中的中国政府好比是后来全体法国人心目中的英国和美国。在中国，专制君主不持偏见，一年一度举行亲耕礼，以奖掖有用之术；一切官职均经科举考试获得；国家只把哲学作为宗教，把文人和知识分子奉为贵族。看到这样的国家，他们叹为观止心往神驰"。

图 1-7-13：《中国大使》，版画（印刷品），约 1748 年，老约瑟夫 - 玛丽·维恩（Joseph - Marie Vien, the Elder, 1743—1753），芝加哥艺术博物馆收藏。出自一部名为《中国航海口志》的著作，书中以赞许的语气谈论中国人的政治、古老的法律和长期的统一。

图 1-7-14：雕刻在徽章上的孔夫子画像，两侧是龙和犁，威廉·柯林斯（William Collins）、拉尔夫·威利特（Ralph Willett），1785 年，大英博物馆收藏。

图 1-7-15：欧洲讽刺漫画《叶戈马贡斯揭示的砖石之谜》，1724年。讽刺某些共济会成员的行为：一队泥瓦匠从一所公共房屋中走出来，他们的领袖是精心打扮的中国皇帝、孔子和两名官员。

图 1-7-16：英国邱园中的"孔子之屋"，版画，1760年。据记载，当1750年威尔士亲王弗雷德瑞克开始着手扩建邱园时，专门修建了一间孔子之屋，屋内有描绘孔子及体现其思想的绘画，表明这位英国王子对于东方古国政治制度的认同，遗憾的是"孔子之屋"现已不存。

图 1-7-17：欧洲讽刺漫画《孔子第二；或者，一个新的太阳在亚洲世界升起！》1783 年，从另一个角度反映了当时西方世界部分人对中国文化的迷恋。

图 1-7-18：英国讽刺漫画《一份德国礼物，或者情人的象征》。画面中对"中国风"有着浓厚兴趣的英国国王乔治四世（George Ⅳ，1762—1830）坐在手扶椅上，一条腿用凳子支撑，挂着拐杖，坐在夏洛特公主（左）和利奥波德王子之间，他们身后墙上挂着孔夫子的画像。

参考文献

[德] 莱布尼茨著：《中国近事：为了照亮我们这个时代的历史》，杨保筠译，大象出版社，2005 年 7 月。

[法] 伏尔泰著：《风俗论：论各民族的精神与风俗以及自查理曼至路易十三的历史》，梁守锵译，商务印书馆，1994 年 11 月。

[法] 李明著：《中国近事报道》，郭强、龙云、李伟译，大象出版社，2004 年 7 月。

[法] 谢和耐著：《中国与基督教：中西文化的首次撞击》，耿升译，上海古籍出版社，2003 年 8 月。

[美] 柏理安著：《东方之旅：1579—1724 耶稣会传教团在中国》，毛瑞方译，江苏人民出版社，2017 年 4 月。

[美] 史景迁著：《胡若望的困惑之旅：18 世纪中国天主教徒法国蒙难记》，吕玉新译，上海世纪出版股份有限公司远东出版社，2006 年 2 月。

[意] 马国贤著：《清廷十三年：马国贤回忆录》，李天纲译，上海古籍出版社，2004 年 4 月。

张国刚著：《从中西初识到礼仪之争——明清传教士与中西文化交流》，人民出版社，2003 年 1 月。

周宁著：《天朝遥远：西方的中国形象研究》，北京大学出版社，2006 年 12 月。

Abrégé historique des principaux traits de la vie de Confucius. célèbre philosophe chinois. 1782—1792.

第八章
追梦：
迷雾下的『中国风』

我看到这个奇幻世界时惊呆了，国王下令建造了一座中国亭，它的美是不曾见过的。贴身侍卫也穿上中国衣服，国王的助理则穿着"满大人"军官的袍服。贴身侍卫演练中国队列。我的长子则扮成中国王子恭候在亭子入口，他身边的贵族则身着中国文官服饰。王储在颂读一首给我的诗作之后，赠予我亭子的钥匙，连同里面的一切摆设。它不仅外观令人惊叹，内部也同样令人折服。

——路易莎·乌尔莉卡，1753 年。

1700 年 1 月 7 日，为庆祝新世纪的到来，"太阳王"路易十四在法国凡尔赛宫金碧辉煌的大厅里举行了一场盛大的舞会。当巴黎上流社会的显赫贵妇们到场后，随着一阵音乐响起，只见国王竟身着中国式服装，坐在一顶中国式八抬大轿里出场，全场顿时发出一片赞叹声。这场由奥尔良公爵策划的"中国式"舞会，其实只是当时整个欧洲一种非凡风尚的一个片段。这种非凡的风尚，就是 18 世纪流行欧洲百年之久的"中国热"。

众所周知，18 世纪时的中国正处于康乾盛世，而欧洲仍在经受着教派纷争和战乱之苦。当前往中国的传教士们将一幅美好的中国图景呈现在人们面前时，立即引来整个欧洲的无比惊羡。结果在 17 世纪末至 18 世纪末的百年间，在欧洲形成了前所未有的"中国热"。在长达百年的"中国热"期间，无论是在物质、文化还是政治制度方面，欧洲都对中国极为追捧，以至于在

1769 年曾有欧洲人写道："中国比欧洲本身的某些地区还要知名。"路易十四在位期间不仅将法国推向了欧洲的霸主地位，而且对中国文化抱有浓厚的兴趣，展现出了独特的"中国情缘"，而其对中国文化的迷恋几乎可以说是全方位的。正是在路易十四的推动下，欧洲掀起了一股"中国热"，各国社会上层对中国的艺术品和生活方式趋之若鹜，中国元素成为时尚潮流的一部分。在"中国热"流行欧洲期间，人们普遍爱好来自中国的物品，热衷于模仿中国的艺术风格和生活习俗，以致形成一种被称为"中国风"（Chinoiserie）的时尚。这种时尚渗透到了欧洲人生活的各个层面，包括日用物品、艺术创作、家居装饰、园林建筑等。

17 世纪以来，丝绸、瓷器、茶叶等中国特产开始大量进入欧洲，成为上流社会显示财富的奢侈品。据说茶叶最初传入欧洲时，曾被上流社会当成包治百病的良药，妇女们常用它来治偏头痛。据记载，早在 1610 年时，荷兰东印度公司首次将茶叶引入欧洲，不久后茶叶开始进入东西方贸易体系。大约在 1615 年，英国东印度公司开始从日本少量进口中国茶叶。不过饮茶能够在英国得到推广并成为全民时尚，进而影响到整个西方，还要归功于葡萄牙公主凯瑟琳（Catherine of Braganza，1638—1705）。那是在 1661 年，从法国流亡回来的查理二世登上了英国王位。出于政治联姻的目的，葡萄牙国王阿方索六世把他的姐姐凯瑟琳嫁给查理二世，并许诺丰厚的嫁妆。1662 年，查理二世迎娶凯瑟琳时，这位葡萄牙公主的嫁妆除了大量金银珠宝以及葡萄牙在印度的殖民地孟买外，还有一箱重达 221 磅的中国茶叶和一套精美的茶具。很快，在凯瑟琳的影响下，英国的饮茶时尚慢慢波及了皇室贵族。为了满足皇后的嗜好，皇宫中还布置了专门饮茶的"茶室"，使得饮茶时尚更为令人倾慕，因此时人都尊称凯瑟琳为"饮茶皇后"。1663 年凯瑟琳 25 岁生日，英国诗人埃德蒙·沃尔特甚至特意作了一首赞美诗《饮茶皇后之歌》。由于皇后的推崇，英国贵族妇女们也兴起了饮茶之风。随之一些富贵之家的主妇也群起效仿，在家中建设高雅、阔绰、豪华的茶室，以显示自己的生活品位。1664 年，东印度公司从荷兰商人手里买到 2 磅 2 盎司中国茶叶，把其中 2 磅送给国王，国王非常高兴，给予嘉奖。随着茶逐渐被英国公众所接受，进口量迅速增加，17 世纪末年进口量已达两万多磅。进入 18 世纪以后，由于进口数量大增，茶价日益低廉，饮茶之风逐渐由上层社会普及到民间，在英国茶被誉为"所有医生公认的最佳饮料"，成为英国人的生活必需品。在 1650 年时，英国一户普通人家一年的生活费用大约为 5 英镑，而 1 磅茶叶的价值就高达 10 英镑。

饮茶风尚很快传播到整个欧洲。在法国，路易十五的王后玛丽·莱什琴斯卡在凡尔赛宫有一间名为"中国厅"的私人房间。1761 年，为对该房间进行重新布置，王后向当时国王藏品厅的画家们定制了 8 幅描绘中国人茶叶种植和贸易活动的巨幅油画，装饰整个房间。

在"中国热"期间，来自中国的漆器、墙纸、扇子乃至轿子等都一度进入欧洲上流社会的生活。这种需求的日益剧增，使当时从事中欧贸易的商人们大发横财。到 1692

图 1-8-1：《皇后饮茶》。挂毯，18 世纪上半期，法国博韦挂毯厂制造，埃尔米塔什博物馆收藏。

图 1-8-2：《饮茶的一家三口》。油画，1727 年，理查德·柯林斯（Richard Collins），维多利亚与艾尔伯特博物馆收藏。画家展示了一个坐在茶桌旁的时尚家庭，显然为他们最新的珍贵茶具以及他们对正确喝茶方式的了解而自豪。

年时，荷兰东印度公司的盈利总额已超过一亿法郎。而在追逐各种中国器物的过程中，欧洲社会迅速形成了一种时尚，包括举行中国式宴会、观看中国皮影戏、养中国金鱼等，都成为高雅品位的象征。中国成了欧洲人不可或缺的装饰元素和主题，不论是皇室贵族还是平民百姓均对中国主题的工艺品有强烈的审美需要，而开店经营并买卖画作、中国家具和瓷器、水晶的商人以及拿这些货物互相交换的人都是有身份地位的人。

图 1-8-3：18 世纪"中国热"期间，中国金鱼也成为西方人喜爱的对象，1780 年。

由于中国时尚的狂热流行，当时也出现了很多趣闻。1672 年，当传教士闵明我（Domingo Fernández Navarrete, 1610—1689）从中国回到欧洲时，马上就成为明星式的人物。1698 年，巴黎曾出现了一位自称是中国公主的女人，受到上流社会高规格的接待。然而到后来，人们却发现她只是一位来自法国乡下的女骗子。直到一百多年后的 1792 年，英国著名外交官马戛尔尼在其日记中还曾写下这样一段话："整个欧洲都对中国着了迷。那里的宫殿里挂着中国图案的装饰布，就像天朝的杂货铺。真货价值千金，于是只好仿造"，他所抱怨的是当时欧洲一种普遍的社会现象。在"中国热"浪潮中，由于远洋贸易的局限，中国商品往往处于供不应求的局面。于是在利益的驱动下，欧洲各国便出现了一股仿造中国商品的热潮。

丝绸作为古代中国的代表性特产，千百年来都是欧洲最大宗的进口商品之一。十八世纪三四十年代，欧洲每年的丝绸进口量最多竟达 75,000 余匹。为了保护国内贸易，制止大量财富流向中国的势头，欧洲各国很早就开始极力抢夺丝绸市场。最初，他们先是通过各种手段获取了中国的养蚕术。在此基础上，一些国家开始仿造中国的丝绸，并不断发布禁止丝绸进口的法令。

虽然早在 16 世纪之前，意大利、法国已出现了一些著名的丝绸生产基地。即便如此，直到明清时期，中国的丝绸仍在欧洲市场拥有极强的竞争力。由于"中国热"的影响，欧洲人更偏爱中国出产的丝绸。比如 17 世纪时，欧洲的贵妇们都喜欢穿中国丝绸面料的高跟鞋，并在鞋面上装饰中国风格的图案。尽管中国丝绸源源不断地输入欧洲，仍不能满足大众的需求。即使欧洲当时生产的丝绸在质量上已与中国货不相上下，但其产品上的图案如龙、凤、花鸟等都处处仿造中国，并且特意注明"中国制造"以保证销路。为了更好地进行仿造，欧洲各国丝织厂的丝绸画师手里都有一本《中国图谱》。因此在很长一段时期里，欧洲产的丝绸都保持着强烈的中国工艺美术风格。特别是在 18 世纪，"中国风"在丝绸设计和生产中占据了重要的地位，成为时尚的标志。

"中国风"这种时尚还典型地体现在中国式建筑与园林在欧洲的盛行。传教士们早就注意到中国建筑的鲜明特点，在书信中常常谈及，基歇尔的《中国图说》等出版物也有介绍中国建筑物的插图，独具特色的中国建筑于是引起了欧洲人，特别是上层人物的注意。欧洲的建筑艺术有着悠久的历史，但是到了 17 世纪，长期主宰欧洲的古典主义刻板的风格，已令人感到厌倦，恰在此时传来了精巧雅致的中国建筑艺术，欧洲人顿觉耳目一新，接着便起而仿效。

1670 年，路易十四决定在凡尔赛的园林中为他最宠爱的情妇蒙特斯潘夫人（Mme de Montespan）修建一座名为特列安农瓷宫 (Trianon de porcelaine) 的中式楼阁，由宫廷建筑师路易·勒·沃 (Louis Le Vau) 设计，至 1671 年冬季修

图 1-8-4：《中国贵族夫人》。版画（印刷品），1783 年，维多利亚与艾尔伯特博物馆收藏。

建而成。据当时人描述，特列安农是一个建筑精美的小宫殿，显然是汲取了南京瓷塔的灵感，它由一个大的和四个小的环绕庭院的平房构成，全部都用彩釉装饰而成，上面堆满了彩陶、各种瓷罐和各式花瓶，檐口和主体建筑的转角处都是使用陶瓷瓷砖点缀的饰板；室内全是蓝白两色，这是当时认为赏心悦目的中国式色调，大多数的墙壁都铺的是极为光滑的白色石膏，上面的装饰物都用蓝色挑色处理，中央沙龙的檐口和屋顶也是用同样的方法装饰的，全部都是用源自中国的装饰风格完成的。尽管由于蒙特斯潘夫人不久后失宠，特列安农瓷屋在 1687 年便被拆除了，但却成为那个时代"中国风"的标志性产物而留存在历史的记忆中。这座建筑一经落成，马上引来了欧洲各国的效仿。一时间，欧洲出现了许多中国风格的代表性建筑，例如普鲁士"无忧宫"中的中国茶亭等。甚至就连偏远的瑞典王国都受到了这股热潮的影响。1753 年，瑞典国王阿道夫·腓特烈（Adolf Fredrik，1710—1771）特意给自己的王后、来自普鲁士的公主路易莎·乌尔莉卡（Louisa Ulrika，1720—1782）精心准备了一份"中国风"礼物。当目睹了这份礼物后，惊喜不已的王后怀着激动的心情给自己的母亲写信对其进行了描述："我看到这个奇幻世界时惊呆了，国王下令建造了一座中国亭，它的美是不曾见过的。贴身侍卫也穿上中国衣服，国王的助理则穿着'满大人'军官的袍服。贴身侍卫演练中国队列。我的长子则扮成中国王子恭候在亭子入口，他身边的贵族则身着中国文官服饰。王储在颂读一首给我的诗作之后，赠予我亭子的钥匙，连同里面的一切摆设。它不仅外观令人惊叹，内部也同样令人折服……主厅是精致的'印度'风格，四角各陈设一只大瓷瓶。其他房间则装饰以日本漆柜和裹以'印度'织物的沙发，全都品位高雅。卧室的墙和床都是用'印度'织物装饰的，并在墙上嵌有最精美的瓷器、八角塔、陶瓷花瓶与小鸟。日本漆的书桌则放满了各式古玩，包括中国刺绣。两边的案桌上，一边是德累斯顿的精妙成套瓷餐具，另一边则是真正来自中国的。当一切都还令我目眩时，国王又下令演出'中国芭蕾'。"

"中国风"时期，宝塔、曲面屋顶、挑起的角檐、水榭、小山上的亭阁、桥梁等几乎成为构建中国建筑图景的固定模件。而当时在建筑领域引领者中

图 1-8-5：特列安农瓷宫版画，18 世纪。

国风尚的集大成者，当属英国著名建筑师钱伯斯。

　　威廉·钱伯斯（William Chambers，1726—1796）是 18 世纪著名的瑞典裔英国建筑师，在中国艺术和建筑方面有深入的研究，并对欧洲的"中国风"产生了重要影响。钱伯斯对中国建筑和园林艺术有着浓厚的兴趣，曾随瑞典东印度公司两次前往中国，并在广州进行了长时间的考察和学习，后曾担任英王乔治三世的建筑师，并为皇太后设计建造了邱园中的中国塔和孔子小屋等建筑。1757 年，钱伯斯出版了《中国建筑、家具、服饰、机械和生活用具的设计》（*Designs of Chinese Buildings, Furniture, Dresses, Machines, and Utensils*），这本书对当时的欧洲"中国热"产生了深远的影响。钱伯斯推崇中国园林的设计理念，他反对当时流行的自然式风景园，主张园林设计应源于自然但高于自然，通过人的创造力改造自然。1762 年，钱伯斯在伦敦近郊为肯特公爵建成一座中国式的园林"邱园"，园中设置了中国式的假山、瀑布、小桥、流水，还建了一座九层砖塔，高 163 英尺，每层都有一个中国式的挑檐。

英国王公贵族对"中国风"建筑的青睐甚至延伸到了19世纪初。当时的国王乔治四世（George IV，1762—1830）似乎格外痴迷于此。1787年，尚未登基的乔治四世将英国南部的一个农庄改建为度假村，这就是著名的布莱顿行宫。登基后，为了宴请贵族宾客，他又于1822年请建筑师约翰·纳什主持对布莱顿行宫内的宴会厅和各个房间进行装修，使之呈现出东方式的富丽堂皇。于是人们可以看到，这座行宫内中国风景和人像等元素出现在各个角落。

在英吉利海峡对岸，法国人也一直对"中国风"的建筑园林热度不断。18世纪法国地图学家、版画家及建筑师勒胡日（Le Rouge.Georges Louis，1709—1790）所著《中国园林艺术》中，就汇集了各种中国式建筑的图像。

中国瓷器一直受到欧洲众多王侯的珍爱，被视为"东方的魔玻璃"，通常只有在王宫和贵族的客厅里才能看到。远在唐代时，中国瓷器就作为商品进入国际市场，行销日本、印度、波斯和埃及等地。17世纪时，中国瓷器已在欧洲占有广大的市场。例如在荷兰画家维米尔的作品中，就多次出现中国瓷器的元素。当时，中国瓷器在欧洲被视为珍玩，只有在西班牙和法国等大国的宫廷里才能见到较多的瓷器。贵族家庭也以摆设瓷器来附庸风雅，炫耀地位。随着"中国热"的流行，大量中国瓷器输入欧洲。据估计，仅在18世纪的100年间，输入欧洲的中国瓷器数量就达到6000万件以上。尽管有如此大量的中国瓷器输入欧洲，但其身价仍非常昂贵。于是为了满足社会的需求，也为了抓住致富良机，欧洲各国开始争相仿造乃至伪造中国瓷器。虽然在15世纪后，中国的一些制瓷技艺就经由阿拉伯人传入欧洲，但他们的生产水准始终处于初级阶段，模仿中国的痕迹非常明显。为了进一步提高欧洲瓷器的竞争力，整个18世纪，欧洲都一直在苦苦寻求中国瓷器的制作秘诀。

1709年，一位名叫昂特雷科莱的法国传教士来到中国瓷都景德镇传教，他就是后来大名鼎鼎的殷弘绪（Père Francois Xavier d'Entrecolles，1664—1741）。此人于1705年到中国传教，历经康、雍、乾三朝，凡40余年，传教于江西、北京等地。1709年，殷弘绪通过私人关系得以常驻景德镇，自

图 1-8-6："中国风"设计版画。1750-1775 年，库珀·休伊特史密森尼设计博物馆收藏。

图 1-8-7：钱伯斯为"邱园"设计的中国式砖塔。1761 年，版画（印刷品）。

由进出大小陶瓷作坊，观察了解窑场各道工序，并在陶工中培养教徒，通过布道活动，又从教徒那里打听到许多不为人知的细节。1712年，殷弘绪将其在景德镇获得的瓷器制作流程整理出一封万言信，连同搜集到的原材料样品，打包寄回欧洲。1716年，法国人将这封信发表在《科学》杂志上，引起轰动。10年后，殷弘绪发出第二封信，对之前的报告作了17条补充，对中国瓷器的技术特点和制作要领作了详尽破解。由此，英国、瑞典、荷兰等都在模仿中国制瓷技法方面获得成功。在此基础上，欧洲各国开始大量仿造中国瓷器的拳头产品如青花瓷、德化瓷等。青花瓷一直是中国出口欧洲瓷器的大宗，受到上流社会的高度青睐。在掌握了中国瓷器基本技艺后，欧洲各国就开始极力仿造名贵的青花瓷。在法国、荷兰等国仿造的基础上，德国王室的瓷窑——迈森国家瓷厂率先于1770至1780年间烧制成功。作为一种仿制品，他们生产的瓷器处处模仿中国风格，其装饰纹样具有明显的东方色彩。值得一提的是，由于当时欧洲市场对此类瓷器的需求极强，许多瓷厂纷纷在仓促间建立起来。不过由于它们都无力开发自己的产品，于是又对迈森瓷厂等商家进行仿造。尽管在质地上有独到之处，但欧洲瓷厂所生产的仿品仍无法与景德镇瓷器相比，模仿的痕迹非常明显。无独有偶，在美国独立后不久，一位名叫乔治·莫里斯的商人，也曾在费城南部建立了一座生产仿中国式的青花瓷厂。中国瓷器家族中的德化瓷，在欧洲也有很高的声誉，曾被称为"中国白"。为了满足市场的需求，欧洲的生产商，包括法国、德国、英国在内的众多瓷厂，都曾试图进行仿造。但它们所生产的仿品只能做到外表的相似，在质地、光泽等方面几乎无法与中国产品相比。一直到18世纪末，欧洲各国仿造中国瓷器的高潮持续了将近两百年，但始终未能达到中国外销瓷的质量。

18世纪的欧洲瓷器上，中国人物图案是一个常见的装饰主题。一方面，中国的外销瓷为西方市场定向生产，往往根据客户的喜爱在上面绘有中国风格的图案，包括人物、风景等元素，题材广泛，而除了纯粹的中国风格图案外，还有许多融合了中西方元素的设计。另一方面，许多中国瓷器在运抵欧洲后，还会被重新加以彩绘，以适应欧洲市场的审美。这种加彩方式有时会

图 1-8-8：装饰华丽的布莱顿行宫宴会厅，天花板中央悬挂着一盏雕龙吊灯，墙上画着身穿中国服装的人物，版画（印刷品），1821—1825 年。

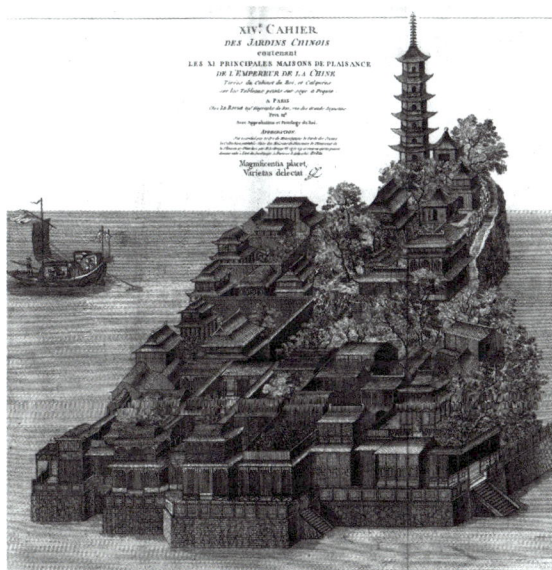

图 1-8-9：《中国园林艺术》中的版画，勒胡日，1776—1788 年。

图 1-8-10：《一家中国商店的内部》，1680—1700 年，荷兰彩绘画，作者不详，维多利亚与艾尔伯特博物馆收藏。这幅画描绘了一个虚构的商店，经营中国出口商品，包括各种各样的物品。

图 1-8-11：《瓷器制运图》中反映西方人在中国订购瓷器的画面，18 世纪。

结合器物原有的装饰，有时会覆盖原有图案，加入了更多西方元素或"中国风"题材。特别是 18 世纪欧洲的瓷塑作品中，受到中国外销艺术品及书籍、绘画的影响，如服饰、姿态和表情等都体现了当时欧洲对中国形象的理解和想象。

除了瓷器之外，在"中国热"流行欧洲期间，人们对中国的漆器、壁纸等物品也极为推崇。1730 年，法国人罗伯特·马丁仿造中国漆器获得成功，其产品的色彩以及中国风格的图案，深受当时法国上流社会的钟爱。据说国王路易十五的情妇蓬巴杜夫人就十分偏好这种漆器，在她的住所里，到处摆满了漆制家具，而上面的图案如中国妇女、牡丹花等也具有鲜明的中国特色。在英国，商人们为了满足英国贵族酷爱中国漆器的需要，往往不远万里到中国广州购买大块漆器运回国内，然后改制成各种规格的屏风出售。更有甚者，他们有时还将英国的木制家具运往广州，请广州的漆工进行加工，然后再运回英国出售。即使当时一些著名的家具设计师，也完全仿造中国式样，以获得顾客的青睐。

托马斯·齐彭代尔（Thomas Chippendale，1718—1779）是 18 世纪著名

的英国家具工匠和设计师，他的名字成为一种家具风格的代表。齐彭代尔出生于英格兰东北部的约克郡，是当时设计界的主流人物之一。齐彭代尔对各国家具工艺都作过广泛研究，他的作品以华丽的造型为核心吸引了贵族的注意，并且是第一个制作家具产品手册的家具制作者。齐彭代尔式家具（Chippendale style）融合了中式（明式家具）、哥特式和洛可可式的特点，以其华丽的造型和精细的工艺著称。1754 年，齐彭代尔出版了《家具指南》（*The Gentleman and Cabinet-Maker's Director*），这本书对当时的英国乃至欧美的家具设计产生了广泛影响。齐彭代尔式家具的典型特征包括蛇形和外凸的箱体造型、球爪脚、中式或哥特式透雕、洛可可式贝壳形浮雕等。齐彭代尔的作品不仅在英国国内产生巨大影响，而且影响力辐射到北欧、西班牙、意大利以及美国等各国及地区，甚至推动了中国家具对欧洲的影响。

中国的壁纸是 16 世纪中叶由荷兰商人传入欧洲的，当时即受到英、法等国人们的欢迎，上流社会的豪宅争相用中国壁纸作为装饰。随后不久，欧洲一些国家也开始生产大批中英、中法混合式壁纸，并于 1688 年获得成功。不过在质量上，欧洲的仿造品要逊色于中国。所以直至 18 世纪后期，英国仍不得不从广州、厦门等地贩运大批中国壁纸以满足本国需要。

白铜是古代世界冶金技术中的一项伟大成果，长期以来都为中国独有。大约 16 世纪以后，中国白铜远销到世界各地，为人们所赞叹。与此同时，为了掌握这种工艺技术，欧洲的一些化学家和冶金学家开始仿造中国白铜，并试图破解其中奥秘。为了达到这一目的，一些国家不惜巨资通过东印度公司从广州购得中国白铜。经过一番努力，瑞典和英国的化学家最终成功分析出了中国白铜的成分。随后，德国人于 1823 年仿造中国白铜取得成功并重新命名为"德国银"。到 19 世纪后期，开始投入大量生产的"德国银"已取代了中国白铜在国际市场上的地位。

关于 18 世纪"中国风"流行时期西方人眼中的中国形象，最生动的艺术描绘者无疑是法国画家华托和布歇。

安托万·华托（Antoine Watteau，1684—1721）是法国洛可可时代最具代表性的画家。1708 年，华托为法国王室的缪埃特宫创作了 30 幅"中国风"

图 1-8-12：《战车上的中国皇后》。带
有中国风格装饰的面板，约 1696 年，
维多利亚与艾尔伯特博物馆收藏。画
面中，各种异想天开的怪诞图像交织
在一起，包括中国、印度元素，反映
了 17 世纪后期"中国风"在英国开
始兴起时人们的认识。

图 1-8-13：《约翰·蒙特斯图亚特勋
爵肖像》。油画，1763 年，让·莱奥
塔尔（Jean- é tienne Liotard，1702—
1789），盖蒂博物馆收藏。画面中年
轻的蒙特斯图亚特勋爵出现在日内瓦
一家沙龙里，沙龙里摆放着洛可可风
格的家具，特别是他对面的中国折叠
屏风。

油画，总称为《中国人物》，虽然流传下来的只有两幅，但幸运的是巴黎出版商于1731年时便邀请了雕刻家据华托原作刻制了铜版画，因而得以保留原作的样式及风貌。华托画笔下的中国人物多以丘陵为背景，远山云烟霭霭缭绕，近水田园桃花氤氲，画面上还配饰有伞、乐器、折扇等道具。华托本人并没有与中国人打交道的经历，他的灵感应该来源于当时"中国热"流行的各种中国元素。而他的学生布歇则将这一风格发扬光大，成为18世纪西方最著名的"中国风"画家。

弗朗索瓦·布歇（Francois Boucher，1703—1770）是法国国王路易十五（Louis XV）的首席宫廷画师、皇家美术学院院长，被誉为十八世纪最著名的洛可可艺术大师之一。布歇深受蓬巴杜夫人的喜爱，他的一些作品多以神话故事为题或描绘贵族青年男女的爱情。他笔下不仅诞生了身姿曼妙的希腊女神、雍容华贵的侯爵夫人，还描绘了一系列关于中国的作品，引领了时代潮流。从1735年到1745年间，布歇集中画了一批"中国风"作品，这些作品多以铜版画的形式流传于世。从他的"中国风"作品中，可以看出，在构图、人物刻画及场景设定等方面，都留下了华托的印记。与华托一样，布歇本人也并未踏足中国，他所创作的"中国风"系列作品，灵感皆来源于历代法国传教士和旅行家以及商人的口述。在此基础之上，布歇又参阅了大量中国画作和外销瓷图案，从中提炼出最具东方特色的艺术元素，并加以利用。

1742年巴黎的一次沙龙展上，布歇展出了四幅具有浓厚中国风情的作品，分别为《中国皇帝上朝》《中国集市》《中国花园》以及《中国捕鱼风光》，这四幅作品一经展出，就受到了极大的欢迎并引起了抢购，而以这四幅作品为蓝本的挂毯也极受欢迎。布歇对于中国的描绘主要出于想象和传闻以及外销瓷器上的图样。《中国皇帝上朝》更像是一次欧洲贵族懒懒散散的聚会，皇帝的穿着打扮也是滑稽可笑；《中国捕鱼风光》中有近景妇女依靠在老者身边的真实画面，除此之外也存在严重的比例问题，画面右手边站在船上的妇女甚至比近景的人物还要高大；《中国花园》和《中国集市》也存在同样的问题，人物的穿着打扮像是戏剧中一样，与当时的中国人打扮完

LE JEU D'ECHETS CHINOIS.

Dessiné par Fr Boucher   Gravé par Ingram

图 1-8-14：布歇绘制的"中国风"版画（印刷品），1738-1745 年。

图 1-8-15：《中国集市》。挂毯，布歇设计，18 世纪中期，鹿特丹博伊曼斯·范伯宁恩美术馆收藏。

图 1-8-16：《中国捕鱼风光》。油画，1750 年，布歇设计，鹿特丹博伊曼斯·范伯宁恩美术馆收藏。

图 1-8-17：《中国假面舞会》。版画（印刷品），1735 年，让－巴蒂斯特·玛丽·皮埃尔（Jean-Baptiste Marie Pierre，1714—1789），纽约大都会艺术博物馆收藏。表现的是法国学生在罗马参加春季前狂欢节的庆祝活动，学生们打扮成中国政要，加入游行队伍，在罗马法国学院前经过。

Mascarade Chinoise faite a Rome le Carnaval de l'année M.D.CC.XXXV. Par MM.rs les Pensionaires du Roy de France en son Academie de pniff
DÉDIÉE
a Son Excellence Mons.r Le Duc de S.t Aignan Pair de France Chevalier des Ordres du Roy et Son Ambassadeur Extraordinaire a Rome

全不同，而且瓷器、团扇等中国物品往往随意地放置于画中。[1] 在布歇的画中，可以看到他所呈现的"中国风"画作是虚构的中国、梦幻的中国、想象的中国，是东方和西方拼凑下的一种中国风情。甚至他笔下的人物都是高鼻阔眼，像中西混血，与真实的中国大相径庭。画中的每一个中国男人都是风度翩翩，每一个女人都是风情万种，仪态优雅。画面戏剧化造型，应当是源于路易十五宫廷所流行的各种装扮聚会。画面上的男女实际上是扮成中国人的法国廷臣与贵妇，布歇便把这种场景描绘到画作中，将优雅和唯美发挥到了极致。就主题展现而言，布歇所绘"中国风"画作无疑展现的都是中国场景，但那是与真实中国有距离的，是有很大想象成分在内的中国形象。英国艺术史学者休·昂纳（Hugh Honour）就认为："布歇所绘的中国皇帝和臣子的画面展示了 18 世纪欧洲人心目中理想化了的东方政治图景：君主既拥有至高的权威又像父亲一样慈爱，臣民像拥戴家长一样忠诚于君主。"布歇"中国风"作品中大量展现的中国市井生活画面，如热爱音乐，妇女悉心照料小孩，百姓安居乐业等，恰好反映了当时欧洲追求人人各尽其职，平和安定的社会理想。

在 18 世纪这种艺术潮流的影响下，就连法国周边一些国家和地区的艺术家也陆续创作了很多"中国风"的绘画作品，其中较为著名的如比利时画家彼得·勒杜克斯（Pieter Ledoulx，1730—1807）。此人原本是一位在比利时布鲁日受过训练的画家和绘图员，在艺术和写作方面都享有盛誉，他不仅绘制了布鲁日的宏伟城市景观，还创作了一系列"中国风"特色鲜明的沙龙家具、壁纸等，甚至因此赢得了"中国画家"的绰号。

从总体上看，欧洲 18 世纪的"中国热"期间，上至王公贵族，下至平民百姓，对于中国元素所表现出的狂热，在那个特殊时期极大影响了人们对于中国形象的认知。而这种狂热或为好奇心所驱使，或出于对异国情调的追逐，较多表现为购买中国的商品，收藏中国的器物，了解中国的奇闻趣事，

---

① 孙晓昕:《从布歇的四幅作品看 17、18 世纪欧洲的"中国风"热》,《大众文艺》,2011 年第 21 期。

模仿中国人的穿着打扮、建筑、园林等。但对于中国文化的认识还停留在比较肤浅的层面，甚至有的时候会出现某些误读。正如著名学者赫德逊所指出的："他们创造了一个自己幻想中的中国，一个全属臆造的出产丝、瓷和漆的仙境，既精致而又虚无缥缈，赋给中国艺术的主题以一种新颖的幻想的价值，这正是因为他们对此一无所知。"①

图 1-8-18：《想象中的东方港口市场场景》。油画，约 1764 年，让－巴蒂斯特·皮勒芒（Jean-Baptiste Pillement，1728—1808），盖蒂博物馆收藏。画面中，形形色色的人物在充满异国情调的港口市场中跳舞，市场两旁是热带树木和欧式住宅，画面中心一个看起来像中国人的男人正在跳舞，旁边是其他深色皮肤的表演者。该画生动反映了 18 世纪欧洲人对东方的迷恋。

---

① [英] 赫德逊著：《欧洲与中国》，王遵仲等译，中华书局，1995 年，第 251 页。

图 1-8-19：《欧洲和中国的婚姻》。版画（印刷品），约1760年，彼得罗·安东尼奥·诺维利（Pietro Antonio Novelli，1729—1804），华盛顿国家美术馆收藏。这幅版画充分表现出了当时欧洲人对于中国文化的强烈兴趣。

图 1-8-20：《味道》。彼得·勒杜克斯，18世纪中后期，一幅"中国风"鲜明的画作，比利时皇家历史与艺术博物馆收藏。

参考文献:

[加]卜正民:《维米尔的帽子：17世纪和全球化世界的黎明》，黄中宪译，湖南人民出版社，2017年7月。

[英]休·昂纳:《中国风：遗失在西方800年的中国元素》，刘爱英、秦红译，北京大学出版社，2017年1月。

《瓷器制运图》，十八世纪，香港海事博物馆藏。

陈伟、周文姬:《西方人眼中的东方陶瓷艺术》，上海教育出版社，2004年8月。

童炜钢:《西方人眼中的东方绘画艺术》，上海教育出版社，2004年8月。

许明龙:《欧洲18世纪"中国热"》，外语教学与研究出版社，2007年1月。

Designs of Chinese Buildings. Furniture. Dresses. Machines. and Utensils. By Sir William Chambers. 1757.

Detail des nouveaux jardins a la mode. By Le Rouge. Georges-Louis. 1776—1778.

Essai sur l'architecture chinoise. By Georges-Louis Le Rouge. 1776—1788.

Histoire naturelle des dorades de la Chine. By Edme Billardon-Sauvigny. 1780.

中国不是开明的君主制，而是在靠棍棒进行恐怖统治的东方专制主义暴政的典型。中国不是富裕的国度，而是一片贫困的土地，不是社会靠农业发展，而是社会停滞于农业。

——斯当东，1795年。

所谓盛极必衰，就在18世纪欧洲"中国热"达到最鼎盛之际，一股给这种热潮降温的寒流却悄然出现。

1748年，一部名为《安逊环球航海记》(*George Anson : A Voyage around the world in the year*) 在伦敦一经出版便在整个欧洲引起巨大轰动，当年就再版了6次，之后数年间又再版了27次。那么，这是一部怎样的著作呢？为何竟能引发如此强烈的关注和议论。原来，这部航海记是牧师瓦尔特(Richard Walter) 根据英国海军上将乔治·安逊的日记整理而成的。而说起乔治·安逊 (George Anson，1697—1762)，可算得上是英国历史上大名鼎鼎的海军将领。此人15岁时即加入海军，26岁便晋升为上校舰长。在当时英国正在海上同西班牙争夺霸权的背景下，安逊于1740年9月奉命率领6艘装备简陋、人员不足的舰船从英国出发，越过大西洋驶向太平洋，目的则是劫掠西班牙帝国的财宝运输船。在漫长的海上行军过程中，安逊的舰队损失惨重，当他们好不容易进入太平洋水域时，6艘舰船居然损失了5艘，仅剩一艘"百夫长"号。幸运的是，1743 年，安逊指挥"百夫长"号在菲律宾附近海域俘获了一艘运送财宝的西班牙大帆船，之后又将这些财宝运到中国广东拍卖，一举获利 40 万英镑。1744 年 6 月，安逊船队在完成历时近 4 年的环球航行后凯旋回到英国，受到了国王乔治二世的热烈欢迎。为了记录这次成功冒险之旅，"百夫长"号的随船牧师瓦尔特在安逊日记的基础上编撰了《安逊环球航海记》。该书记述了"百夫长"号 1740 年从英国出发向西航行，绕地球一周后于 1744 年回到英国的整个过程。而书中最令欧洲人感兴趣的内容，则是安逊一行在中国的经历。

如前所述，在 18 世纪中期之前的近百年间，"中国热"一直蔓延在整个欧洲，西方人眼中的中国形象几乎是完美的。然而，与之前带回有关中国报告的传教士、商人截然不同，身为职业军人的安逊却因其特殊的经历与立场骤然打破了有关中国的神话。

原来在 1743 年冬率领"百夫长"号抵达澳门后，为了对船体进行维修并补充给养，安逊向清朝海关负责官员要求进入广州，但遭到了拒绝，随后他提出单独前往广州拜会时任两广总督策楞，同样遭到拒绝，遂怒而威胁武装强行进入广州。不过由于 12 月 7 日广州商行发生火灾时，"百夫长"号上多名军人、水手加入救火队伍中，为表示对英国海军参与救火的感谢，策楞同意与安逊见面。而对于安逊当面抱怨的解决补给受到刁难、英国商人在广州贸易时常遇到各种勒索等事情，策楞反应冷淡，只是简短应付后便打发走了安逊。鉴于此番极不愉快的经历，深感帝国海军尊严遭到羞辱的安逊在其日记中对中国大肆抨击。根据安逊的日记记述，英舰初到澳门时，一名英军官因病想上岸活动一下以期恢复，但上岸后遭到了当地人的殴打和抢劫，安逊就此上诉当地官员却遭到了训斥，可见中国人排外思想强烈，官员蛮横无理。"百夫长"号船员曾从当地村民处买了一些鸡鸭，到船上一看大部分都死了，检查发现这些家禽内脏里全被塞进了石头以增加分量，可见中国百姓贪图小利，欺诈行为时有发生。一艘英国商船在广东内河抛锚，船上货物及财产被中国人付之一炬，一箱财宝不知去向，说明中国人趁火打劫，落井下石。中国人不讲卫生，从不忌讳吃自然死亡的动物尸体，很多中国船甚至捡食"百夫长"号扔掉的死猪肉。通过这些双方打交道时的细节，安逊极力贬低中国人，认定他们虚伪、狡诈、贪婪、肮脏。而在安逊日记基础上成书的《安逊环球航海记》中，更进一步加大对中国形象的抹黑力度：中国人科技落后，"无数事实表明，中国人在机械制造方面根本无法与欧洲人的灵巧性相提并论。事实上，他们主要的长处还是模仿。他接着说中国人在精细、精确度等方面要求严格的制造业，例如钟表及火器等物，尽管能够模仿这些机器的外形却无法模仿其精细的制动部分"；中国的文学艺术不值一提，"在绘画方面，尽管中国有许多有名望的画匠，却很少能成功地绘出人体的色彩或是大作品的组图。即使他们在花鸟方面的技法令人称道，但也归因于所绘的花鸟颜色的明艳而不是画匠的技能。而欧洲画家却能正确地使用光和影，绘画手法自如流畅。总之，多数中国作品都是生硬呆板和微不足道的，令人极其不悦。他们在艺术上的缺陷是由于中国人特殊的性情所致，在那里找不到伟大而有思想的人。他随后又说中国人的迟钝和荒谬在文学作品中尽显无遗"；中国的汉字毫无实用性，"尽管几个朝代以来，中国周边的国家都在使用字母，中国人对字母业已很熟悉，但他们迄今为止却仍然不使用字母，继续用那种粗俗而笨拙的武断的标记来表达词汇；他们的文字数量太多了，超出了人类的记忆范畴，他们就采用一种方法，使文字的书写变成一种艺术，需要大量的练习，所有人都是粗通一二。然则阅读其所写文字，也是极其模糊和混乱的，因为这些所表意的标记和其所要表达的词汇之间的联系在书本上根本找不到，而只能靠代代之间口口相传。表意的繁复和不确定性在所难免。因此其过去的历史和发明是靠这些错综复杂的象征符号来记录的，已经屡次证实乃不明智之举，无数事实证明，这个国家的知识和所吹嘘的古老性是极其有问题的"；中国政府管理能力低下，军事防御更是不堪一击，"因为我们见识到了地方官都腐败不堪，人们偷盗成性，他们的法庭也是诡计多端和贪污成风，这个国家的宪法也不例外。这种形式的政府首先没有为公众提供安全的防御外侮的保证，当然是一个最具缺陷的组织。至于这个人口众多、富有和广阔的国度，以其讲究的智慧和政策而徒有虚名，却被一小撮鞑靼人征服了一个时期。即使是现在，居民的懦弱，适合的军舰的缺乏，不仅暴露在任何觊觎它的强国面前，也暴露在每个微不足道的入侵者的践踏之中。"

总之，在那个"中国热"尚处于巅峰时期的欧洲，《安逊环球航海记》作为欧洲第一本严厉批判中国的书，抨击和否定了中国文明，传递回了完全不同的中国形象，自然无异于一颗重磅炸弹，对许多西方人的认知造成了巨大冲击。例如著名的法国启蒙思想家卢梭，原本就对同为启蒙思想家的伏尔泰怀有诸多不满，而后者恰恰是"中国热"单独极力推动者。因此在《安逊环球航海记》后，卢梭很快就得出"中国被一小撮强盗控制"的结论，他尖锐地批评中国："文人、懦夫、伪君子、江湖骗子，说起来滔滔不绝，却言之无物；想法很多，却缺乏天才；文字丰富，却没有观点。"类似的例子当时还有很多。尽管《安逊环球航海记》的出版还不足以完全逆转"中国热"，但其贬斥中国的立场和观点却在西方世界产生了不良影响，甚至可视为西方的中国形象逆转的一个重要节点。①

18世纪中期，英国成为世界上最大的资本主义殖民国家，18世纪60年代又首先开始了工业革命。作为西方工业革命的起源地，英国社会各界在总体上扮演了逆转中国形象的急先锋。例如英国经济学家亚当·斯密在1776年出版的《国富论》中，就对中国进行了深入的分析和尖锐的批评："中国一向是世界上最富的国家，就是说，土地最肥沃，耕作最精细，人民最多而且最勤勉的国家。然而，许久以来，它似乎就停滞于静止状态了。今日旅行家关于中国耕作、勤劳及人口

图1-9-1：《安逊勋爵向乔治二世讲述他的胜利》，印刷品，原画由塞缪尔·沃尔（Samuel Wale）绘，1786年，大英博物馆收藏。

① 赵欣：《〈安逊环球航海记〉与英国人的中国观》，《外国问题研究》，2011年第3期。

稠密状况的报告，与五百年前视察该国的马哥·波罗的记述比较，几乎没有什么区别。也许在马哥·波罗时代以前好久，中国的财富就已完全达到了该国法律制度所允许的发展程度。各旅行家的报告，虽有许多相互矛盾的地方，但关于中国劳动工资低廉和劳动者难于赡养家属的记述，则众口一词。中国耕作者终日劳作，所得报酬若够购买少量稻米，也就觉得满足。技工的状况就更恶劣。欧洲技工总是漫无所事地在自己工场内等候顾客，中国技工却是随身携带器具，为搜寻，或者说，为乞求工作，而不断在街市东奔西走。中国下层人民的贫困程度，远远超过欧洲最贫穷国民的贫困程度。据说，在广州附近，有数千百户人家，陆上没有居处，栖息于河面的小渔船中。因为食料缺乏，这些人往往争取欧来船舶投弃船外的最污秽废物。腐烂的动物尸体，例如死猫或死犬，纵使一半烂掉并发臭，他们得到它，正像别国人得到卫生食品那么高兴。结婚，在中国是受到了奖励的，但这并不是由于生儿育女有出息，而是由于有杀害儿童的自由。在各大都市，每夜总有若干婴孩被遗弃于街头巷尾，或者像小狗一样投在水里。而这种可怕的杀婴工作，据说是一部分人公然自认的谋生手段"。[1] 显然，这类描述与安逊的口吻如出一辙。

无论是安逊带有私人感情色彩的航海日记，还是亚当·斯密客观理性的经济学分析，实际上都反映出一个事实，那就是到18世纪后期，西方人对中国的钦慕开始消退。启蒙思想家孟德斯鸠就曾抨击中国称："我不晓得，一个国家只有使用棍棒才能让人民做些事情，还能有什么荣誉可说呢。"而即使早年一度对中国极度推崇的伏尔泰，其态度也发生了一百八十度的转变。特别是1760年后，他的著作中经常表现出对安逊的支持和对中国的厌倦，表示"人们因教士及哲学家的宣扬，只看中国美妙的一面，若人仔细地查明了真相，就会大打折扣了，著名的安逊爵士首先指出我们过分将中国美化，孟德斯鸠甚至在教士的著作中发现中国政府野蛮的恶习，那些如此被赞美过的事，现在看来是如此不值得，人们应该结束对这民族智慧及贤明的过

---

① 亚当·斯密著：《国民财富的性质和原因的研究》，郭大力、王亚南译，商务印书馆，1974年版，第65—66页。

181

分偏见。"

1792 年 9 月 14 日，英国漫画家詹姆斯·吉尔雷（James Gillray，1757—1815）创作了一幅题为《在北京皇宫接待使节和他的随从》的政治漫画。画面中，中国的乾隆皇帝脑满肠肥、大腹便便，一边吐着烟圈，一边斜视着远道而来的英国客人；英国使节马戛尔尼手拿国书，单膝跪在乾隆座前；马戛尔尼身后的随从们，有的双膝跪在地上，夸张地翘起大屁股，有的高举礼品，眼中流露出惊恐、畏惧的神情。漫画集合了许多想象的中国元素，大清官员的臃肿，特色鲜明的帽子、补服、八字胡须、长而弯曲的指甲、烟管、朝鞋，此外在画面上部正中央，一条黄色的龙趴在皇宫的檐上，嘴里吐着信子。[①]吉尔雷之所以创作这幅漫画，所讽刺的对象正是即将访问中国的马戛尔尼使团。有趣的是，实际上马戛尔尼使团在两个星期后才出发前往中国，因此吉尔雷这幅漫画中的内容完全是根据他自己的想象描绘的。然而之后的事实却又证明，吉尔雷的漫画简直就好像有先见之明一样，马戛尔尼使团在中国的经历几乎完全印证了漫画中的场面。

乔治·马戛尔尼，18 世纪英国著名的政治家和外交官。他深受国王乔治三世信任，1764 年就被任命为全权特使，赴俄国与叶卡捷琳娜二世商谈结盟事宜。此后进入英国议会，并在 1769 年出任爱尔兰议会议员及爱尔兰事务大臣。1775 年出任加勒比群岛总督，1780 年出任印度马德拉斯总督，1792 年被封为勋爵。

1792 年 5 月，为了寻求中国皇帝放宽贸易限制乃至建立正式外交关系，乔治三世任命马戛尔尼为使华全权代表，以为乾隆皇帝祝寿为名，访问遥远的大清王朝。在向乾隆皇帝呈上的一封书信中，英国国王甚至希望在舟山附近购买一个不设防的小岛，用于英国商人居住、储存货物以及轮船装备，并

[①] 詹姆斯·吉尔雷，英国讽刺漫画家和版画家，其作品在英国乃至整个欧洲都有很大影响。在他的漫画中，乔治三世、乔治的妻子夏洛特皇后、威尔士亲王（后来的乔治四世）、福克斯、小威廉·皮特、伯克和拿破仑·波拿巴是出现最多的人物。

图1-9-2:《在北京皇宫接待使节和他的随从》。漫画(印刷品),詹姆斯·吉尔雷,1792年。

在中国的都城设立常驻英国大使馆。9月26日,以马戛尔尼为正使、乔治·斯当东为副使的规模庞大的英国访华团登上"狮子"号军舰,从朴次茅斯港起锚驶向中国。作为史上第一个向中国派出政府外交使团的欧洲国家,英国人对此次出访可谓用心良苦,甚至是不惜成本。为表示英国文明昌盛,国力强大,马戛尔尼所携礼品约值当时1万5干英镑,除了天文、地理仪器、图书、毯毡、军用品、车辆、船只等外,另附有一些著名的城市、教堂、公园、堡垒、桥梁、湖泊、火山、船坞、古迹,以及陆战、海战、赛马、斗牛等欧洲各种事物的图片,还包括一些伟大人物如英国王室成员的画像,总计达600箱。

令英国使团失望的是,这次访华之旅完全没有如他们所期待的那样顺利。在经过长达9个月的漫长行程后,马戛尔尼一行终于抵达中国南部海岸,经过同清朝地方官员一番交涉,他们最终被允许直接前往天津,在那里登陆前往北京。关于这一点,他们倒是幸运的,没有像一百多年前的荷兰东印度公司使团那样被迫翻山越岭后沿着大运河一路北上前往北京。1793年8月5日,马戛尔尼使团乘坐"狮子"号和两艘英国东印度公司提供的随行船只,从海上直达天津白河口,然后才换乘小船进入大沽。在这里,他们受到了清朝地方官员的热情接待。然而很快,在使团离开大沽赴北京的途中,英国人与中国礼部官员围绕是否向乾隆皇帝行叩拜之礼产生了没完没了的争执。9

月 2 日，使团又离开北京赴承德避暑山庄觐见乾隆皇帝，由于英国人在觐见礼仪上坚持己见，最终双方达成协议，英国使节行单膝下跪礼，不必叩头，但这自然引起了乾隆皇帝的不悦。9 月 14 日，乾隆皇帝正式接见使团，马戛尔尼也代表英国政府正式提出一系列请求：允许英国商船在舟山、宁波、天津等处登岸经营商业；允许英国商人在北京设一洋行买卖货物；于舟山附近划一未经设防之小岛归英国商人使用，以便英国商船进行收歇，存放一切货物且可居住商人；英国商人可自由往来广州附近不加禁止；凡英国商货自澳门运往广州者，请特别优待赐予免税，或从宽减税；允许英国商船按照中国所定之税率切实上税，不在税率之外另外征收。尽管英国使团打着给乾隆皇帝贺寿的名义来访，并赠送了大量礼物，但由于他们坚持不肯行三跪九叩之礼，但大为不悦的乾隆皇帝显然明白其真实意图，因此对于他们书面提出的请求一概予以拒绝。9 月 21 日，使团从热河回到北京。10 月 7 日，清朝大臣和珅向使团递交了乾隆皇帝的回信和回礼。之后使团离开北京，并经京杭大运河往杭州等地参观，于 12 月 9 日抵达广州。在澳门停留了一段时间后，使团于 1794 年 3 月 17 日离开中国，9 月 6 日回到英国朴次茅斯军港，最终一无所获地回到伦敦。对于这次中国之行，英国人可谓大失所望，马戛尔尼的随员安德逊甚至愤愤不平地说："我们的整个故事只有三句话：我们进入北京时像乞丐；在那里居留时像囚犯；离开时则像小偷。"

虽然马戛尔尼使团的任务失败了，不过他们也因此有机会深入中国内地，目睹这里的各种景象，搜集各类资料，接触各行各业的人群，由此系统地搜集到大量有价值的信息。实际上从一开始，除了外交和商业目的以外，马戛尔尼使团的另一个任务就是了解真实的中国，包括它的土地、人民和自然资源。据记载，使团在访华期间仅获得的标本就不下 350 种，其中包括蚕卵、漆树、乌桕和茶树的样本或者标本。为了完成任务，使团的人员构成也成分复杂，除了承担外交使命的官员和作为保障的水手、服务人员以及士兵外，还包括植物学家、天文数学家、艺术家、医生等等。以至于马戛尔尼的私人秘书约翰·巴罗（John Barrow, 1764—1848）将其记述此次访华之旅的著作题为《在中国的旅途：包括在圆明园皇家园林短住期间以及从北京到广东的旅途中所作的描述、观察和比较》(*Travels in China: Containing Descriptions, Observation, and Comparison, Made and Collected in the Course of a Short Residence at the Imperial Palace of Yuen-Min-Yuen and on a Subsequent Journey Through Pekin to Canton*)。对于这次具有历史意义的访华之旅，使团中的不少成员如乔治·斯当东、安德逊、塞缪尔·福尔摩斯等，在回国后都先后发表了著述，不过若论塑造中国形象的影响力而言，则知名度最高的当数随团画师威廉·亚历山大及其绘画作品。

威廉·亚历山大（William Alexander, 1767—1816）生于英国肯特郡，1784年进入皇家美术学院绘画专业学习。1792年，他以绘图员的身份加入马戛尔尼使团，并担任随团肖像画师托马斯·希基（Thomas Hickey, 1741—1824）的助手。奇怪的是，不知何故，在中国访问期间，在使团中职位更高的肖像画师托马斯·希基竟几乎没有留下什么画作，反而是职位低微的亚历山大勤奋工作，创作了大量水彩画和速写稿。回到英国后，他又创作了许多中国主题的绘画作品。只是由于他在使团中的地位较低，本人未能参与包括觐见皇帝在内的一系列重大活动，因此只能借助同事的转述或想象来完成这些画作。与使团的所有成员一样，亚历山人对长久以来让西方人倍感陌生的中国充满了好奇。在职业本能的驱使下，他用手中的画笔描绘了中国的风景、城镇、建筑、文化活动，以及不同阶层、不同职业的各色人等。目睹了这一切的约翰·巴罗就在回忆录中称赞说："亚历山大先生用水彩绘制出了精致的写实图画。他没有忽略任何有关中国的东西，其内容从人的面容和身材到粗陋的工具，无所不包。可以确定的是，在此之前从未有过可与他所画的一切相媲美的画作。"

如果我们将亚历山大的画作与150

图1-9-3:《马戛尔尼肖像》。版画，原画由托马斯·希基创作。

图1-9-4:《聚集在岸边注视着使团的中国人》。
水彩画,托马斯·希基绘,大英博物馆收藏。

年前荷兰使团成员尼霍夫的画作对比一下就会发现,就主题而言,二者其实具有惊人的相似之处。和尼霍夫一样,亚历山大也大多是在船上绘制他所看到的城市和风景,因此他的许多画作都表现了远景中的城镇和人群,另外那些以单一建筑、从事特定活动的人群和穿着特定服饰的人物为主题的画作,其风格也与尼霍夫有相似之处。亚历山大所绘之图,是使团进入中国后对经过区域所见事象的形象记录。使团在中国路经了今天的浙江、山东、河北、江苏、江西、广东等数省。经过的岛屿、河流、村镇和城市,有舟山、定海、登州、白河、大沽、天津、通州、北京、古北口、热河,返回时是自北京抵通州,再沿运河航行,路经温榆河、运河、汝河、微山湖、黄河、长江、钱塘江、陆阳湖、扬州、苏州、杭州、常山镇、南赣府、南安府,最后抵广州出海返国。英使船只经历的虽然仅沿海诸省,但南北跨度巨大,民风差异颇多,所见事象丰富,为亚历山大的绘画记录提供了充分的空间,包括使团在中国所见的人物、器物和景象,从乞丐到皇帝的中国各方面人物,从衣、食、

EX-LIBRIS

图 1-9-5:《威廉·亚历山大自画像》。1792 年，大英博物馆收藏。

图 1-9-6:《乾隆皇帝肖像》。版画（印刷品），威廉·亚历山大。

图 1-9-7:《金山》。版画（印刷品），威廉·亚历山大。

图 1-9-8:《中国士兵》。版画（印刷品），威廉·亚历山大。

图 1-9-9:《注视着英国使团的中国人》。水彩画，1793 年，威廉·亚历山大。

住、行等各色器物，乃至运河、礼仪、军事、宗教等各种景象都有反映。[1]

当然就绘画水平而言，亚历山大在写实性和表现力方面显然更胜一筹。例如亚历山大的画作中有不少是军事题材的作品，或画军事工事，如《天津附近的军堡》《兵堡》；或画所见军人，如《鞑靼骑兵》《穿常服的士兵》《士兵肖像》《中国军官王文雄》；或画军事器械，如《手持火绳枪的军人》《弓箭部队的官员》《中国海船》。这些画作所折射出的主观意识，与以前美化中国的西方艺术家的作品完全不同。[2] 例如，在尼霍夫的画作中，有上百幅作品都描绘了中国

图 1-9-10：《上层社会的中国女性及仆人》。水彩画，1793 年，威廉·亚历山大。

的建筑，其中有一多半都出现了宝塔这个形象，这些宝塔都呈现出完美的异国情调。而亚历山大的画作中，同样有大量作品呈现了宝塔的形象，但是他所画的宝塔，不论是作为画中的背景还是焦点上的主体，都以废墟的形式出现，或是顶端破损，或是在破败的墙面上长满植被。这也意味着，此时西方人的心目中，中国再也不是那个浪漫奇异的国度，而是一个处处破败的帝国。

回到英国之后，亚历山大又花了许多工夫专注于中国题材的绘画创作，把他在中国所作的速写加工为精美的水彩画，用于图书插图或作为艺术品进行展览和销售，1795 年到 1804 年间，英国皇家美术学院共展出了亚历山

---

[1] 刘潞、吴芳思编译：《帝国掠影：英国访华使团画笔下的清代中国》，中国人民大学出版社，2006 年 12 月。第 2—3 页。

[2] 欧阳哲生：《英国马戛尔尼使团的"北京经验"》，《北京社会科学》，2010 年第 6 期。

图1-9-11,《中国士兵》。
水彩画，1793年，威廉·亚
历山大绘。

图1-9-12,《北京城外》。水彩画，1793
年，威廉·亚历山大绘。

图1-9-13,《中国历史剧一幕》。水彩画，
1795年，威廉·亚历山大绘。

图1-9-14,《中国皇
家园林》。水彩画，约
1796年，威廉·亚历
山大绘。

大的 16 幅画作，其中 13 幅都是中国题材的。但是他的作品真正能够形成影响，则是通过复制印刷品的形式得以实现的。1797 年，即考察任务完成的三年后，斯当东出版了第一套系统的考察日志书籍《大英帝国使团前往中国纪实》(*An Authentic Account of an Embassy from the King of Great Britain to the Emperor of China*)，整套书包括两本游记和一本画册附录，其中就包括了亚历山大的一组插图。[①] 在随后的三年里，该书陆续在法国、德国、荷兰、瑞士和美国发行。书中的画作以及亚历山大的其他一些画作随后被其他反映马戛尔尼使团考察行动的书籍所收录。当然，亚历山大也从 1797 年起开始出版自己的图画记录，先是按每三个月四幅画的规律小范围发行，这些画 1805 年被整合进一部名为《中国服饰》(*The Costume of China*) 的单行本图书当中。此外，还有两本书也是以他的名义出版的，分别是《中国之旅之岬岛及其他风光》和《中国人的服饰和习俗图鉴》(*Picturesque Representations of the Dress and Manners of the Chinese*)。前者主要收录技术性制图，而后者或许并不是出自画家本人之手。相比之下，《中国服饰》中的 48 幅彩色雕版印刷画均有亚历山大本人的签名，还附有其所写的注释，本书因此可被认为是他所记录的中国形象的最具代表性的作品。得益于这些图书的广泛传播，亚历山大这些充满了浓郁异国情调的画作在当时的西方世界风靡一时。据统计，如今散落在世界各地博物馆、图书馆和私人收藏中的亚历山大画作总数可多达 3000 幅左右。

鲜为人知的是，除了亚历山大当时在中国创作的大量水彩画和速写手稿，马戛尔尼使团的其他成员还向英国公众呈现了最真切的中国形象。有研究表明，使团副使乔治·斯当东的儿子托马斯·斯当东，当时只有 12 岁，也跟随父亲来到了中国，并且因会说简单的中文而得到了乾隆皇帝的接见和赠礼。由于一直对中国文化充满兴趣，并希望凭借中文能力而得到东印度公司的仕职。为了更有效地学习中义，乔治·斯当东为儿子雇佣了一位名叫阿

---

① 陈妤姝：《马戛尔尼使团绘制的中国图像在英美的收藏现状述考》，《故宫博物院院刊》，2022 年第 1 期。

图 1-9-15:《简·斯当东夫人和他的儿子小斯当东》。油画，约 1794 年，约翰·霍普纳绘，私人收藏。

秀（Ahiue）的中国仆人，并将其带回英国与他们一起生活了很长时间。有趣的是，为了纪念出使中国这一重要时刻，回国后乔治·斯当东当即委托英国肖像画家约翰·霍普纳（John Hoppner，1758—1810）为他的夫人简和儿子小斯当东画了一幅表现母子团聚场景的画，而在画面中，霍普纳有意识地将阿秀也画了进去。画面中的阿秀怀抱一只木匣，上面隐约可见汉字。

　　18 与 19 世纪之交，中西方之间的直接交往依然受到局限，西方人能够进入中国内地的机会少之又少，因此像马戛尔尼使团这样得以长时间进行系统观察的官方行动实属难得，而亚历山大在亲身经历基础上创作的众多的画作，自然成为之后相当一段时期内构建西方中国形象的重要素材，导致许多国家都出现了借鉴其图像的出版物。例如布列东（Bretonde la Martinière）的《中国缩影》（*La Chine en Miniature, ou Choix de Costumes, Arts et Métiers de Cet Empire*），埃利斯（Jean Baptiste Benoit Eyries）的《世界民族风俗与服饰》（*Costumes.manners and customs of all peoples.by Jean Baptiste Benoit Eyries*），潘内马可（Francois.Pannemaker）的《世界各国人民的习俗与服装图集》（*Illustrations de Moeurs.usages et costumes de tous les peuples du monde.By Francois.Pannemaker.*），阿罗姆（Thoma Allom）的《中华帝国图景》

（*China Illustrated*），德庇时（John Francis Davis）的《中国人：中华帝国及其居民概述》（*The Chinese, A General Description of The Empire of China and Its Inhabitants*）等传播甚为广泛的著述，都大量使用了亚历山大的作品作为插图的蓝本。

回过头来再看亚历山大创作的画作，这些作品显然很大程度上打消了西方以往对于中国的那些浪漫想法，其图像表现手法真实再现了当时使团成员眼中的中国老旧、虚弱的现实形象。例如仅以亚历山大画作中中国老百姓的服装而言，由于使团成员访华期间的活动范围受到严格限制，大部分时间只能待在船上，而他们在沿水路缓缓前行的过程中，虽然可以看到运河两岸的男女老幼，但接触的基本都是贫穷的下层民众。结果就是亚历山大后来出版的《中国服饰》中，总计60幅图画中有7幅女性，但除了一位身着礼服的贵妇外，其余多是织袜女工、纺纱老妪等下层女性；而《中国人的服饰和习俗图鉴》总计40幅图片中有6幅女性，但除了一位有身份的贵妇外，其余也是船姑、农妇等底层妇女。由于这种原因，马戛尔尼使团成员眼中的中国妇女，基本都是服装拘守旧俗、亘古不变的形象。马戛尔尼在其私人日志中就曾写道："中国妇女，像其他亚洲人，从不改变她们的服装，我估计她们现在穿的长外衣，和她们诺亚方舟上老祖母的样式相同。"再比如当马戛尔尼使团抵达天津大沽口时，中国官员隆重迎接并送上大量礼物与食品。可是让英国人意想不到的是，运送礼物食品的中国船只载着两名中国官员刚刚离开，由于有些猪和家禽已经在路上碰撞而死，所以英国人把一些死猪、死鸡从"狮子"号上扔下了大海，岸上看热闹的中国人一见，竟争先恐后跳下海，马上把它们捞起来，洗干净后腌在盐里。此类事情比比皆是，导致在英国人眼里，中国的居民实在是太贫穷了，巴罗甚至说"事实上，触目所及无非是贫困落后的景象"。

比经济上的贫困更令英国使团震惊的，是清政府政治上的专制、黑暗和野蛮。登陆定海时，英国人对中国当地官员提出请求，找个熟悉海路的人把他们领航到天津。不过与英国人设想的出资招募、有偿使用不同，定海总兵的办法是派出虎狼之师到街上搜寻抓捕。巴罗写道："他们派出的兵丁很快

图 1-9-16:《中国妇人》。《中国缩影》插图。

图 1-9-17:《乾隆皇帝》。《中国缩影》插图。

图 1-9-18:《中国人》。《世界民族风俗与服饰》插图。

图 1-9-19：讽刺漫画，马戛尔尼勋爵访华期间的一次中式晚餐，中国国宴上献上了美味的狗，而马戛尔尼却以为是鸭子，1805 年，老尼克绘。

就带回了一群人。他们是我平生所见神情最悲惨的家伙了，一个个双膝跪地，接受询问。"沿白河返程时，水位下降导致船开不动，脾气大发的主事官员竟然"命令手下的兵丁让船长和全体船员挨板子"。而在英国人的政治观念中，官员绝对没有体罚人民的权力，甚至警察也没有刑讯逼供的权力。回想在"中国热"弥漫欧洲大陆时，大多数英国人的想象中，中国可是由开明的皇帝、温良的官员治理的国度，而如今他们亲眼看见的事实一下子粉碎了之前对中国的敬意与好感。返回英国后，使团成员相继发表了相关著述，他们对中国的结论已经完全不同于 18 世纪"中国热"时期。其中最典型的如副使斯当东指出："中国不是开明的君主制，而是在靠棍棒进行恐怖统治的东方专制主义暴政的典型。中国不是富裕的国度，而是一片贫困的土地，不是社会靠农业发展，而是社会停滞于农业。"而巴罗更是毫不客气地认为："在总体上，可以认定中国是现今世界上尚存的、最早达到一定文明程度的国家之一。不过此后，因为朝廷的政策或其他原因，它就停滞不前了。他们在二千年前，当全欧洲相对而言可以说还未开化之时，他们就已经有了跟他们目前所有的一样高的文明了。但是从那以后，没有任何方面有任何进展，在许多方面反而倒退。目前，跟欧洲相比，他们可以说是在微不足道的小事上伟大，在举足轻重的大事上渺小。"使团这些成员对当时中国现状的评价，一方面对中国的实力作了新的评估，强化了其原本已初露端倪的贬华倾向和日益增长的优越感，彻底修正甚至颠覆了此前18世纪欧洲"中国热"所树立的中国形象。从此，西方的中国形象黯淡了。大名鼎鼎的哲学家黑格尔甚至认为："中国的历史从本质上来看仍然是非历史的：它翻来覆去只是一个雄伟的废墟而已……任何进步在那里都无法实现。"当然，我们必须意识到，西方的中国形象之所以发生颠覆性的转变，"归根结底是欧洲人看待中国时的坐标已经斗转星移，从尊敬古代变为肯定当今，从崇尚权威变为拥戴理性，从谨慎地借古讽今变为大胆地高扬时代精神。"①

图1-9-20：一幅讽刺中国人的英国漫画，在一条繁忙的街道上，一个秃头男子向一个穿着考究的男子鞠躬，屋顶上有一座宝塔，原作由科博尔德（Richard Corbould）、萨奇韦尔（Robert William Satchwell）绘，1799年。

由于对开拓中国市场的强烈渴望，仅仅在马戛尔尼使团无功而返二十余年后，1816年，不甘心就此偃旗息鼓的英国政府再次派阿美士德（William Pitt Amherst）率团出使中国，试图再次努力看是否能敲开中国的大门。然而令英国政府颜面大失

---

① 张国刚：《18世纪晚期欧洲对于中国的认识——欧洲进步观念的确立与中国形象的逆转》，《天津社会科学》，2005年第3期。

的是这次阿美士德使团甚至比马戛尔尼使团更惨。同样因为在礼仪问题上不愿妥协，阿美士德一行虽然历尽艰险抵达了北京，也耗费了巨资准备了丰厚礼品，但结果却是竟然连清朝嘉庆皇帝的面都没能见到，就被毫不客气地驱逐出境了。面对这样的局面，整个西方舆论一片哗然。特别是在英国国内，许多民众将这次出使中国的行动归罪于时任摄政王（即后来的乔治四世）对大清王朝一厢情愿的仰慕。作为引领西方"中国热"余晖的代表人物之一，这位摄政王格外青睐中国风格的审美情调，不但在其布莱顿的皇家行宫摆设许多以竹子、尖塔和龙等形貌为基调的装饰品，还大胆采用红、黄与金色等中国人喜爱的色调。而在外界看来，这一幕完全与每况愈下的中国形象格格不入。于是就在 1816 年，英国著名的政治漫画家乔治·克鲁克香克（George Cruikshank，1792—1878）创作了一幅漫画《在布莱顿的中国行宫》，辛辣讽刺摄政王的中国情结。画面中心的摄政王子，简直就是中国皇帝的翻版，脑满肠肥、黄衣蓝袍、八字胡须、笠帽、长指甲、扭曲的烟管，团坐在画面中央，正在给躬立的阿美士德交代任务。画面上部正中央，一条绿色的巨龙灯饰，龙爪中还握着一顶塔形灯罩。

　　尽管后来摄政王成为乔治四世国王，但英国人对他迷恋中国格调的讽刺仍在继续。1829 年，漫画家罗伯特·西摩（Robert Seymour）创作了一幅讽刺乔治四世的著名漫画《伟大的乔斯和他的玩偶》：脑满肠肥的主人公团坐在画面中央，蓝衣服、八字须、笠帽、长指甲、扭曲的烟管，乔治四世的座椅是一把冒着金钱气泡的中国茶壶，四个扎着辫子的中国弄臣正在为他提供娱乐服务。最荒诞可笑的是一条古怪的龙，戴着卫兵的头盔，身上吊着一顶由中国式笠帽和铃铛组成的王冠一样的华盖。毫无疑问，这幅漫画集中地体现了当时英国乃至整个西方对中国形象的嫌恶。

图1-9-21:《在布莱顿的中国行宫》。讽刺漫画,1816年,乔治·克鲁克香克绘。

图1-9-22:《伟大的乔斯和他的玩偶》。讽刺漫画,1829年,罗伯特·西摩绘。

参考文献：

[法]佩雷菲特著：《停滞的帝国——两个世界的撞击》，王国卿、毛凤支等译，生活·读书·新知三联书店，1995年8月。

[英]爱尼斯·安德逊著：《英国人眼中的大清王朝》，费振东译，群言出版社，2002年1月。

[英]乔治·马戛尔尼、[英]约翰·巴罗：《马戛尔尼使团使华观感》，何高济、何毓宁译，商务印书馆，2013年12月。

[英]沈艾娣著：《翻译的危险：清代中国与大英帝国之间两位译者的非凡人生》，赵妍杰译，民主与建设出版社，2024年7月。

[英]斯当东，叶笃义著：《英使谒见乾隆纪实》，上海书店出版社，2005年1月。

[英]威廉·亚历山大著：《1793：英国使团画家笔下的乾隆盛世——中国人的服饰和习俗图鉴》，沈弘译，浙江古籍出版社，2006年1月。

[英]亚当·斯密：《国民财富的性质和原因的研究》，郭大力、王亚南译，商务印书馆，1974年。

[英]约翰·巴罗著：《我看乾隆盛世》，李国庆，欧阳少春译，北京图书馆出版社，2007年7月。

刘潞、[英]吴芳思编译：《帝国掠影——英国访华使团画笔下的清代中国》，中国人民大学出版社，2006年12月。

中国第一历史档案馆编：《英使马戛尔尼访华档案史料汇编》，国际文化出版公司，1996年。

An Authentic Account of an Embassy from the King of Great Britain to the Emperor of China. By Sir George Staunton.

Costumes. manners and customs of all peoples. By Jean Baptiste Benoit Eyries. 1821.

Illustrations de Moeurs. usages et costumes de tous les peuples du monde. By

Francois. Pannemaker. 1843.

La Chine en miniature ou choix de costumes. arts et métiers de cet empire. By Jean Baptiste Joseph Breton. 1811—1812.

La Chine. moeurs. usages. costumes. arts et. By Malpière. D. B. 1825.

Picturesque representations of the dress and manners of the Chinese. By William Alexander. 1814.

The Costume of China. By William Alexander. 1805.

Travels in China: Containing Descriptions, Observation, and Comparison, Made and Collected in the Course of a Short Residence at the Imperial Palace of Yuen-Min-Yuen and on a Subsequent Journey Through Pekin to Canton. By John Barrow.

第二卷

停滞的帝国

（1800—1900）

中国很早就已经进展到了它今日的情状，但是因为它客观的存在和主观运动之间仍然缺少一种对峙，所以无从发生任何变化，一种终古如此的固定的东西代替了一种真正的历史的东西。中国和印度可以说还在世界历史的局外，而只是预期着，等待着若干因素的结合，然后才能够得到活泼生动的进步。

——黑格尔

龙应该被废黜，基督应该成为这个辽阔帝国上唯一受到崇拜的王。我热切地希望我们伟大的主用他万能的手将中国从撒旦的奴役中尽快解救出来。

——郭士立

从没有一个伟大的民族像中国人这样被误解，中国人被描述成愚蠢的、野蛮的、缺乏创新的、固守传统的，是因为西方人不了解中国及中国的历史，缺乏理解一个不同文明的宽阔胸襟。

——丁韪良

第一章
购奇：广州来客的订制画

至于那些常常带回欧洲的美丽的花鸟鱼虫画，为广州画家的作品。那里惯于仿制印刷或手绘图片，不是用于瓷器上，就是作为商品出售。他们习得了比国内同行要高的品位。…… 我们发现他们确实是一丝不苟的复制家，不仅画出一朵花的花瓣、雄蕊、雌蕊的准确数目，也画出叶片的数目，在画中如数呈现。他们模拟自然界艳丽色彩的本领也是无人能及的。…… 欧洲彩色印刷画送到广州，被他们复制得相当逼真。

——约翰·巴罗，1793 年。

清乾隆二十二年 (1757 年)，一道圣旨从京城传到沿海各省，下令除广州一地外，停止厦门、宁波等港口的对外贸易，这就是所谓的"一口通商"政策。这一命令，标志着清王朝彻底奉行起闭关锁国的政策。两百多年来，乾隆的这道圣旨一直被很多人视为导致近代中国落后于西方的诱因之一。那么，当时正值鼎盛时期的大清帝国，为何会有这种举动呢？事情还得从头说起。

原来早在明朝败亡后，郑成功等政治势力一直矢志反清复明，并长期依靠海上力量与清朝周旋。据史料记载，一些西方传教士曾直接参与南明政权与清朝的军事斗争，而郑成功也曾向日本的德川家族请求过援助。因此自清朝立国以来，就一直厉行闭关政策。只不过在乾隆之前，其主要意图是隔绝大陆与台湾郑氏抗清力量的交往，并防范新的反清力量集聚海上。1655年6月，在闽浙总督的建议下，清政府严令禁止官民擅自出海贸易，违者按通敌罪论处。如果有人胆敢出洋将违禁货物贩往外国，或"潜通海贼（即郑成功）"，都将交给刑部治罪。人们即使将船只租售给洋人，也属重罪。1662年郑成功收复台湾后，清政府认为郑成功能够多次在沿海袭击清军，就是因为沿海人民支持和接济了他。为了断绝沿海居民与郑成功的联系，清廷又连下三道迁界令，将东南沿海的村庄居民全部内迁50里，房屋、土地全部焚毁或废弃，不准沿海居民出海。清政府规定：凡将牛马、军需、铁货、铜钱、绸缎和丝棉带出境贸易者，杖一百；若将人口或兵器偷运出境者则处以绞刑。清朝收复台湾后，康熙皇帝在1685年曾一度开放海禁，设立江、浙、闽、粤四处海关，作为对外贸易的窗口。

乾隆继位后，在海禁方面基本上沿袭了先祖的政策。而18世纪中叶，西方资本主义国家已开始工业革命，其海外贸易日益扩张。以英国东印度公司为代表的西方商人，一直强烈渴望寻找机会打开中国市场。当时，在中国沿海的4个通商港口，前来进行贸易与投机的洋商日益增多。与此同时，南洋一带也经常发生涉及华人的事端，这些情况很快引起了清朝政府的警觉和反感。1740年，荷兰殖民者在南洋的爪哇大肆屠杀华侨，制造了骇人听闻的"红溪惨案"。消息传来后，举国震惊。同时，澳门等外国人聚集的地方也经常有洋人犯案，使一向厌恶司法纠纷的清政府不胜其烦。另一方面，当时的英国商人为了填补对华贸易产生的巨额逆差，不断派船到宁波、定海一带活动，企图就近购买丝、茶。巧合的是，乾隆皇帝十分热衷于到江南一带巡游。据说当乾隆第二次南巡到苏州时，从地方官那里了解到，每年仅上海一个港口就有一千多条船出海贸易，其中竟有几百条船的货物卖给了外国人。乾隆还亲眼看到，在江浙一带海面上，每天前来贸易的外国商船络绎不绝，而这些商船大多携带着武器，他不禁担心宁波会成为第二个澳门。于是在1757年南巡回京后，乾隆便发布了那道著名的圣旨，并规定洋商不得直接与官府交往，而只能由"广州十三行"办理一切有关外商的交涉事宜，从而开始实行全面防范洋人、隔绝中外的闭关锁国政策。

就在乾隆闭关锁国的圣旨发布后不久，一起由英国东印度公司挑起的讼案，又进一步坚定了乾隆皇帝的决心，这就是轰动一时的"洪任辉事件"。

英国人洪任辉，原名詹姆士·弗林特（James Flint），当时是英属东印度公司的一名翻译。1755 年，在东印度公司的指示下，洪任辉带领商船前往宁波试航，希望扩大贸易范围，开辟新的贸易港。当他们抵达宁波港时，受到当地官员的热烈欢迎。更令他们惊喜的是，浙海关关税比粤海关低，各种杂费也比广州方面少很多。于是在此后两年中，英国东印度公司屡屡绕开了广州口岸，派船去宁波贸易，致使粤海关关税收入锐减。两广总督等官员急忙向乾隆上奏，希望禁止洋船前往宁波贸易。本就对外商没有好感的乾隆皇帝便通知浙海关把关税税率提高一倍，企图通过关税手段让洋商无利可图，使他们不再来宁波贸易。不料英国东印度公司仍不断派商船前往宁波贸易，于是乾隆皇帝便于 1757 年下旨关闭了宁波等地的口岸，只留广州一口通商。

英国东印度公司当然不愿就此罢休，指示洪任辉再往宁波试航，如达不到目的，就直接航行至天津，设法到乾隆的面前去告御状。接到指示后，洪任辉于 1759 年由广州出航，并向当地官员假称回国，实际却偷偷地直航宁波。不过，他们的行踪很快就被清朝官员发现，结果洪任辉的船在定海海域被清朝水师拦住，无法驶入宁波。无奈之下，洪任辉便按公司的指示，驾船来到天津。在天津，洪任辉通过行贿手段将一纸诉状送到直隶总督的手中，并由后者转呈乾隆皇帝御览。洪任辉在诉状中控告粤海关官员贪污及刁难洋商，并代表东印度公司希望清政府改变外贸制度。抱有侥幸心理的洪任辉还幻想这一招会收到奇效，但他大错特错了。乾隆皇帝看了他的诉状后，勃然大怒。他认为洪任辉不听浙江地方官的劝告，擅自赴天津告状，不但有辱天朝的尊严，而且怀疑他是"外借递呈之名，阴为试探之计"。结果，洪任辉被驱逐出境，而那位替洪任辉代写诉状的中国人，竟落了个被斩首示众的下场。

洪任辉事件发生后不久，乾隆感到要防止外商侵扰，除了将对外贸易限制于广州一地外，还必须加强对他们的管理与防范。1759 年，朝廷又颁布了《防夷五事》，规定外商在广州必须住在指定的会馆中，并且不许在广州过冬，不得外出游玩，甚至还特别规定"番妇"不能随同前往；而中国商人不得向外商借款或受雇于外商，不得代外商打听商业行情。

即便对洋商有种种限制，广州仍作为当时中国唯一的对外贸易港日益繁荣，并因此而催生了一个特殊商业团体——广州十三行的兴盛。早在1685年，康熙皇帝曾暂时放宽海禁政策，设立江、浙、闽、粤四处海关作为对外贸易的窗口后，来华从事贸易的外国商人日益增多。第二年春，广东地方便招募了13家较有实力的行商，指定他们与洋船上的外商做生意并代海关征缴关税。从此，近代中国历史上著名的"广州十三行"诞生了。在以后的发展中，这些行商因办事效率高、应变能力强和诚实守信而深受外商欢迎。而1757年乾隆下令仅保留广州一地作为对外通商港口，这一重大历史事件直接促使广州十三行成为当时中国唯一合法的"外贸特区"，从而给行商们带来了巨大的商机。在此后的100年中，广东十三行竟向清朝提供了40%的关税收入。所谓的"十三行"，实际只是一个统称，并非只有13家，多时达几十家，少时则只有4家。由于享有垄断海上对外贸易的特权，凡是外商购买茶叶、丝绸等国货或销售洋货进入内地，都必须经过这一特殊的组织。与此同时，刚刚经历地理大发现跨越大洋来到远东寻求与中国建立贸易往来的西方人，自然将广州作为贸易聚集地，而东西方之间大规模的经济文化交流也由此展开了。作为当时西方世界了解中国的唯一窗口，许多反映中国人社会生活、文化习俗的实物渐次从广州传播开来。作为这种形象传播的主力军，便是从各国汇聚广州的官员、商人、水手、冒险家以及传教士们。除了个别具有绘画才能者能够描绘出所目睹的景象之外，更多的西方来客只能借助他人之手。而为了满足这种需求，广州本地的外销画师群体则扮演了极其重要的角色。

实际上，作为来广州开展贸易活动主力军，东印度公司很早就有意识地定制了一些与该公司贸易活动相关的绘画作品，这些作品生动描绘了当时的贸易场景、商品、船只、港口以及与之相关的社会生活等方面。这些画作常常展现当时的贸易港口和市场，特别是广州十三行的繁忙景象一直是重点题材，同时记录东印度公司与中国当地商人的互动，以及不同文化之间的交流。

图 2-1-1：《广东十三行图》，东印度公司贸易画，描绘了 18 世纪中叶广州十三行繁华景象。画中建筑群是河南仓库区，河中的汽轮船"威廉梅茨"号是美国旗昌洋行的货船，大都会博物馆收藏。

有趣的是，东印度公司的贸易画中，往往会有对当时贸易商品的详细描绘，如丝绸、茶叶、瓷器、香料等。这些图像不仅展示了商品的外观，有时还会描绘其生产过程，如茶叶的采摘和加工。画作中甚至会展示船只的结构、航海的路线以及船员的工作情景。例如早在 18 世纪 30 年代，瑞典东印度公司的苏格兰人科林·坎贝尔（Colin Campbell）就曾从广州带回了一册瓷器烧造图，描绘了从景德镇制作到交易，最后运输至佛山瓷器行，再由佛山瓷器行运输至广州口岸的整个过程。这组早期的外销画，从技法上看还带着浓厚的中国风格。如今这套 50 幅作品的画册仍保存于瑞典隆德大学图书馆。再如荷兰东印度公司驻广州大班范罢览（Everardus van Braam Houckgeest），[1] 在

---

① 范罢览，出生于荷兰，1758 年被荷兰东印度公司派往中国，在澳门和广州工作了十五年，后移居美国。1794 年他作为荷兰使团的一员前往北京，庆祝乾隆帝登基 60 周年，后以此次经历整理成《1794—1795 年荷兰东印度公司赴中华帝国使团纪实》。完成使团任务后辞去了在广州荷兰馆的大班职务，并赴美定居费城，并将多年收集的中国艺术品运回美国。

图 2-1-2：描绘广州十三行一带景象的一幅版画（一），印刷品，James Heath，1785 年。

图 2-1-3：描绘广州十三行一带景象的一幅版画（二），印刷品，John Barlow，1789 年。

图 2-1-4：《冬季》，玻璃画，约 1804 年，东印度公司在广州定制，描绘了一位中国皇帝在冬日风景中观看大臣的表演（可能是射箭），维多利亚与艾尔伯特博物馆收藏。

1795 年返回美国时就带走了 1800 多幅在广州购买的外销画。

　　外销画是自广州十三行贸易出现后生产的一种全新的商品，特指 18 至 19 世纪中国广东沿海口岸制作的销往西方的绘画作品。受当时欧洲探险风气的影响，到中国的商人大都有向本国介绍中国山川风物的旨趣。[1] 中国的外销画师们在创作中巧妙地将中国传统绘画的线条勾勒与西方的透视法、明暗对比等技法结合起来，形成了独特的艺术风格。他们在绘画材料上也进行了创新，如使用水粉、水彩、油画等西方画材，创作出具有中西合璧特色的艺术作品。外销画的题材非常广泛，包括人物肖像、风景、船舶、风俗画等。画师们不仅绘制了广州市井风俗、通商口岸的外貌，还创作了展现中国上层官员家庭场景的图册，以及反映社会各阶层生活的画作。除了油画、水彩画、水粉画外，画师们在材料和技术上的创新，如通草画、玻璃画等这些独特的

---

[1] 蒋茜：《1700 — 1840 年中英贸易下兴起的广州外销艺术品——以彩瓷和外销画为例》，《美术文献》，2019 年第 8 期。

艺术形式和技艺。在摄影技术尚未普及的时代，外销画成为西方社会了解中国风情的重要媒介。这些画作通常被用作书籍插图，向西方读者展示中国的自然风光、社会生活和文化特色，从而在西方社会中传播中国文化。外销画作为重要的外贸商品，沿着海上丝绸之路销往海外，成为西方人了解中国的重要窗口。

通草画，又称草雕，是一种绘制在通草片上的水彩画。通草画的制作材料来源于通脱木，这是一种小乔木，其茎髓空心、质软、有弹性，经过切割和加工后可作为绘画的"纸"。外销通草画内容十分丰富，涵盖了当时珠江上航行的各类船舶、港口风情、名胜古迹、商行里的生活场景；既有皇亲国戚、达官贵人的个人肖像，又有黎民百姓的劳动场景；既有社会市井风情，又有戏剧表演；既有各类科学标本，又有花鸟虫鱼等等。这些画作写实性强，造型生动，色彩浓艳，人物刻画惟妙惟肖，是当时中国社会生活的真实写照。在 18 至 19 世纪，通草画作为西方商人和旅行者所热衷购买的中国"明信片"而被大量带往英、法、美等地，成为西方上至王公贵族、下至平民百姓所喜爱的"中国情调"。

清代外销玻璃画也是 18 至 19 世纪在广州兴起的一种独特的艺术形式，它在中国形成了广州和北京宫廷两个绘制中心。这种艺术形式最初由欧洲传入中国，首先在广州发展起来，随后进入清代宫廷。广州的玻璃画主要以外销为目的，兼销北京宫廷和达官贵人，而宫廷的玻璃画则是为皇家服务的。由于服务对象的不同，广州的玻璃画主要是迎合西方市场。其题材多样，常见的有港口风景、珠江沿岸商馆区风光、仕女人物、亭台楼阁、花鸟树木、龙舟赛、宫廷宴会、收割庄稼、种植茶叶、纺织丝绸以及表现贵族悠闲生活情景等充满"中国趣味"的内容。

在这样一股持续时间达上百年之久的外销画热潮中，广州及周边地区自然就催生了一批知名度颇高的外销画师，其中最著名的包括林呱、廷呱、浦呱、煜呱等人。

林呱（Lam Qua）本名关乔昌，是 18 至 19 世纪活跃在广州的著名外销画家。他擅长肖像画，并且技法趋近于当时英国流行的风格。林呱的画作因其精细的肖像捕捉和表情的传神而受到西方人的赞赏。他的《老人头像》曾入选英国皇家美术学院展，使他成为最早在欧洲画展上亮相的中国画家。林呱在广州十三行同文街 16 号设有画店，销售油画肖像，成为晚清外销画的主要生产地点。林呱的名气之大，甚至威胁到了他的英国老师乔治·钱纳利（George Chinnery）的生意，因为他的作品价格仅为钱纳利的十分之一。[①]1837 年，法国人奥尼在参观林呱画室时看到："楼上，有八到十位画工拉高衫袖，将辫子盘卷于脖子上努力地工作，他们都采用流水作业形式，所以产量很高。可是画作题材单调，大都是一条船、一只鸟和一个中国人。在他们身旁，放置着已经绘好的风景画和象牙细密画，他们可以说是智慧的机器。"

廷呱（Ting Qua）即林呱的弟弟关联昌，是活跃于 1840—1870 年间的著名外销画师。他与林呱一样在广州十三行同文街开设了自己的画店。廷呱擅长水彩画和细密画，尤其以人物风俗画和生产风俗画闻名。他的画风具有强烈的装饰性和鲜艳的色彩表现，与其兄弟形成了鲜明的对比。他的画室出品的画作，有时会以 12 幅或 13 幅为一组，作为商品销售给外国买家。廷呱作品皆为树胶水彩画，所描绘的有广州近郊景色、行商的豪华别邸、各式小贩及各类船艇等，其特点

图 2-1-5：林呱自画像。

图 2-1-6：18 世纪末期外销画《清末各样人物图册》中，反映广州外销画师正在工作的情形，大英博物馆收藏。

①丁新豹：《从历史画看十九世纪珠江风貌》，《美术家》（香港），1981 年第 20 期。

图 2-1-7：1825 年的一套外销水粉画，其中一幅画反映的正是廷呱画店场景。

是笔触细腻，设色浓艳，但微嫌布局缺少变化。事实上，这是广州画店行货的通病。由于此类绘画需求旺盛，许多画店是采用分工大批绘画方法"生产"的。画店中有些人专画树木山石，另一组人却专画人物，甚至有先以木版轻印出所需要的人物或树木山石的轮廓，然后才着色的。

　　蒲呱（Pu Qua）是 18 至 19 世纪在广州活跃的一位著名外销画师。他的作品主要以水彩画为主，其画肆名为"德龄社"。1793 年英国马戛尔尼访华使团的随团画家威廉·亚历山大曾于 12 月 12 日参观过蒲呱的画店。随团顾问乔治·斯当东的儿子托马斯·斯当东也记录道："在众多的店铺中，我们参观了一间画室和一家泥人店。我们在画室观赏了几幅画着船的油画。这些油画或运用英国手法，或运用中国手法绘制，我们还欣赏了几幅极美的玻璃画。"另一位随团成员约翰·巴罗（John Barrow）在参观后也由衷称赞："至于那些常常带回欧洲的美丽的花鸟鱼虫画，为广州画家的作品。那里惯于仿制印刷或手绘图片，不是用于瓷器上，就是作为商品出售。他们习得了比国内同行要高的品位。…… 我们发现他们确实是一丝不苟的复制家，不仅画出一朵花的花瓣、雄蕊、雌蕊的准确数目，也画出叶片的数目，在画中如数

图 2-1-8：《珠江南岸运茶图》，通草纸粉彩，廷呱绘，1855 年。这幅水粉画前方是河南仓库区，挑夫正把一箱箱的茶叶运往舢板上，对岸是广州城的河堤，基督教堂清晰可见，它在 1856 年的大火中被烧毁。教堂前方停泊了一艘汽轮船，是从美国波士顿来华的"火花"（*Spark*）号。

呈现。他们模拟自然界艳丽色彩的本领也是无人能及的。……欧洲彩色印刷画送到广州，被他们复制得相当逼真。"[1] 蒲呱的画作受到了当时西方人的欢迎，他的艺术风格和技巧体现了中西方艺术的融合，一些作品被用于制作版画，并在西方广泛传播，如 1800 年由乔治·亨利·梅森出版的《中国刑罚》就是基于蒲呱的水彩草稿加工而成的。

煜呱（You Qua）是 19 世纪中叶活跃在广州和香港的著名外销画师。他的本名不详，但"煜呱"这一名字在西方艺术市场上广为人知。他的绘画作品以其精细的细节和生动的描绘而受到赞赏，尤其擅长绘制港口风景和城市全景。如《广州港全景图》即为其代表作之一，详细描绘了 1850 年广州港口的繁荣景象，包括沙面、十三行商馆、海珠炮台等地的具体情况。煜呱在广州及香港都设有画店，店号为"怡兴"。

由于特殊的制作背景和需求，18 至 19 世纪外销画中的中国形象复杂而

---

① 戴华刚：《清代广州外销画家研究》，《艺苑》，2009 年第 3 期。

多面，它们一方面反映了当时中国的社会风貌，同时也体现了西方对中国的好奇和认知。外销画师们在保留中国传统元素的同时，也吸收了西方的透视法、色彩晕染等技法。更重要的是，外销画中的中国形象也体现了西方对中国的异域想象。一些画作通过夸张或理想化的手法，展示了西方人眼中的"东方神秘"和"异国情调"。实际上，为满足西方人对中国文化的猎奇心理，迎合其心中对"东方"的臆想和欣赏趣味，中国画工根据雇主定制的主题，以丰富的题材、生动的画面场景，在直接拷贝现实生活的同时，通过对真实世界进行"造像"，以摹写、想象和重组等方法，塑造出形态多样的东方风物。①

在摄影术诞生前的时代，西方人正是通过这些外销画对于东方古国有了更直观的感受。令人唏嘘的是，尽管 18 至 19 世纪广州外销画曾经历了鼎盛时期，这一时期也涌现出一大批杰出的中国早期外销画师，可惜随着历史的变迁，这些画师原本的真实姓名已大多不为人知，而他们的作品也大多留存在西方各博物馆、图书馆，那段鲜活的历史也渐渐尘封在人们的记忆中。幸运的是，随着互联网时代的到来，一些收藏机构如大英博物馆、维多利亚和艾尔伯特博物馆、法国国家图书馆、皮博迪·埃塞克斯博物馆、奥地利国家图书馆等相继将这些图像公布于众，使今天的人们重新发现那个东西方交往史上特殊的片段。

有趣的是，在定制外销画的过程中，广州来客们还有意识地将自己"嵌入"画面，以历史参与者的身份主动留下自己的身影。不少外销画的画面中，特别是有关茶叶、瓷器和丝绸贸易主题的作品中，经常能看到这些异域来客的出现，而这恰恰反映了当时广州海外贸易繁荣的景象，以及中国同西方世界交往其实从未真正封闭的历史事实。

毋庸置疑，广州外销画师们笔下描绘的种种中国景象，固然属于中国视觉形象的对外输出，但对于西方订制者而言，实际上只不过是一种借助他人

---

① 刘海飒，黄青松：《"真实"的幻象——清代广东外销手绘壁纸的视觉图像研究》，《美术大观》，2021 年第 2 期。

图2-1-9:《蚕丝制作图》,通草画,法国国家图书馆收藏。

图2-1-10:《传统乐器演奏》,18世纪外销画,法国国家图书馆收藏。

图2-1-11:《耕牛》,清代外销画,大英博物馆收藏。

图2-1-12:《采茶》,清代外销画,维多利亚和艾尔伯特博物馆收藏。

之手对中国形象的一种主动构建。从这个意义而言，18 至 19 世纪的中国，在形象传播上完全是被动的一方。关于这一点，英国人梅森的经历可谓最具代表性的例证。

梅森（George Henry Mason）原本是一名英国军官，早年曾在印度马德拉斯服兵役，因身体健康受损，于 1789 年来到中国广州疗养。在广州居住期间，与许多西方来客一样，梅森曾大批订购外销风俗画，特别是向当时最活跃的外销画师蒲呱购买了 60

图 2-1-13：《采茶、种茶、制茶、贸易图》，外销画。约绘制于十八世纪，法国国家图书馆收藏。这是一组反映中国对外茶叶贸易的画作，里面各个环节均有西方商人的出现。

幅广州街市百业组画。回到英国十年后，1800 年，在朋友的劝说下，梅森将这些外销画交给伦敦著名的威廉·米勒（William Miller）出版社，由自己撰写序言，编辑出版了一套有关 18 世纪末中国街头商贩的图册，题为《中国服饰：六十幅附有英、法文说明的版画》（*The Costume of China:Illustrated by Sixty Engravings with Explanations in English and French*）。《中国服饰》画册刊有六十幅各行各业的彩色点雕画，每幅图下均署名 "Pu Qua, Canton, Delin"。

这些图画的内容涵盖人物、行业、风俗等内容，涉及官员、士兵、女性、商贩、娱乐、司法等。从《中国服饰》的文字说明来看，尽管 1800 年前后的中国已经不是西方人眼中的理想化国度，但总体上受此前固有观念的影响，对于他们看到的大多数景象还是能够以包容心态去理解的。例如在画册中出现的一些中国女性都是小脚形象，而在梅森看来即便缠足不雅观，但是也完全符合中国人朴素得体的原则，显然他认为这种文化是中国文化的代表之一。对于画册所反映的杂技、西洋景、木偶戏等下层阶级的世俗娱乐活动，梅森在字里行间对中国技艺人赞不绝口，认为任何人都不会比中国人在杂技中保持平衡的水平更好。他甚至在介绍"木偶戏"时写道："这些小人表现优雅和正派，表明了中国的木偶戏并不是消极无聊，也不太可能会残害孩童的幼小心灵。"可以说，梅森传播的中国形象多少有些无心插柳之举，他本人无论如何不会想到，这本由一次旅行催生的画册，居然无意间为西方读者打开了通往中国的大门。①

不过仅仅在几年后，同样是基于梅森购自于蒲呱所绘图画编辑出版的另一部名为《中国酷刑》（*The Punishments of China*）画册，其折射出的观感却发生了很大变化。受到《中国服饰》成功的刺激，1804 年，梅森又利用自己收藏的画作与出版社合作出版了《中国酷刑》一书，同样大受欢迎，并先后以多个语种版本在西方世界广为流传。该书内包含的 22 幅插图，其核心内容描绘了清代中国两广地区官府的刑罚概况，包括升堂提审、杖责、夹棍、拶指、戴枷、锁带、流放、绞刑、斩首等各种刑罚实施方式。与《中国服饰》中那些充满异国风情的画面不同的是，《中国酷刑》呈现给读者的皆为在当时西方人看来具有野蛮色彩的古老刑罚，这些图画在西方的传播过程中，可能会逐渐脱离原始的解说文字，形成一种刻板印象，即刑罚乃至酷刑在清代中国被大量、普遍、任意施行，最终造成西方人对中国的偏见和误解。从近代中西交往史的角度而言，梅森所编著的《中国酷刑》开创了西方对中国刑罚题材类出版物的先河。在利益的驱动下，为了迎合西方人的口味，一些出版商更热衷于订制以中国刑罚为题材的外销画，并往往会要求画师们夸大刑罚的残忍程度。而实际上在 19 世纪初，这些画作中所反映的古代刑罚，如车裂等早在几百年前就已经退出历史舞台了；而像斩首、凌迟等严酷的死

---

① 关丹凤：《画片上的广州——梅森〈中国服饰〉相关问题研究》，《岭南文史》，2015 年第 4 期。

图 2-1-14:《做袜子的女人》,《中国服饰》。

图 2-1-15:《演木偶》,《中国服饰》。

图 2-1-16:《士兵》,《中国服饰》。

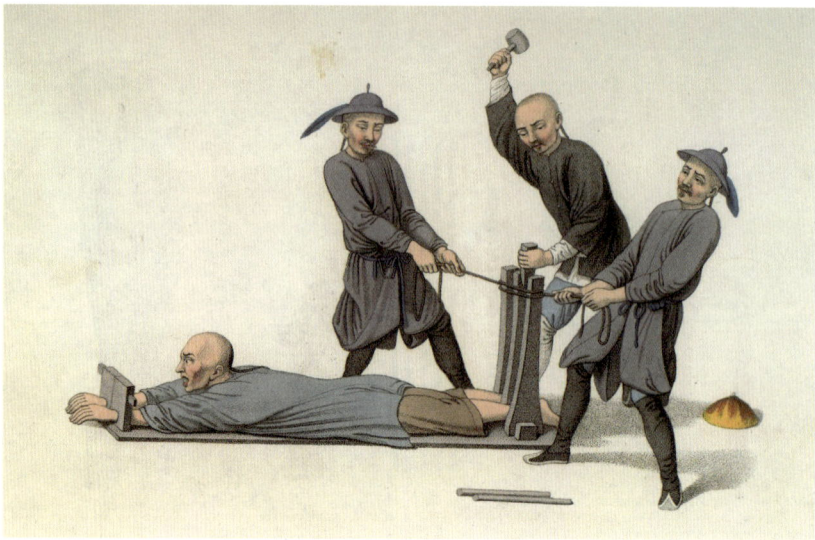

图 2-1-17:《机架夹足》,《中国酷刑》。

图 2-1-18:《官员审讯》,《中国酷刑》。

图 2-1-19:《中国犯罪处罚》中的画面。

图 2-1-20:《中国法庭》, 石版画（印刷品）, William Gauci 绘, 1807 年。

刑种类也并非随意由地方官员所决定实施。但是由于 1793 年马戛尔尼使团访华失败后，西方人尤其是英国人对中国的看法迅速走向负面，因此像《中国酷刑》这一类出版物恰好迎合了这种舆论。

随着这些酷刑题材的画作不断在西方世界扩散，一些西方人矛头直指中国封建统治的残暴，借此来批判中国人的民族劣根性，以塑造中国的落后形象。再之后，甚至有些别有用心者出于蔑视、抹黑中国的动机，变本加厉地臆造恐怖的"中国形象"。1858 年第二次鸦片战争前夕，在时任英国首相巴麦尊（Palmerston）的亲自策划下，英国人珀西·克鲁克香克（Percy Cruikshank）以外销画家煜呱的画稿为基础绘成《中国犯罪处罚》（*The Criminal Punishments of the Chinese*）一书。作为鼓吹侵华战争的先锋，巴麦尊多次向公众宣称中国是一个酷刑的国度，应该必须发动战争对其进行改造。因此在他的授意下，《中国犯罪处罚》中的画面出现了从抽肠、腰斩到剥皮、绞首等一系列骇人听闻的场景，其目的就是将中国人的暴行生动地再现于英国公众眼前，为第二次鸦片战争反华舆论造声势。

在 19 世纪之初西方影像背后中国形象迅速逆转的过程中，我们不难发现，那些为了贸易订单而埋头生产的外销画师们，充其量只不过是扮演了一种被动的工具角色。绝大多数情况下，他们只是根据西方来客的需求来绘制中国题材的各类事物，而这些画面实际上往往是建立于虚构与想象基础上的。从社会心理角度而言，通过塑造 19 世纪中国"野蛮""落后"的刑罚习惯，不但非常符合西方人的殖民心态，更可为他们在通商口岸和租借地主张治外法权提供所谓的依据。例如在 1807 年 2 月 24 日，英国东印度公司的"海王星"号商船上的一群水手与当地的中国人发生了冲突，导致一名中国人被一名英国水手打死。冲突发生后，广州地方政府依据的是《大清律例》的有关条款审理了这桩案件。广州当局要求英国人交出一名船员偿命，但遭到英方断然拒绝。于是当局禁止"海王星"号商船卸货交易，并且将这艘船的担保商、广利行的老板卢观恒以及"海王星"号的翻译逮捕入狱。在此情况下，英国人被迫同意了广州政府的审讯要求。4 月 6 日，中国历史上第一次有外国人参与的司法审判在广州的老英国商行内拉开了序幕。本次审判的主审官员一共有四位：现任广州知府、前任广州知府、澳门海防军民同知和番禺知县。坐在被告人席上的是 52 名"海王星"号船员，因为彼时还没有找出犯罪嫌疑人，因此所有船员必须集体受审。最终，中国政府同意犯人通过支付罚金以抵消绞首的惩罚，判决犯人支付罚金白银 12 两，支付死者丧葬费，然后将犯人赶回英国，让他在本国接受管制。但是通过此次司法事件，西方人对中国官员无视事实和法律、漠视生命和权利的形象更加印象深刻。针对这一事件，英国石版画家威廉·高奇（William Gauci）特地创作了一幅题为《中国法庭》的版画，描绘的正是东印度公司"海王星"号的船员被带到中国法庭，对杀人罪的指控进行答辩的情形。

参考文献：

［英］罗伊·莫克塞姆著:《茶:嗜好、开拓与帝国》，毕小青译，生活·读书·新知三联书店，2015年11月。

广州市文化局、广州博物馆、中山大学历史系编:《西方人眼里的中国情调:伊凡·威廉斯捐赠十九世纪广州外销通草纸水彩画》，中华书局，2001年9月。

胡光华:《中国明清油画》，湖南美术出版社，2001年12月。

梁嘉彬:《广东十三行考》，广东人民出版社，2009年1月。

The Costume of China. By George Henry Mason. 1800.

The Punishments of China. By George Henry Mason. 1804.

第二章
绘奇：洋画笔下的东方图景

　　我们在一个小海湾下船，一条美妙的小溪流从丘陵上的瀑布流淌下来，注入这个小湾……这一切并不那么引人注目；但或者是因为我有偏见，或者是这个国家确实与其他任何国家不同，我在这片小风景中发现了一股令我陶醉的奇特气息。

——博尔热，1838 年。

　　18 至 19 世纪之交，随着第一次工业革命的浪潮迅速高涨，西方人向海外拓展的广度和深度也前所未有。在摄影术发明之前，为了更加直观地了解中国，那些中国画师提供的外销画显然越来越远不能满足西方人的需求。例如在工业革命的发源地英国，由于地质测绘、军事行动等需要的刺激，出现了水彩画的繁荣。特别是因为墨水、钢笔和水彩便于携带，成为户外远行绘画的理想工具，助推了描绘异域风土人情的热潮。[①] 于是，当少数西方画家有机会幸运踏上中国的土地时，也会用手中的画笔描绘出所见所闻。

　　如前所述，新航路开通以后，西方人对全球的征服使博物学的研究范围不断扩大、扩展到世界各地风土民情、动物植物等资料的收集和研究。18

[①] 卢妮斯：《地志画与英国现代水彩画的形成》，内蒙古师范大学硕士论文，2012年 5 月。

世纪后期，英国探险家詹姆斯·库克船长率领船队环球航行，随行人员中既有从事不同领域科学研究的学者、手艺精巧的技师，还有具有艺术才能的画家，每到一地他们便认真收集资料，绘制图像，了解和认知当地的风土民情。例如其1776年至1780年的第三次航行时，随行画家约翰·韦伯和威廉·霍奇就按照要求制作了"海岸线、海港等地志性风景画，人物画，动物、植物画""气象、波浪水面、冰河等光的反射，环境"和"民俗学与人类文化学方面的素材"的绘画。值得一提的是，约翰·韦伯曾到达中国沿海地区广东，绘制出了澳门、香港风物的图画。随着越来越多的西方画家来到中国，记录中国，使得西方的中国图像越来越丰富、越来越真切。而在鸦片战争之前，广州以及香港、澳门作为中西方交流最活跃的地区，也成为许多远道而来的西方画家的活动中心。他们当中有的人依附外交使团或天主教各宗派传教团，有的人受雇于政府支持的科学调查团，甚至本人便是军队的军官，有的人则受雇于东印度公司那样的商业殖民机构，亦有不少来到中国自由游历的职业画家，他们留下了许多描绘中国尤其是描绘中国南方风物的图像。据统计，18—19世纪曾在澳门、香港、广州活动的西方画家众多，有名有姓者即达二三十人。尽管总体上活动范围仍很有限，这些西方画家所绘制的图画仍大致勾勒出了当时中国社会较为真实的场景，所涉及的内容广泛，无论是各地的人群、器物，还是各种政治活动、礼仪制度、军事力量、建筑交通，乃至社会不同阶层的饮食起居、日常生活、生产劳动、节日喜庆、婚丧嫁娶、宗教信仰、娱乐游戏，各地不同的民风民俗，只要是画家感兴趣的事务，他们都努力地描绘下来。[1]

进入19世纪后，尽管受到英国使节马戛尔尼访华任务失败的影响，总体上西方人眼中的中国形象开始逆转，迅速走向负面，但在商业利益或好奇心的驱使下，依然有各路西方探险家、传教士、商人接踵而至，试图探访这个神秘国度，那些具备绘画才能的各种身份的画家，也依然怀着浓厚的兴趣

---

[1] 陈瑞林：《昔日乡情：来粤西方画家笔下的中国风物》，《美术学报》，2013年第1期。

希望能将看到的新奇事物描绘下来。

1804 年，在广州湾海面上，迎来了两艘西方的探险船只。克鲁森施滕（Adam Johann von Krusenstern，1770—1846）是俄罗斯海军将领、探险家，因领导俄罗斯历史上第一次环球航行而闻名。1802 年被正式任命为俄国第一支环球探险队的队长，探险队由"希望"号和"涅瓦"号两艘军舰组成，他亲自担任"希望"号舰长。在 1803 年至 1806 年的航行中，克鲁森施滕和他的队伍遭遇了多次挑战，包括恶劣的天气和船只失散的情况。他们在太平洋上进行了广泛的探索，并在多个岛屿上进行了详细的地理和气象学研究。

1804 年 12 月 3 日，克鲁森施滕一行抵达澳门，并在广州用美洲的皮毛换回茶叶和瓷器，从而大发横财。令人惊奇的是，初来乍到的克鲁森施滕居然对当时大清帝国的形势洞若观火。他考察了广州后声称，不能被中国丰衣足食的祥和气象所蒙蔽，非常肯定的是，不满的火星已经遍布全中国，一定蕴藏着暴动的火花。直到 1806 年 2 月，克鲁森施滕一行才离开广州继续航程，直至 8 月返回俄国。克鲁森施滕的环球航行结束后，根据其见闻绘制的图册《世界周航图》于 1813 年刊印并被翻译成多种文字，对后世的航海和地理学研究产生了深远影响。

1830 年，另一支开展环球航行的探险船队也来到广州，船队上的专业画家同样对看到的中国景象进行了描绘。

拉普拉斯（Cyrille Pierre Théodore Laplace，1793—1875）是法国著名的航海家，以其乘坐"宠儿"号护卫舰于 1830—1832 年间开展的环球航行而闻名。航行结束后，拉普拉斯编著了《环球航行记》（*Voyage autour du monde par les mers de l'Inde et de Chine*）一书，详细记录了航行期间在印度和中国等地的见闻。而书中所附的上百幅插图，既有描绘各种动物的，也有风景、人物等题材，这些图画由随行画家古斯塔夫·瑟福（Gustave Serval）绘制。

1840 年鸦片战争后，随着清王朝被迫打开大门，西方的探险家、考察团开始有机会深入中国内陆，那些具有绘画才能的成员也得以目睹更多的中国景象并将其描绘下来。1859 至 1862 年间，为了开拓远东商业市场，普鲁

图 2-2-1：克鲁森施滕一行看到的澳门，《世界周航图》。

图 2-2-2：克鲁森施滕一行看到的广州，《世界周航图》。

图 2-2-3：广州街市，1830 年，古斯塔夫·瑟福绘，《环球航行记》。

图 2-2-4：广州百姓，1830 年，古斯塔夫·瑟福绘，《环球航行记》。

士派遣了一支由艾林波伯爵（Count F. Eulenburg）率领的东亚远征考察团。这支规模庞大的考察团实际上扮演着外交使团的角色，普鲁士政府意图借机同中国、日本和暹罗建立外交关系，缔结商约。因此，考察团的人员组成也很复杂，既有外交官、科学家、医生，也有艺术家和商人，画家艾伯特·伯格（Albert Berg, 1825—1884）就是其中一员。1861 年 3 月，普普鲁士考察团到达上海，由于正值英法联军入侵之后和太平天国运动兴盛之时，清政府只允许考察团少数成员前往天津谈判。伯格幸运地随团抵达天津，并对天津、北京的风景建筑做了大量的速写与彩图记录。值得一提的是，同样作为此次考察团成员的巴兰德（Max von Brandt, 1835—1920）后来成为德国驻华公使，并且撰写了多部有关中国的著作；而另一位成员、地理学家李希霍芬男爵（Freiherr von Richthofen, 1833—1905）更以其两卷本游记《中国》为丝绸之路的研究和普及做出了重要贡献。9 月，考察团迫使清政府签署《通商条约》，标志着中国与普鲁士（德国）正式建立外交关系。回国后，伯格于 1864 年在柏林出版了石版画集《普鲁士特使远东风景记录》（*Ansichten aus Japan China und Siam: die preussische Expedition nach Ost-Asien*）。《普鲁士特使远东风景记录》记录了普鲁士考察团在远东地区访问期间所见到的景观，包含了 60 幅版画，其中 21 幅描绘了中国的景观。这些版画展示了当时中国北京、天津、广州等多个城市和地区的风貌，包括建筑、自然景观以及日常生活场景。

当然不可否认，由于职业的局限，这些航海探险家或考察团往往在中国只是靠岸休整，或者进行简短的商品贸易，或者是仓促的资料搜集，对中国的了解很难谈得上深入，因此对所经历事务的描绘只能是浮光掠影。相比之下，能够花时间坐下来，从容架起画架，甚至深入中国人生活中从事绘画创作，只有为数不多的西方艺术家有机会做到这一点。从这个角度而言，英国画家钱纳利和法国著名画家博尔热无疑是那个时代的幸运儿。

1825 年 2 月，当英国画家钱纳利从印度来到澳门时，恐怕不会想到自己居然会在中国居住 27 年之久，成为一名扎根于澳门的职业画家，并且会与中国本土的艺术家们建立起密切的关系。

图 2-2-5：天津街景，1861 年，艾伯特·伯格绘，《普鲁士特使远东风景记录》。

图 2-2-6：北京街景，1861 年，艾伯特·伯格绘，《普鲁士特使远东风景记录》。

　　乔治·钱纳利（George Chinnery，1774—1852）是一位长期居住在澳门的英国画家，他一生游猎甚广，所到之地地理跨度极大，可谓是个充满传奇色彩的人物。钱纳利 1774 年出生于英国伦敦，18 岁时进入英国皇家美术学院学习，毕业后前往爱尔兰正式开启了他的艺术人生。28 岁时，钱纳利前往印度，凭借其兄长的关系专门为社会名人、政要等顾客绘制肖像画，并在那里获得了较高的声誉。然后由于婚姻不幸以及债务等原因。在留居印度 23 年之后，1825 年，时年已经 51 岁的钱纳利前往澳门开拓新事业。在澳门居留期间，钱纳利经常往来于广东、澳门之间，同从事外贸生意的外商迅速熟识起来，其中一些人甚至成了他艺术的赞助人。因为之前的艺术功底，使得他在广东很快就声名大噪，成为一个受到普遍欢迎的人。来华的商人、各洋行的大班，以至广州十三行的行商，都是他的主顾。钱纳利在其最后的艺术生涯里进行了大量的水彩、油画及速写创作，而且主题大多为对中国当地百姓生活的记录、名胜古迹的描绘、地志面貌的记载，同时也有不少关于商人、旅者及劳动人民的肖像画。[1]

钱纳利的艺术成就主要体现在他对澳门、香港、广州以及珠江三角洲的风景、建筑和人物进行了大量细致的素描和速写。他的作品，如《火灾前的大三巴教堂》《广州十三行》《章官的屋顶》和《香港皇后大道中街景》等，成为研究这些地区近代史的重要参考文献。在澳门，钱纳利创作了许多著名的水彩作品，如《南湾》《妈阁庙》《玫瑰堂》和《中国帆船》等。他还将肖像画发展成带有文学内涵的情节性历史人物画，其中《茂官——卢文锦》和《澳门渔女》最具代表性。钱纳利的艺术风格对当时的中国南部沿海地区产生了显著的影响，形成了被称为"钱纳利画派"的艺术流派。前述著名的中国外销画家林呱，也是在他的影响下成长起来的。

除了林呱等中国本土外销画家之外，钱纳利还影响了好几位当时活跃于广东地区的西方画家，后者所创作的一系列反映中国景象的画作，如今也已成为研究中国形象的重要视觉材料。托马斯·屈臣（Thomas Boswall Watson，1815—1860）是英国医生和业余画家，1845 年移居澳门，行医之余从事绘画活动。屈臣在澳门期间成为钱纳利的密友和学生，甚至钱纳利逝世时随侍在侧并料理后事，而其绘画风格也深受钱纳利影响，他的作品主要描绘澳门及广州的自然风光和城市景观，带有浓厚的纪游性质，代表作有《从大炮台眺望贾梅士花园》《澳门南湾圣彼德小炮台》《澳门嘉思栏炮台》《圣方济各修道院海景》《广州城外的护城墙》《广州城西门及城墙》等。屈臣1858 年回英国，1860 年在苏格兰去世。

另一位曾跟随钱纳利学习绘画的西方艺术家马西安诺·安东尼奥·毕士达（Marciano Antonio Baptista，1826—1896），则是一位澳门土生葡人画家。毕士达的绘画风格是用笔方式较中国化，并将之与西方透视法和色彩结合起

---

① 蔡锐：《西画东渐——钱纳利与外销画》，《景德镇学院学报》，2020 年第 2 期。

来，作品内容包括民俗生活、地方风貌、商业活动和社会各行各业等，作品有《澳门至广东沿岸堡垒》《澳门妈祖阁》《澳门内港风景》等。

不过就在西方世界的影响力而言，19世纪初以画家身份描绘中国形象最著名的人物当数博尔热无疑。奥古斯特·博尔热（Auguste Borget, 1808—1877）是19世纪中期法国著名的画家和旅行家，尤其以绘制带有东方色彩的风俗画而闻名。他出生于法国伊苏登的一个富有的棉花批发商家庭，并在高中毕业后做了一段时间的银行学徒。1829年，博尔热前往巴黎，开始跟随著名的海景画家居丹学艺，画技大涨。他在此期间结识了后来成为法国文豪的巴尔扎克，两人成为室友并一同混迹于巴黎文人圈。1838年2月，喜欢冒险的博尔热乘船前往中国，同年8月到达香港，之后在广州、澳门停留了10个月，还结识了旅居澳门的英国画家钱纳利，其间绘制了大量速写、水彩画和油画。他的画作包括中国的码头、内河、寺庙、市场、街道、剧场、教堂、民宅、军事营地等风景画，以及中国社会的普通人生活画面，如作坊里的工人、行走的农妇、老年盲人、剃头师傅、乞丐、渔民等。博尔热的画作不仅仅是对风景的简单复制，而是融入了他对中国民间风俗和历史的深刻理解。

图2-2-7:《澳门街景》，油画，1825—1852年，钱纳利绘，维多利亚与艾尔伯特博物馆收藏。

图 2-2-8：《广州风景》，油画，1825—1852 年，钱纳利绘，维多利亚与艾尔伯特博物馆收藏。

图 2-2-9：钱纳利在中国的写生作品。

1839 年，随着鸦片战争的爆发，博尔热被迫返回法国。回国后，他将其东方主题的画作在巴黎的沙龙展出，立即引起了巨大轰动，很快就成为艺术沙龙里的常客，在法国乃至欧洲都声名鹊起。他的画作《澳门大寺庙的景观》被法国国王路易·菲利普纳入收藏，皇家塞夫勒手工工场也开始向他订购画作，后来这些订制画被用来装饰橱柜在卢浮宫中展览，而拿破仑三世将这个橱柜赠送给了瑞典国王查理十五世。1842 年，博尔热将自己所创作的 32 幅中国速写和旅行期间与亲友的信件整理成《中

图 2-2-10：伍秉鉴（浩官）肖像，油画，约 1832 年，钱纳利绘，波士顿艺术博物馆收藏。

国与中国人》（*La Chine et les chinois*）一书在巴黎出版，速写由版画大师欧仁·西塞里制版，同年该书的英文版（*Sketches of China and the Chinese from Drawings*）在伦敦问世，风靡一时。《中国与中国人》一经问世，立即引起轰动，好友巴尔扎克亲自为这部书撰写了长文评论，乔治桑、波德莱尔等人均从中获得中国的信息和灵感。

总体上看，《中国与中国人》试图以精美的插画和细腻的文字图文并茂地描绘一个恬静优美又生机勃勃的中国。在书的开头，博尔热选择了一个秀美的小海湾作为起点："我们在一个小海湾下船，一条美妙的小溪流从丘陵上的瀑布流淌下来，注入这个小湾……这一切并不那么引人注目；但或者是因为我有偏见，或者是这个国家确实与其他任何国家不同，我在这片小风景中发现了一股令我陶醉的奇特气息。"此段叙述后紧跟第一幅插图，现实中这个寻常甚至不起眼的海湾在博尔热的描绘下变得精巧秀气。近处隐藏在树丛间的庙宇和远处的宝塔都在暗示着这里是中国，而画面中间蜿蜒而上的山路是博尔热一行人登山的小路。例如在接近广州的城郊时，博尔热便感

觉"进入了一个河道迷宫","这些河道从中把稻田、桑树田和香蕉树田分隔开来；我们经过寺庙、挂着彩旗的堡垒、村庄，我们绕了无数个弯；每条河道上都有很多船，像是在水上飞一样，没一会儿就消失在稻田中间了。"在广州居停的日子里，博尔热几乎每天都携带画板外出写生作画，更多的是乘船沿着珠江漂流游览，将所见所闻从画笔跃然纸上。当他所乘的船只经过河南岛附近时，"水道两岸的房子都有开满鲜花的阳台，上面还挂着灯笼，铺着美丽的席子。"细心的画家还观察到这些水上房屋在水道上都有一个出口，房主的船就泊在出口旁边，这让他不禁联想到著名水上城市威尼斯。在他的眼中，广州像威尼斯一样懂得与水共存，并且凭借和利用水来塑造城市中的温柔与多情。

诚然，尽管当时西方人眼中的中国形象已一落千丈，但作为一名较为中立的艺术家，作为一名深受"中国风"熏陶的法国人，博尔热在观察中国时依然充满了热情。尽管他所能接触到的仅仅是普通的中国民众，很难有机会与上层人物打交道，但是观察平民恰恰成了他停居中国时最大的乐趣，也使得他在记录中国时完全站在与来华传教士和外交官们截然不同的角度。正是基于对底层社会的了解，博尔热在游记中辩驳了一些欧洲关于中国的偏见，强调中国与西方社会的相似之处，以消解那些关于中国"虚幻神奇、诙谐有趣"的想象。通过那些优美的中国场景，博尔热在书中处处彰显出其崇尚自然美的趣味，而中国的风光恰巧可以满足这一审美要求。而他看待中国的眼光里还存留有 18 世纪欧洲"中国热"的影响："这儿的人们的生活习惯中充满了诗意，人们总是用鲜花来装饰他们的住处，无论他们的住处有多简陋。"①

被誉为"现代法国小说之父"的巴尔扎克，一生中仅写过两篇较长的专论，其中一篇就是他为好友博尔热的《中国与中国人》所写的专论，并称"我的童年是在中国和中国人的摇篮里度过的"。可以毫不夸张地说，从未到过中国的巴尔扎克一生都对中国有着永无止境的兴趣。据不完全统计，出现在

---

① 王亚楷:《法国画家博尔热与中国》,《文汇报》, 2018 年 10 月 19 日。

巴尔扎克作品中的中国物件有：窗帘、帷幔、挂毯、屏风、红绸披肩、南京缎裤子、南京土布裤子、北京绘花宽条绸、各种漆器、瓷器和木器、花盆、宣纸及其他中国纸、阳伞、中国画、中国锣、各种用作装饰的小物件、装烟草的中国陶罐、长颈或鼓肚的形状古怪的各类中国花瓶、中国佛像、中国古玩、中国女红台之类的中国家具、皮影戏、中国式的水阁、亭子和书房，以及从中国运来的果品等等。巴尔扎克在其著作中以热情的笔调刻画了中国和中国人的形象。在巴尔扎克的笔下，中国是一个神奇的国家，一切都是那么令人向往。中国是美丽富饶、风俗淳厚的，中国是道德、仁政统治的国家，一个具有悠久的历史和文化的国家，中国人是品德高尚，诚实公道的。巴尔扎克尤其赞赏中国人的品德，他认为中国人注重德行胜过钱财，在贸易交往中是诚实、公道的，在德行方面比在钱财方面更加乐善好施。中国人又是勤劳智慧、富于发明创造的，中国人已经发明了火药的时候，法国人还在用棍棒厮杀。中国人已经发明了印刷术，而法国人还不曾学会识字。

巴尔扎克欣然为博尔热写这篇专论，除了博尔热是他的好友外，他本人对中国的热情可能是一个很重要的原因。在这篇谈中国的专论中，他又说，中国人有关绘画方法的论述，比法国人早一千年。生于1799年的巴尔扎克没有赶上18世纪欧洲的"中国热"，但在19世纪上半叶应该还能感受到不少余温。以至于在评论英国发动掠夺中国的鸦片战争时，巴尔扎克使用了英国的绰号"约翰牛"，表达心中对欧洲老牌殖民主义的蔑视。他谴责英国发动鸦片战争的邪恶动机，揭露其不道德的本性。在《中国与中国人》一文中，巴尔扎克借画家之口，称赞中国民情，颂扬中国人民重德轻利的传统优秀品格，并说："向本欲完善资质的消费者提供毒品，老天不容。或曰，不义之财，终不得好报。"

总而言之，巴尔扎克以开阔的视野，热情的笔调比较全面地介绍了中国，试图在西方人面前展现完整的中国形象，表明了他对中国文化的基本观点，同时也表达了他对中国的向往之情。虽然巴尔扎克没有到过中国，他对中国的认识还不够全面，对当时的中国社会的了解也不可能彻底，但是他借助所掌握的知识和对中国的独特理解，给世人刻画了中国和中国人的形象。

图 2-2-11：广州海湾景素描，1838 年，博尔热绘，《中国与中国人》。

图 2-2-12：广州寺庙，1838 年，博尔热绘，《中国与中国人》。

图 2-2-13：广州村庄，1838 年，博尔热绘，《中国与中国人》。

图 2-2-14：澳门妈阁庙，1838 年，博尔热绘，《中国与中国人》。

《中国与中国人》出版后，博尔热一度成为闻名欧洲的"中国专家"，经常在杂志上发表有关中国的文章。此外，他还为法国作家老尼克所著游记小说《开放的中华：一个番鬼在大清国》（以下简称《开放的中华》）绘制了215幅插图，同样产生了很大影响。

《开放的中华》一书叙述的是，1836年3月，法国医生老尼克（Paul Emile Daurand Forgues，又名莫菲·岱摩，中国名字"平西"）随着一只由三十多艘战舰，一名总兵、四名军官及1500名士兵组成的舰队，从广东出发一路北上，于4月上旬抵达厦门。在厦门停留了近一个月的时间之后，老尼克随船离开厦门，继续北上展开他的中国之旅。直到第一次鸦片战争结束后，老尼克才回到法国，并将中国之行的游记整理成《开放的中华》一书于1845年出版。从《开放的中华》描述的主要内容来看，作者几乎就像一个亲身到过中国，并进行过深入实地考察的作家的游记。然而实际上，该作者系大作家司汤达的好友，其本人根本就没有到过中国，而他所谓的游记纯粹是想象和虚构的。

在该书的开头，刚刚抵达中国的老尼克显然对这里的一切事物都感到新鲜，尤其是大清帝国的经济方式和贸易活动让他觉得好奇："我想，我一生都会记得那一天。自上岸以来，我的救命恩人和向导，尊敬的彼得·伯驾神甫，第一次允许我登上医院的屋顶平台。当时我还很虚弱，衰竭的体质使来自外界的印象具有一种奇幻的力量。对我来说，眼前的一切就依旧像是长时间高烧所引发的那些耀眼光芒的幻影。医院——请允许我详细描述——位于一座旧商栈，丰太行七号。我的第一眼落在了一个角落，在那儿，天朝帝国的患得患失的政策封闭了欧洲的贸易。那是一个早晨，清新的和风吹拂着悬挂在商行前四根大旗杆上的英、法、荷兰和美国的国旗。一条和威斯特敏斯特的泰晤士河一般宽的河，河上停满了小船，数量之多几乎无法通行。不过，眼睛还是渐渐地习惯了这种表面的混乱，在这一片密集中分辨出一种完美的对称。船的两侧留出一块空间用于通行，纵行排列的海船也在船体之间留出足够的水道。在这座水上城市的小道上，卖食物的货郎驾着双桨舢板吃喝着穿行而过，如同威尼斯的贡多拉穿梭在比亚得里亚海清澈得多的河上。主航道的中央停着一艘来自巴达维亚的大帆船，竹制桅杆上悬挂着草编的船帆，呈现出一派奇特的杂乱景象：甲板上，男男女女拥挤不堪，混着猴子、鹦鹉、锦鸡、狸猫和极乐鸟，更别提那些穿梭其间的商贩。"

　　粤语里有个词叫"番鬼"，带有"蛮不讲理"的意思，这个词同时也是近代早期广州人对于外国人的贬称。早在16世纪初期，刚刚抵达中国的葡萄牙殖民者在广东沿海的掠夺和暴行，引起了人民的痛恨，故而被称为"番鬼"。尽管被当时广州的百姓视为长相奇特的"番鬼"，但莫菲·岱摩却由于为广东巡抚林琛的女儿治好了白内障，因此得以结交这位清朝的高级官员，继而改名为"平西"跟随林琛游历中国各地。在游历途中，平西发现朝廷设立的外贸机构弄虚作假、贿赂成风。上流社会的奢侈让这位欧洲的冒险家目瞪口呆，他饶有兴致地记述了一次让他花费了七个小时的饕餮盛宴：一道道冷盘和热菜端上来，飞鱼、鲨鱼鳍、燕窝、鹅掌、牛蛙、麻雀头、鱼肚、孔雀冠和米饭鱼以及各种野味、时鲜水果，一应俱全，没完没了的敬酒礼仪也让法国医生感到很可怕。平西随林琛率领的皇家舰队经澳门到达厦门时，他见到了无数的寺庙，还目睹了为一座新建的寺庙举行的盛大的仪式。在上海，平西经历了黑社会的绑架和林琛的副将赵海的谋反等事件，最终与林琛一起被传唤至南京，亲眼见识了清朝的司法腐败。不可思议的是，平西很快就学会了，并成为一位举人的学生，而金发碧眼的他竟然借着林琛的信誉和举人老师的帮助，顺利避开主考官员的检查，轻易地获知科举考试的题目和答案，结果高中乡试第一名，这使他对中国的科举制度感到荒唐。之后平西与林琛分别独自旅行，先后游历了安徽、江西、北京等地。途中耳闻目睹了中国民间的节日庆典、游戏娱乐、婚礼习俗等等，也亲身感受了可怕的贫穷、鸦片的泛滥、官僚的腐败以及不堪一击的军队。在平西眼中，大清国其实不过是一个贫乏无力的专制政府，一切停滞不前。《南京条约》签订后，平西结束了他在中国难忘的旅行。显而易见，尽管几乎属于同一个时期来华冒险的法国人，但"平西"与博尔热对中国的观感却存在较大区别。与博尔热、巴尔扎克等人对中国文化推崇不同。《开放的中华》的主人公虽然是个医生，但他对中国社会的观察和评论却更多地像是政治家、外交家，欧洲文化中心论的优越感依然很强烈，法国文化中的那种傲慢也时有流露，甚至直言不讳地说："最终，注定欣欣向荣的西方文明将推翻围绕着中国的古老藩篱。我们已经可以感觉到这种来势汹汹的入侵和微弱的抵抗。怎样才能战胜三万万人的毫无生气的抵抗？怎样才能改变政府根深蒂固的专制？观念和语言的艰难传播需要多少时间？肯定没人能回答，但这也肯定是西方运动的领导人考虑的重大问题之一。"[①]

与《中国与中国人》中的插图相比，博尔热为《开放的中华》绘制的215幅插图，基本都是建立在想象基础上或者参考当时西方流行的中国外销画后再创作的。这些插图的主要目的是丰富文学作品的表现力，通过博尔热的画笔，为读者呈现一个生动、直观的19世纪中国社会风貌。

创刊于1842年5月14日的《伦敦新闻画报》是公认的世界上最早的以图像为主的画报，其以细腻生动的密线木刻版画和石印画，以那个时代的技术条件所能达到的最快速度，再现世界各地的重大事件。画报初始就对中国表示密切关注，派驻大量画家兼记者，仅1857至1901年就向英国发回了上千张关于中国的速写和几十万字的文字报道。从1856年开始，该刊开始往中国派遣特约画家兼记者。从1857年至1901年，《伦敦新闻画报》曾经向中国派遣了至少六位有案可查的特约画家兼记者：沃格曼（Charles Wirgman，1832—1891）、

图2-2-15：中国地方官员，1845年，博尔热绘，《开放的中华》。

[①] 冒键：《一本想象晚清中国的百科全书——读〈开放的中华：一个番鬼在大清国〉》，《教育研究与评论》，2022年第6期。

图2-2-16：司法审判，1845年，博尔热绘，《开放的中华》。

图2-2-17：科举考试，1845年，博尔热绘，《开放的中华》。

图2-2-18：赈济灾民，1845年，博尔热绘，《开放的中华》。

辛普森（William Simpson，1823—1899）、普莱斯（Julius M. Price，1857—1924）、伍德维尔（R. Caton Woodville，1856—1927）、普莱尔（Meton Prior，1845—1910）、肖恩伯格（John Schnberg，1844—？）。他们跑遍了华南、华北、山东、山西，采访报道了中国社会各个层面的历史和现状，向英国国内发回了上千张关于中国的速写和几十万字的文字报道。其中沃格曼是于1857年3月第一个被派到中国来的特约画家兼记者。在前往中国的漫长征途中，沃格曼就发回了一系列沿途采风报道：他描写在海上看到的壮丽景观、船上的各色旅客和水手船长、途经一些国家的景色和风情，尤其是关于东南亚华侨的生活习俗。1857年7月17日，《伦敦新闻画报》发表了沃格曼从中国发回的第一篇战地报道和相关速写。随后便是每周一期的一系列的中国目击报道，他的视野不仅仅停留在战事的进展上，而且尽可能广泛地介绍他亲眼所见的各地风情，例如摘茶女、清军旗手、婚礼、广州市井、商船、轿子、街上的行人、广州城在英军炮击所起的大火、与清军作战的太平军、海盗、香港、上海港、中国的刑罚、旗帜、服装、外国货轮、英国军舰、大禹陵、中英天津条约、达赖喇嘛、广州施舍站、小偷在街上受鞭挞、繁华的商业区、佛教寺庙、中医、香港跑马场、香港画家、台湾人的生活习俗、大连、旅顺、天津与潮白河、中国的春节、中国人的家庭生活、中国妇女的发型、洗衣服的方式、琉璃厂古玩街、北京的马车、茶馆、潮白河上小孩的滑冰方式，村民的生活和娱乐方式等等。

图2-2-19：两位吸烟的中国人，沃格曼绘，大英博物馆收藏。

参考文献：

［法］奥古斯特·博尔热著：《奥古斯特·博尔热的广州散记》，钱林森、张群、刘阳译，上海书店出版社，2006 年 9 月。

［法］老尼克著：《开放的中华：一个番鬼在大清国》，钱林森、蔡宏宁译，山东画报出版社，2004 年 5 月。

［美］威廉·亨特著：《旧中国杂记》，沈正邦译，广东人民出版社，1992 年 12 月。

陈继春：《钱纳利与澳门》，澳门基金会，1995 年 8 月。

江滢河：《清代洋画与广州口岸》，中华书局，2007 年 3 月。

沈弘编译：《遗失在西方的中国史：〈伦敦新闻画报〉记录的晚清 1842—1873》，北京时代华文书局，2014 年 1 月。

世界周航图 . By Adam Johann von Krusenstern. 1813。

周重林、太俊林：《茶叶战争——茶叶与天朝的兴衰》，华中科技大学出版社，2012 年 8 月。

Ansichten aus Japan China und Siam. 1864.

La Chine ouverte. By Forgues E. D. 1845.

Sketches of China and the Chinese from Drawings. By Auguste Borget. 1842.

Voyage autour du monde par les mers de l'Inde et de Chine. By Cyrille Pierre. Laplace. 1833—1839.

第三章

造奇：阿罗姆刻画的停滞帝国

在这个人口众多的国家里，人们普遍爱好古玩，不屑与外国人作文化交往。因为他们拥有举世无双，富于创造并异常出众的历史。他们的农业和工艺制造业是别的民族不可比拟的榜样。推动了人类现代文明发展的三大发明：印刷、火药和指南针，都是由中国人贡献给世界的。

——乔治·赖特，1842 年。

1840 年 4 月，针对两广总督林则徐销毁英商鸦片的举动，英国议会下院进行了 3 天的激烈辩论，最终以 271 票对 262 票的微弱多数，同意向中国出兵以报复。6 月，懿律率领的英国舰船 40 余艘及士兵 4000 人从印度出发到达中国海面，标志着第一次鸦片战争正式开始。显然，英国人之所以采取军事行动，其深层原因是为了夺取原料产地和消费市场，推行殖民扩张政策，用武力打开中国大门，并且希望清朝政府能够承认其为平等国家。战争的结果是老迈的清王朝在英国人的坚船利炮面前一败涂地，被迫与对方签订中国历史上第一个不平等条约《南京条约》，割地赔款，颜面尽失。

毫无疑问，第一次鸦片战争对于近代中国的国际形象不啻毁灭性的打击，使得自进入 19 世纪以来原本已经走下坡路的中国形象更加黯淡无光。总体上看，绝大多数西方人不再仰视中国，而是怀着巨大的优越感俯视，或者以一种猎奇的心理审视中国，唯独缺少的则是 17 至 18 世纪"中国热"期间那种仰慕、欣赏的心态。由于交通条件的局限，尽管中国的大门已渐次向西方打开，但能有机会不远万里前往中国的西方人依然屈指可数，绝大多数西方人尽管渴望了解中国，也只能通过中间媒介的传播。更多的时候，中国，只不过是普通西方人脑海中模糊的一个概念。

正是在此背景下，一些有关中国的报刊和图书等出版物应运而生，而那些以图像形式为主体的出版物更是大受追捧。例如著名的《伦敦新闻画报》，在鸦片战争后不久，就开始派遣专业画师以记者身份前往中国实地采访，用图像报道的方式向西方传送各种中国形象。该报在1843年3月发行的一期报道中，就刊登了两位中国官员的肖像画，进而又对中国人的穿戴进行了详细描述："中国气候以整年冷热分明的相反季节为特征，上层社会的冬夏服饰亦因此有着明显的区别。但不同主要在帽饰上，夏天是以竹精细编成的锥形帽、顶端镶有一颗蓝或白又或是镀金的圆珠，在圆珠周围各处缀满了真丝或是红色马鬃的穗。冬季的帽饰为圆冠状、向上翻的宽边外围裹有天鹅绒或裘皮；在帽冠顶部同样镶有一颗圆珠，在其周围的圆顶散缀着一圈深红色的丝穗。而随着季节更换帽饰则显得至关重要以至要由官府通告。冷天里室内通常会戴一顶小毡帽。夏天的服装是宽松的由轻丝或纱布再或是亚麻织成的长衫；穿正装时，要系丝绸腰带，用来系紧扇子囊、烟草袋、火镰袋子、有时还有带鞘刀或是筷子。冬天里，在长及脚踝的丝质或黑纱的底衫外会裹件宽大且长及臀部的长袖上衣。这种上衣由内衬皮革的裘绒、真丝或绒面做成；夏天时颈部袒露，冬天则围以丝或皮毛的领子。在国事场合所穿的是丝绸和金丝华丽绣成的下裙，帽子为深红色并饰有彩珠。高阶人士所穿的裘皮装价格昂贵，而且会父子相传。亚麻衣服很少会穿，那种有时是轻丝绣成的衬服则极少会更换。总之，皇宫里各种等级和职位的服饰在北京都被我们像在欧洲如庭审一般仔细地观察过了。而对于时尚，亦有其追随者；某些中国公子哥穿着昂贵的黑纱真丝衫、南京黑缎面鞋、绣花护膝，戴着精巧裁制的帽子、衣服上镶嵌着精致绝伦的纽扣，手上持着英国金表、镶珍珠串的牙签和南京香扇；而像这样的士绅连身边跟随的仆人都是身穿真丝。"

不过这些新闻报道性质的图像传播毕竟是零散的，所产生的影响也是短暂的。相比之下，由阿罗姆（Thomas Allom，1804—1872）所绘的《中华帝国图景》（全名《中国：那个古老帝国的风景、建筑和社会风俗》China, In A Series of Views, Displaying the Scenery, Architecture, and Social Habits of That Ancient Empire）一书，才称得上是塑造中国形象方面具有划时代意义、影响深远、受众广泛、自成体系的名著。

从技术层面讲，阿罗姆所处的时代正好进入了铜/钢版画的繁荣时代。1792年，美国人雅各伯·帕金斯（Jacob Perkins）发明了钢版雕刻印钞术；1820年，随着钢在工业革命期间大量生产，钢版印刷逐渐取代了铜版印刷。相比铜版在数百次按压后即出现磨损迹象，由钢铁做成的模板更耐磨，能承受成千上万次按压。钢铁材质还可以展现更多精美雕刻的细节，而这些铜板却很快损耗。因此在1820年后，由于市场对插图书籍需求增大，钢版画艺术达到巅峰。这些昂贵的附有丰富插图的书籍，经常摆放于客厅书桌上以显示主人的高贵地位，这一类书籍主要由西方日益富裕的中产阶级购买，经常配以"风景如画"的主题，如旅游、历史事件和著名绘画版刻版。而在市场需求的刺激下，许多西方艺术家每到一地旅行时都会把当地的风土人情绘制在案，回国后再由专业工匠制成铜/钢版画印刷并销往市场，使其成为一种重要的文化媒介，通过书籍和报纸等出版物传播给更广泛的受众。

托马斯·阿罗姆是19世纪英国维多利亚风格的著名建筑师与画家，同时也是英国皇家建筑师协会创办人之一。他1819年起在建筑师古德温的事务所当学徒，1826年进入英国皇家美术学院学习建筑设计。毕业后，他成为英国的顶尖设计师之一，主持设计了圣彼得教堂、海伯利教堂、肯辛顿公园等建筑，并参与设计了英国议会大厦。此外，他还擅长水彩画和地貌画，因此多次受出版商委托为旅行类书籍绘制插图。为了创作风景画，阿罗姆经常到英国各地和欧洲大陆旅行，记录沿途的景象，画过一些关于苏格兰、爱尔兰、英格兰的风景画。中年以后，他的兴趣转向了东方风情画，到过伊斯坦布尔、叙利亚和巴勒斯坦，途中创作了大量风情画。鸦片战争爆发后，随着西方与中国经贸往来的激增，社会公众对中国的兴趣也更加浓厚。伦敦的出版商费赛尔公司（Fisher Sons & Co）便决定抓住商机，出版一套具体描述中国这个古老国度的自然山川、建筑景观和社会习俗的图书。承担文字撰写任务的是英国作家乔治·赖特（George N. Wright, 1790—1877）。赖特同时也是一名英国圣公会牧师，他1814年毕业于都柏林三一学院，1851年成为古典文学教师，1863年成为提克斯伯里文法学校（Tewkesbury Grammar School）的校长。由于该书定位为图文著作，因此赖特便邀请阿罗姆创作一套与正文主题相呼应的绘画作品，最后由著名版画师勃兰达（E.Brandard）精心制作成钢版画。

尽管阿罗姆从未踏足中国的土地，不像前辈画家纽霍夫、钱纳利、博尔热、威廉·亚历山大等人那样幸运，有机会在中国实地进行写生。但他却在认真借鉴威廉·亚历山大等其他画家中国题材作品的基础上，结合自己的丰富想象，成功再创造出一套

图2-3-1：阿罗姆肖像。

图2-3-2：普利茅斯共济会大厅（版画印刷品），1804—1872年，阿罗姆，大英博物馆收藏。

画面精美、内容丰富、形象生动的中国图像。很快，阿罗姆与赖特合作的《中华帝国图景》于 1843 年出版，书中包含了 124 张阿罗姆的中国绘画和 1805年出版的《中国服饰》插图。

如前所述，自 17 至 18 世纪欧洲"中国热"以来，越来越多的西方艺术家开始关注中国风情并进行中国题材的艺术创作。到 18 世纪末，威廉·亚历山大随马戛尔尼使团访华，成为首个进入中国内地写生的英国画家，而他绘制的大量关于中国题材的画作也产生了很大的影响。与亚历山大亲历者的身份不同，阿罗姆完全是在前者的基础上再次对中国进行全方位的艺术描绘，但其内容却更加丰富且表现力更加生动。也正是由于其作品是真实与想象的结合，阿罗姆笔下的中国图像再次引起英国人乃至西方人对中国风情的关注与兴趣，这些作品一经面世便受到了热烈追捧。

阿罗姆的作品内容包罗万象，从皇家宫殿到南方古镇，从达官显贵到平民百姓，从生产活动到参拜图景，从海港风光到战争场面，无一不用细腻的笔触描绘下来。阿罗姆的画作中，中国被描绘成一个繁荣而和平的国度，有着壮丽的自然景观和精美的建筑艺术。他的画作展现了中国的长城、运河、圆明园、景山、午门、虎丘塔、雷峰塔、报恩寺、琉璃塔、金山寺等标志性景观，以及龙舟、灯笼、闸门、捕鱼、宴请、鸦片、辫子等文化元素。不过阿罗姆的画作有时也存在一些偏差和误解，毕竟他本人并未亲身到过中国，导致一些细节描绘上并不完全准确，例如将江南缫丝女子的脸庞画成了欧洲乡间女子的模样，或者将澳门妈阁庙前的男子画成了带有日本和尚发式的印度僧侣等等。

通过这些精美的版画我们不难感觉到，在 1843 年《中华帝国图景》首次出版时，包括阿罗姆、赖特在内的很多英国人，尽管本国已经在战争和外交上取得了明显的优势，大清王朝的老迈的颓势已经非常明显，但毕竟 17至 18 世纪在西方世界持续上百年的"中国热"余温尚在。长久以来，无论是通过传教士们的夸张描述还是冒险家们的奇幻故事，无论是日常生活所接触的瓷器、茶叶、丝绸、壁纸还是戏剧舞台上的传奇故事，都使得一般西方民众对于遥远东方帝国的美好印象难以短时间抹去，而那些中国情结很深者更是难以主动割舍这种美好的幻觉。即便这个帝国明显已经呈现出令人失望的弊端，战场上一败涂地，统治者颟顸腐朽，百姓贫穷愚昧，鸦片肆虐蔓延……但中国毕竟是中国，那个曾经让他们无比向往的美好世界。正如赖特本人在出版序言中所指出："在这个美丽的国度里，有世界的最高峰，广阔的驿道，无数的运河，许许多多的拱桥和宝塔，更不用说还有那绵延北疆的万里长城。……在这个人口众多的国家里，人们普遍爱好古玩，不屑与外国人作文化交往。因为他们拥有举世无双，富于创造并异常出众的历史。他们的农业和工艺制造业是别的民族不可比拟的榜样。推动了人类现代文明发展的三大发明：印刷术、火药和指南针，都是由中国人贡献给世界的。"

遵循这个思路，并没有亲眼见过真实中国景象的阿罗姆，用他的画笔描绘了北京皇宫、万里长城、天津港口、苏州、杭州、宁波、镇江的美丽风光，也再现了江南小镇、江河、湖泊的田园风光，既有广州、香港、澳门的商业繁华，也有制茶染丝、中秋拜月、放飞风筝的传统文化，既有虎门战役、大角战役的激烈图景，也有南京风光、武夷山色的如画仙境，可以说全方位呈现了一幅大清国的现实图景。例如，在借鉴纽霍夫、亚历山大等亲历者绘图的基础上，阿罗姆绘制的《午门大阅》，表现清朝皇宫紫禁城中的午门，皇帝高坐在午门城楼上检阅官兵，午门及两旁羽翼建筑富丽堂皇，显示大清国虚荣下的辉煌；而《中国长城》则表现作为中国的标志性建筑和最雄伟的军事工程，比亚历山大笔下的画作更加丰满生动，山体城墙更加坚实，还在城堡旁画了两乘轿子抬着官员，士兵列队跟随轿子，长城下面依稀可见一队人马在行进。除了描绘城市风景，阿罗姆的画作也展现了中国的社会生活。既有上层宫廷官员的生活，也有下层普通劳动者的捕鱼、制茶、缫丝，既有闺房、嫁女的风俗，也有杂耍、算命及流民的艰辛。其中表现贵族和上流社会题材的如《八抬大轿》《女眷玩牌》《官员府第》《官府宴会》等，反映下层社会题材的如《农民插秧》《缫丝劳作》等，揭示出大清国在辉煌掩盖下的低层民众贫穷而艰辛的生活境况，而《路边刑罚》《鸦片鬼们》等画作中官员横行施暴、鸦片馆中吸食鸦片者的景象，则讽刺了大清帝国当时不堪的一面。^① 在阿罗姆创作中国图像的时代，一方面"中国热"的影响力还未完全消散，另一方面在马戛尔尼使团访华之后，有关中国的负面报道也在扩散。例如 1827 年 11 月在广州创刊的商业性英文报纸《广州纪录报》(*Canton Register*)，在报道中国的社会事件时，其记录的就大多是负面新闻，如"惩罚在中国是有法可依的，但是其残酷性经常会将受罚者致死，最残酷的莫过于鞭刑""一个罪犯被砍头，第二天他的头被装进了一个笼子，并将悬挂在他犯罪的地方"等等，旨在强化清王朝君权专制的国家形象^②。总体上看，西方人对中国文化开始从仰慕转向排斥，从崇拜转向鄙视。但另一方面，"中国热"的余波在英国也还存在。因此，尽管中国刚刚在鸦片战争中被打败，马戛尔尼在 1793 年访问中国后得出了大清国这条破损的船即将撞沉的结论正在变成现实，但阿罗姆画作里的中国还不是一个被刻意妖魔化的丑陋国度，甚至在某种程度上体现出当时英国人对中国仍抱有一定的敬意，对这个东方帝国充满了神秘感，部分西方人仍在继续 18 世纪以来赞美中国文化的风气。

回望 18 世纪西方的"中国热"高峰时期，法国的启蒙思想家们"没有一个人在他们著作的某一部分中，不对中国倍加赞扬。只要读他们的书，就一定会看到对中国的赞美——他们心目中的中国政府好比是后来全体法国人心目中的英国和美国。在中国，专制君主不持偏见，一年一度举行亲耕礼，以奖掖有用之术，一切官职均经科举考试获得，国家只把哲学作为宗教，把文人和知识分子奉为贵族。看到这样的国家，他们叹为观止，心往神驰。"甚至对中国并无太多好感的英国经济学家亚当·斯密（Adam Smith，1723—1790)，也在其 1776 年所著《国富论》中写下这样一段话："中国一向是世界上最富的国家，就是说，土地最肥沃，耕作最精细，人民最多而且最勤勉

---

① 陈璐：《托马斯·阿罗姆绘画中的大清图像》，《南京艺术学院学报：美术与设计》，2015 年第 2 期。

② 张美静：《哈哈镜还是平面镜？——〈广州纪录报〉对鸦片战争前期的中国形象呈现探析》，《新闻研究导刊》，2016 年第 17 期。

图 2-3-3:《午门大阅》，版画（印刷品），1843 年，阿罗姆，《中华帝国图景》。

图 2-3-4:《静海孔庙》，版画（印刷品），1843 年，阿罗姆，《中华帝国图景》。

图 2-3-5:《南京风光》，版画（印刷品），1843 年，阿罗姆，《中华帝国图景》。

图 2-3-6：《中国长城》，版画（印刷品），1843 年，阿罗姆，《中华帝国图景》。

图 2-3-7：《缫丝劳作》，版画（印刷品），1843 年，阿罗姆，《中华帝国图景》。

图 2-3-8：《农民插秧》，版画（印刷品），1843 年，阿罗姆，《中华帝国图景》。

图 2-3-9:《官员府第》,版
画(印刷品),1843 年,阿
罗姆,《中华帝国图景》。

图 2-3-10:《寺庙烧香》,
版画(印刷品),1843 年,
阿罗姆,《中华帝国图景》。

图 2-3-11:《戏剧演员》,
版画(印刷品),1843 年,
阿罗姆,《中华帝国图景》。

的国家。然而，许久以来，它似乎就停滞于静止状态了。今日旅行家关于中国耕作、勤劳及人口稠密状况的报告，与五百年前视察该国的马哥孛罗的记述比较，几乎没有什么区别。……不过，中国虽可能处于静止状态，但似乎还未曾退步。那里，没有被居民遗弃的都市，也没有听其荒芜的耕地。每年被雇用的劳动，仍是不变，或几乎不变；因此，指定用来维持劳动的资金也没显然减少。所以，最下级劳动者的生活资料虽很缺乏，但还能勉强敷衍下去，使其阶级保持着原有的人数。"而到18世纪以后，英国在国力上不断强盛，种族优越感助长了英国人的傲慢和霸气，雄霸天下的野心与日俱增，再加上1793年英国特使马戛尔尼出使中国失败，一股敌视、蔑视甚至污蔑中国之风日盛。①

因此通过阿罗姆的一些画作也可明显可以看出，中华国虽然曾有过辉煌的历史，虽然依旧地大物博、人口众多、风光秀丽、历史悠久，但这一切都已呈现出停滞的状态。而此时的西方知识界，其主流已基本将中国视为一个停滞的帝国，至于阿罗姆所呈现的田园诗般的景象，只不过是一种历史的"标本"："西方曾经羡慕中国历史悠久，但很快发现，具有悠久历史的中国，同时也是一个停滞在历史的过去，正在堕入野蛮的国家。文明的悠久与停滞是一个问题的两面：当历史悠久同时意味着历史停滞时，荣耀也就变成了耻辱。在理论上说明中国的停滞，进可以为殖民扩张提供正义的理由，退可以让西方文明认同自身，引以为戒。永远停滞的民族，自身是没有意义的。它只能成为其他民族的一面镜子。永远停滞的民族，自身也不能拯救自身，只有靠其他民族的冲击。"②

阿罗姆创作《中华帝国图景》时，距离马戛尔尼使团访华已经过去了整整半个世纪，距离阿美士德访华也已近30年。因此他对于亚历山大所描绘的中国图景，多少还有些恍若隔世。而他和赖特二人所处的时代，正好是大

---

① 姜智芹：《非我与他者：英国文人视野中的中国形象》，《东岳论丛》，2005年第5期。

② 周宁著/编注：《历史的沉船》，学苑出版社，2004年5月版。第5—6页。

图 2-3-12:《官员宴会》, 版画（印刷品）, 1843 年, 阿罗姆,《中华帝国图景》。

图 2-3-13:《八抬大轿》, 版画（印刷品）, 1843 年, 阿罗姆,《中华帝国图景》。

图 2-3-14:《路边刑罚》, 版画（印刷品）, 1843 年, 阿罗姆,《中华帝国图景》。

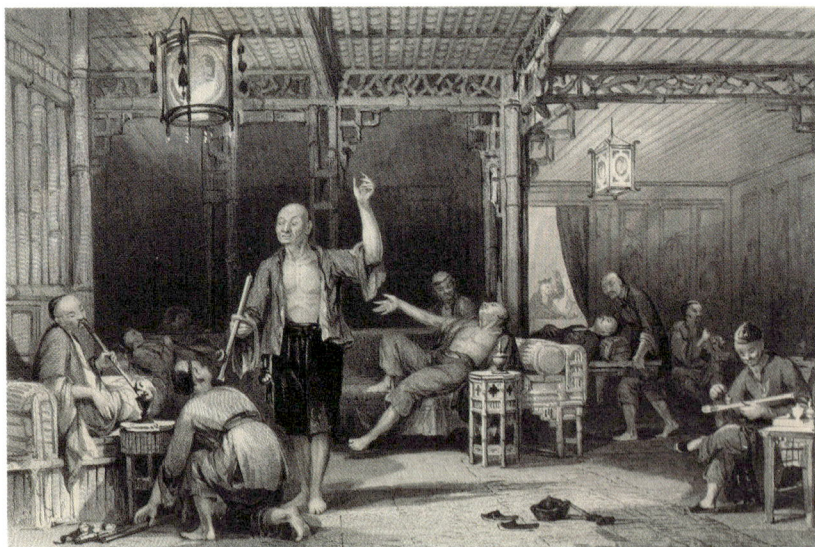

图 2-3-15:《吸食鸦片》, 版画（印刷品）, 1843 年, 阿罗姆,《中华帝国图景》。

英帝国相继在通过两次鸦片战争打败大清王朝的时代。尽管他们都没有能够亲临现场，但当时的传媒手段，已经可以及时向英国国内传送回来自中国的实地报道，其中也包括图像资料。例如《伦敦新闻画报》就多次刊登由英国战地记者斯达特等人所画的战争场面，这些刊登在报纸上的版画便直接成为阿罗姆创作相关主题作品的素材。因此在《中华帝国图景》的最后一部分，阿罗姆又绘制了十余幅有关鸦片战争主题的画作。例如《大角战役》描绘大角上的炮台耸立，英军有的在推拉运输大炮的车子，大部分英军列队握枪向炮台进发，迫使清军逃跑失败；《静海之战》描绘英军舰队炮击岸上中国军队阵地，海面上中国水军舰船看似不堪一击的场面；而《镇江战役》则描绘了中英两国军队在战场上殊死搏杀的场景。从这些画面折射出的意味看，阿罗姆虽然也有对战争残酷的感慨，但最主要的显然还是对本国军队大获全胜的自豪感。

正是由于迎合了时代的需求，《中华帝国图景》的出版获得了极大成功。到 1858 年时，赖特对说明文字进行了一些修改后再版。出乎意料的是，此书在日后上百年间竟成为英国乃至欧洲最有名的插图本的中国历史教科书。甚至可以毫不夸张地说，19 世纪后期以来西方人关于中国的知识，大部分是在这部书的文字和图画中获得，特别是阿罗姆那些精美的图画，对于传播中国形象起到了很大的作用。

1853 年 5 月 20 日，马克思为《纽约每日论坛报》撰写了一篇有关中国问题的评论，其中写道："英国的大炮破坏了皇帝的权威，迫使天朝帝国与地上的世界接触。与外界完全隔绝曾是保存旧中国的首要条件，而当这种隔绝状态通过英国而为暴力所打破的时候，接踵而来的必然是解体的过程，正如小心保存在密封棺材里的木乃伊一接触新鲜空气便必然要解体一样。"①

耐人寻味的是，当《中华帝国图景》1858 年再版时，当时中英第二次鸦片战争第一阶段已经结束，英国政府刚刚逼迫清政府签订《天津条约》，

---

① 马克思：《中国革命和欧洲革命》,《马克思恩格斯选集》第 2 卷，人民出版社，1995 年 1 月。

图 2-3-16:《大角战役》,版画(印刷品),1843 年,阿罗姆,《中华帝国图景》。

图 2-3-17:《静海之战》,版画(印刷品),1843 年,阿罗姆,《中华帝国图景》。

图 2-3-18:《镇江战役》,版画(印刷品),1843 年,阿罗姆,《中华帝国图景》。

图 2-3-19、图 2-3-20：阿罗姆的版画在稍后相当长的时间里产生了巨大影响，西方世界很多有关中国的想象图景都是在其基础上衍生出来的，下图系1847 年无名艺术家对阿罗姆版画（前图）原作的仿制。

获得了派公使进驻北京的权利，赖特本人在该版引言中的语气已明显不同于1843 年第一版时。他在引言中指出："中国经常被描述为世界上最大的帝国。它曾经享有这种卓越地位；但大不列颠和俄罗斯的帝国现在比中国皇帝的帝国更为广泛……在世界历史的早期，他们就已经达到了高度的文明；科学在他们中间蓬勃发展；我们有最充分的证据证明他们在艺术方面表现出色。但是几个世纪以来，他们在这方面和另一方面都保持着停滞。在绘画、雕刻或任何其他装饰艺术中，现代作品即使与古代作品持平，也不会超过古代作品。而中国人在非常遥远的时期发现的水手罗盘和印刷术，从未像在欧洲那样，在知识、文明和商业进步方面得到实际发展。19 世纪的基督教时代，那些对人类进步的巨大帮助，在中国几乎保持着原始状态。事实上，中国人吹嘘说，它们是不变的。毫无疑问，这源于他们在历史的各个时期与外国人的少量交往。"由此可见，中国作为一个停滞的帝国的观念已在西方社会深入人心，而西方人看待中国的态度已全方位发生了逆转。对比一百年前，这一幕实在是一种历史的讽刺，正如有学者感慨："为什么从文艺复兴到启蒙运动的若干世纪，西方人对中国人总是好感过多，而此后一段时间，这种好感顿然消失？中国可敬的历史悠久，成为可耻的历史停滞；美好的孔教理想国成为臭名昭著的东方专制帝国；曾经发明过火炮与造纸术，皇帝是诗人，农夫是哲学家的民族，如今成为被奴役的、愚昧残暴的、野蛮或半野蛮的民族。是什么因素造成了这种转变？"①

---

① 周宁：《在西方现代性想象中研究中国形象》，《南京大学学报》，2008 年第 4 期。

参考文献：

[德]黑格尔:《历史哲学》，王造时译，上海书店出版社，1999年9月。

[美]彭慕兰著:《大分流:欧洲、中国及现代世界经济的发展》，史建云译，江苏人民出版社，2004年3月。

[英]托马斯·阿罗姆绘图，李天纲编著:《大清帝国城市印象:十九世纪英国铜版画》，上海古籍出版社，2002年12月。

[英]亚当·斯密:《国富论》，富强译，陕西师范大学出版社，2010年12月。

周宁著/编注:《历史的沉船》，学苑出版社，2004年5月。

周宁著/编注:《鸦片帝国》，学苑出版社，2004年5月。

周宁著:《天朝遥远:西方的中国形象研究》，北京大学出版社，2006年12月。

第四章
传奇：传教士的『水中花』

清帝国的国民，具有极强的生命力。在这幅员辽阔的帝国，无不证实我们的"人口过剩"的第一个印象。不管破坏力多大，只要有几十个太平和丰收年景，帝国的几乎所有地方都能从接连不断的灾难中复员过来。换言之，极端的贫苦也不能使他们的人口有明显减少。惟有嗜吸鸦片才会持久而有效地遏制他们的人口增长。鸦片和战争、饥荒、瘟疫一样，是中华民族致命的敌人。

——明恩溥，1890 年。

清光绪四年（1878 年）农历二月二日，初春的山西大地依然没有丝毫生机。放眼望去，路面上行人稀少，只有间或吹来的北风呼啸而过，扬起阵阵黄尘。由于遭受了持续两年多的旱灾，这个内陆省份到处田地龟裂，饿殍遍地。这天，一位深目高鼻的洋人骑着毛驴来到太原以南 300 公里的洪洞县城。虽然他身穿中式服装，说的也是标准的中国官话，但仍然在当地引起了一阵骚动。这位洋人，便是晚清时期著名的来华传教士李提摩太，而他来山西的目的，则主要是赈济灾民。

李提摩太是一名来自英国的传教士。虽然出身于农民家庭，但在大学毕业后，满腔的宗教热忱却促使他加入浸礼会，成为一名青年教士，不久便受派前来中国传教。1869 年 11 月，李提摩太乘坐"亚克利"号轮船从利物浦港出发，开始了自己漫长的东方之旅。可能就连他本人也不会想到，这一去，就是将近半个世纪。1870 年 2 月，李提摩太抵达上海。在那里稍作停留后，便一路北上前往山东的烟台和青州一带传教。按照当时西方来华传教组织的规定，李提摩太首先要做的就是克服语言障碍，投入很大精力学习中文。经过一段时间的努力，他很快就学会了中国官话，能够与当地百姓自如地交流。然而李提摩太很快又发现，要想在中国民众间吸纳信徒，并没有预想得那么容易。

诚然，自 1860 年以来，随着一系列不平等条约的签订，清王朝被迫向西方各国的传教机构打开方便之门，并对深入内地的众多传教士提供保护。不过每当传教士们充满热情地宣扬上帝之义时，所遇到的大多是冷漠甚至敌意。经过一番冷静思考，一些传教士开始另辟蹊径。他们认为，要想得到中国人的认同，首先就要使自己变成"中国人"。

尽管早在明末清初，以利玛窦、汤若望等为代表的老一辈传教士曾经创造了一系列个人神话，但对于整个基督教在近代中国的传播历史而言，这类辉煌只不过是昙花一现。由于中国儒家文化与基督教信仰之间在核心价值观上的冲突，注定了传教士们在中国的事业会遇到各种波折。即便是以胸襟开阔著称的康熙大帝，也对罗马教廷坚持反对中国教徒祭祖祭孔而大为震怒。到雍正皇帝时，干脆下诏禁教，驱逐外国传教士。此后的乾隆、嘉庆两代帝王，都严格禁止西洋人入境传教。18 世纪中期以后，随着欧洲各国工业革命的兴起和发展，大规模的海外扩张也由此展开，而沉寂多年的传教事业同样再度复苏。如果说天主教扮演了 16 至 17 世纪在华传教的主角，那么这时则轮到基督教新教登台了。各资本主义国家掀起了一场全球性的宣教运动，各宗派纷纷组织传教会，派遣传教士向海外进行传教。19 世纪初，英国新教传教会开始了向中国派遣传教士的规划，并逐渐成为东西方文化交流的主体。1807 年，第一名新教传教士马礼逊到达广州，标志着新教传教士活动在中国的开始。从 1807 年到 1842 年第一次鸦片战争结束，鉴于当时的中国"禁教"政策，许多新教传教士活跃在南洋和中国南方沿海一带，通过创办报刊、译著立说传播宗教，向中国介绍西方文化。第二次鸦片战争后，中国的大门被迅速打开，"闭关锁国"的对外体制越来越趋向于瓦解。一系列不平等条约的签订，迫使清政府被迫对西方传教士的传教活动实行"弛禁"政策，外国传教士开始大量涌入中国沿海及内地。据有关资料统计，到1860年，基督教传教士由1844年的31人增加到100余人，到19世纪末更增至1500人。

尽管在炮舰的保护下获得了合法地位，但新一代传教士发现，比起利玛窦、汤若望那个时代，他们所遇到的困难仿佛更多。由于广大中国民众的疑惧乃至敌意，要想通过单纯的说教来发展信徒，仍是难上加难。于是为了打开局面，传教士不得不再次采用各种非宗教手段，其中最重要的便是教育和行医。

在传教过程中，一些传教士发现，开展各种形式的教育活动无疑是宗教事业最有力的武器。例如著名传教士丁韪良就认为，"要发展美国基督教在华势力，必须从教育入手"。结果，在众多传教士的努力下，大批教会学校和研究出版机构在晚清出现。通过全方位展现当时西方世界强大的"软实力"，传教士们力图从精神文化层面上"征服"中国民众，从而达到"润物细无声"的效果。与此同时，作为这一时期中西方文化交流的主要角色，传教士们还承担起了向西方世界传播中国形象的任务。环顾19世纪中后期，在此方面获得成功的西方传教士简直不胜枚举：马礼逊、理雅各、郭士立、裨治文、卫三畏、文惠廉、明恩溥、谢卫楼、施约瑟、林乐知、米怜、麦都思、雒魏林等等。

罗伯特·马礼逊（Robert Morrison，1782—1834）是英国传教士，也是西方派到中国大陆的第一位基督新教传教士。他出生于英国北部诺森伯兰的一个农家，自幼受到父亲的影响，对传教事业产生了浓厚的兴趣。他在17岁时开始接受语言、医学、天文、数学、神学等方面的教育，并在1804年向伦敦传教会申请成为传教士。1807年，马礼逊被派往中国开辟新的教区，他在广州学习汉语，并在1809年成为英国东印度公司广州办事处的汉文翻译。由于清朝禁绝传播洋教，马礼逊以马六甲为据点，翻译出版《新约全书》《新旧约全书》等书，成为将基督教的全部原始教义介绍给中国的第一人。他还编辑了《华英字典》，出版汉文期刊《察世俗每月统记传》，并因此被誉为"中国近代报刊的开山鼻祖"。马礼逊在中国服务期间，还开设了诊所和眼科医院，提供免费医疗服务作为宣教的方法。他的工作不仅在传播基督教方面取得了成就，还促进了中西文化的交流。马礼逊的汉语学习经历和经验，以及他编撰的汉语学习工具书，对国际汉语教学学科的建设具有重要的史料价值和现实意义。

麦都思（Walter Henry Medhurst，1796—1857）是英国基督教伦敦会的传教士，1816 年被派往马六甲，学习中文和中国文化，很快成为著名传教士米怜 (William Milne,1785—1822)

图 2-4-1：马礼逊与中国助手在将《圣经》翻译为中文，版画，1835年，原画为钱纳利绘。

的重要助手，帮助编辑中文刊物《察世俗每月统记传》，并于 1838 年将自己的研究成果编辑成《中国的现状与传教展望》，向欧洲人深入地介绍中国的历史与文明。1843 年，麦都思代表伦敦会到上海，成为最早登陆上海的新教传教士之一。在上海，他创建了墨海书馆，这是上海最早的现代出版社，也是最先采用西式汉文铅印活字印刷术的印刷机构，该书馆还培养了一批通晓西学的学者，如王韬、李善兰等。1849 年，麦都思根据自己 1845 年3 到 5 月游历江苏、安徽、浙江等地的所见所闻，编辑出版了《中国内地一瞥：在丝茶产区的一次旅行所见》（*A glance at the interior of China : obtained during a journey through the silk and green tea districts taken in 1845.*），书内含有一些地图和版画以及一些蚕桑生产器具插图。

郭士立（Karl Friedrich August Gützlaff,1803—1851），又译作郭实腊，出生于普鲁士，1825 年被荷兰传道会派去英国伦敦传教会学习，结识了回国休假的马礼逊。1826 年从神学院毕业后被派往印度尼西亚苏门答腊岛，1827 年抵达巴达维亚（今雅加达）协助麦都思工作，向后者学习马来语和汉语。

图 2-4-2:《传教士麦都思在与助手朱德郎（Choo-Tih-Lang）交谈》，版画，1840 年。

图 2-4-3：传教士米怜（William Milne）肖像，1823 年。

由于立志要去中国传教，1829 年脱离荷兰传道会到新加坡、马六甲活动，后又前往曼谷，在华人中学习福建话、广东话和中国官话，1830 年归宗于来自福建的郭氏家族，取名"郭士立"。郭士立在华非常活跃。他是 1832 年创刊的英文报纸《中国丛报》的五名主要撰稿人之一，在该刊共发表了 51 篇文章介绍、评论中国情况，在西方产生巨大影响。郭士立的最大影响是向西方人展示了 19 世纪的中国社会面貌，在颠覆 16 世纪以来由耶稣会士带给西方的"中国观"，重塑中国在西方世界的形象方面，是个重量级人物。[1]

在 19 世纪上半期，西方人心目中的中国形象已经发生了巨大转变，而其中以郭士立为代表的来华传教士所发挥的作用无疑是不可忽视的，甚至可以说起到了关键作用。当时来华的传教士中，除极少数人外，大多都赞同著名汉学家卫三畏（Samuel Wells Williams）的观点，即认为中国文明是一

---

① 王幼敏:《鸦片战争时期的"汉语三剑客"》,《文汇报》, 2020 年 8 月 7 日。

种"半陷落"的荒野文明。尽管郭士立甚至作出了在福建认祖归宗这样的极端举动,但这不意味着他对中国文化会产生深厚的感情。恰恰相反,他对于中国的一切从根本持贬抑态度,甚至将所有的问题归结于中国人的国民性和心灵。在此背景下,郭士立还打着传教的幌子干起了其他工作。1831年、1832年、1833年,他先后三次沿中国海岸航行,之后著有《中国沿海三次航行记》并因此声名鹊起。这三次航海的活动范围从广东沿海到山东半岛、辽东半岛,郭士立沿路讲道、诊病、分发宗教宣传册、书籍、药物等,但同时详细记录下了所到之处的海防、军事、军备状况,为他盼望中的枪炮轰开大门做积极准备,正如他后来宣称的:"我心中长久以来就怀有这样的坚定信念,即在当今的日子里,上帝的荣光一定要在中国显现,龙要被废止,在这个辽阔的帝国里,基督将成为唯一的王和崇拜的对象。"①

实事求是地讲,对于近代大部分来华传教士来说,他们远赴中国的主要目的当然还是传播基督福音。然而19世纪西方教会势力在中国宗教扩张的历史,与西方列强在华政治、经济扩张的时段基本同步,来华传教士与西方的商人、政客又同样迫切要求打开中国的大门,这就使得来华传教士的活动没有限于单纯的宗教领域,而是以各种方式卷入西方列强的对华政治、经济关系,甚至参与对中国的政治凌迫和军事行动中来。例如著名的法国传教士樊国梁,就因在八国联军侵华过程中扮演了不光彩的角色

图 2-4-4:身穿中国水手服的郭士立,1835—1851年,原画为钱纳利绘。

---

① 顾长声:《传教士与近代中国》,上海人民出版社,2004年7月,第29页。

而饱受诟病。

樊国梁（Pierre Marie Alphonse Favier，1837—1905），法国天主教传教士。1862 年来中国进行传教活动，1897 年 11 月任直隶北境代牧区助理主教，1899 年 4 月出任直隶北境代牧区宗座代牧，成为天主教驻京主教，并向清政府取得二品顶戴，1905 年病逝于北京。1900 年义和团运动期间，他从法国公使馆调水兵修筑工事，武装西什库教堂。八国联军入京后，他曾为各国联军提供一批教士和教徒充当翻译。1901 年回欧洲，被罗马教廷授予"宗座卫士"的最高荣誉头衔，被法国政府授以十字荣誉勋章。他所著的《北京：历史和描述》（*Peking: Histoire et Description*）是一本在 1897 年出版的法文著作。这本书通过樊国梁的视角对中国尤其是北京进行了百科全书式的介绍，展现了他对中国历史、文化、生活的独特理解，不仅讲述了天主教在中国的传教历史，尤其是樊国梁亲身的传教经历，同时也反映了当时西方传教士对中国的认识和态度。从《北京：历史和描述》的内容来看，樊国梁的主旨就是希图通过传播天主教"救赎"这个古老的国家。尽管该书也不乏对中国历史文化的赞扬，但对中国的政治、军事和娱乐等充满了明显的贬抑。在他看来，当时的中国大到宫廷官员，小到京城小吏，都少有恪尽职守者，而且卖官鬻爵之风盛行：管理皇帝吃穿住用的官品就是肥缺之一，在职者全都把二等品当一等品采购给皇帝，而后者至少得支付十倍于实价的金钱；北京城里的捕快办事效率很低，夜巡者每晚提着灯笼大喊大叫，分明是让盗贼们知道了自己的具体位置；至于中国的戏园子、赌场和鸦片馆，更是证明了这个国家的可悲。最后他认为，中国如要走上富强之路，只有一条大路，那就是信仰天主教，依靠与天主教密切相关的科学技术。[1] 值得注意的是，正是这位在中国传教长达半个世纪的西方传教士，在八国联军攻打北京时为联军提供翻译和情报，并公开主持抢劫，在后来议和谈判时，还为法国天主教勒索了大量白银。

---

① 陈晓径：《法兰西教士看中国——评介晚清法国来华传教士樊国梁名著〈北京：历史和描述〉》，《法国研究》，2011 年第 1 期。

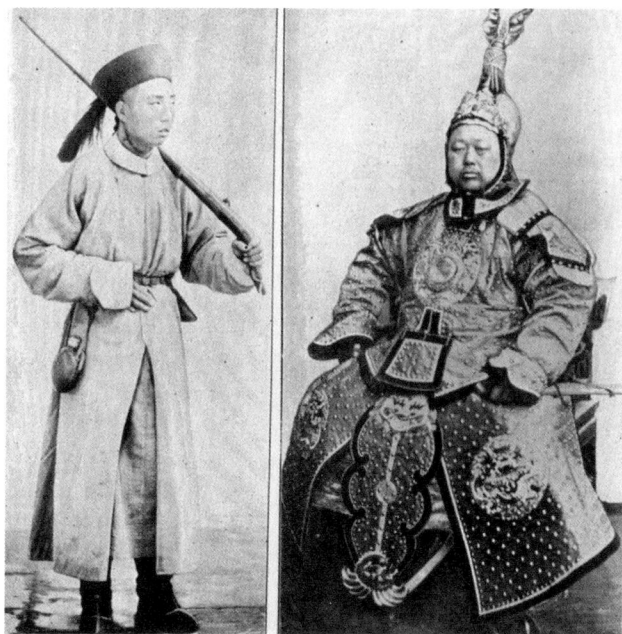

图 2-4-5：清朝的士兵、武器和将军，《北京：历史和描述》
插图照片。

　　卢国祥（Richard Pieper，1860—1909）是德国传教士，最早到中国的
圣言会会士之一。他于 1886 年抵达山东，并在中国生活工作了多年，直至
1909 年在中国去世。1900 年，卢国祥出版了其所著《中华苗蔓花》（*Unkraut,
Knospen und Blüten aus dem blumigen Reiche der Mitte*），书中对晚清时期的
中国进行了百科全书式的介绍，内容涵盖生活习性、风俗习惯、宗教信仰等
多个方面。全书分为三个篇章：Unkraut（苗）、Knospen（蔓）、Blüten（花），
可能是通过植物的成长过程——发芽、生长、开花结果，来寓意华夏民族的
发展。书中包含了数百幅插页插图和彩图，内容涉及清朝的风俗、传说、朝
廷、汉字、钱币、风水、农业、耕种、家庭、瓷器、儿童、教育、私塾、烹
饪、鸦片、手工、摊贩、戏剧、军队、大臣、刑法、花卉、动物、牲畜、女
工、年俗、八卦、医术、婚丧嫁娶、庙宇神灵、各大教派、传教活动、音乐、
纺织、文学、书法、服饰、城市建筑等，是对当时中国的全面描述。通过这

图 2-4-6：在中国传播福音的传教士，版画，《中华苗蔓花》插图。

图 2-4-7：西方传教士与中国信徒，版画，《中华苗蔓花》插图。

些插图可以看到，与当时绝大多数来华传教士的观点一样，卢国祥对专制统治下的清朝中国持否定态度，对司法落后、官员腐败、百姓贫困等现象痛心疾首，而要想从根本上解决这些问题，只有基督教信仰的广泛普及。

高葆真（William Arthur Cornaby，1860—1921）是英国循道会传教士。他于 1885 年来华，曾在汉口、汉阳传教，1904 年调任上海广学会编辑，主编中文周刊《大同报》和《中西教会报》，并经常为《字林西报》撰写有关中国的文章。在其所著《中国召唤》（*The Call of Cathay*）一书中，高葆真呼吁中国积极引进西方科学技术，对一些落后的习俗进行改革。在该书所附的很多插图中，可以看到清末中国百姓的贫困落后，社会经济的萧条，城乡的破败，也可以看到很多地方在基督教影响下所呈现的新气象。

如果说葡萄牙、法国先后主导了 16—18 世纪间的西方来华传教事业，那么到 19 世纪，刚刚崛起的美国则成为来华传教事业的中坚力量，而美国传教士也在很大程度上影响了西方的中国形象。18 世纪末 19 世纪初，美国兴起的"第二次大觉醒运动"掀起了新的宗教复兴热潮，导致诸多传教机构产生，并最终引发大规模的海外传教运动，至 1830 年开启了一个多世纪的对华传教事业。在此背景下，许多美国传教士纷纷远渡重洋来到中国，其中早期较为著名的包括裨治文、雅裨理、卫三畏、伯驾等。[①] 裨治文（Elijah Coleman Bridgman，1801—1861）出生于美国马萨诸塞州一个务农家庭，他是美国首位来华的新教传教士。受美国国外宣教会差遣，于 1830 年 2 月抵达广州开始传教事业。他前后在华工作 30 年，主要活跃于广州、澳门和上海。1832 年，裨治文和马礼逊共同创办了英文《中国丛报》（*The Chinese Repository*）并担任主编，向西方人介绍有关中国的知识，包括语言、文化、历史等。在认识中国的问题上，虽然裨治文主张客观如实地描述中国，既反对 16 世纪以来西方美化中国的倾向，也批评当时新教传教士刻意夸大中国社会黑暗面的简单化方法。但作为新教传教士，其思想深处的基督教文明全

---

① 陈才俊：《"福音奋兴运动"与美国对华传教事业的兴起》，《宗教学研究》，2015 年第 4 期。

图 2-4-8：《贫困无助的中国百姓》，《中国召唤》插图照片。

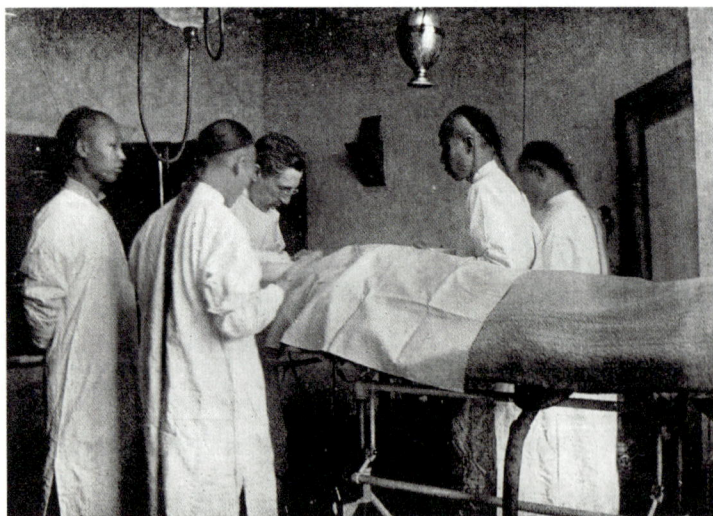

图 2-4-9：《西方医生正在指导中国助手进行手术》，《中国召唤》插图照片。

上论又使他在认识中国时无法摆脱二元对立的简单化思维。如同几乎所有19世纪来华传教士一样，在裨治文看来，只有西方近代文明才代表未来文明的发展方向。

作为中国境内创办的第一份英文刊物，《中国丛报》在其发行的20年间事无巨细地介绍了第一次鸦片战争前后有关中国历史文化和社会现状的各个方面，是19世纪上半叶西方世界获取中国知识的重要信息源，重新构建起了有关中国人形象的描述。在《中国丛报》各路撰稿人的笔下，中国人的形象常常被冠之以"愚昧""残忍""肮脏""迷信"等负面词汇。例如在考察中国人整体性格、品德时，他们提出中国人的性格是有缺陷的，并且处于停滞甚至倒退的状态，光靠中国人自己的努力已很难改变这一处境，只有借由信仰基督方能改变中国人这一困境；在观察中国人风俗问题时，他们将视角主要瞄准中国人的恶习陋俗、庸俗鄙俗，对中国人的一些优风良俗却较少报道甚至视而不见，以此推论出中国的正是儒家思想为主导的统治思想才导致中国的各种恶习陋俗，唯有通过推广西方文明，传播基督福音，方能改变这一境地；而在考察女性缠足、吸食鸦片以及乞丐等社会现象时，《中国丛报》基本上使用的词汇无非是"扭曲""丑陋""变态""懒惰""愚昧""懦弱"等等。

具有讽刺意味的是，在17至18世纪，耶稣会传教士为了获得西方世界支持其在华传教士事业，刻意对中国进行了全方位美化；而到了19世纪，现实力量的对比以及形势的需要，同样是为了证明海外传教的必要性与正当性，又使得传教士们开始刻意贬低乃至扭曲中国形象。正如有学者指出："传教士为寻求本国信徒的经济援助，必须为国内提供一种道德堕落、偶像崇拜、迷信的负面中国形象。可见，他们是出于自身的传教动机而对中国进行了有选择的报道。"《中国丛报》内容无疑就是最好的诠释。也正是由于从踏上中国土地起就认定，只有基督福音才能驱散中国人中的异教黑暗，因此这些传教士们必然是带着骄傲与偏见俯瞰中国，他们在对待中国人往往怀有一种家长式的审查和优越心态。①

伯驾（Peter Parker，1804—1888），美国首位来华医疗传教士、广州博济医院创始人。1834年来华，1838年在广州成立中华医药传道会，并在澳门开设眼科医院，1839年鸦片战争前夕曾为林则徐治疝气病。1844年担任美国特使助手，参与《望厦条约》谈判。1855年任美国驻华全权公使后，曾鼓动侵占中国台湾，并与英法各国联合提出"修约"要求，扩大侵华权益。

1835年11月，在广州十三行著名行商伍秉鉴（浩官）的帮助下，伯驾在广州十三行新豆栏街的丰泰行租屋开设眼科医局，此乃博济医院的前身。鉴于病人日多，1837年伯驾决定招华人助手3名，以半工半读带徒弟的方式传授西方医术。巧合的是，同样活跃于十三行的广州外销画师林呱一直对伯驾的工作颇感兴趣，闻知伯驾招收学生，便推荐自己的侄子关韬前往学习西方医学。

关韬（1818—1874），虽然是林呱的侄子，却不愿学画，反而对学医很感兴趣。林呱对关韬很关心，特别为他们绘了一幅油画《彼得·伯驾医生及其助手像》，其中助手就是关韬。关韬聪颖好学，他在伯驾的教导下很快就能独立施行常见眼病的手术、腹腔穿刺抽液、拔牙、治疗骨折及脱臼等等。由于深受伯驾器重，在伯驾休假回国时，关韬甚至代为主持眼科医局。1856年第二次鸦片战争时，关韬到福建清军服务，赏五品顶戴军

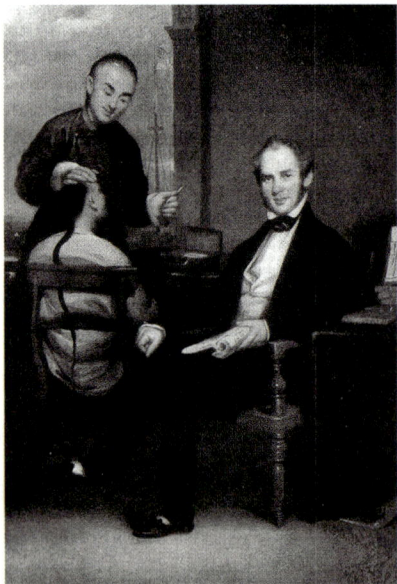

图2-4-10：《彼得·伯驾医生及其助手像》，印刷品，原画为关乔昌（林呱）所绘。

---

① 崔青：《〈中国丛报〉近代中国人形象建构研究》，广东外语外贸大学硕士论文，2017年6月。

衔，成为中国第一位西式军医。

值得一提的是，当摄影术于 19 世纪中期传入中国后，许多来华传教士也掌握了这门技术，并在传教过程中拍摄了许多有关中国自然地理、风土人文、百姓生活等方面的照片，从而以这种新的方式参与近代中国形象的塑造中。

赫德兰（Isaac Taylor Headland，1859—1942）是美国美以美会传教士和汉学家，于 1888 年来到中国，曾在北京汇文书院担任文科和神科教习。赫德兰对中国美术有深入的研究，并且对 19 世纪末至 20 世纪初的中国社会进行了精细的观察，编撰了多部有关晚清中国的书籍，这些作品深受西方读者的欢迎。赫德兰的著作《孺子歌图》（*Chinese Mother Goose Rhymes*）是 1900 年出版的一本儿歌童谣书，收集了 150 首北京地区流传的儿歌，并配以英文翻译和照片，对研究老北京儿歌及民俗具有很高的参考价值。这本书可能是中国最早采用"摄影插图"形式为书籍配图的出版物之一，也是早期北京地方文化和幼儿教育的珍贵实物资料。赫德兰 1901 年出版的另一部作品《中国的男孩与女孩》（*The Chinese Boy and Girl*）详细介绍了清末时期中国儿童生活的各个方面，包括儿歌、游戏、玩具、杂耍、童话等，书中包含了百余幅插图和照片，对研究传统儿童游戏具有重要的参考价值。在华传教期间，赫德兰曾拍摄大量照片，其许多著作中都收录了他拍摄的部分照片作为插图。

在 19 世纪美国来华传教士中，丁韪良（William Alexander Parsons Martin，1827—1916）无疑是对近代中国影响力最大者之一，而他在其著作中对中国形象的描述也比较具有代表性。丁韪良是美国基督教长老会传教士，1849 年被立为长老会牧师，1850—1860 年在中国宁波传教。由于他熟谙汉语，善操方言，1858 年中美谈判期间，曾任美国公使列卫廉译员，参与起草《天津条约》。从 19 世纪中叶至 20 世纪初，他前后在中国生活并工作超过半个世纪。与一些对中国持有天然偏见的传教士不同，在丁韪良看来，当时的中国一方面落后保守，危机重重，但同时也充满机遇和挑战。作为一名深度参与了清朝事务的西方传教士，他翻译了《万国公法》并将其推荐给

图 2-4-11：中国女佣和婴儿，赫德兰，《中国的男孩与女孩》插图照片。

清政府，这标志着西方国际法知识系统地传入中国，并为晚清政府外交人员提供了系统的国际法知识。他还通过翻译和教育工作，促进了中西法律文化的交流。他曾担任京师同文馆和京师大学堂的总教习，推动了中国近代教育的改革和发展。他强调自然科学知识的教育，并亲自编撰了介绍力学、水学、气学、火学、电学、化学等数理化学科的教科书。他翻译了多首中文诗歌，并通过自己的译作和研究，向西方介绍了中国的文学和文化。可以说，他的工作和著作不仅促进了中西文化交流，也为中国近代化进程做出了贡献。

在其一系列著作中，丁韪良某种程度上展现了对中国社会变革的关注和对中国人民的同情。丁韪良眼中的中国形象是复杂而多面的。他既看到了中国的传统和现代性，也看到了中国在国际舞台上的地位和潜力。《花甲忆记》以半回忆录形式写就，首版于1896年在美国纽约、英国爱丁堡和伦敦同时出版。在这部作品中，丁韪良记述了自己1850年来华至1895年离开同文馆的回忆，涵盖了他对中国社会政治生活的观察和感受。他在序中明确表示，写作的目的并非制作历史年表，而是描述他所见的中国人及其社会政治生活，希望这样的私人视角能增加读者的兴趣，并使描述更加可信。有一个小插曲非常耐人寻味：1898年京师大学堂（今北京大学）成立时，丁韪良被光绪皇帝任命为首任总教习，授二品。出人意料的是，开学之际，这位美国传教士居然当着全体中外来宾的面，向中国的圣人孔子鞠躬致意，此举使丁韪良被一些基督教人士视为神的叛徒。尽管如此，丁韪良作品中的中国依然摆脱不了这样的形象：封闭排外的帝国、专制僵化的政体、不堪一击的军事、动荡不安的社会、崇古守旧的文化、三教合一的宗教、未开化的国人，其结论依然是只有战争能开放中国给基督、只有基督能拯救中国。

1936年，鲁迅先生在《"立此存照"（三）》一文中曾写下这样一段话："不看'辱华电影'，于自己是并无益处的，不过自己不看见，闭了眼睛浮肿着而已。但看了而不反省，却也并无益处。我至今还在希望有人译出斯密斯的《支那人气质》来。看了这些，而自省，分析，明白那几点说得对，变革，挣扎，自做工夫，却不求别人的原谅和称赞，来证明究竟怎样的是中国人。"文中所提到的"斯密斯"，即为著名美国来华传教士明恩溥（Arthur H.

图 2-4-12：《贫穷落后的中国人》，
《花甲忆记》插图照片。

图 2-4-13：《中国宗教》，《花甲忆记》
插图照片。

Smith，1846—1932）及其所著《中国人的气质》（*Chinese Characteristics*）。

明恩溥是美国公理会传教士，1872 年来中国，他在鲁西北传教 30 年，写了大量有关中国的著作，如《中国的文明》《中国人的特性》《中国乡村生活》《动乱中的中国》《中国之进步》等。其中最具影响力的两部著作是《中国人的气质》和《中国乡村生活》（*Village life in China*）。尤其是《中国人的气质》一书，较为系统地分析了中国人的民族性格，在很大程度上塑造了 19 世纪末 20 世纪初西方人眼中的中国形象。该书英文版于 1890 年出版，后相继出版德语、俄语、日语等多种语言的译本。

在《中国人的气质》中，明恩溥通过对中国人生活、风俗和性格的观察，总结了中国人的典型性格特点。他的描述既包含了对中国人日常生活的赞赏，如勤劳、节俭、忍耐等积极特质，也包含了对某些行为和习惯的批评。明恩溥总结了中国人民族性的二十多个方面，包括体面、节俭、力行、礼仪、不珍惜时间、不精确、误解之才、暗示之才、软弱的强硬、蒙昧、神经迟钝、轻蔑外国人、公共心缺乏、保守主义、不考虑舒适与方便、具有顽强生命力、坚忍不拔、淡然自逸、孝心、仁惠、欠缺同情、社会易激愤但善调停劝解、重相互之间的责任和尊重法律、多猜疑、欠缺信实、信仰儒释道等等。对于中国人的节俭、力行、礼仪、坚忍不拔等民族性，明恩溥基本上以客观的态度加以探讨，但同时也对中国人的某些做法表现出厌恶、轻蔑和嘲讽的态度。例如对于中国老百姓的一些极端节俭行为，他就在不经意间流露出作为西方人的文明优越感。更多时候，明恩溥对中国人的民族性持有明显不客观的描述。例如他说中国人"神经迟钝"，中国人"不知倦"、不知苦，不知道运动的重要性，无论在何处都能安眠，不注意室内空气的流通，特别能够忍受身体的痛苦等等，明显带有蔑视中国人的意味。他甚至在书中暗示，中国人可能会在 20 世纪的民族竞争中被淘汰。明恩溥认为中国人缺乏公共心，大多中国人无爱国之心，对国事冷淡。明恩溥还指出中国人相当保守，缺乏同情心，互相之间缺乏信任。简言之，就明恩溥塑造的中国人整体形象而言，有一些正面的部分，但更大部分是灰色的、负面的，甚至是丑陋阴郁的。

与当时许多来华传教类似，明恩溥也断言中国是一个封闭与停滞发展的国度。他认为，中华民族虽然是地球上最古老、人口最多、最具统一性的民族，在漫长的历史长河中出现过许多朝代，但是这些王朝的更迭过程千篇一律，这样的历史发展就像是一个不变的圈。而之所以出现这种停滞，则与中国人对古代的崇拜有关。明恩溥看来，由于中国的停滞，她的国民也显出了明显的单一性。中国的人口虽然人数众多，但这些人口极具统一性，他们一色的辫子、一色的服饰、一色的表情，毫无什么个性可言，"成群的中国人看起来与草窝里整窝的蜜蜂、地面上的成堆蚂蚁、空中飞舞的黑压压的虫子简直就没有什么两样"。①

可以说，明恩溥思想深处的西方中心主义、白种人的种族优势以及传教士的心理，在很大程度上影响了他对当时中国人民族性的看法，从而也决定了他通过著作所塑造的中国人形象。他所塑造的中国人形象，反映了清末中国人在很大一部分西方人心中的形象，迎合了很多西人对中国人的看法。

在《中国乡村生活》一书中，明恩溥认为中国社会城市与乡村没有区别，

何辉:《明恩溥塑造的中国人形象》,《国际公关》, 2018 年第 1 期。

最大的特点就是混乱与拥挤；中国的政府是个贪污、腐败缺乏效率的政府，中国人虽然讲究聚族而居，但在家庭里矛盾不断，人与人之间缺乏感情；中国人的吃穿住以及以戏剧为主娱乐形式与西方也完全不一样；中国的文化也完全停滞了，几千年的历史都是在重复，因为中国人都是向古代的经典学习；中国的停滞最明显就表现在儒家学说已丧失了活力，其中"仁义礼智信"的主要信条都具有严重缺陷。明恩溥认为"中国乡村是这个帝国的缩影"，由于没有规划，中国每个小村庄的建造，都毫无章法，在屋里各种东西的摆放也极为混乱，足以证明政府如何忽视公共事务，也足以证明民众如何缺乏公共精神。明恩溥还指出，中国政府在本质上是一个家长制的政府，官员们贪污成风，即使是在受灾的年份里也不顾百姓生死而中饱私囊。

总而言之，作为一名传教士，明恩溥在塑造及传播中国负面形象的同时，时刻不忘将基督教作为解决这些问题的终极答案。正如他指出："尽管我们关于中国乡村生活的调查不充分或不完全，但至少已经显示出中国乡村生活具有严重的缺陷。因此，合理的问题是如何予以改进，假定能够改进的话。可以想象的是，或许有多种改进的力量能够获得不同程度的成功，但事实上，就我们眼前所知，唯有一种力量一直在发生作用，这就是基督教。紧随而至的问题是，基督教引入中国会对中国人的品质和国民生活产生什么影响。""基督教将花费多长时间来革新中国？……考虑到中国人强烈的偏见和保守主义，众多的人口，以及严密的家长制生活，我们认为革新的最初发展阶段将是相当缓慢的。从中国于 1860 年全面开放算起，五十年时间将足够产生一个好的开端，接下来三百年的时间将用于基督教的全面传播，再有五百年时间，基督教将明显地战胜所有其他的信仰。"① 由于明恩溥的作品在西方广为流传，其观点在当时的西方社会中形成了一定的刻板印象。在欧美国家中，明恩溥的书成为时人谈论中国时经常引用的材料来源，一度被列为来华西人了解中国最有用的五本书之一。然而，明恩溥的描述也受到了一定

---

① [美] 明恩溥著：《中国乡村生活》，陈午晴、唐军译，时事出版社，1998 年 2 月。第 335、346 页。

的批评，因为他的观点显然受到了个人视野和文化差异的限制，存在一些偏见和误解，其所塑造的中国人形象是一个复杂且具有争议的画像。直到1905年后，随着清政府开始推行"新政"，引进西方的各项措施。中国社会由此带来的变化也促使明恩溥的态度发生转变，他开始改变前期对中国人特性的批判态度，甚至对有些特性大加赞扬。值得一提的是，正是在明恩溥等人推动之下，美国于1908年正式宣布退还"庚子赔款"的半数，计1160余万美元给中国，作为资助留美学生之用。第一次世界大战爆发后，明恩溥返回美国。

鸦片战争之后，美国来华传教士一方面试图将"先进"的西方文明与宗教推广到他们心目中落后的异教国家；而另一方面又必须不断地向国人介绍和解释他们所处的国度及其人民。中国人的形象常常在"勤劳善良"和"愚昧粗鲁"的两极之间摇摆，中国人似乎生活在天堂与地狱之间。来华传教士所塑造的充斥着矛盾的中国形象在很大程度上影响到美国人眼中的中国形象，其具体表现之一就是对当时美国中小学教科书的影响。在19世纪美国教科书中，中国形象基本上就是来华传教士有关中国叙述的普及版。在当时美国历史与地理课本中，中国从文明上一般被归入"半文明状态"，从种族角度上则被归于"蒙古人种"或黄种人的范畴。显然，在美国大众看来，中国终究还是一个处于文明与野蛮之间的国度，无法与欧美的文明发达程度相比。

在当时的西方传教士看来，除了行医、教育这些手段推动中国人归化基督教之外，作为一种宗教机构，通过慈善事业来扩大影响也是最重要的选择之一。为了深入民间传播基督教，许多传教士还不惜首先使自己"中国化"。例如李提摩太于1870年来到中国时，最初在山东一带传教但收效甚微。或许是深受利玛窦等老前辈的启发，经过一段时间的思考，这位"洋鬼子"决定先从外在形象上着手改变自己。他特地置办了一身中国行头，以尽快获得中国民众的认同。在后来的回忆录中，李提摩太不无得意地描述了他那石破天惊的举动。他写道："考虑到服装问题，我想如果我改穿中国人的衣服，也许来拜访我的上层社会人士会多一些。因此，有一天，我换上了当地人的

图 2-4-14：《表情木讷的中国人》，《中国人的气质》插图照片。

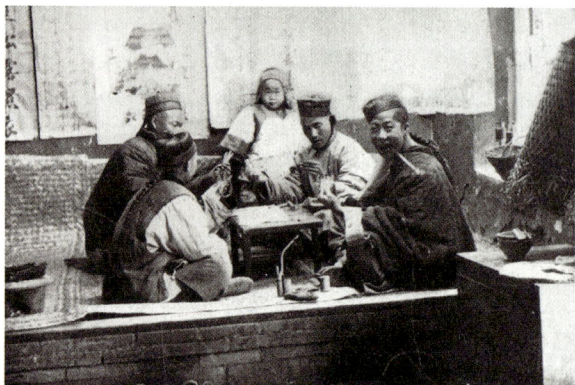

图 2-4-15：《聚集在家中的中国人》，《中国人的气质》插图照片。

图 2-4-16：《劳作的中国妇女》，《中国人的气质》插图照片。

服饰，削了头发，做上了一条假辫子。当我走出旅馆作例行散步时，我碰上了一个卖点心的小男孩，他习惯了在旅馆里边打转转，向客人兜售点心。当时他正用头顶着装糕点的盆子走进来。乍看到我穿着中国式的服装，他吓得跳了起来，满盘子的点心都洒落在地上，使路过者好一个开心。当我走到街上时，好像消息已传到了每一个人家，男人、女人还有孩子，都跑出来要目睹这般景观。我听到背后一个人对另一个人说：'啊！他现在看起来像个人了！'那天下午，我被邀请去一户人家喝茶。现在我才明白，以前没有人邀请我，实在是很有道理的。如果我穿着外国人的服装，看起来会非常奇怪，当我坐在屋子里时，各种各样看热闹的就会凑到纸糊的窗子前，每个人都悄无声息地用指头尖沾着唾沫把窗纸戳一个洞，在上面凑上一只眼睛。这样，在每一次邀请我做客之后，主人都得修补一次窗纸。反过来，当外国人穿上中国服装后，他就像一个普通的中国人，不值得一看了。""中国化"的李提摩太很快就得到了当地民众的认同，其传教业绩自然日益卓著。

然而令人深思的是，虽然整个 19 世纪，西方的商人们来中国谋求利益，外交官和军人来到中国则谋求特权和让步，唯有基督教传教士到中国来不是为了获取，而是要给予。令人遗憾的是，最终反而是传教士引起了中国民众最大的恐惧和仇恨。西方传教士固然有很多人确实是抱着增进中国人幸福的良善动机来华布道，但也有传教士参与侵华战争，或参与不平等条约的出笼，或干预民间诉讼，更深层次的原因，恐怕还在于大多传教士自觉不自觉地怀着西方文化优越的心态，歧视、贬低中国人民和中国文化。这一历史的悖论，或许也正是他们永远也无法打开的"中国结"。因为在当时，来华传教士眼中的中国是一个复杂多面的国家，他们的观点和描述受到了他们的文化背景、个人经历和当时中国社会环境的影响。传教士对中国社会和文化的初步印象往往是基于他们的宗教使命和文化传播目标。他们认为中国是一个需要被"义明化"的国家，带着传播基督教信仰的目的来到中国。美国学者罗伯特·麦克伦（Robert McClellan）就曾一针见血地指出："传教士为寻求本国信徒的经济援助，必须为国内提供一副道德堕落、偶像崇拜、迷信的负面中国形象。可见，他们是出于自身的传教动机而对中国进行了有选择的报道。"

图 2-4-17: 19 世纪入乡随俗的西方来华传教士，
《中国人的气质》插图照片。

参考文献:

顾长声:《传教士与近代中国》,上海人民出版社,2004 年 7 月。

王立新:《美国传教士与晚清中国现代化》,天津人民出版社,1997 年。

陈怀宇:《近代传教士论中国宗教:以慕维廉〈五教通考〉为中心》,上海人民出版社,2012 年 6 月。

[英]汤森著:《马礼逊:在华传教士的先驱》,吴相译,大象出版社,2002 年 1 月。

[美]爱德华·V.吉利克著:《伯驾与中国的开放》,董少新译,广西师范大学出版社,2008 年 10 月。

[美]丁韪良著:《花甲忆记:一个美国传教士眼中的晚清帝国》,沈弘、恽文婕、郝田虎译,广西师范大学出版社,2004 年 5 月。

[美]赫德兰著:《权谋档案:一个美国人眼中的晚清宫廷》,王秀莉译,团结出版社,2011 年 1 月。

丁光:《慕雅德眼中的晚清中国(1861—1910)》,浙江大学出版社,2014 年 11 月。

[美]明恩溥著:《中国人的气质》,刘文飞、刘晓旸译,上海三联书店,2007 年 11 月。

[美]明恩溥著:《中国乡村生活》,陈午晴、唐军译,时事出版社,1998 年 2 月。

A cycle of Cathay. By W. A. P. Martin. 1897.

A glance at the interior of China : obtained during a journey through the silk and green tea districts taken in 1845. By Walter Henry Medhurst. 1849.

Chinese characteristics. By Arthur Henderson Smith. 1894.

Chinese Mother Goose rhymes. By Isaac Taylor Headland. 1900.

Peking. histoire et description. By Alphonse Favier. 1897.

The call of Cathay. a study in missionary work and opportunity in China old and new. by W. Arthur. Cornaby 1910.

The Chinese boy and girl. By Isaac Taylor Headland. 1901.

Travel and Exploration-The Foreigner in Far Cathay. Walter Henry Medhurst
Cambridge University Press.

你们如果遇到敌人，就把他杀死，不要留情，不要留活口。谁落到了你们手里，就由你们处置。就像数千年前埃策尔国王麾下的匈奴人在流传迄今的传说中依然声威赫赫一样，德国的声威也应当广布中国，以至于再不会有哪一个中国人敢于对德国人侧目而视！

——威廉二世，1900 年。

1844 年 10 月 24 日，停泊在广州黄埔的法国兵船"阿基米德"号上热闹非凡。这一天，"大清国大皇帝钦差大臣太子少保兵部尚书两广总督"耆英率领一班官员驾临"阿基米德"号，与"大佛兰西国大皇帝钦差全权大臣超委公使"拉萼尼签署了中法《五口贸易章程》，史称《黄埔条约》。就在这场外交活动举行期间，法方代表之一，时任法国海关官员及中国、印度、大洋洲贸易委员会会长的于勒·埃及尔（Jules Itier，1802—1877）不经意间创造了一项历史纪录。当天，他用达盖尔法照相机拍摄了中法代表的合影，还单独为两广总督耆英拍摄了肖像，而后者也是现存最早的中国人肖像照。对于当天的情形，于勒·埃及尔在《中国之行日记》中写道："我抓住了这个机会，用达盖尔相机为耆英特使、海军上将、第一秘书和翻译官拍摄了一张合影。接着，我又拍摄了两张肖像，一张是耆英，一张是黄彤恩。我打算保存起来，但我却愚蠢的向他们展示了。结果，一下子，从那一刻起，我就再也没有办法拒绝他们的恳求了。"

就在 5 年前的 1839 年 8 月 19 日，法兰西学院向全世界公布了达盖尔法摄影术这一重大发明。出人意料的是，这一当时最新式的发明居然很快就传入了中国。据研究者考证，早在 1842 年六七月间，眼看鸦片战争已经接近尾声，战争即将以英国的胜利告终，为了更加准确地记录下这个意义非凡的时刻，英国远征军就带来了当时极为罕见的照相机。为了在接下来将举行的中英和谈时留下影像记录，1842 年 7 月 16 日，当英军经过镇江附近，英方全权特使璞鼎查的随员麻恭（George Alexander Malcolm）和吴士南（Richard Woosnam）曾在"女王"号上进行了一次照相实验。据目击者记载称："麻恭少校和吴士南医生今天用他们的银版照相机拍摄了这个地方的剪影。我完全搞不懂它的原理：只是在借助一些玻璃将一块高度抛光的钢版暴晒在太阳下时，它会将你面前的景象传到钢版上，拍下的影像可以通过某种方法在版上留存数年之久！我没有办法描述它，因为这对我来说完全是一个谜。"遗憾的是由于当时刚发明不久的达盖尔照相法技术并不成熟，步骤又过于烦琐，二人的实验很可能没有成功，因此也未见有照片流传下来。技术上的困难迫使英方放弃使用照相机，最终还是选择以绘画的方式记录签约场景和出席人物。① 于是在 1842 年 8 月 29 日英舰"康华丽"号上举行《南京条约》签署仪式时，英方专门安排陆军中校约翰·普拉特（John Platt）绘制了《〈南京条约〉的签订与钤印》一图。随后为了宣扬战争胜利、美化殖民扩张，英国官方又授意英国皇家学会会员、资深制版师约翰·伯内特（John Burnet）对该图进行制版，于 1846 年 4 月批量印刷出版。

而来自法国的于勒·埃及尔这位摄影史上最早的发烧友，当年在中国澳门、广州等地拍摄的部分影像却幸运地留存下来，目前基本都收藏在法国摄影博物馆中，他本人也因此被学术界公认为第一位到中国从事摄影活动的外国摄影师。当然，由于时间久远及当时材料条件所限，于勒·埃及尔拍摄的

① 王亚楷、李鸷哲：《图像中的〈南京条约〉：鸦片战争中英交涉史实新释》，《近代史研究》，2023 年第 1 期。

图 2-5-1：《南京条约》签约场景图，版画（印刷品），1842 年，约翰·普拉特。

这批中国影像画面已基本褪去，只有一些灰色的层次和轮廓，甚至已经几乎不能辨认，如今呈现在人们面前的耆英肖像照，其影像看起来已非常模糊。

咸丰八年（1858 年）五月十八，一道上谕从紫禁城发出。在上谕中，皇帝以愤怒而又无奈的口吻勒令犯有"欺罔"之罪的耆英即行前往宗人府"空房"自尽，而耆英获罪的根源，则要追溯到十多年前，担任两广总督的他受命负责办理夷务，并多次以钦差大臣的身份与洋人签订了一系列不平等条约。就在耆英自尽后大约一年，另一位曾经的两广总督叶名琛，同样走向了生命的尽头。

说起叶名琛，可能更多的人会想到"不战、不和、不守，不死、不降、不走"这个著名的历史笑话，并将此人想象为一个可悲可笑可憎的历史小丑，然而真实的情形又如何呢？叶名琛（1807—1859），字昆臣，1835 年中进士，历任知府、按察使、布政使等职，1847 年任广东巡抚，因与两广总督徐广缙阻止英人进入广州城有功，受封一等男爵，1852 年升任两广总督。1858 年 1 月 5 日，英法联军攻破广州城，拒绝逃跑的叶名琛束

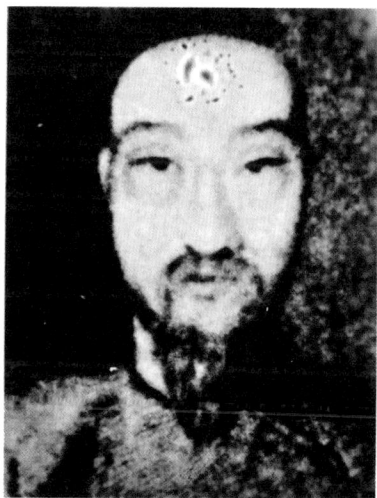

图 2-5-2：流传下来的耆英半身肖像照截图，1844 年，于勒·埃及尔。

手就缚。另有传言说当敌兵迫近时，曾有下属暗示他投水自尽，但他无动于衷。我们姑且不管此事的真假，按照传统的道德要求，叶名琛没有当机立断地自杀殉节，势必给他招致广泛的非议。在获悉广州失陷、总督被俘的情形后，朝廷对叶名琛的评价立即来了个急转弯。咸丰皇帝更是气急败坏地指责叶名琛"办事乖谬，罪无可辞"，不但宣布免去其一切职务，甚至要求广州方面"勿因叶名琛在彼，致存投鼠忌器之心。该督已辱国殃民，生不如死，无足顾惜"。与此同时，一些民间舆论开始抨击叶名琛，戏称其"不战、不和、不守，不死、不降、不走；相臣度量，疆臣抱负；古之所无，今之罕有。"从此以后，这段经典语录便成为叶名琛的历史标签。

后来随着一些真实信息的传播，人们对于叶名琛才逐渐有了新的认识。当年被俘后，叶名琛先是被送至停泊在香港的英舰"无畏"号上。对于这位曾经声名显赫的总督，英国人对他还挺客气。据当时的香港报纸记载，军舰上所有军官很尊敬他，见面时都向其脱帽致意。48 天后，叶名琛又被送往印度的加尔各答。临行前，叶名琛命仆人从家中自带食物，立志不食英人之粟。在印度期间，叶名琛一直自命为"海上苏武"。我们看到的这张照片，应该是叶名琛被关押期间由洋人拍摄的，这也可能是他一生中唯一一次照相了。照片中的他身穿便服，面色憔悴，神情窘落。据随其前往加尔各答的仆人追述，叶名琛一心希望能有机会晋见英国君主，与其当面理论。看来，他之所以当初没有自杀而束手待缚，可能确实别有隐情。当获悉此愿望不可能得到满足后，随身粮食已用完的叶名琛选择了绝食，表示宁死不食外国之物。1859 年农历三月初七，病而不食的叶名琛在异国他乡走完了自己的一生，临终前反复说的一句话就是"皇上天恩，死不瞑目"。随后，英方在其木棺外裹以铁皮送回广东。而此时，英法联军的炮舰逼近大沽口，试图直接与大清皇帝对话。

1860 年 2 月，为向清政府施压接受不平等条约，并报复在大沽口战役中的失利，英、法两国政府分别任命额尔金和葛罗为全权代表，率领英军一万五千余人，法军约七千人，扩大侵华战争，其目标则为占领中国首都并实行大规模报复。

8月1日，英法联军在北塘登陆并很快夺取了清军要塞，又先后攻陷大沽炮台，直至占领天津。透过留存至今的历史照片就会发现，当时大清王朝的士兵确实曾进行了殊死抵抗。对于这一幕惨烈的战争场面，随军摄影师费利斯·比托无疑是最权威的目击者。

费利斯·比托（Felice Beato，1832？—1907），出生于意大利的威尼斯，后加入英国国籍。作为世界上最早的战地摄影师之一，比托在摄影史上影响很大，被誉为"军事报道摄影的先驱者之一"。早在1853年，他就曾和另一位欧洲战地摄影师詹姆斯·罗博顿（James Robertson）采访过著名的克里米亚战争，为后人留下了许多经典镜头。此后，这位喜好旅行的年轻摄影师又一路向东，先是抵达印度和阿富汗，亲历了1857年印度民族大起义，拍摄了大量珍贵照片。之后他又来到中国，并在广州搭上英法联军的军舰一路北上，以临时战地摄影记者的身份参与了第二次鸦片战争。有资料显示，比托在中国活动的时间大约只有一年，但却拍摄了许多具有历史价值的摄影作品，如《联军占领下的广州镇海楼》《北京联军驻地》《北京城墙的东北角》及《安定门附近的雍和宫》等。特别是在中国北方拍摄的一些残酷的战争场景，以及英法联军对天津的占领和对北京皇家园林的破坏，都堪称经典镜头。

1860年8月2日，当英国士兵刚刚夺取北塘要塞，面对着一片狼藉的战场，极度兴奋的随军摄影师比托就摆好相机，开始从不同角度拍下这些"绝妙的"战争场面。据随军的芮尼医生回忆，比托请求在完成拍摄之前，丝毫不要动现场，不把尸首抬走。或许，这位高度职业化的摄影师正是要展示战争的残酷性与野蛮性。于是从他当年拍摄的照片中，我们看到被攻陷的

图2-5-3：在加尔各答被拘留期间的叶名琛，1858年，英国人摄。

大沽口炮台上，担任防守任务阵亡的中国士兵，趴在一个要塞城堡上，旁边摆着他们原始的土炮和弓弩。尽管这些照片距今已有160多年的时间了，但从那泛黄的影像中，似乎仍隐约飘来几丝血腥的气息。

10月7日上午，英法联军闯入北京西北郊的圆明园。长久以来，在欧洲人的想象中，这座中国皇帝的"夏宫"就如同《一千零一夜》中的仙境。在阅读了众多传教士的描述后，法国作家雨果形容其为"幻想的原型""月宫般的仙境""大理石建造的梦"。事实上，当精疲力尽的英法士兵们刚刚抵达这里时，简直目瞪口呆了，所有人都被它的壮丽景象彻底征服。一名普通法国士兵写道："看到的景象让我目瞪口呆、头晕目眩……突然之间，一千零一夜对我来说完全真实可信。"

几乎没有丝毫的矜持，侵略者很快就对圆明园展开了一场有组织的劫掠。更可怕的事还在后面。10月18日，当清王朝已答应接受全部"议和"条件并择日签约时，英军指挥官额尔金伯爵（James Bruce, 8th earl of Elgin, 12th earl of Kincardine, 1811—1863）居然下令将圆明园付之一炬，其理由便是其被俘人员曾遭到了虐待。紧接着，三千五百名英国士兵在园内到处纵火，致使这座举世无双的园林杰作以及所藏艺术宝藏被付之一炬。而面对这场大火，额尔金却志得意满地宣称："此举将使中国与欧洲惕然震惊，其效远非万里之外之人所能想象者。"当消息传回欧洲后，雨果愤怒地抨击道：有一天，两个强盗闯进了夏宫，一个进行抢劫，另一个放火焚烧。他们高高兴兴地回到了欧洲，这两个强盗，一个叫法兰西，一个叫英吉利。他们共同"分享"了圆明园这座东方宝库，还认为自己取得了一场伟大的胜利！

值得一提的是，比托拍摄了被焚毁前的圆明园和清漪园（即后来的颐和园），这些照片成为英法联军侵略罪证的重要历史记录。此外，他还有幸成为第一位拍摄中国皇室成员的外国摄影师，为恭亲王奕訢拍摄了肖像照片。

早在9月21日那场生死攸关的八里桥之战后，深知败局已定的咸丰皇帝已悄然离京，并在临行前正式授命其弟恭亲王奕訢"奉旨议和"，由此将这位年仅27岁的王爷强推上了外交舞台。由于一直身居京城，他甚至从未见过洋人的真面目。不难想象，对年轻的王爷而言，在这样一个起点上办理外交是多么艰巨的考验。

历史记载显示，在与洋人交涉初期，年轻气盛的恭亲王也曾一度表现强硬。由于当时中方已扣留了巴夏礼等人作为"人质"，因此他曾以此作为筹码要求英法停止敌对行动。但是谈判桌上最终还得靠实力说话。经过短暂的口舌之争，法国特使葛罗只给恭亲王提供了两样选择：要么屈服，要么摧毁北京、推翻清朝！10月1日，葛罗收到恭亲王带有威胁性的回复。照会警告说："本亲王前已言明，和约未经议定，若草草送还，转非以礼相待之意。……至贵国若用兵力威迫，不独已成之和局可惜，且恐贵国在京之人亦必难保也。"但是最终，39名人质并无法阻挡两万余名英法士兵前进的脚步。10月5日，英法联军向北京挺进。

恭亲王奕訢（1833—1898），道光皇帝六子，咸丰皇帝异母弟。中国后来的正史记载，少年时的奕訢颇具英武之气，曾经与四兄奕詝共同习武，并创枪法二十八式、刀法十八式，龙颜大悦的道光皇帝亲自将枪法与刀法分别命名为"棣华协力"和"宝锷宣威"，同时单独赐给奕訢一把金桃皮鞘白虹腰刀。这位皇子不仅习武善射，而且文采飞扬，留下了众多不俗的诗文，这样的文武全才在诸皇子中堪称佼佼者。然而吊诡的是，时运不济的奕訢却在皇位竞争中输给了资质平平的奕詝。或许是心怀愧意，道光皇帝临终前亲笔下诏封奕訢为亲王。这样一来，奕訢势必遭到新皇帝的猜忌。咸丰即位后，虽然很快就遵父命封奕訢为恭亲王，并让其担任一系列显赫的职务。然而没过几年，由于为其母争封号，奕訢便被免去几乎所有职务。直到1860年，眼看英法联军马上就要攻入北京了，仓皇出逃的咸丰才想起这位弟弟，令其全权负责收拾烂摊子。尽管胸中难免有郁愤，大清王朝的安危毕竟才是头等大事。临危受命的奕訢很快就认清了形势，勉强"淡定"地分别与英、法签订条约，从而挽救了大清王朝的命运。

10月24日，在英国方面选定的地点——位于天安门附近的礼部衙门，奕訢作为全权代表与英国代表额尔金勋爵签署和约。不过对于初担大任的亲王而言，整个签约过程简直就是一场噩梦。那天，中英双方原本拟定于午时会面，但一向以守时自诩的英国人却一直到下午3点才抵达礼部。显然，他们是想通过这种特殊的方式来给恭亲王一个下马威。据当时的目击者回忆，当"洋大人"额尔金乘坐八抬大轿不可一世地进入礼部大堂时，等候多时的恭亲王前去拱手致意，然而态度狂傲的额尔金竟只是略略一躬身作为还礼，目光中甚至带着几分轻蔑。在双方代表就座时，英国人也格外霸道。额尔金径直在左侧签约桌坐下，然后才示意恭亲王坐在右边。实际上，英国人早就了解到，按照中国的习俗，左尊右卑。通过额尔金本人在整个战争期间对中国官员的态度，不难看出，这位英国贵族眼中的中国形象显然是黯淡无光的。有研究表明，与当时大多数英国官员一样，额尔金对中国几乎没有任何好感。在他看来，中国民众生存环境恶劣，愚昧迷信而缺乏爱国精神。中国官员冷漠蠢笨而又狡诈多疑，甚至中国文化也不值一提。当为自己下令焚毁圆明园进行辩护时，额尔金甚至说"我并不认为在艺术方面我们有什么需要向中国学习的地方。中国人对崇高和美的理解，最主要的就是体现在洞窟中那些愤世嫉俗的作品上"。[1]

就在签约仪式举行期间，又发生了一件令恭亲王终生难忘的插曲，而这起意外事件的导演者便是我们前面提到的战地摄影师费利斯·比托。原来自来到中国以后，身为英法联军随军摄影师的比托就一直忠实地履行着自己的职责。凭着摄影师特有的嗅觉，他敏锐地意识到这次签约将给后人提供一幅历史性的场景。因此在整个签约仪式过程中，比托都在不知疲倦地忙碌着。由于当时的摄影技术还处于起步阶段，照相设备都还非常笨重，要想为条约签订拍摄一张好照片，的确需要费一番气力。据当时参加签约的英军司令格兰特回忆，当比托把他的照相设备搬进会场大门口，并用巨大的镜头对准恭亲王试图来个特写时，原本就情绪郁闷的亲王顿时惊恐地抬起头来，他面如死灰，以为英国人要用这门样式怪异的"大炮"轰掉他的脑袋。一阵尴尬之后，英方赶紧向亲王解释这完全没有恶意，而只是在给他拍肖像照。紧接着，在额尔金的指挥下，在场所有人员凝神肃立了好一阵子（因为当时照相所需的曝光时间很长），而许多不明就里的中国代表已是胆战心惊。对这一幕，

---

① 刘礼飞：《额尔金眼中的中国形象》，南京大学硕士论文，2013年6月。

当时在场的一些中国人记忆深刻。据说当费利斯·比托忙于拍照时，出于好奇而围观的群众达一万多人。现场一位文人还详细地记载了当时的情景："大堂檐外设一架，上有方木盒，中有镜，复以红毡，不知何物？……是日观者万余人。"

尽管这场插曲使得比托无意中成了第一位拍摄大清皇族成员的外国摄影师，但遗憾的是，由于当时室内光线不好，这次摄影实际并未获得成功，也白白浪费了各位签约代表的珍贵表情，后人也无从目睹反映这场签约仪式举行时的影像。不过在一周后的 11 月 2 日，当恭亲王与额尔金再次会晤时，比托又利用其特殊的身份为恭亲王补拍了一张肖像照。当天，对拍照已不再恐惧的恭亲王特地穿上一件紫色的绣有黄龙的锦缎官袍。从画面效果来看，这张照片拍摄得非常成功，并在后世成为恭亲王的标准像，也被视为目前所知最早的清代皇室贵族的照片。通过照片我们不难发现，这一时期的恭亲王表情肃穆，眉宇间透露出难以掩饰的忧愁。作为一个时代的见证，这张照片也成为中国近代史上的经典影像之一。

作为最早来到中国进行战地报道的西方摄影师，费利斯·比托所拍摄的作品流传至今，有的保存在各大收藏机构中，有的至今仍是国际摄影收藏市场上最炙手可热的藏品。而无论是从其摄影的过程还是拍摄的画面看，费利斯·比托是以一种西方人"殖民式凝视"的眼光来拍摄的，其在第二次鸦片战争期间拍摄的战争影像，取景不乏其故意摆布之作，无不艺术性地体现着大英帝国不可战胜的神话。

四十年后，中国被迫再次面对西方军队大规模入侵，这就是 1900 年的八国联军侵华战争。与 1860 年英法联军侵华时的情形极其类似，清朝的最高统治者慈禧太后与光绪皇帝仓皇出逃，北京城陷入一片混乱，八国联军势如破竹长驱直入，往日庄严神圣的紫禁城和皇家园林任其来去自由，数以万计无辜百姓惨遭屠戮。中国在国际上的地位和形象，至此彻底达到历史的低谷。正是在此背景下，伴随着八国联军的军事行动，大批西方随军摄影师得以来到中国自由开展拍摄活动，从而导致流传至今的反映这一事件的历史照片存量极大，其中一些著名摄影师拍摄的系列照片流传甚广，成为后人铭记

图 2-5-4：北京城墙，费利斯·比托摄，1860 年，中国国家博物馆收藏。

图 2-5-5：北塘战场，费利斯·比托摄，1860 年，中国国家博物馆收藏。

图 2-5-6：北京城墙上的炮台，费利斯·比托摄，1860年，中国国家博物馆收藏。

图 2-5-7：恭亲王奕訢，费利斯·比托摄，1860 年，中国国家博物馆收藏。

这段历史的经典画面。例如日本著名摄影师本赞七郎和小川一真，就凭借《驻京美日两国提督议定游览紫禁城章程》的庇护，将镜头重点对准紫禁城，真实记录了紫禁城内混乱不堪的苍凉时刻。[①] 而在北京沦陷不久，日本天皇特命侍从武官冈泽精带领摄影师山本诚阳来华慰问日军。山本诚阳在大沽、天津、北京拍摄了大量照片，照片记录了 1900 年八国联军侵华期间的京、津、冀，从不同角度反映了八国联军的组织、装备、行程、沿途军事要地、主要战场，以及攻陷北京后驻防一年期间的政治、外交活动，并拍摄了当时北京及其周边地区的人文景观。1901 年，山本诚阳选取 108 张照片编成《北清事变写真帖》在东京出版。

作为发动八国联军侵华战争的主要国家，德国不但向中国派出了大量军队，其随军摄影师也非常活跃。例如 1902 年在柏林出版的，由两名德国军官 Marine-Stabsarzt 和 von Meerscheidt-Hüllessem 拍摄并编辑的《北京照相》(*In und um Peking*)，收录的 190 幅珍贵历史照片，详细记录了当时的北京建筑、联军士兵、街市风俗以及八国联军在北京的活动等情景。这些照片不仅展示了当时的城市风貌和社会生活，记录了重建中的东郊民巷使馆区、德军拆除占观象台等重要事件，此外还包含了八国联军在北京处决清政府主战官员和刺杀克林德主犯恩海等历史影像。值得一提的是，书中还附有一幅标记了各国占领区的北京地图。

阿尔方斯·冯·穆默（Alfons von Mumm）是 1900 年八国联军侵华期间的德国驻华公使，他在中国的主要使命是促成《辛丑条约》的签订。除了外交官身份外，穆默也是一名摄影师，因此在游历中国期间，他用镜头记录下了大量珍贵的照片。1902 年穆默回国休假时，他自费出版了一部《照片日记》(*Ein Tagebuch in Bildern*)，旨在希望亲友通过这些照片对遥远的中国有一个直观的了解。《照片日记》收录了穆默在 1900 年至 1902 年期间所拍摄的 600 多张照片，涵盖了中国上海、天津、北京、广州、澳门、汕头、厦门等多个

---

① 何芳：《1900 年前后两位日本摄影师的紫禁城摄影比较》，《中国国家博物馆馆刊》，2019 年第 7 期。

图 2-5-8：驻扎在使馆区的八国联军士兵，1900 年，山本诚阳，《北清事变写真帖》。

图 2-5-9：破败的万里长城和一名中国人，1900 年，山本诚阳，《北清事变写真帖》。

图 2-5-10：被八国联军炸毁的北京正阳门城楼，1900 年，山本诚阳，《北清事变写真帖》。

图 2-5-11：在万里长城上合影留念的八国联军士兵，《北京照相》。

图 2-5-12：在颐和园石舫上合影留念的八国联军士兵，《北京照相》。

图 2-5-13：八国联军在公开处死清朝主战派官员，《北京照相》。

地方的风土人情和重要历史场景。这些照片记录了当时的外滩、豫园、苏州河岸、德国总领事馆，以及李鸿章来访、德国军队开进上海等事件；还记录了当时北京的社会情况，包括紫禁城、国子监、前门以及慈禧太后和光绪皇帝回銮的场景等；更难得的是包括了反映八国联军侵华期间的外交活动的照片。

八国联军占领北京期间，除了在古城内外忙碌的各路摄影师，甚至连空中也出现了他们的身影。《气球下的中国》（*La Chine à terre et en ballon*）是一本由法国远征军的军官们在 1900 年八国联军入侵北京期间拍摄的摄影集，并于 1902 年出版。这本摄影集收录了 272 张照片，其中包括了北京和天津地区的风景及城市建筑，以及一些从氢气球上进行的航拍照片，这些航拍照片被认为是中国最早的航拍摄像记录。摄影集内的照片由三名法国军官——普雷森特（Plaisant）、卡梅尔（Calmel）和迪舍尔（Tissier）拍摄。其中普雷森特上尉特别乘坐了法军的侦察氢气球，在北京和天津上空进行了航拍。当时的氢气球容积接近 300 立方米，可以承载一个小型吊篮以及一名摄影师和摄影器材，但由于技术限制，气球不能自主飞行，需要地面人员牵拉定位。

19 世纪末，摄影技术也有了飞速发展。随着照相机的进一步小型化，越来越多的普通人也能有机会把镜头对准他们所感兴趣的场景，许多专业摄影师则从突发重大事件中觅得商机。1900 年，一位名叫詹姆斯·利卡尔顿（James Ricalton，1844—1929）的美国摄影师以个人身份来到中国。当时他

图 2-5-14：八国联军占领下的北京和平门，穆默摄，《照片日记》。

图 2-5-15：八国联军占领期间开到北京城内的火车，穆默摄，《照片日记》。

图 2-5-16：《辛丑条约》签订时场景，右排坐者一为清朝谈判代表庆亲王奕劻，右二为李鸿章，穆默摄，《照片日记》。

受安德伍德 (Underwood & Underwood) 图片公司派遣，在拍摄 1899 年美国与西班牙争夺菲律宾的战争之后，于 1900 年初来到中国，先后游历了广州、汉口、上海、宁波、苏州、南京、烟台、天津、北京等地。在天津和北京，他正好赶上了义和团运动，结果歪打正着地成为记录这一历史事件的最重要的摄影师之一。回国后，他所拍摄的这批照片在西方各国广泛发行。这批照片由安德伍德公司 1901 年制作发行，其内容反映了 1900 年中国各地的风土人情以及义和团运动所带来的冲击，每张照片后面都附有利卡尔顿对当时拍摄情景的解说。而通过他所拍摄的这批珍贵影像，我们依然能感受到当时西方的中国形象是多么暗淡。显而易见，这一时期的西方人非但不为自己的侵略行径感到内疚，反而将鄙夷、仇恨的目光投向中国。当他们以征服者的姿态进入中国时，这个国家的形象也早已变得面目全非。

通过对利卡尔顿这批立体照片的内容进行分析，我们可以明显地看出，在义和团时期的西方摄影师看来，中国依然是一个到处充斥着猎奇元素的国度。因此在他们拍摄的影像中，贫困、愚昧、酷刑、辫子、小脚等依然是吸引眼球的"卖点"。例如有些照片就以冷漠的画面说明了当时中国社会无处不在的贫困，而我们在考察这些画面时，也只能感受到摄影者那种居高临下

图 2-5-17：八国联军侵华期间的北京照片，照片组合的背景设计是一条龙的形象，《气球下的中国》摄影集。

的傲慢心理，几乎丝毫感受不到人文情怀。正如他在叙述上海租界旁边中国人生活的内城时所言："城里街道和小路纵横，这些街道和小路多伴着散发恶臭的沟渠，里面始终流淌着污秽之物。城里充斥着可怜的人。味道令人窒息，也没有吸引人或漂亮的东西，目光所及都是肮脏、穷困、悲惨、烂泥、恶臭、堕落、破旧和衰败，上面这一串形容词就是上海内城的真实写照。"

为迎合当时西方人普遍的猎奇心理，就像他的大多数前辈一样，利卡尔顿还将镜头的焦点对准了各种东方式"酷刑"。本来在18世纪中期之前，受"中国热"的影响，西方人对于清王朝的司法制度评价是很高的。法国著名思想家伏尔泰就曾认为："如果说曾经有过一个国家，在那里人们的生命、荣誉和财产受到法律保护，那就是中华帝国。"不过到18世纪末期，当以马戛尔尼使团为代表的西方人目睹了中国的实际情况后，清朝的形象便开始发生了急速逆转。鸦片战争后来到中国的西方人发现，在这个古老的封建帝国内，几乎随处都能看到滥用刑罚的现象。当西方各国已建立起近代意义上的司法体系时，中国却仍在执行延续数千年的古老刑罚，这自然导致旁观者的好奇与嘲讽。于是在西方眼里，中国便成为一个难得的猎奇"标本"。直到1900年八国联军侵华时，联军统帅瓦德西还曾亲临现场"观摩"了清朝的"法庭"，他震惊地发现："每当坐堂开审之时，（法官们）先将犯人痛打一顿，使其明白供认。复次，再将证人痛打一顿，使其不作谎语……，所用厚大之竹板——其中共有大小、厚薄两种——往往竟使受刑之人由此死去"。受这些"景观"的影响，在19世纪西方人的眼中，中国人性格的典型特征之一便是残酷。不知是不是印象太深刻的缘故，近代来华西方人尤其对站笼这种酷刑感兴趣，并留下了不少有关此类场景的照片。站笼又称立枷，原本是枷号的一种的形式，后逐渐变为一种残酷的死刑。这种特制的木笼上端是枷，卡住犯人的脖子；脚下可垫若干块砖，受罪的轻重和苟延性命的长短，全在于抽去砖的多少。有的死刑犯会被如此示众三天后论斩，有的则被活活吊死。利卡尔顿不但在苏州拍摄到了一群戴枷的普通囚犯，还在上海街头"幸运"地拍摄到了一名关在站笼里的死刑犯。据他介绍，这名死刑犯是一名杀人的河盗，"他被关在笼子里，脖子被枷板夹住，脚下垫了几块平石头……游街

图 2-5-18：被锁链拴住的一群犯人，整个过程他们要戴着枷锁，表示他们所犯的罪行。苏州，1901年利卡尔顿摄，中国国家博物馆收藏。

后，他和笼子会被放到一块空地上，每天抽走一块脚下的石头，直到被勒死"。具有讽刺意味的是，为了连续两天去拍摄这名死刑犯，利卡尔顿还不得不向其支付了5块墨西哥鹰洋。

另外，近代西方人长期热衷的猎奇主题——辫子与小脚也在利卡尔顿的照片中有所体现。对于晚清时期来到中国的西方人来说，这两样东西尤其能勾起他们的猎奇欲。例如曾亲身参加过太平军的英国人呤唎就说过这么一段话："许多年里，全欧洲都认为中国人是世界上最荒谬最奇特的民族：他们的剃发、蓄辫、斜眼睛、奇装异服以及女人的毁形的脚，长期供给了那些制造滑稽的漫画家以题材"。的确，在当时西方人想象中，辫子与小脚几乎就是折射中国愚昧与落后的标志性符号。更荒唐的是，西方人不但将中国妇女的小脚当成猎奇的对象，一些不了解中国国情的人甚至还以为中国的男人也裹小脚。据说当年李鸿章出使俄国期间，曾参观一所盲哑学校，结果当地的盲诗人爱罗先珂竟趁没人注意时偷偷摸了一把中堂大人的脚，因为他想验证一下中国的男人是否也是小脚！而由于根深蒂固的偏见加上对中国缺乏了解，甚至直到20世纪70年代时，一些西方人竟以为中国的男人还在留辫子！与19世纪后期大多数西方来华摄影师相比，利卡尔顿在这方面似乎没有任何变化。他不

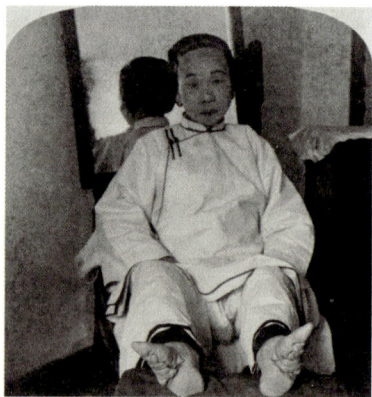

图 2-5-19：一位中国妇女的"三寸金莲"——小脚。上海，1901年，利卡尔顿摄，中国国家博物馆收藏。

304

但特意将镜头对准了清朝男人头上的辫子，更像其前辈一样不惜一切手段满足自己的猎奇欲。据他本人记述，在上海，为了拍摄到西方人惊奇的"三寸金莲"——中国妇女的小脚，利卡尔顿特地经人介绍并花了四块银圆，才请得一位妇女做模特。

对于利卡尔顿来说，此次中国之行最意外的"收获"当数近距离拍摄到了义和团运动的核心区域。在山东、天津、北京等地，他目睹了义和团运动对中国社会带来的冲击与八国联军的活动。不过作为一名来自西方世界的旁观者，利卡尔顿所拍摄的照片却透露出对中国明显的偏见。在这种偏见的背后，则是当年弥漫于整个西方世界的畸形"中国观"，其根源则是所谓的"黄祸"论。

1900 年前后，由于义和团运动所引发的心理恐慌，西方世界出现了喧嚣一时的"黄祸"论。所谓"黄祸"论，是起源于 19 世纪主要针对中国等亚洲黄种人的一种言论，旨在丑化黄种人，进一步造成黄种人与其他人种（主要指白色人种）的对立，企图为侵略制造舆论。早在 1895 年，当中国正遭受着甲午海战惨败的痛苦时，德国皇帝威廉二世却开始在公开场合提出"黄祸"说法。在他的授意下，宫廷画家赫尔曼·奈克法斯画了一幅名为"黄祸"的画。画中七位天使一样的人物分别代表德、英、法、意、奥、俄、美七个西方国家，她们拿着长矛与盾牌站在一处悬崖上，头顶是一个大十字架的背景，大天使米歇尔站在崖边，大家面前，表情严肃而神圣地说："欧洲国家联合起来！保卫你们的信仰与你们的家园！"在悬崖深涧、隐约的山河城廓的那一边，半空中悬着一团奇形怪状的乌云，乌云中心闪现着一团火焰中的佛陀坐像，骑在一条中国式的恶龙身上。尽管当时威廉二世耸人听闻的"黄祸"幻景并没有多少人当真，随着义和团运动的爆发，这幅画以及"黄祸"论却迅速流传开来。

义和团运动爆发后，由于同中国的信息交往一度阻塞，结果西方社会便纷纷凭空杜撰各种恐怖的传言，各种报刊上到处充斥着有关西方人在中国遭到血腥屠杀的"报道"。但实际上，"有关义和团的恐怖传说，是西方 20 世纪中国形象的一个阴暗恐怖的、以地狱为背景的序幕。它在 19 世纪西方轻蔑、鄙视的鸦片帝国的睡狮形象上，加上了一些可怕的色彩，似乎那个垂死僵化的帝国躯体内，还蕴藏着一种邪恶的危险的因素，一种令人想起东方地狱与世界末日的因素"。就这样，一方面，中国人被视为劣等民族受到西方的鄙视与丑化，另一方面却又不断遭受到西方的剥削与欺压。例如在美国，不可救药的"中国佬"就成为许多白人的口头禅。的确，对于西方人而言，中国就是一个无可救药的国度，到处充斥着腐败、贫困、愚昧与野蛮。而他们一面在这个国度享受着种种特权的同时，一面又充满厌恶地将那些具有嘲讽意味的影像广为传播，最终形成一种长期盘踞在西方人脑海中的中国印象。正如学者周宁所言："20世纪开始的时候，从传教士、军人、政客的报道到小说诗歌，西方文化表述的中国形象，基本是贫困、肮脏、混乱、邪恶、残暴、危险的地狱"。[①]

对于义和团运动，当时也有个别西方人予以较为公允的评价。例如亲身经历了这一事件的普特南·威尔就在其《庚子使馆被围记》中坦率地承认，外人在中国的胡作非为是义和团兴起的肇因。[②] 但总的来说，大多数西方人在"妖魔化"中国心理的驱使下，倾向于对中国采取惩罚报复措施。1900年7月27日，威廉二世面对启程的德国远征军公然鼓动称："你们如果遇到敌人，就把他杀死，不要留情，不要留活口。谁落到了你们手里，就由你们处置。就像数千年前埃策尔国王麾下的匈奴人在流传迄今的传说中依然声威赫赫一样，德国的声威也应当广布中国，以至于再不会有哪一个中国人敢于对德国人侧目而视！"。[③] 而美国著名在华传教士丁韪良后来甚至戏谑地称自己对义和团的作战为"打猎"。因此我们看到，在利卡尔顿拍摄的有关义

① 周宁：《隐藏了欲望与恐怖的梦乡：二十世纪西方的中国形象》，《华文文学》，2008年第3期。

② 汪洪亮：《一个英国观察家眼中的义和团运动》，《社会科学研究》，2003年第5期。

③ 转引自：姜德昌、周小粒：《论德皇威廉二世在义和团时期的对华政策》，《外国问题研究》，1997年第1期。

图 2-5-20：刊有"列强瓜分中国"绘画的法国《小日报》（法文），1898 年 1 月 16 日。

图 2-5-21：中国的麻烦制造者——被美国第 6 骑兵部队俘虏的一部分"拳民"。天津，1901 年，利卡尔顿摄，中国国家博物馆收藏。

图 2-5-22：瓦德西在联军官员们的陪同下通过美国步兵队列走向午门。北京，1901 年，利卡尔顿摄，中国国家博物馆收藏。

和团的照片中，处处充斥着当时西方人作为胜利者和占领者特有的傲慢与偏见。对于教会人员，他充满了同情与敬意；对于义和团成员，他表现出了幸灾乐祸；对于八国联军，他则表现出了十足的征服者的姿态。

目睹利卡尔顿拍摄下来这一幕幕场景，我们不由想起一则历史插曲。那是在1900年10月，从义和团运动中脱身的传教士丁韪良从中国返回美国，当时八国联军刚进驻北京不久。当丁韪良在纽约港上岸时，身上还挎着一杆长枪。替他搬行李的男孩问他是不是刚打猎回来，这名曾以对华友好著称的传教士竟然回答说，是的，从亚洲，大海的那一边回来。男孩接着问打的是什么猎物？丁韪良若有所思地回答说是"老虎，哦，应该是鬣狗。"而在英语语境中，鬣狗原本代表着凶残、阴险、贪婪。丁韪良之所以说出这样一番话，正是因为他下意识流露出的，是当时西方人因义和团运动而在心目中形成了恶劣的中国形象。

参考文献：

[德] 瓦德西著：《瓦德西拳乱笔记》，王光祈译，中华书局，2009 年 9 月。

[美] 詹姆斯·利卡尔顿著：《1900，美国摄影师的中国照片日记》，徐广宇译，福建教育出版社，2008 年 12 月。

[英] 泰瑞·贝内特著：《中国摄影史 1842—1860》，徐婷婷译，中国摄影出版社，2011 年 7 月。

沈弘：《晚清映像：西方人眼中的近代中国》，中国社会科学出版社，2005 年 6 月。

杨红林：《经典影像背后的晚清社会》，中国青年出版社，2011 年 7 月。

于语和、康良辰：《近代中西文化交流史》，山西教育出版社，1997 年。

北京城写真. 小川一真. 1901。

北清事变写真帖. 山本诚阳编. 1901.

Ein Tagebuch Bildern. By Alfons von Mumm. 1902.

In. und. um. eking. 1900—1901. By Marine-Stabsarzt. and. von. Meerscheidt-Hüllessem.

La Chine A Terre Et En Ballon. 1902.

第六章
售奇：
洋镜头下的生意经

我在本书中的目标是展示中国与中国人的系列图片，以便呈现对我所游历国家的准确印象，以及中华帝国各行省的艺术、风俗与习惯。为此，我在游历中相机从不离手，以忠实再现我所到访过的地点，以及我曾遇见的人种类型。

——约翰·汤姆逊，1873 年。

作为一种近代科技发展所催生的艺术门类，摄影术自诞生起，就与商业产生了密切关系。例如前文所提到的随军摄影师费利斯·比托，当他完成 1860 年在中国战场的拍摄任务返回英国后，转手便将他自己所拍摄的中国照片的版权以 37.8 英镑的高价卖给了一位商人——要知道，在英国名著《简爱》中，简爱在桑费尔德庄园里做家庭女教师，一年的收入只是 20 英镑。由此看来，在摄影术诞生后的最初几十年内，当海外摄影还只能是极少数专业人士从事的职业时，特别是在照相机轻便化和电影技术诞生前，采自异域的摄影作品作为一种稀缺的影像资源，其商业价值是比较可观的。而对于西方人而言，受限于当时国际交流、交通的不便，能够亲身前往东方世界远游的机会仍然寥寥无几。于是，作为传统文化娱乐方式（如书籍、报刊、戏剧等）的一种补充，作为了解异国他乡具象信息的便捷手段，摄影自然获得了日益增长的市场空间。正是在此种时代背景下，许多西方摄影师走向职业化，他们携带沉重庞大的摄影设备，不远万里来到中国这个千百年来西方人心目中的陌生国度，然后根据西方本土潜在消费群体的喜好，选取那些具有商业价值的题材拍摄照片进行售卖以获取利润。更有职业摄影师长期在中国落地经营，以开设照相馆的方式，一方面为社会各界提供摄影服务，另一方面也刻意拍摄博取西方消费者眼球的各种照片进行售卖。

如前所述，自从第一次鸦片战争结束后，随着中国被迫开放通商口岸，刚刚诞生不久的摄影术便随着西方商人、传教士、士兵、外交家以及摄影师的到来迅速传入中国。此后的几十年间，各个通商口岸的西方摄影师所经营的照相馆，为后人留下了丰富的中国影像资料。据考证，较早来到中国经营照相馆的西方摄影师主要立足于香港、广州、上海等城市，而其主要业务既包括给来华西人如传教士、海关人员、水手等，或者中国顾客拍摄照片，也包括销售旅行纪念品的中国风俗与景观照片。在早期，由于消费市场尚不足以维持理想的收入，大多西方商业摄影师的业务很不稳定，因此流传下来的照片相对较少，现存影像资料较为集中的拍摄者包括皮埃尔·约瑟夫·罗西耶、弥尔顿·米勒、威廉·桑德斯、威廉·弗洛伊德等人。

皮埃尔·约瑟夫·罗西耶（Pierre Joseph Rossier）是一位瑞士籍摄影师，1829 年生于瑞士弗里堡州，1855 年前往法国和英国从事摄影工作。第二次鸦片战争期间，罗西耶受内格雷迪和赞布拉公司委托前往中国，原本计划像费利斯·比托一样记录英法联军的军事行动，但他的摄影活动远远超出了这一范围。1857 年至 1859 年间，他在中国、菲律宾、日本、暹罗（今泰国）等地拍摄了最早的商业摄影作品，记录了这些地区的风景、建筑、人物和社会生活。特别是在广州，罗西耶拍摄了一批立体照片，内容涵盖中国人像、城市风景及英法官兵。1862 年 5 月，罗西耶将其于中国、日本、暹罗拍摄的玻璃立体照片在伦敦国际博览会上展出，并且是目前已知最早在欧洲发行中国题材商业照片的摄影师。

美国人弥尔顿·米勒（Milton Miller）也是最早在中国成功开展业务的商业摄影师。他 1861 年来到中国，与霍华德（Mr.Howard）一同开办了韦德与霍华德照相馆（Weed & Howard Gallery），之后三年间在广州、上海等

图 2-6-1：广州上流社会女性饮茶，1857—1859 年，罗西耶摄，盖蒂博物馆收藏。

图 2-6-2：广州两名中国女子，1857—1859 年，罗西耶摄，盖蒂博物馆收藏。

图 2-6-3：官员家的花园，1857—1859 年，罗西耶摄，盖蒂博物馆收藏。

通商口岸进行了一系列摄影活动，其摄影作品主要集中在 1861 年到 1864 年之间，以人物肖像为主，展现了当时中国人的日常生活和社会风貌，在后世流传非常广泛，成为研究晚清中国社会和文化的重要视觉资料。通过这些照片可以看出，米勒拥有成熟的拍摄技巧和对细节的精细捕捉能力。他的照片中不仅有清朝官员和内眷的肖像，还有广州的盲艺人、和尚和道士等社会各阶层的人物。实际上与当时大多数西方摄影师一样，米勒在拍摄人物肖像照时，往往是聘请模特穿上官服，扮演清朝官员和他的家眷，在照相馆完成拍摄。其结果就是后人经常可以发现同一模特分别在不同照片中扮演不同角色，而这些照片的主题又相差很大。

实际上，在整个 19 世纪后半期，大多数来华西方职业摄影师都很难摆脱"猎奇"的局限，区别只在于题材选择的偏好、技术风格的不同以及受众群体的差异。这一点在威廉·桑德斯身上体现得尤其明显。

威廉·桑德斯（William Thomas Saunders）是一名英籍摄影师，晚清时期曾长期旅居中国，并因其摄影技术享誉上海，被视为 19 世纪在中国拍摄照片的最出色的摄影师之一，他也是迄今已知最早在中国制作手工上色相片的摄影师。桑德斯于 1832 年生于英国，1860 年以工程师的身份首次造访中国。回英后潜心研习摄影，不久后便带着摄影器械再次来到中国。1862 年 1 月，他的森泰照相馆在上海开业，是上海最早出现的照相馆之一。尽管桑德斯当时只是一名肖像摄影师，但出于对中国浓厚的兴趣，他也常拍摄当时中国发生的重大事件以及当地的风土人情。桑德斯以私密的拍摄视角展现了当时上海形形色色的居民以及他们各有特点的生活方式和谋生手段，他在摄影棚内摄制的肖像往往以被摄者手持的道具来暗示其职业身份及社会地位。由于摄影技术高超，选题独特，他的作品在当时广为人知，流传甚广，不仅在西方有着不小的销量，在中国甚至有很多摄影同行都会购买他的摄影作品。

虽然囿于当时摄影技术在抓拍和采光上的限制，桑德斯拍摄的许多以中国民众日常生活为题材的场景都不得不以摆拍为主，但他们依然是对十九世纪中国民生百态的投射，并且极大推动了关于中国风俗传统方面的知识在西方的传播。直到 1880 年末，桑德斯才结束职业摄影生涯回到英格兰开始退

图 2-6-4：一名官员的家庭，广州。1861—1864 年，弥尔顿·米勒摄，中国国家博物馆收藏。

图 2-6-5：盛装的官员与其夫人。广州，1861—1864 年，弥尔顿·米勒摄，中国国家博物馆收藏。

图 2-6-6：清朝官员和他的朋友。广州，1861—1864 年，弥尔顿·米勒摄，中国国家博物馆收藏。

休生活，但依然定期回访中国，直至 1892 年病逝。

桑德斯是迄今已知最早在中国制作手工上色相片的摄影师，他的成就主要体现在他集结成册的中国风土人情摄影作品上，如《中国生活和人物素描集》(*Portfolio of Sketches of Chinese Life and Character*)，这本摄影集的早期版本刊发于 1871 年前，精选了 50 幅桑德斯的作品。同时，桑德斯经常于诸如《远东》(*Far East*)、《伦敦新闻画报》(*Illustrated London News*) 等刊物上发表作品。桑德斯还是中国最早、最著名的插图摄影师之一，清末民初西方出版的有关中国的很多图书中，也大量地采用了桑德斯拍摄的照片。以至于著名摄影史学者泰勒·贝内特称其为"主宰了上海摄影界 27 年的摄影家"。必须指出的是，十九世纪六七十年代，由于摄影技术和设备的局限，在当时拍摄一张照片，需要长时间的准备工作，而且所有的拍摄都只能依赖自然光线。因此即便是要在真实的场景中拍摄，也一定要有好的光线条件才能实现。在这种情况下，摆拍对于摄影师来说无疑是最好的选择。因此后人可以看到，威廉·桑德斯流传下来的那些描绘中国日常生活的摄影作品，其实都是根据现实设计进行摆拍的，许多照片中的主人公都是摄影师花钱雇佣的模特，这一点与弥尔顿·米勒等人如出一辙。从桑德斯留下来的照片来看，他先后专门设计场景、雇用模特、摆布拍摄了一批反映中国传统文化和习俗的照片，如法堂、囚犯、吸食鸦片、小食摊、轿夫、马车等等。显而易见，这些摄影作品在西方世界广泛售卖或刊登后，非常形象地呈现了"类型化"和"概念化"的中国人，其主要目的无非就是迎合西方人的好奇审美。

威廉·弗洛伊德 (William Pryor Floyd) 是一位英国摄影师。他 1834 年出生于英国康沃尔郡的费拉克 (Felak)，1864 年担任上海香浓照相馆的摄影助理，1865 年在中国澳门开设照相馆，1866 年至香港，任塞尔维拉照相馆 (Silveira & Co.) 的摄影师，1867 年接管照相馆（中文名为"辉来影相"），直至 1874 年 11 月离开香港。在香港、澳门、广州、厦门和福州等城市，他不仅拍摄了很多精彩的风景照片，而且擅长室内肖像摄影，并留下大量作品。其拍摄的肖像照，人物表情自然、神态生动，衣着整洁华丽，风光照则充满画意。作为十九世纪六十年代活跃于中国口岸城市的西方商业摄影师，威

图 2-6-7：受枷刑的两个男人。上海，约 1870 年，威廉·桑德斯摄，中国国家博物馆收藏。

图 2-6-8：中国酷刑：砍头。上海，约 1870 年，威廉·桑德斯摄，中国国家博物馆收藏。这张照片的摆拍痕迹非常明显，最远端凉棚下的两个人物居然身着戏装，不过当时要组织如此众多的群众演员布置场景也实属不易。

图 2-6-9：公堂审案。上海，约1870年，威廉·桑德斯摄，中国国家博物馆收藏。用模特摆拍的公堂审案场面不伦不类，公堂正厅居然贴着商人求财的关公年画，"春风大雅能容物，秋水文章不染尘"是文人书房对联，官员桌布上的"月光之大"更是莫名其妙。

图 2-6-10：中国独轮车。上海，约1870年，威廉·桑德斯摄，中国国家博物馆收藏。

图 2-6-11：抽鸦片的男人。上海，1870年，威廉·桑德斯摄，中国国家博物馆收藏。以上三张照片明显是在照相馆布置好场景后雇佣模特扮演角色拍摄。

图 2-6-12：中国戏曲演员。1870 年，威廉·弗洛伊德摄，中国国家博物馆收藏。

廉·弗洛伊德不但摄影技法高超，而且主要依靠制作和销售原版摄影画册开创了成功的商业模式。[1]

这一时期一度在中国较为活跃的西方商业摄影师还有雷蒙德·冯·斯蒂弗利德男爵（Baron Raimund von Stillfried, 1839—1911），他出生于奥地利的一个贵族家庭，年轻时曾环游世界，后在日本横滨开设了一家照相馆，拍摄各类日本人物肖像照片。作为最早制作着色照片的摄影师之一，其作品被很多西方游客当作纪念品。十九世纪七十年代中期，他又来到了中国上海进行商业拍摄，所拍摄的对象不仅包括了平民百姓、乞丐和上流士绅，同时擅长拍摄风俗和风景照片，其作品在西方世界颇有影响力。

托马斯·查尔德（Thomas Child, 1841—1898）是一位英国摄影师，他出生于英格兰的一个建筑学世家，并于 1869 年成为一名非职业摄影师。

---

[1] 张明编著：《外国人拍摄的中国影像》，中国摄影出版社，2008 年 3 月，第 102—106 页。

图 2-6-13：苏州女孩。1870 年，雷蒙德·冯·斯蒂弗利德摄。

图 2-6-14：中国独轮车。1870 年，雷蒙德·冯·斯蒂弗利德摄。

1870 年，他被英国海关总署雇用，负责设计北京地区军事管辖区的煤气系统。查尔德学习过早期摄影技术，采用玻璃湿版照片工艺摄制照片，其摄影作品在构图、光线运用以及蛋白照片的印制水平方面都达到了很高的水平。他的摄影作品不仅包括圆明园遗址，还有大量北京及其周边的建筑和风景，为后人留下了极为珍贵的视觉档案。查尔德的照片因其亲笔签名而更加珍贵，这在早期摄影师中并不多见。与其他业余摄影爱好者不同的是，查尔德在拍摄时就非常清楚地认识到作品潜在的商业价值，所以他拍摄的照片均用于商业用途，销售给驻京外侨和来京旅游的外国人。从 1870—1889 年间，查尔德作为为数不多的拥有完整照相设备的西方人，在北京将近 20 年的时间里，除了忙于海关的工程师工作外，他还大量利用业余时间忙碌于拍摄工作，并在寓所附近搭建了一间摄影室，兼职为在京的外国人和中国的富裕阶层拍摄肖像，为此他甚至学会了讲中文。凭借在摄影技术上的优势，除了兼职拍摄工作外，他还向在北京的中外业余摄影师销售摄影器材和化学药品。

或许是由于固定职业带来的限制不允许他自由远行，查尔德在中国期间所拍摄的照片均在北京及其周边，而拍摄时间大多集中于 1875—1880 年间。

这些照片中，除了部分百姓生活场景外，大部分题材是北京的名胜古迹和城市建筑，主要包括天坛、颐和园、圆明园、国子监、长城等。由于著名的《远东》杂志、《伦敦新闻画报》等都曾刊登过一些他的作品，因此查尔德的中国照片在西方流传也颇为广泛，拥有很高的知名度。

图 2-6-15：总理衙门大门口。北京，1878 年，托马斯·查尔德摄，中国国家博物馆收藏。

1871 年 11 月 2 日，托马斯·查尔德在当天的日记中抱怨道："最近照相生意很少。从香港来了一名摄影师到北京旅行，把我的生意都抢跑了。"他在日记中所提到的这位摄影师名叫约翰·汤姆逊，当时已凭借其高超的摄影技术而在来华西人享有盛誉。因此虽然汤姆逊前后在北京的活动时间并不太长，但却对查尔德的照相生意影响很大。在此之前，由于北京还没有出现商业照相馆，以查尔德的水平可以保证拥有固定的客户群和理想的报酬。而汤姆逊的到来则很快对查尔德的生意造成了冲击，毕竟无论是摄影设备还是技术方面，汤姆逊更为专业。

图 2-6-16：正阳门城楼。北京，1870—1880 年，托马斯·查尔德摄，中国国家博物馆收藏。

约翰·汤姆逊（John Thomson，1837—1921）是 19 世纪最重要的摄影先驱之一，被誉为"摄影界的马可·波罗"。他是最早广泛拍摄远东地区的摄影家之一，以其在中国的作品而闻名。汤姆逊的摄影作品不仅记录了 19 世纪东方各国的风土人情，而且他镜头下的晚清中国异常完整，成为中国近代摄影史极其重要的组成部分。汤姆逊出生于苏格兰的爱丁堡，年少时做过光学仪器作坊的学徒，掌握了摄影原理并从事摄影。1862年，他开始了亚洲之行，在多个亚洲国家拍摄照片，包括中国。他在中国期间，由三名香港人协助他的工作，并在1866年返回英国后展出了他在亚洲拍摄的摄影作品。1869年，汤姆逊再次来到中国，在香港皇后大道开设了一间摄影

图2-6-17：景山。北京，1870—1880年，托马斯·查尔德摄，中国国家博物馆收藏。

室，拍摄人像和出售香港风景照片。随后他深入中国内地，行程五千多英里，与中国社会进行了广泛的接触。他使用的是湿版法，需要携带大批器材，因此雇用了八名背负笨重照相器材的苦力。他的足迹遍布中国南北各地，包括香港、澳门、台湾、海南、北京、上海、天津、广州、武汉、南京、镇江、厦门、福州、宜昌、九江、烟台、宁波等地。1873年，他的大型报道中国的摄影集《中国与中国人影像》（*Illustrations of China and Its People*）在英国出版，其中发表了他在中国拍摄的二百幅照片，内容既有中国自然风光、城市景观，也有反映普通民众从事生产劳动和日常生活的情景，是第一部通过照片而非文字描述多层面地介绍中国的著作。汤姆逊的摄影作品被认为是中国最早的全景式影像记录，这也为他带来了巨大声誉。

作为第一位深入中国内地开展游历摄影的西方商业摄影师，汤姆逊将摄影机对准中国各地的风景以及各阶层的中国人。他的足迹遍布中国南北各地，拍摄了包括达官显贵、贩夫走卒、山川河流和民生时局在内的丰富题材，在他的镜头下，既有包括恭亲王奕訢、晚清重臣李鸿章、两广总督瑞麟等显要人物的珍贵影像，也有学童、媒婆、兵卒、烟客、囚犯、乞丐、商贩、艺伎等社会各阶层的人物。

与同一时期多数商业摄影师不同的是，汤姆逊在拍摄过程中注重详细的文字记录，每幅照片的说明都是在拍摄过程中访问记录下来的，这使得他的

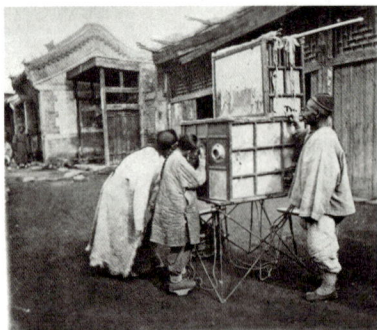

图 2-6-18：拉洋片。北京，约翰·汤姆逊摄，1874 年。

图 2-6¬-19：万里长城。北京，1871—1872 年，约翰·汤姆逊摄，盖蒂博物馆收藏。

图 2-6-20：国子监。北京，约翰·汤姆逊摄，1874 年。

图 2-6-21：中国女性。广州，约 1870 年，约翰·汤姆逊摄，盖蒂博物馆收藏。

图 2-6-22：商人杨昉的府邸。北京，约翰·汤姆逊摄，1874 年。

影集不仅具有纪实性，还富有知识性。通过他的镜头，西方世界得以直观地了解这个东方古国的风土人情和历史变迁。更深层次上讲，他的摄影作品不仅体现了当时中国社会的时代风貌，同时也折射出大英帝国在扩张时期通过摄影图像来想象和统治世界的野心。

如果仔细分析会发现，汤姆逊镜头前的中国影像主要有两大类型，一类是中国的地理地貌，另一类是中国的人种类型与职业特征。然而这些看起来写实的照片，一旦经过刻意的编排或者解说，便不难看出，作为一名19世纪中后期来自英帝国的摄影师，其镜头背后所蕴含的那种对殖民主义者无法掩饰的视角。

虽然汤姆逊号称自己试图准确忠实地再现中国的风景与人文，然而从他选择的拍摄对象和构图技巧中，尤其是他的文字说明中，我们可以明显看出他的主观意识。汤姆逊所处的维多利亚时代，正好是英帝国殖民扩张活动最活跃的时期，因此他的摄影活动也难免会成为整个殖民大潮的一部分，并打上浓重的殖民主义烙印。

作为商业摄影师，汤姆逊从事摄影的最根本动机就是牟取商业利益。因此他的作品必须能够迎合同时代受众的审美标准、好奇心以及欲望。这种商业逻辑，往往体现在他对摄影构图和摄影效果的追求中。虽然表面上是试图展现中国的现实景观，但同时却有意或无意地强化了西方人对于中国的想象。特别是拍摄中国的普通民众时，汤姆逊显然是以一种人类学的视角将镜头对准他的对象。例如他在拍摄一名少年儿童时，他解说这是"受过高等教育家庭的孩子，是广东一位著名官员的儿子。他是个清秀、迷人的孩子，淡褐色的眼睛充满着善良与智慧。他眼睛呈杏仁形、斜角，这是南方居民的特征"，接着又说，虽然中国人在儿童时期长相较好，但随着年龄增长，"他的脸会逐渐失去吸引力。由于特殊训练的结果，柔和的眼神会被冷酷、精明的表情所替代。而他的神态也会变为一种无动于衷的冷漠。因为对于中国有修养的绅士来说，有必要掩饰自己的真实情感"。在拍摄中国女性的照片时，他在解说中指出，"中国家庭女孩的高等教育是在家庭圈子内进行的。她们被严格隔离，因此中国历史上很少有女性因其文学成就而闻名的例子。在社会的高级阶层，各地的女士都接受教育，使她们能够对本国的文学有所了解，并按照严格而正式的礼仪规则行事和表达自己，这些礼仪规则与她们作为有学问的人的女儿或妻子的地位有关。在少数情况下，她们会学习优雅的技艺，例如弹奏琵琶，这样她们就可以用歌声来吸引主人的闲暇时间，但她们最勤奋的科学是化妆品和厕所的奥秘知识；如何涂到合适的色调，在下唇上涂上鲜红的斑点；如何用她们的小脚优雅地行走，坐下时不会卷起或弄乱她们丝绸衣服的褶皱。"这类照片及其对应的文字说明，无不表现出一种西方殖民主义者居高临下的姿态。

汤姆逊之所以通过照相机将中国人视作人类学观察分析的对象，与维多利亚时代英国人种学的兴起与发达是相联系的。在英帝国的殖民地面积不断扩大的时代，摄影成了了解和传播殖民地原住民情况的重要工具。皇家地理学会、英国科学促进会、伦敦人种学会等机构当时都致力于推广摄影术作为对人种差异进行系统性科学观察的工具。汤姆逊正是在这一时代潮流的影响下，将中国人的人种及其职业类型作为摄影对象。由于他所拍摄的照片影响深远，因此又在很大程度上塑造了西方公众眼中作为人种类型的中国人形象。

鸦片战争后短短几十年间，随着西方打破清王朝封闭的大门，一个封建帝国的种种弊端一时间迅速暴露在西方眼前，并且很快就在西方人心目中树立起一个落后、腐朽、蒙昧的异教中国形象。而在汤姆逊来华进行摄影的年代，这些负面形象已经成为西方世界对中国的普遍认知。所以为了迎合西方顾客的喜好，汤姆逊的摄影镜头自然会有意识地捕捉那些所谓"真实"的中国景象：酷刑、小脚、辫子、鸦片……

例如对一张吸食鸦片的照片进行说明时，汤姆逊写道："鸦片烟斗已经成为中国人不可或缺的奢侈品，最贫穷的人可以在其中找到时间和金钱来放纵自己。许多最糟糕的乞丐都是鸦片吸烟者，他们被恶习从舒适或富裕的位置上拖垮了。长期以来，他们失去了所有的荣誉感和自尊，堕落到成为他们以前朋友和同事的乞讨害虫，他们会拿出最后一块抹布来满足他们对毒品的热情，这种毒品吞噬了他们的声誉、物质和肉体；这些人容易患上病态的忧郁和抑郁，导致频繁自杀。……在低级公共鸦片店出售的药物质量低劣，在制备过程中混入了鸦片灰。这些商店或窝点有一种有毒的气氛，充满了鸦片的烟雾，再加上躺在长凳上的吸烟者面色铁青、死亡般的样子，让人想起噩梦的恐怖。"然而面对此种场景，不知身为英国人的汤姆逊会不会意识到，正是他的国家通过侵略战争才导致鸦片祸害中国人的！

图 2-6-23：在餐馆吸大烟的烟民。广州，约翰·汤姆逊摄，1874 年。

另一个例子也直观地表露出汤姆逊在拍摄中国照片时所抱有的猎奇心理。据他本人记录，1871 年，为了拍摄传说中的三寸金莲，他专门花钱雇用被缠裹足的中国女性，用以拍摄她们的脚部。在他的书中，曾这样记载拍摄缠足的艰难，"在此之前有中国人对我来说这种照片是绝对拍不到的，不管我出多少钱，都无法让一个中国妇女解开她的缠脚布"，几经辗转，在厦门，汤姆逊才找到愿意被拍摄的妇女，但在他眼中"那所谓的三寸金莲，不管是从外观上还是气味上，都与那种最圣洁最美丽的花朵相去甚远"。汤姆逊的行为当然不是另类，实际上在 19 世纪中后期，几乎所有来华西方摄影师的手里都存有三寸金莲的照片，他们将照片以宣传中国风俗的方式销售到欧洲。

即便是在中国拍摄了大量的古寺、老僧、古塔、古碑、古代雕像、古代建筑，这些照片也很难说汤姆逊真的热爱中国文化，而是因为当时的欧洲处于浪漫主义末期，那些与古老文明有关的东方物件和照片备受欧洲上流社会钟爱。而作为一名颇具生意头脑的商业摄影师，汤姆逊非常清楚那些群体是自己照片最主要的买主。因此在中国的游历和拍摄中，他才会不遗余力地搜

图 2-6-24：工作中的外销画师。广州，约翰·汤姆逊摄，1874 年。

集和摄取那些西方读者趣味极浓的中国习俗和景观。至于汤姆逊对中国的真实观感如何，不妨看看他在《中国与中国人影像》一书的结论中所写的一段话："中国的情况令人感到忧伤，虽然一缕阳光可能会投向这里或那里，但毕竟笼罩这片土地的黑暗会由于那散落的光明而变得更为刺眼。在英国也有贫困与无知，但绝没有到中国人如此悲惨和强烈的境地。"

由此我们应该清醒地认识到，那些曾经将汤姆逊视为友好使者的研究者可能过于一厢情愿了，纯属完全忽视了历史时代的巨大隔阂和特殊背景下东西方之间的错位认知。众所周知，东方对于西方来说始终是一个充满神秘和诱惑的国度，当照相机这一媒介被引入中国后，照片的图像本应承担着记录真实的中国面貌的义务，但西方摄影师往往通过刻意摆拍等方式，有意识地展示出西方人想象的中国形象。那些职业摄像师更是为了商业利益，通过雇用模特、设定情境、景观选择，拍摄了大量地迎合西方社会口味的所谓"人文风俗照"，满足市场对异国情调的猎奇。这实际上属于典型的东方学趣味，即强调东方文化的历史悠久、古老神秘、衰败凄凉和东方社会生活中的奇风异俗、奇装异服和体力劳动，以突出尚处于"古代"的东方与正在进行工业革命、代表近代文明的西方的差距。在当时西方人眼中，这是典型的"中古"社会特征，既带给他们一种视觉愉悦感和心理优越感，又迎合了流行的怀旧情绪。[①]

---

① 南无哀：《东方学影像再反思——以约翰·汤姆逊的中国照片为例》，《中国艺术时空》，2016 年第 2 期。

参考文献：

［英］泰瑞・贝内特《中国摄影史：西方摄影师 1861—1879》，徐婷婷译 中国摄影出版社，2013 年 6 月。

卞修跃主编：《西方的中国影像（1793—1949）》，黄山书社，2016 年 6 月。

南无哀：《东方照相记：近代以来西方重要摄影家在中国》，生活・读书・新知三联书店，2016 年 1 月。

徐家宁编：《托马斯・查尔德：中国历史影像・早期摄影家作品集》，文心出版社，2017 年 1 月。

张明编著：《外国人拍摄的中国影像》，中国摄影出版社，2008 年 3 月。

中华世纪坛世界艺术馆编：《晚清碎影：约翰・汤姆逊眼中的中国》，中国摄影出版社，2009 年 4 月。

Illustrations of China and its people. By John Thomson. 1874.

Photographs of Hong Kong. By Thomson John. 1868.

第七章 惊奇：西方游历者目睹的多面晚清

在中国西部，拉纤提水的妇女们脚都裹得像蹄子一样小。中国北方的劳动妇女只能跪在厚厚黑土地上劳动，因为她们站不住。裹脚，在广东，某种程度上来说，只是表示身份而已。而在上海和中国其他地方，裹脚是品行的标志。

——阿绮波德·立德，1901年。

1895年4月，为了呼吁中国社会禁止妇女缠足的陋习，一些来华的西方女性在传教机构的支持下，在上海成立了"天足会"总会，并在苏州、无锡、镇江、扬州、南京等地设立了分会。该会规定，凡入会者，皆先释放其家中女人之足，并且日后永不再缠女子之足，也不娶缠足之女子为媳，此外还建议对缠足者实行罚款，禁止缠足妇女与其丈夫享有同等权利，不承认缠足妇女的合法地位，敦促官员推行不缠足。在之后十多年间，由"天足会"推动的反缠足运动在中国各地逐渐掀起高潮，成千上万的女性因此得到解放，告别了小脚的痛苦。而"天足会"的主要发起者，是一位名叫立德夫人的英国女性。

阿绮波德·立德夫人（Mrs.Archibald Little，1845—1926）原名艾丽西娅（Alicia Helen Neva Bewicke），是英国商人阿绮波德·立德（Archibald John Little）的妻子。立德先生是英国商人和冒险家，19世纪末来中国经商多年，

329

先在上海创办立德乐洋行，主要经营进出口贸易等业务，后在重庆开办贸易公司并在四川长期居住，最早将轮船引入四川，还曾因参加对太平军的作战被清朝授予从三品官衔。在经商之余，立德还喜欢冒险，喜欢游历并著有《中国五十年见闻录》《穿越长江三峡》《峨眉山之游》《云南之旅》等游记作品。或许是受丈夫的影响，立德夫人自 1887 年来中国后，在这个国家生活了将近 20 年的时间，无论是对中国还是对中国人民都有较为深入的了解。同样喜欢冒险和旅游的立德夫人，几乎走遍了中国南方所有的通商口岸，并且深入四川人的生活，与当地人同吃同住，其代表作《穿蓝色长袍的国度》是一本生动记录了她在中国生活经历的游记。书中她详细地描述了自己在中国十多个省市的所见所闻，包括对中国城乡的民俗事象、社会状况以及外国传教士在中国的活动情况的观察。作为一名女性游历者，她的文笔生动细腻，引人入胜，而书中所附的系列照片也为后人提供了珍贵的历史影像，成为解19 世纪末期西方人眼中中国形象的窗口。

19 世纪末期，随着西方列强的军事和商业活动日益频繁，越来越多的西方人来到中国各地进行游历和探险。这些来华游历者中，包括了摄影记者、旅行者、探险家、传教士、外交官等，其中甚至不乏女性。这些游历者除了留下书信、日记、游记等文字材料外，还借助当时的摄影技术记录下了中国的社会风貌、自然景观和人民生活。这些照片为西方世界提供了关于中国的直观印象，记录了晚清中国的城市面貌、乡村生活、市场交易、宗教仪式、传统节日、官僚系统、教育状况、军事设施等多方面的内容。一些摄影师专注于捕捉自然风光和建筑美学，而另一些则更关注社会现实和人文关怀。总体看来，19 世纪末期来华游历者拍摄的照片在西方社会中广受欢迎，它们不仅作为新闻报道和旅行记的插图，还经常被结集出版，成为西方公众了解中国的重要途径。

通过这些照片也可以看出，无论其本人对于中国感情色彩如何，作为来自西方世界的"他者"，几乎所有西方游历者在观察、评论这个国家时都表现出一种复杂的心情。一方面，作为身份较为纯粹、立场较为中立的观察者，他们不会像某些传教士、外交官或商人那样带着先入为主的眼光给中国的实物下结论，反而会由衷地赞赏他们所目睹的各种新鲜事物，尤其是自然风景、名胜古迹等。可以说，描绘美丽的中国风景是许多西方来华游记的一个共同特点。而在立德夫人笔下，中国各地都有许多美丽风景令她赞叹。例如初到北京时，她就观察到："北京到处都是树木，根本不像人口众多的城市，而像一个大公园，尤其是站在城墙上面看，感觉更是如此。每个宫殿的院子里都至少有一棵树，庭院大一些的地方更是被树占满，就连宫殿外面也耸立着一排排苍翠茂盛的树木。大概古时候的北京真的像它所规划的那样，如果我能看到那时候的北京，肯定会赞叹它的雄伟，因为世界上没有一个城市能和它相比。站在钟楼或鼓楼上向对面望去，就可以感受到北京城宏大的规模。同时可以看出，它的透视和布局也很讲究，既有细致的装点，又彼此保持着完美的距离。钟楼上的阳台，单看很普通，可从整体上来看，却是再壮观不过了。"到春天时，"登楼放眼四望，美丽的北京城尽收眼底。满城皆树，嫩绿色中隐现皇宫的金顶……山上遍布亭台楼阁，屋顶闪烁着绿色、金色和最令人着迷的孔雀蓝色……更远处是清晰可见的西山，衬着被风吹过的黎明的天空，美丽得难以言表"。即便是在偏僻闭塞的西南地区，立德夫人也会用很多笔墨描述那里的自然美景。

相比之下，对于游历过程中所观察到的中国社会和中国人，立德夫人的心情就要复杂得多了。由于19世纪末正是西方的中国形象最黯淡最扭曲的时期，作为一名西方游历者，立德夫人也必然深受时代背景的影响，对于目睹的诸多负面现象留下深刻印象，并直接反映在其文字或照片中。在她眼中，中国固然有许多美丽的风景和淳朴可爱的百姓，但无论是城乡的基础设施、卫生状况，还是官员百姓、社会机制，都显得肮脏、破败、毫无生气。即便是在作为帝国中心的北京，居然没有化粪池、没有下水道，而底层的"这些老百姓的思想保守而落后，尽管身体残缺、生着脓疮、衣服破烂得仅能遮羞，却抵触任何能改变命运的努力。北京的大街上，到处流窜着好吃懒做的流氓无赖。这些人很多都是大人物家里的食客，专门为大人物叫嚣打架"。以至于她前面刚刚赞叹了北京的美丽景色，后面就哀叹"举目四望，发现周围的一切既让人感到无奈，又令人厌恶。这样的北京真是可怕"！而在西南内地，社会景象似乎更令人担忧。在四川，她目睹了抽鸦片恶习的盛行，"这些男人们全都弓着身子，似乎不光身子空了，连肋骨都被掏走了。他们手里大多拿着一个小盒子……这是专门用来吸食鸦片的"。更令她困惑的是有时还要面对民众的敌意："一年夏天，我们住在重庆。距上海一千五百英里的重庆是四川的商业中心，汽船只能沿长江上行到离重庆五百英里远的地方（几年以后，我丈夫才第一次把他自己的汽船开到重庆，当时船上的欧洲人只有我和我丈夫）。这个炎热的大城市里，居民住房拥挤不堪，连吸口新鲜空气的地方都找不到。我们在城郊的山上租了片地，想盖间小屋度夏，但知县借口当地人敌视外国人不许我们盖房子。他说他可以劝农民把房子租给我们，与农民一起住上三个月，他们或许会慢慢地消除对我们的敌意。"

当然，随着居住时间的持续，立德夫人逐渐与中国百姓建立起较为融洽的关系，并努力参与中国社会的改造中，特别是在反缠足运动中发挥了重大影响。

作为一名女性，在跟随丈夫在华经商及游历期间，立德夫人对于中国各地随处可见的缠足现象及对中国女性所遭受的痛苦尤其感到触目惊心。她揪心地看到："在中国西部，拉纤提水的妇女们脚都裹得像蹄子一样小。中国北方的劳动妇女只能跪在厚厚黑土地上劳动，因为她们站不住。裹脚，在广东，某种程度上来说，只是表示身份而已。而在上海和中国其他地方，裹脚是品行的标志。"为此，这名远道而来的西方女性，以巨大的心血投身于放足运动，她发起成立"天足会"并担任首任会长，十多年间积极在各大城市宣传放足观念，成为知名度颇高的社会活动家。她的努力影响了许多人，包括加拿大女医生启希贤，后者也在成都参与了放足运动，并开办了四川最早的妇女儿童医院——仁济女医院。立德夫人的努力和贡献受到了国人的尊敬，甚至成功说服了湖广总督张之洞为"天足运动"题字。著名的《万国公报》当时曾多次提到立德夫人并给予了高度评价，声称"吾人回念此一年中，（立德）夫人所作之工，实为难能而可贵，其造福于中华女人，无可限量！"[1]

---

① 王海鹏：《〈万国公报〉与天足会》，《贵州社会科学》，2006 年第 1 期。

图 2-7-1：官员的随从。1890 年，立德夫人摄，《穿蓝色长袍的国度》。

图 2-7-2：便装妇女。1890 年，立
德夫人摄，《穿蓝色长袍的国度》。

图 2-7-3：拥挤的河道。立德夫人
摄，《穿蓝色长袍的国度》。

尽管目睹了晚清中国现实存在的诸多负面形象，在评价中国时也难免带有先入为主的偏见，但立德夫人对于当时中国百姓的苦难还是充满怜悯，对于中国的未来也怀有希望。在旅行途中，这位已被视为中国问题专家的西方女性有时也会情不自禁地发出感慨，即她坚信中国在不远的将来将会发生巨大的变化。当然总体上看，作为西方观察者，其眼中的中国形象主基调是灰暗的、落后的甚至丑陋的，无论是男人头上的辫子、女人裹的小脚、全民所穿的蓝布袍，还是底层民众呆滞愚钝的表情、各级官吏残暴冷酷的专横，都足以令她们自然而然地流露出优越感，并且通常会萌生出"拯救者"的心理。在立德夫人的笔下，中国的某些地方也有令人欣喜的进步现象。但若分析原因，那就基本上要归结于西方人的主导作用。例如她在描述烟台的社会发展时，就毫不客气地认为："在欧洲人的作用下，烟台成了一个超级俱乐部——富有、凉爽、通风效果良好，最大的特点是思想开放。这一切都得益于那些出过力的欧洲人。"进而她认为，加入基督教也能在中国获得广泛认可，那么中国或许会像美洲人一样进入文明时代。

就在立德夫人活跃于中国多地，并且以发起反缠足运动而获得很高知名度的同时，另一位来自英国的女性探险家——伊莎贝拉·伯德也来到中国进行长途旅行，并同样留下了引人入胜的游记和照片。而在西方世界，伊莎贝拉·伯德的影响力甚至要远超立德夫人。

伊莎贝拉·伯德（Isabella Lucy Bird，1831—1904），19 世纪英国著名的探险家，因后来与约翰·毕晓普（John Bishop）医生结婚而被称为毕晓普夫人。作为一名颇具传奇色彩的英国旅行家、作家、摄影师，英国皇家地理学会第一位女会员，英国皇家摄影学会会员，伊莎贝拉·伯德尽管自幼体弱多病，长期饱受病痛的折磨，但她却对旅行和探险充满热情，足迹遍布世界各地，包括美国、夏威夷群岛、日本、马来西亚、波斯、库尔德斯坦、摩洛哥、朝鲜、中国等，甚至被称为"世界百大探险家之一"。

在伊莎贝拉·伯德众多的旅行经历中，对中国的访问无疑给她留下了深刻的印象。自 1878 年首次途经上海、香港起，伊莎贝拉·伯德曾多次踏上中国的土地，特别是 1894 年至 1898 年间还在中国进行了两次深入旅行。

1894 年，伊莎贝拉·伯德从利物浦出发来到远东，6 月 21 日抵达中国，先后游览了烟台、牛庄（今营口）和盛京（今沈阳），8 月 20 日离开盛京前往北京，10 月又去了海参崴，12 月回到日本，1895 年 1 月再次前往汉城，2 月去了香港，此后的四个月时间她去了汕头、厦门、福州、上海、嘉兴、杭州、绍兴、宁波、普陀、定海等地。在途中，她遭遇了严重的车祸，导致手臂骨折和头部受伤，还曾在东北平原经历洪水。尽管经历很多磨难，伊莎贝拉·伯德还是对中国留下了许多难忘的记忆。例如在杭州，她对西湖的美景就赞赏有加："那是一片可爱的湖水，由迷人的乡村房舍、庙宇、圣祠所环绕，树林葱郁的岛屿点缀其间，岛屿由古朴的通道相连，岛的顶部盖有装饰性亭台，其中有皇家园林，则是中国尽善尽美的园林艺术。"

尤为难得的是，伊莎贝拉·伯德非常善于学习，勇于探索新的职业领域。在英国先驱摄影师约翰·汤姆逊的鼓励和教导下，她虽然 60 岁才开始学习摄影，但是却很快就成为一名杰出的旅行摄影师，在摄影方面达到很高的艺术造诣，并因此于 1897 年成为英国皇家摄影协会的会员，成为该协会早期为数极少的女性成员。因此当伊莎贝拉·伯德来到中国深度旅行时，便用其随身携带的照相机记录下沿途所看到的风景和人文景观。

1898 年，伊莎贝拉·伯德最后一次来到中国，这次的主要任务是长江之旅。她从上海出发，乘轮船经九江至汉口，再由汉口经沙市到宜昌，乘帆船从宜昌穿过三峡，经奉节（夔府）到万县，再从万县走陆路经梁山县（今梁平）、渠县、营山、南部到达保宁府（今阆中），再经苍溪、剑阁、梓潼、绵阳、彭县、灌县（今都江堰）到达成都，然后由灌县经威州、理番厅（今汶川）、杂谷脑（今理县）、米亚罗到达马尔康的梭磨，再从梭磨返回成都，再由成都乘船沿岷江顺流而下，经眉山、嘉定府（今乐山）、叙府（今宜宾）、泸州到达重庆，最后于 1898 年 6 月从重庆坐船东下，经万县、汉口返回上海。当时伊莎贝拉·伯德已年届 67 岁高龄并且身患多种疾病，因此这次长途旅行无疑称得上是足以载入史册的壮举，而从中也可以看出中国在她心目中的特殊地位。很快，伊莎贝拉·伯德几乎是第一时间出版了自己的中国游记——《扬子江流域及以外地区》（*The Yangtze Valley and Beyond*），随即在

图 2-7-4：身穿清朝旗装
的伊莎贝拉·伯德。中国
东北，1894 年。

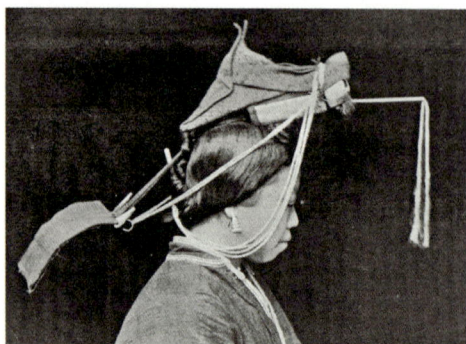

图 2-7-5：西南少数民族妇女的
头饰。四川，1898 年，《扬子江
流域及以外地区》，伊莎贝拉·伯
德摄。

图 2-7-6：女用轿子。四川，1898 年，
《扬子江流域及以外地区》，伊莎贝
拉·伯德摄。

图 2-7-7：万县一户人
家的客厅。1898 年，《扬
子江流域及以外地区》，
伊莎贝拉·伯德摄。

西方引起轰动。在游记中，既有对长江三峡和川藏地区壮丽风光和民风民俗的描写，也有作者途中广泛接触的各类人物，包括官吏、文士、商人、衙役、军士、农民、苦力、乞丐、船工、轿夫等。书中附有大量照片插图，更是直观地记录了 19 世纪末中国的景象。当然，由于在中国真正驻留的时间并不是很长，与立德夫人相比，伊莎贝拉·伯德对中国的观察还没有那么深入。

与伊莎贝拉·伯德一样，清末民初在中国知名度极高的澳大利亚人莫理循 1894 年也来中国进行了其首次深度旅行。

乔治·厄内斯特·莫理循（George Ernest Morrison, 1862—1920）是一位对近代中国历史产生过重要影响的西方人。他出生于澳大利亚，1887 年毕业于爱丁堡大学医学院，获医学博士学位。由于从少年时就喜欢探险和写作，毕业后他先后到美国、牙买加、西班牙游历，除了短暂在西班牙当过一年医生，其余时间都在四处游荡。1890 年底，穷困潦倒的莫理循回到澳大利亚做了一年住院外科医生，最后又因为和上司矛盾重重而辞职。困顿数年后，他突发奇想决定到中国去闯荡一番。1894 年 2 月，怀揣母亲给他的 40 英镑路费，一句中文也不会的莫理循从上海出发，溯长江而上到达重庆，然后穿过中国西部、克钦山抵达缅甸边境，进行了为期半年的长途游历。游历期间，莫理循还多次撰写游记向报社投稿，结果居然被大名鼎鼎的英国《泰晤士报》任命为驻华记者。此次行程结束后，他很快便出版了游记《1894，中国纪行》（*An Australian in China*），详细记录了他在中国的旅行经历，在西方世界很快引起轰动。

在这部游记中，莫理循以其独特的视角，准确翔实地记录了清末民初中国社会的许多细节。他不仅关注宏观的历史事件和政治变革，更注重微观层面的观察，描绘了普通民众的生活、地方的风俗习惯、商业活动、宗教信仰等。游记也展现了他对中国文化的兴趣和深入的思考，他对比了中国的社会制度、价值观念、思维方式等与西方国家的差异，并试图解释这些差异背后的原因；不仅记录了自己的所见所闻，还对中国社会进行了反思，指出了当时中国社会存在的问题。莫理循的游记因其丰富的内容和独特的视角，被认为是一部经典的文学作品。他对三峡中船工、纤夫冲滩的惊心动魄的描写，以及对重庆之夜的细腻描绘，都展现了他出色的文学才华。

在19世纪末西方人的眼里，中国无疑是落后、愚昧的代名词，中国人则是野蛮的民族。与大多数西方人一样，莫理循来中国前对这个古老的国家也怀有类似的看法，然而来中国的第一次长途旅行在某种程度上改变了他原有的成见。正如他在游记开篇写道的："下面的叙述会告诉读者，这趟旅行是多么容易和愉快。和我的同胞一样，我带着对中国人强烈的反感去了中国。但是，那种感觉早已被一种强烈的同情心和深深的感激所替代。在穿越和欧洲一样大的中国几省时，中国人给我的感觉始终是友善、殷勤、好客。"的确，1894年的中国西南之行，使莫理循领略到了沿途美丽的景色，也接触到了很多善良的百姓。不过与此同时，他也从深层次上目睹了中国社会所面临的诸多问题。特别是几乎遍地呈现出的普通民众的极端贫困，尤其令莫理循深感震惊。当时的中国内地，人民生活贫穷，一些地区一旦遇上饥荒和瘟疫更是饿殍遍野。例如在云南，莫理循看到经过战乱和灾荒后，"这些可怜的人骨瘦如柴，像患了伤寒症的病人一样，命在旦夕。没有乞丐，所有乞丐早已死去……当我们坐下来喝茶时，可怜的、瘦得皮包骨的孩子们围过来看我们。但他们非常有自尊心，非常友好。他们的父母身着破衣烂衫，衣襟几乎无法缀到一起。许多人肩上套一件用棕榈树纤维做成的简陋蓑衣，和新几内亚妇女穿的草裙极为相似"。而普通劳动人民为了生存而遭受的痛苦，同样令他心情沉重："我们由于生活在优越的西方文明当中，因而无法理解中国兄弟负荷的重量。四川一位普通脚夫要背107磅（约97斤）在困难的乡村一天走40英里（约64公里）。走短途的脚夫须背负更重的货物。……盐很坚硬，像金属，很重，然而我见过有人驮着盐在路上缓缓而行。他们驮的重量，即使是一个强壮的英国人把它们从地上举起，也要十分吃力。"当然，在西方人眼中某些中国社会问题及中国人的劣根性，莫理循也深有感触。例如关于当时中国方军事现状，莫理循发现沿途看到的军事要塞几乎都处于半荒废的状态，士兵的装备老旧，而军队普遍存在着腐败、吃空饷的现象，因此他悲观地指出："他们喜欢回望而不是前瞻，他们活在过去。祖先用来征服亚洲绝大部分地区的武器已经不适合应对今日的战争了，但是他们不愿意相信。

如果日本强迫中国签订不平等条约，那么也不会促使中国进步。日本在中国所取得的军事胜利如果施加在任何一个国家身上都会对该国产生影响，但在中国却没能产生影响，……除了临近战场的地方，除了官员们，中华民族对战事是无知的。"①另外对于当时中国社会存在的鸦片泛滥、溺婴、酷刑、妇女地位低下等现象，莫理循也进行了客观描述与评价。很明显，深入考察了中国的风土民俗、宗教信仰、民族性格等方面后，站在西方文明的角度衡量，莫理循所目睹的无疑是一个典型的传统农业社会，既有壮丽的山川、秀美的景色、悠久的历史、独特的人文景观，也有贫穷苦难、腐败堕落、落后野蛮；一方面是田园牧歌式的宁静，一方面又是停滞、消沉、落后。难能可贵的是，他观察中国的视角是多元的，既有无法摆脱的殖民主义立场和某种优越感，又对中国的前途充满希望、同情和怜悯，并试图从中国人的观念出发观察、理解中国。

事实证明，莫理循几乎将其余生都与中国紧密联系在了一起。1894年中国西南行之后，莫理循便以《泰晤士报》驻华记者的身份留在中国，亲历了清末民初的一系列重大事件，并又在中国进行了两次长途旅行：一次是1906年底到1907年，从北京出发，途经开封、汉口、长沙、桂林最后到达河内，考察了河南、山西、湖北、湖南、广西、广东、云南、四川等省；一次则是1910年1月到7月对中国西部的陕西、甘肃、新疆进行了为期半年的考察。

莫理循在中国生活了超过20年的时间，1912年后甚至从报社辞职转而担任中华民国政府顾问，先后为袁世凯、黎元洪、冯国璋、徐世昌四位总统服务。由于其特殊的身份地位，他的许多报道和演讲乃至著作，对于中国形象在西方的塑造产生了很大影响。

柏生士（William Barclay Parsons，1859—1932）是美国著名土木工程师，毕业于哥伦比亚大学，曾担任纽约快速交通委员会的首席工程师。1898年，

---

① 张文举：《透过他者的眼睛看自己——一八九四，莫理循中国西南行》，《社会科学论坛》，2011年第7期。

图 2-7-8：旅行途中的莫理循与仆役。云南，1894 年，《1894，中国纪行》。

图 2-7-9：一个大阳台上的妇女。中国西部，1894 年，《1894，中国纪行》。

图 2-7-10：大理雪山。1894 年，《1894，中国纪行》。

受美国合兴公司之托，柏生士作为美国合兴公司的总工程师，应时任湖广总督张之洞之邀来华勘测粤汉铁路修建线路，先后深入调查了湖北、湖南、广东的许多偏远地区。尽管是一名土木工程师，但柏生士同样对初次踏访的这个神秘国度充满了好奇，因此在整个勘测过程中拍摄了大量影像。在其后来出版的著名的《一个美国工程师在中国》（*An American Engineer in China*）一书中，详细记录了他在中国勘测铁路时的见闻，包括对鄂、湘、粤三省地形、地质、铁路、房舍

图 2-7-11：甘孜城。1894 年，《1894，中国纪行》。

图 2-7-12：抽鸦片的男人。四川，1894 年，《1894，中国纪行》。

图 2-7-13：粤汉铁路线勘测现场，举着中美两国国旗的美国工程技术人员与中国地方官员。《一个美国工程师在中国》。

以及社会经济和风土人情的详细描述，特别是对当时中国最封闭的省份湖南进行了重点论述。尽管柏生士沿途也目睹了暴露中国社会负面形象的许多事物，但比较难得的是，这位美国工程师却预言 20 世纪的中国有光明的前途，认为中国"一定能够再一次在世界大国之列占有一席之地"。

在 19 世纪末期深入到中国内地并留下大量摄影作品的西方游历者当中，法国人方苏雅是较为特殊的一位。

方苏雅原名奥古斯特·弗朗索瓦（Auguste François，1857—1935），是法国外交官和摄影师，其人生经历颇具传奇色彩。他 1857 年出生于法国洛林地区一个呢绒商家庭，15 岁时父母死于肺病和伤寒而成为孤儿。中学毕业后参军入伍，后改学法律。1880 年被省长比胡收为义子，后者同年把他引荐到外交部工作。1893 年任法国外交部长私人秘书，1895 年任法国驻龙州（今广西壮族自治区龙州县）领事。值得一提的是，在龙州时，他认识了一名姓苏的中国朋友——广西提督苏元春，后者按发音给他取了个中文名字"方苏雅"。在此后近十年的外交官生涯中，他一直沿用此名，甚至还专门刻了一方印。1899 年 12 月，方苏雅升任驻云南府（今昆明）名誉总领事兼法国驻云南铁路委员会代表；1900 年 3 月又兼任法国驻云南蒙自领事，还参与了滇越铁路线路的选址和修筑工作；1903 年 9 月兼任法国驻云南省代表；1904 年因病回国。

在中国任职期间，方苏雅主要在云贵川地区活动，而这里一直被西方人视为中国最偏僻、最神秘的区域。当然对于方苏雅而言，这恰恰为他提供了施展才华的空间。作为一名技艺精良的业余摄影师，方苏雅在外出旅行时，

图 2-7-14：粤汉铁路线勘测现场，美国工程技术人员与当地官员及民众。《一个美国工程师在中国》。

图 2-7-15：粤汉铁路线勘测现场，中国地方政府派出的护卫队。《一个美国工程师在中国》。

图 2-7-16：粤汉铁路线勘测现场，从未见过洋人的中国人。《一个美国工程师在中国》。

通常会随身携带数架照相机与几箱玻璃底版，每见不同寻常的风俗景物，便会拍照记录。这位富有冒险精神的法国外交官，在中国期间广泛游历了云贵川地区的昆明、楚雄、蒙自、安顺、贵阳、康定等地，甚至实地考察了险峻难行的茶马古道，进入大小凉山，穿过泸定桥至川藏交界处，沿途拍摄了当地的彝族、藏族以及马帮等照片，同时留下了大量日记。他的摄影作品涵盖了晚清时期西南地区特别是云南的人文风情、自然景观、城市建筑和社会活动等多个方面，这些照片不仅展现了当时中国人的日常生活，例如昆明的茶客们、闹市街景、轿夫、围观西洋镜的儿童、赤脚仪仗队等，还记录了一些重大社会事件。由于其得天独厚的优势，方苏雅当时便因其在中国拍摄的照片而产生了一定国际性影响。1900 年 6 月，法国著名的《环球画报》就曾大篇幅报道过方苏雅在云南的工作和他拍摄的照片："在三个星期之前，提及法国驻云南总领事弗朗索瓦时，只有处理中法之间外交事务的人知道他的名字和工作，但是今天，弗朗索瓦先生变得著名了，因为他独自在中国一个遥远荒凉的省份工作。……在他担任领事期间，特别是 1898 年末途经中国南部几个省后就任驻云南总领事以来，弗朗索瓦先生拍摄了大量珍贵的照片资料。"[①]

令人称奇的是，除了拍摄照片，方苏雅还在云南拍摄了总共长达一个小时的电影片段，被认为是最早最完整的记录晚清中国图景的纪实性影像。要知道，卢米埃尔兄弟 1895 年 12 月才发明了电影技术，而方苏雅由于在巴黎期间同他们关系密切，因此得以有机会成为最早在法国之外使用电影摄影机的爱好者。在其拍摄的电影影像中，既有民生百态，也有官员的公务活动，甚至还有画面生动的戏曲表演。

尽管在中国任职期间，方苏雅同不少中国官员建立了较为亲密的关系，对于当地的自然人文景观抱有好感。但总体上看，作为一名殖民主义者，他在看待中国时的立场毫无疑问是西方式的。实际上方苏雅在外交立场上是对

---

① 尹仑：《历史回响：方苏雅的清末"中国影像"志研究》，《电影评介》，2019 年第 15 期。

华强硬的，甚至在 1900 年义和团运动兴起时，兼任法国驻云南蒙自领事的方苏雅居然以自卫为名，亲率数十名卫队，以武力威胁将被地方当局扣押的枪弹抢回。这一傲慢行径招致义愤填膺的昆明民众包围领事府，并捣毁了当地部分天主教堂，从而酿成了著名的昆明教案。最终，方苏雅和 32 名法国人还是在云贵总督丁振铎的保护下才全数撤离。也是在此次撤离途中，方苏雅的车队被袭击，装在箱子中的日记和所有的玻璃底片也毁于一旦，幸好他在这之前已洗印出一些照片。可以想见，此种背景下，方苏雅眼中的中国西南地区，其整体形象不外乎就是民生凋敝、官场腐朽、环境恶劣、社会保守、百姓愚昧等等。例如在他的日记中，就曾记录一次中国百姓在月食来临时的反应："前天晚上，明月当空。突然，从四面八方发出一阵狂呼乱叫，全城到处都在放鞭炮、鸣枪。鞭炮声持续了足足两个小时，每家每户都在敲盆击锅，凡是能弄出声响的东西都用上了，人民朝天开枪，朝天呐喊，要把那正在用牙咬月亮的天狗给吓跑。"在写给友人的一封信中，他曾充满鄙夷与刻薄地写道："骨瘦如柴的行人、乞丐、蠢货、残疾人等，构成一幅行尸走肉的奇妙图画。这些人在垃圾堆中拥来挤去，实际他们自己就是一堆堆垃圾。"

于是我们可以看到，在方苏雅拍摄的电影镜头下，当为他服务的中国管家夫妇在演示日常饮食的场景时，管家之妻居然会露出三寸金莲踩在凳子上，这一违背当时中国习俗的举动，显然是方苏雅为了展示中国之"奇"而特地提出的要求。我们还可以看到，无论是方苏雅所拍摄的照片还是影片中，都有表现中国人吸食鸦片的画面：一名头戴瓜皮帽的男子横倚在一张烟榻上，对着摄影机展示了填充烟土、点燃烟枪以及吸烟享受的全部过程。其实与当时绝大多数西方人一样，方苏雅同样对于吸食鸦片的行为极其厌恶。他在给友人的信中曾写道："昆明全城笼罩在鸦片的麻木之中。空气中还飘着昨晚抽的鸦片的余味，这些气味从那些关闭不严的破房子里冒出。这种香味在中国城镇中司空见惯，这种烟味尽管尚未毁灭当地的百姓，但却已牢牢地控制并主宰着他们了。"因此，方苏雅之所以将这类奇特的景观拍摄下来给西方人看，当然是一种居高临下的文化猎奇行为，以华人的鸦片毒瘾和尊

图 2-7-17：方苏雅身穿越南皇帝龙袍留影，1900 年。

图 2-7-18：茶马古道上的驮夫。云南，1899 年。

图 2-7-19：一名中国女子。云南，1899 年。

图 2-7-20：昆明的街市，1899 年。

图 2-7-21：喜马拉雅山脉，印度和中国之间的新道路，远处是中国境内的雪山，1863—1970 年，英国摄影师塞缪尔·伯恩（Samuel Bourne，1834—1912）摄，克利夫兰艺术博物馆收藏。

严沦丧的乞讨行径，反衬欧洲文明之健康、文明与高尚。[①]

通过晚清时期来华游历西方人留下的大量历史影像可以看出，摄影术既能满足当时的西方人对遥远中国强烈的好奇心，同时也折射出他们对晚清中国形象的一种陈述和描绘。毋庸置疑，对于 19 世纪后半期绝大多数西方人而言，能够踏足这个古老帝国并深度游历的机会非常难得。对于初来者而言，这片土地上的一切都是新奇的，当然从文化上又是奇特的、奇异的。因此在他们留下的历史影像中，最主要的内容当然还是自然风光和人文景观。这个

---

① 朱靖江：《旧日无常：方苏雅的晚清云南电影与市井生活》，《读书》，2018 年第 7 期。

古老帝国呈现给他们眼前的，最具视觉冲击的就是壮丽的山川、秀美的风光、宁静的田园、古老的建筑……

然而与此同时，在这些西方游历者的镜头下，反映中国民俗风情的画面又明显是选择性拍摄的，鸦片、赌博、乞丐、围观、杂耍……所勾勒出的中国形象依然是封建闭塞、贫穷落后、野蛮病态。而其最终所产生的作用，无非就是"提供西方所没有的种种奇观来满足当时西方人对中国的窥视欲，由此这些来华西方旅游者的照片构筑的是一个专制落后、贫穷愚昧、纵欲无度、远离现代文明的东方"。[1] 从而以影像传播的方式，形成了一个完整的"劣等他者"的中国形象。[2]

---

[1] 曹紫红：《晚清西方旅游者镜头下的中国形象》，上海师范大学硕士论文，2018年1月。

[2] 李朝军：《19世纪西方来华游历者视域中的中国形象——以游历文本为中心的考察》，湖南师范大学博士论文，2015年5月。

参考文献：

［澳］乔治·厄内斯特·莫理循著：《1894，中国纪行》，李磊译，中华书局，2017 年 3 月。

［法］奥古斯特·弗朗索瓦（方苏雅）著：《晚清纪事——一个法国外交官的手记 1886—1904》，罗顺江、胡宗荣译，云南美术出版社，2001 年 8 月。

［英］阿绮波德·立德著：《穿蓝色长袍的国度》，王成东、刘云浩译，时事出版社，1998 年 1 月。

［英］麦克法兰，开乐凯等著：《上海及其周边掠影：十九世纪末西方人眼中的中国》，曾新译，上海社会科学院出版社，2021 年 12 月。

［英］伊莎贝拉·伯德著：《1898：一个英国女人眼中的中国》，卓廉士、黄刚译，湖北人民出版社，2007 年 1 月。

李开义、殷晓俊：《彼岸的目光：晚清法国外交官方苏雅在云南》，云南教育出版社，2002 年 10 月。

沈嘉蔚、窦坤：《莫理循眼里的近代中国》，福建教育出版社，2012 年 12 月。

An American engineer in China. By William Barclay Parsons. 1900.

An Australian in China. By G. E. Morrison. 1902.

Chinese pictures. Notes on Photographs Made in China. By Isabella Lucy Bird. 1900.

Sketches in and around Shanghai etc. By J. D Clark. 1894.

The Land of The Blue Gown. By Mrs Archibald Little. London: Fisher Unwin, 1901.

The Yangtze Valley and Beyond. By Isabella Bird. 1899.

Views of China. By George Ernest Morrison.

第八章

蔑奇：美国漫画里的中国人

"中国人可能会高高兴兴地请求美国人移居到他们的国家去，因为每一个结合都可以改进和提高他们那衰弱了的种族；而相反，每当一个中国佬在我们的土地上定居下来，都会使我们自己的血统降低。"

——斯陶特，1877 年。

美国学者哈罗德·伊萨克斯（Harold R. Isaacs，1910—1986）在其著作《美国的中国形象》中，曾把美国人对中国的总体看法划分为六个阶段，其中 18 世纪为崇敬时期，而之后的 1840—1905 年则为蔑视时期。1840 年鸦片战争之后，在中西关系发生逆转的大背景下，加上本国传教士、商人、外交官等群体传播的各种有关中国负面信息的传播，直接严重影响了美国国内公众对中国的印象，使得这一时期美国对中国的看法从尊敬和钦佩转向了蔑视和贬斥。令人感慨的是，当初中美两国刚刚开始接触时，彼此的观感却完全是另一种景象。

话说 1783 年，经过多年战斗的北美英属殖民地终于脱离英国正式独立。但此时美国国内经济一片凋敝，英国对美国海外贸易进行封锁，美国经济上仍受英国控制。而受 17 至 18 世纪欧洲大陆"中国热"的影响，当时美国曾流行"中国神秘论"，不少出版物中把中国描述成"具有古代文明的另一世界，与美国人的普通生活相隔之远几如地球与火星一般"，中国人的财富、勤劳和资源成了不少美国人奋斗的目标。于是为了寻求新的贸易市场，美国人开始将目光转向遥远的中国。1783年11月，费城富商罗伯特·莫里斯等投资者们购置了一艘木制帆船，在波士顿改装成远洋货船，命名为"中国皇后"号。1784年8月28日，经过6个多月的航行，美国商船"中国皇后"号满载着人参、皮革、皮毛、胡椒、棉花以及铅等商品抵达广州黄埔港，这也是美国商船第一次来到中国。虽然广州的官员对这个刚刚独立不久的国家知之甚少，一度把美国人当成了英国人，但当后来得知美国是新独立的国家时，中国官员不仅没有轻视，反而对他们十分友好。他们盛赞这些来自"花旗国"的商人遵纪守法、态度谦逊。四个月后，"中国皇后"号的货物顺利全部脱手，并采办了一大批茶叶、瓷器、丝绸、象牙雕刻、漆器、桂皮等中国特产。1785年5月15日，满载中国货物的"中国皇后"号回到纽约。此前由于英国的封锁，美国人很难买到来自海外的货物，因而早早就有人等在码头，来抢购这批盼望已久的中国货，就连华盛顿总统也派人抢购了302件瓷器及精美象牙扇等。通过这次远航，"中国皇后"号的利润高达3万多美元。而更重要的是，此次航行开辟了中美之间的直接联系，不仅为美国带来了经济上的利益，也为中美两国之间的长期友好关系奠定了基础，因此具有特殊的意义。为了推动对华贸易，美国国会向全国发布了对此次航行的通报表扬信。随后在优厚利润的吸引下，掀起了美国历史上的第一次"中国热"。据统计，在1786—1833年的48年中，美国来华的船只就有1104艘，几乎超过其他欧洲国家来华船只总数的4倍，美国对华贸易已跃居西方国家第二位，仅次于对华贸易有一百多年历史的英国。在此后半个多世纪的商业往来中，中国商人也对处于困境的美国商人十分照顾，经常把货物赊给资金不足的美国商人。对此美国商人感激之余大加夸赞，认为中国商人在所有交易中，是笃守信用、忠实可靠的，他们遵守合约，慷慨大方。例如著名的广东十三行富商"浩官"伍秉鉴（1769—1843）就因其慷慨而声名远播海外。曾有一个美国波士顿商人和伍秉鉴合作经营一项生意，由于经营不善欠了伍秉鉴7.2万美元的债务。但他一直没有能力偿还这笔欠款，所以也无法回到美国。伍秉鉴听说后，马上叫人把借据拿出来，当着波士顿商人的面把借据撕碎，宣布账目结清。从此伍浩官的名字享誉美国，被传扬了半个世纪之久，以至于当时美国有一艘商船下水时竟以"伍浩官"命名。

鸦片战争爆发后，尽管清王朝与英、法、德等欧洲国家之间的矛盾与冲突日益激烈，中国的国家形象在欧洲也迅速恶化，但美国作为新兴的西方国家，与中国的外交关系相对比较温和，甚至还出现了蒲安臣使团这样的外交趣事。

蒲安臣（Anson Burlingame，1820—1870），美国著名律师、政治家和外交家。1846年毕业于哈佛大学法学院，后担任律师并投身政治，1855年当选为众议员。作为坚定的废奴主义者，蒲安臣还是共和党的创始人之一，后成为林肯总统的亲密盟友。1861年，蒲安臣被任命为美国第十三任驻华公使，任期6年。在驻华公使任内，蒲安臣奉行对华"合作政策"，从而赢得了清政府的好感。1867年11月，任期已满的蒲安臣准备返回美国。按照惯例，清朝总理衙门于27日为其举办了一场饯行宴会，位高权重的恭亲王也亲临捧场。在当天的宴会上，蒲安臣礼节性地向恭亲王表示："嗣后遇有与各国不平之事，伊必十分出力，即如中国派伊为使相同。"当负责翻译的同文馆教习丁韪良将蒲安臣的意思转述给恭亲王时，后者随即顺水推舟地请求这位美国朋友帮忙与英、法两国交涉有关事项。第二天恭亲王便正式向朝廷上奏，请求任命蒲安臣暂时担任使节，代表大清与西方各国交涉。很快朝廷批复道："使臣蒲安臣处事和平，洞悉中外大体，著即派往有约各国，充办各国中外交涉事务大臣。"就这样，由于当时中国实在找不出懂外交的官员，也就只好聘请像蒲安臣这样既熟悉外交又对华友好的外籍行家出马了。而蒲安臣也由此创造了一项外交史上的纪录：他成为绝无仅有的既担任过美国驻华公使又担任中国使节的一位美国人。

对于这第一次出使外国的行动，清政府表现出了高度的重视，除了记名海关道志刚和礼部郎中孙家谷两名中国官员外，又加派英国使馆的翻译柏卓安为"左协理"，法籍海关税务司职员德善为"右协理"。1868年2月25日，蒲安臣使团一行三十人由上海出发，乘坐"格斯达哥里"号轮船踏上了漫漫出访路。4月初，蒲安臣使团抵达他们的首站——海外华人聚居地旧金山。

据说在为使团举办的宴会上，加利福尼亚州州长意味深长地祝贺蒲安臣是"最年轻的一个政府的儿子和最古老的一个政府的代表"。6月2日，使团到达华盛顿，四天后在白宫受到美国总统安德鲁·约翰逊的接见。当天，蒲安臣郑重地向美国总统呈递了近代中国第一份国书。6月28日，蒲安臣在纽约市欢迎宴会上发表热情的演说："中国睁开它的眼睛了……她欢迎你们的商人，欢迎你们的传教士。"在美国期间，蒲安臣还代表清政府与华盛顿方面签订了《蒲安臣条约》。1870年2月23日蒲安臣不幸在俄国圣彼得堡病故。获知蒲安臣病逝的消息后，清政府深表痛惜，随即下令厚赏其家属白银一万六千两，并破格追赠其一品官衔。

总体上看，蒲安臣非常好地扮演了中国国家形象、清政府政策代言人的角色，甚至努力将当时的中国塑造为一个与欧美国家没有差别的国度，可以自由通商、迁徙。这些宣称无疑让美国人喜出望外，因而支持这项条约被认为是中国近代史上首个对等条约，它以西方国际法的形式确立了两国的对等地位。条约的主要内容包括：中国允许美国人在中国拥有居住权，并且中国皇帝保留了对这些居住地段的征用权；中国皇帝有权在美国港口派驻领事，其领事特权与豁免权与英俄驻美领事相同；两国公民在对方境内免受宗教迫害；两国政府尊重移民自由；两国公民都可以到对方的政府公立学校求学，并享有最惠国国民待遇；两国公民得以在对方境内设立学堂；美国政府无权也无意干涉中国内部事务管理，包括铁路、电报等建设项目，中国皇帝有权自主决定是否利用西方技术。《蒲安臣条约》的签订，不仅促进了中美之间的文化交流，也为中国劳工移民美国敞开了大门。然而由于美国国内对华工的激烈排斥，美国在1880年修改了《蒲安臣条约》中的移民条款，又在1882年通过了《排华法案》(*Chinese Exclusion Act*)。不过实事求是地看，《蒲安臣条约》规定美方应为中国在美公民提供保护，对于当时美国国内已经开始出现的排华情绪有一定抑制作用，并且使得在美国政府背信弃义颁布《排华法案》之后，华人在美仍然具有相对开阔的生存空间。

当然，即使蒲安臣使团也无法逆转美国民众眼中的中国形象的日趋恶化。尤其是到19世纪70年代，随着美国西部开始掀起排华风潮，这一运动

图片 2-8-1：蒲安臣使团在欧洲合影。1868 年，该使团是大清王朝派遣的第一个赴外使团，中间站立者为美国前驻华公使蒲安臣。

很快蔓延到全国各地，曾在美国修建铁路时立下汗马功劳，深受美国人爱戴的华工被描绘成了"危险的""罪犯""低劣和奴性的""不老实和邪恶的""习惯是肮脏和令人讨厌的"的人。最终，19 世纪的中国人被看作是劣等民族、牺牲品和臣民、可以获取利润的源泉、蔑视和可怜的对象。

烈日当空，在茫茫的太平洋上，几艘货船缓慢地驶向远方。在货船闷热的底舱里，挤满了数百名中国人。他们衣衫褴褛，饥饿难耐，有的已奄奄一息。这幅场景，正是 19 世纪无数华工被运往海外途中的真实写照。19 世纪 50 年代，随着美国旧金山和加拿大卑诗省等地发现金矿的消息传出，数以万计的华工开始被运到北美大陆。在那场淘金热中，广大华工付出了十分艰辛的劳动。当年美国人的一项调查表明：在矿场，华工做的都是白种人最不愿干的活。正因如此，连当时加利福尼亚州的州长麦道格都曾称赞华人是"最有价值的移民"。

淘金热潮过后，适逢美国政府为开发西部决定修建横贯全国的太平洋铁路，于是华工又被大量招募到这一史无前例的巨大工程中来。按照规划，这条由美国东部直达西部加利福尼亚州的铁路，长达 4300 公里。1863 年 1 月 8 日，西段的中央太平洋铁路率先开工。三年过去了，施工方却发现工程的进度十分缓慢，这使他们心急如焚。原来，铁路所经过的地区，地形非常复杂，气候也极为恶劣，大批白人劳工因此开了小差。就在这种情况下，华工再次成为美国人的救命稻草，而华工们出色的表现则令所有人为之折服。仅在中央太平洋铁路工地上，就奋战着 10,000 名左右华工，占全部劳力总量的 90%。在这里，华工承担着最危险的工作，如打隧道、放炮等，经常有人付出生命的代价，大约有 1000 多名华工牺牲在工地。以至于有人评论说，该铁路每一根枕木下面，就卧着一名华工的尸体。然而，华工得到的报酬却非常低，他们的工资仅为白人的三十分之一！ 1869 年 5 月 10 日，当整个美国太平洋铁路比原计划提前 7 年正式宣告竣工时，面对这一世界铁路史上的奇迹，一位美国官员曾客观地指出："我要提醒诸位，这条铁路之所以能早日建成，大部分应归功于那些贫苦而被人蔑视的中国工人。他们忠诚勤奋，表现卓著。"不久后，当加拿大政府于 1881 年开始修建太平洋铁路时，在这项巨大工程中充当主角的，仍是成千上万的华工。在条件极为恶劣的工地上，到处布满着华工的身影。他们的工资比白人劳工低很多，却能干白人劳工不

图 2-8-2：美国西部淘金的华人。版画（印刷品），1862 年。

愿意干的最苦最累的活儿。1881—1885 年间，先后有超过 15,700 名华工参与修筑加拿大太平洋铁路，其中 4000 多人客死他乡。据说在华工所负责的路段中，每向前铺进一英里，就会有六名华工送命。面对华工的丰功伟绩，加拿大首任总理麦克唐纳曾感慨万分地说："没有中国工人，就没有太平洋铁路"。

从 19 世纪中期开始，美国开始掀起了开发西部的热潮。由于劳动力的日益紧缺，美国曾通过各种手段拐骗掠买了大量华工，广为人知的"猪仔"就是那一时期的产物。加上加利福尼亚淘金热的吸引，中国劳工开始大量赴美。当时，这些中国人吃苦耐劳而又报酬甚低，所以受到美国老板的极力欢迎。中国劳工的大量涌入，使美国本土的劳工很快感受到竞争的压力，另外由于肤色、语言以及文化等方面的差异，使华人逐渐成为白人种族主义的攻击对象。尤其是 19 世纪 70 年代后，由于美国连续发生经济危机，广大劳动者的生计日益艰难。令人愤慨的是，美国政府为转移本国工人的斗争视线，竟别有用心地激起仇华排华情绪，致使针对华人的暴力事件时有发生。同时，一部分政客为达到自己不可告人的目的（如拉选票等），也积极地煽动排华浪潮。

受排华浪潮的促动，在华人最集中的旧金山等地，地方政府就率先通过了一些专门针对华人的条例。不久，在美国各种势力的恶意炒作下，美国国会于 1882 年通过了臭名昭著的《排华法案》，明确禁止华工入境，规定只有外交人员、教师、学生、商人与游客五类华人才有资格进入美国，并拒绝外籍华人取得美国国籍，从而使排华行为竟成为美国政府的既定政策，这也是美国会有史以来通过的第一个明文排斥单一种族移民的歧视性条文。当时，中国的清政府在海外华人的强烈呼吁下，也曾与美国政府有过几次交涉，但所谓"弱国无外交"，最终也未能为华工争得平等地位，而美国政府却在其排华政策的道路上越走越远。在此后六十余年的时间里，美国政府又一次次地延长该法案。直到 1943 年，当中国成为美国的盟国之后，排华法案才得以废除。

在排华法案的保护下，美国政府的一些官员对华人采取了各种歧视性措施。尽管排华法案规定华人官员、教师、商人、教士、和学生等五种人是特许入境者，但执法部门却常常故意在对移民检查时进行刁难和侮辱，并对华人社区进行骚扰。他们经常突如其来地袭击各大城市的唐人街，逮捕和关押大批无辜华人。1891年10月22日，美国移民局的官员就曾对丹佛市的华人居住区进行扫荡，几乎把那里的华人全部抓了起来，并对他们进行审讯。即使已获准进入美国的华人在旅行时，也经常会被政府官员拦截、询问，而当他们不能出示美国居住证时，就被作为非法劳工拘留。当时曾发生过一起悲剧事件：有一位姓谭的中国外交官，在美国境内公务旅行时，在半路上竟被美国移民局的官员盘查殴打，受尽侮辱，于是他愤而自杀，以死来表示抗议。1894年3月31日，在美国政府的执意坚持下，清政府被迫与其签订了《中美会订限制来美华工保护寓美华人条款》（简称《华工禁约》），从而使在美华工受到极大限制和侮辱，也使排斥和虐待华工完全合法化。

在这样一种特殊的背景下，美国人心目中的中国形象被严重扭曲。在美华人形象也从刻苦耐劳、工作勤奋恶化为廉价劳力、品行恶劣，美国多数民众认为华人是无法被同化的族群，他们不与外界主流社会接触，神秘古怪、不可理解、无法被同化，宗教上崇拜偶像和祖先的异教徒，习俗上有许多令人无法理解的仪式和生活习惯，因此让他们长时间留在美国是危险的，将会降低美国的生活水平。最终，美国也成为19世纪后期整个西方世界丑化中国程度最深、辐射范围最广、持续时间最长的国家，几乎渗透到美国社会的各个角落。而在这一时期，美国全国各地许多印刷发行了大量讽刺华人的漫画，频繁出现在各类报刊甚至广告、招贴画上。

19世纪后期，美国社会中的排华情绪高涨，这在漫画作品中得到了明显的体现。在这个时期，美国讽刺漫画中对华人的描绘往往带有贬损和歧视的成分，成为排华情绪的一种文化表现。例如，这些漫画中的华人形象常常被描绘为留着长辫子、戴着苦力帽的刻板形象，这些形象被称为"中国佬约翰"（John Chinaman），并伴随着对华人的种族歧视和侮辱性的语言。这些漫画往往强调华人与美国主流社会的文化差异，并通过夸张和讽刺的手法，传播了对华人的负面刻板印象。至1870年，美国针对华人的时事评论性图画或漫画大行其道，华人负面形象达到了巅峰。在1882年美国通过《排华法案》之后，讽刺性漫画中的华人形象变得更加负面。这些漫画不仅反映了当时美国社会对华人的排斥和歧视，也成为推动排华政策的一部分。美国讽刺漫画里所呈现的华人形象，大致上是有着黄皮肤、丹凤眼，脑袋后系着一条长辫子，头上戴着瓜皮帽，身上穿着蓝布衫和黑布鞋，手持鸦片烟管的邪恶异教徒。他们住在拥挤脏乱的华人街，在里面进行赌博、嫖妓和吸食鸦片等邪恶行为。他们有嗜吃老鼠、猫、狗的习惯，甚至可以不休息地持续工作。他们很迷信常会算命，崇敬死去的祖先，并在庙里崇拜偶像和进行神秘的祈祷仪式。当时的讽刺漫画将这些偏见和歧视具体图像化，加以夸大渲染，华人的负面形象因此根深蒂固，最终导致排华冲突行动的发生。美国媒体在当时更加刻意渲染，让白人群体认为排华是正当的。这种由讽刺漫画所渲染出来的华人负面形象，甚至还被写入一些儿童故事里面并编成童谣，其影响力更从19世纪延伸到20世纪初期。[①] 这些政治讽刺漫画或图片大多出自当时较著名的政治周刊杂志，影响最大的当数《哈泼斯周刊》(*Harper's Weekly*)。《哈泼斯周刊》是19世纪美国最重要的政治周刊杂志之一，于1857年在纽约发行，特别以其政治漫画和插图而闻名。总体上看，该杂志对于华人负面形象的描述较为含蓄，较偏向介绍性质。在《哈泼斯周刊》的漫画中，可以看到美国社会对华人移民的刻板印象和歧视。例如，1879年3月15日的漫画描绘了华人被称为"中国异教徒"，这反映了当时美国白人对华人的排斥心态。1880年的一幅漫画标题为《让中国人抓住美国文明吧》，其中包含了对华人的歧视性言论，如"让他们找不到工作，吃不饱肚子，租不到房子，没有选举权"。除了反映排华情绪，《哈泼斯周刊》的漫画还记录了华人在美国的生活状况。例如1876年的漫画"中国玩具"展示了华人在美国的边缘化地位和所面临的困境。在《哈泼斯周刊》的一幅版画中，美国被描绘成慈爱温柔的哥伦比亚女神，而她怀中的中国婴儿却是面容可憎的怪

---

① 陈静瑜：《美国人眼中的华人形象》，《台湾师大历史学报》，第48期，2012年12月。

物，这种对比鲜明地体现出美国的家长式思维和对中国文化的歧视。

托马斯·纳斯特（Thomas Nast，1840—1902）是著名的美国漫画家和社论漫画家，通常被认为是"美国漫画之父"。他以其政治讽刺漫画而闻名，特别是在美国内战期间和之后的作品。他坚定地反对奴隶制，并支持共和党，其作品对公众舆论产生了深远的影响。他的影响非常广泛，西奥多·罗斯福曾赞誉"托马斯·纳斯特是我们最好的老师。"1857年至1887年间，纳斯特担任《哈泼斯周刊》的插画家和漫画家。在为该杂志工作的30年职业生涯中，纳斯特画了大约2250幅漫画，其中就包括46幅中国题材的漫画。从整体上看，纳斯特对所有移民持包容态度。例如他发表于1869年的首幅关于中国移民的漫画《太平洋骑士》（*Pacific Chivalry*），就生动地刻画了白人虐待剥削华人的场景，表现了华人在美国社会所遭受的不公，体现了他对华人的同情。[1] 当然，由于其本人几乎没有真正接触过华人，因此纳斯特同样经常会在塑造在美华人形象时陷入矛盾境地。事实上，尽管比当时大多数同行的表现都要好，甚至常常对那些极端的排华政客以及《排华法案》进行讽刺和批判，但是纳斯特并没有通过作品更坚定地支持中国人。恰恰相反，他在创作漫画时，同样会选择将中国人丑化，从而将他们与其他移民群体区分开来。

而在美国西部的加利福尼亚州，由于总体上排华气氛尤为浓厚，因此这里的媒体也表现出强烈的排华情绪。当华人最初来到美国西部以弥补当地劳工不足之时，这些媒体也曾表现出欢迎姿态。1852年，旧金山报纸《阿尔塔加利福尼亚日报》（*Alta California*）的一篇评论在赞誉华人时认为："他们是我们当中最勤劳、最安静、最耐心的人……也许除了德国人之外，没有哪个国家的公民更安静、更有价值。"甚至直到1969年，该报还有记者表示："中国人民是耕者、洗衣工、矿工、羊毛纺纱工和纺织工、家政佣人、雪茄制造者、制鞋商、铁路建设者，为本州做出了巨大的贡献。"然而随着华人数量增多，西部经济陷入危机，在排华情绪逐渐高涨的背景下，这些媒体的

---

[1] https://thomasnastcartoons.com/category/chinese-labor/

图 2-8-3：《最年轻的（美国）介绍最古老的（中国）》。纳斯特绘，《哈波斯周刊》1868 年 7 月 18 日。

图 2-8-4：《太平洋骑士》。纳斯特绘，《哈波斯周刊》，1869 年 8 月 7 日。

图 2-8-5：《山姆大叔的感恩节晚餐》。纳斯特绘，《哈波斯周刊》，1869 年 11 月 20 日。

图 2-8-6：《新彗星——现在美国各地都能看到的现象》。纳斯特绘，《哈波斯周刊》，1870 年 8 月 6 日。

图 2-8-7：《中国问题》。纳斯特绘，《哈泼斯周刊》，1870年8月6日。

图 2-8-8：《教会与国家——任何条件下都不结盟》。纳斯特绘，《哈泼斯周刊》，1871年2月25日。

图 2-8-9：《给我们工人废纸——给外国人金币》。G. S. Rein Hart 绘，《哈泼斯周刊》，1874年4月25日。

口吻也开始发生变迁。早在 1853 年，《阿尔塔加利福尼亚日报》的一篇社论在描述在美华人时竟认为他们"在道德上是一个比黑人更糟糕的阶层"。

美国历史学家理查德·塞缪尔·韦斯特曾指出："中国人在旧金山的新闻界没有朋友，所有的杂志都彻底地沉迷于最糟糕的恐华症。"在大多数当地媒体上，中国人被描绘成虫害、一个颠覆性的劳工怪物、无情的竞争者、不道德和患病者等等。作为美国最大的非白人移民群体，来自遥远国度的华人逐渐被视为威胁。到 19 世纪 70 年代美国经济大萧条时期，加州工人党的领导人、爱尔兰移民丹尼斯·科尔尼（Denis Kearney）就指责上中国人抢夺了美国人的工作，并指出华人苦力劳工是一种新的、需要取缔的奴隶制。此人一再煽动排华浪潮，并组织白人劳工反对中国人，经常发表激烈的演讲，叫嚣"中国人必须离开！""加利福尼亚要不全部都是美国人，要不全部是中国人，只能二选一。我们决心让它成为只属于美国人的加利福尼亚。"而对于加州当地的许多媒体来说，这类排华浪潮随即成为新闻报道和讽刺漫画的最好题材。例如著名的《黄蜂》（*The Wasp*）杂志就经常刊登讽刺仇视华人的漫画，竭力将中国人描绘成一个危及美国生活方式的民族。

《黄蜂》杂志是于 1876 年在旧金山发行的政治周刊，由波希米亚移民弗朗西斯·科尔贝尔和他的两个兄弟创立，一直运营到 1941 年。该杂志以偏激的种族观点著称，带有深刻的种族歧视，通过讽刺漫画以夸张渲染的手法竭尽所能地丑化华人，视华人为劣等族群：饮食上，华人被嘲讽为嗜吃老鼠的族群；服装上，华人的典型穿着是身着蓝布衫，头戴瓜皮帽，黝黑的脸部显得十分丑陋，脑袋后面系着一条长辫子；习俗上，华人赌博、嫖妓和吸食鸦片；信仰上，华人是邪恶的异教徒，崇拜死去的祖先。总之，其漫画经常将华人描绘成具有威胁性的形象。例如在《The Burning Question》中，一个代表"太平洋州"的女士在燃烧的建筑物上呼救，而一个代表"中国威胁"的卡通形象在天空中威胁地出现，一些拿着刀、留着辫子的人试图切断消防员用来灭火的水龙带，暗示华人对美国价值观和生活方式的威胁。另一幅漫画发表于 1882 年 4 月 14 日，题为《束手束脚》，描绘了当时的美国总统切斯特·阿瑟面临《排华法案》的政治压力，漫画中的阿瑟被特殊利益集团收买，形象被丑化。在 1889 年 10 月 19 日的《黄蜂》封面漫画中，华人形象被描绘成头戴标有华人罪恶的花翎帽、腰插鸦片枪，正在将美国生产的货物、机车、煤油和电线杆等扫入水中，而山姆大叔则倚靠在《排华法案》墙后，表现出一种心满意足的态度。总之，《黄蜂》利用其视觉语言和讽刺手法，漫画通过夸张和讽刺的手法，将中国人描绘成贪婪的商人，威胁美国工人的工作机会，或者将他们描述为不健康、不卫生的群体，这些形象在当时的美国社会中深入人心，传播了华人的负面形象，加强了排华情绪，并影响了公众对中美关系的看法。

与纳斯特作为《哈泼斯周刊》的主要漫画创作者类似，《黄蜂》也有一位漫画创作主力——乔治·弗雷德里克·凯勒（George Frederick Keller）。作为一名典型的排华主义者，凯勒长期为《黄蜂》供稿，直到 1883 年。他的作品集中反映了 19 世纪后期旧金山的反华和反移民情绪，经常以种族化的刻板印象来描绘中国人、爱尔兰人和犹太人。例如在 1878 年 3 月 9 日发表于《黄蜂》的一幅漫画，题为《危险中的山姆叔叔农场》，凯勒直接将华人非人化，画面中将华人描绘成一群入侵的蝗虫，这种蝗虫对加利福尼亚州等农村和农业社区来说具有特别可怕的内涵。而具有讽刺意味的是，美国西海岸农业的早期成功恰恰要归功于亚洲移民，正是他们分享了自己的才能和技术，才将加州建设成为主要的农业强国。以讽刺的方式表达了对中国人在加州存在的不满和排斥，表现了强烈的排华情绪，将中国人描绘成对美国社会构成威胁的形象。1878 年 5 月 11 日刊登于《黄蜂》的漫画"中国人必须走，但谁留下他们？"（《The Chinese Must Go But Who Keeps Them》），几乎就是对工人党反对华人在加利福尼亚州存在的战斗口号的诠释。凯勒绘制的画面上方正中间是一头披着军装的驴，在驴制服的肩章上，首字母"D.K."代表了丹尼斯·科尔尼。围绕着科尔尼，六个小插图展示了白人公民光顾华人业主的后果。雪茄店、鞋匠、洗衣店、服装店和肉店，这些华人依靠白人支撑成功建立其所有行业。漫画将责任直接归咎于白人家庭，指责加利福尼亚州的白人女性不愿放弃她们所享有的自由，将家务工作外包给华人业主，"他们去东方旅行、拜访朋友和家人的自由，以及去教堂和艺术俱乐部的时间——所有这些都是廉价的中国仆人的结果——都处于危险之中"，呼吁广泛抵制中国商品和服务。这幅漫画的目的，就是希望华人离开加利福尼亚州，离开西海岸，离开美国劳动力市场，回到中国去。1880 年 10 月 2 日刊登于《黄蜂》的漫画《毁灭》（《Devastation》），凯勒对 1868 年的《蒲安臣条约》进行了抨击。画面中，中国移民再度被非人化，被描绘成冲破亚洲大门的猪：这些棕色、毛茸茸、有中国面孔的猪排成一条线朝山姆大叔的玉米地走去，吞噬眼前的一切，除了尾巴，每头猪的后脑勺都长出了一条辫子；玉米秸秆代表了就业机会丰富的行业，如"钟表制造""洗衣店""衬衫厂""扫帚厂"和"橱柜制造商"——这些行业都是瘟疫猪狼吞虎咽的牺牲品；代表丹尼斯·科尔尼的稻草人被撕成了碎片，他绕着一根写着"中国人必须走!!!!"的杆子荡来荡去，而山姆大叔和哥伦比亚无力地注视这一切。作为家畜，猪被认为是最低级的动物。19 世纪初，特别是在纽约市，人们认为猪是疾病和瘟疫的携带者。凯勒在漫画中将中国人比作猪有助于将他们定义为"其他人"，并加深了人们对中国人不卫生、疾病缠身的刻板印象。

1881 年 11 月 11 日刊登于《黄蜂》的漫画《我们港口的雕像》（A Statue For Our Harbor），凯勒再次将矛头指向中国移民。就在这幅漫画刊登之前一年，来自加拿大的移民，身为编辑和作家的皮尔森·杜纳（Pierson Dooner，1844—1907）刚刚出版了其名噪一时的科幻小说《共和国的末日》（Last Days of the Republic）。该小说描述了华人劳工在加利福尼亚被用作强制劳动，后通过不正当手段获得民权，并在"种族战争"中控制了除华盛顿以外的整个美国，而华盛顿的崩溃只是时间问题。杜纳将移民描述为中国人对美国的"邪恶阴谋"，并引用了凯勒的画来说明他的观点。于是作为回应，凯勒再度绘制了这幅讽刺漫画。当时纽约的自由女神像还在建造中，要到五年后才能完工。而凯勒将画面的背景移到旧金山港口，这里同样竖起了一座雕像，但却是一名衣衫褴褛的中国男人；一些汽船停靠在港口，但更多的移民是乘坐古老的亚洲帆船抵达的；一轮中国式的满月注视着这一幕，月光照耀着夜空，雕像看不见的火炬或灯发出六束光，象征"污秽""不道德""疾病""白人劳工的毁灭"等；雕像的另一只手拿着一支鸦片烟枪；这名中国男子的脚得意扬扬地踩在一个白人的头骨上；沿着堤岸繁衍生息的啮齿动物聚集在星形基座的底部，基座上散落着垃圾。

刊登于 1881 年 5 月 20 日《黄蜂》的漫画《来了的男人》，凯勒再次表现了对华人的负面刻板印象和恐华症中最糟糕的一面。画面中，身穿蓝色马褂中国男人的左手向前伸出，上面印着"垄断"字样，他的指甲被描绘成动物爪子，指甲卷曲；男子的脸扭曲得很奇怪，他用一种阴险的表情迎接观众，用食指闭上一只眼睛，让目光更加敏锐。他的右眼和眉毛以一种不自然的角度翘起，他的耳朵和鼻子都很大；狡猾的微笑露出一颗牙齿，这是他健康状况不佳的证据；在他身后和左边，有六家工厂在冒烟。在这些建筑中可以看到一座中国宝塔；在右边，一些愤怒的白人劳工隐约出现；一个留着胡子的男人穿着围裙，戴着白帽子，高举拳头。尽管当时华人只占美国总人口的 0.002%，但这幅漫画唤起的却是白人劳工对中国接管美国社会和企业的恐惧。

1882 年 3 月 3 日，凯勒创作的《我们应该如何对待我们的孩子》，融合了《黄蜂》所青睐的两大主题：中国人是无情的竞争对手，也是颠覆性的劳工怪物，一名超级章鱼般的华人劳工正在进城，他双手握着一把锯、一把木槌、一把锤子和一把刷子，两只手忙着存下一大袋钱，并准备用人力车把袋子运走。画面的另外三分之一，一群白人男孩无所事事地聚集在一起，在外面闲逛，这些年轻人穿得得体，戴着夹克和帽子，脸上带着沉思的表情；一个年轻人靠在灯柱上，上面有一只美国鹰，另一个人靠在中国工厂的侧面；一名警察将其中一名游荡者带向远处。这幅漫画透露的信息很明确：华人劳工剥夺了美国男孩获得工作的机会，他们无法与廉价的华人劳工竞争，而中国人不像其他移民，他们是"寄居者"，唯一的愿望就是在美国赚钱然后寄回中国。

当然，凯勒绝不是当时唯一一位活跃于美国新闻界的反华漫画家，而类似于《黄蜂》杂志的漫画期刊也还有很多。例如在原创性和艺术性方面，《顽童》（Puck）杂志的彩色漫画甚至要胜于前述两家刊物。《顽童》杂志是19 世纪末美国一份幽默讽刺杂志，创刊于 1871 年，1918 年停刊。它是美国

图 2-8-10：《笨拙的团队》（The Balky Team）。
乔治·F. 凯勒绘，《黄蜂》，1879 年 2 月 16 日。

图 2-8-12：《来了的男人》
（the Coming Man）。乔治·F.
凯勒绘，《黄蜂》，1881 年 5
月 20 日。

图 2-8-11：《毁灭》（Devastation），乔治·F.
凯勒绘，《黄蜂》，1880 年 10 月 2 日。

图 2-8-13：《我们该如
何对待我们的孩子？》
（What Shall We Do
With Our Boys？）。乔
治·F. 凯勒绘，《黄
蜂》，1882 年 3 月 3 日。

最早采用彩色石印版画的周刊之一，以带有讽刺意味的漫画为主题，重视彩色漫画，每期封面和中间双页都会刊登彩色的政治漫画。由于该杂志雇用了伯纳德·吉勒姆（Bernhard Gillam，1856—1896）、利文斯通·霍普金斯（Livingstone Hopkins，1846—1927）等当时美国一流的漫画家，所以该杂志的彩色漫画作品相对来说构思比较巧妙，色彩鲜明，线条简练，人物形象较为饱满，但最重要的是数量庞大。它与大洋彼岸英国著名的漫画杂志《笨拙》（Punch）遥相呼应，几乎可以相提并论。[①]

《顽童》杂志经常刊登讽刺中国的漫画中，抨击清王朝的闭关锁国政策，同时也充满对中国人的歧视与恶意攻击，将中国人描绘成贪婪的商人，威胁美国工人的工作机会，或将他们描述为不健康、不卫生的群体。例如中法战争期间，1884 年 9 月 3 日《顽童》刊登的漫画《中国的防御堡垒》（The Chinese Bulwark of Defense），嘲笑中国所谓的海防堡垒不堪法兰西坚船利炮一击，无知的满大人仍扬扬自得，而英俄美德诸强为了自己的利益则坐壁观虎斗；八国联军侵华期间，1900 年 8 月 4 日《顽童》刊登的漫画《头等任务》（First Duty），义和团被描绘成一条喷火的龙，哥伦比亚女神向懦弱的光绪帝说："你的首要任务是屠杀这条龙，你动不了手，我来！"

另外还有一份《法官》（Judge）杂志，创刊于 1881 年，以其独特的讽刺风格和高质量的插画在美国社会和政治评论中占有一席之地，曾经是美国最受欢迎的杂志之一，也经常刊登一些讽刺中国的彩色漫画。特别是在排斥华人移民主题上，该杂志与《黄蜂》等杂志的立场并无二致。而以文章内容和精美插图著称的斯克里布纳的《斯克里布纳》杂志（Scribner's Magazine）在 1895 年发行的海报《中国人必须离开》（The Chinese Must Go）当时也广为流传，其画面虽然总体风格上对中国人的丑化有所收敛，但其色彩的运用

---

① 沈弘：《美国画报上的中国——千幅版画与那七十一年》，《博览群书》，2017年第 12 期。《笨拙》（Punch）杂志是一份英国的讽刺杂志，创刊于 1841 年。在19 世纪，这份杂志经常通过漫画来反映对中国和中国人的看法，其漫画中中国人的形象经常被以一种带有贬义的方式描绘。

图 2-8-14：《中国的防御堡垒》（*The Chinese Bulwark of Defense*）。《顽童》，
1884 年 9 月 3 日。

图 2-8-15：《剪掉辫子》（*The Pigtail Has Got to Go*）。《顽童》，1898 年 10 月 19 日。

图 2-8-16：《头等任务》（*First Duty*）。《顽童》，1900 年 8 月 4 日。

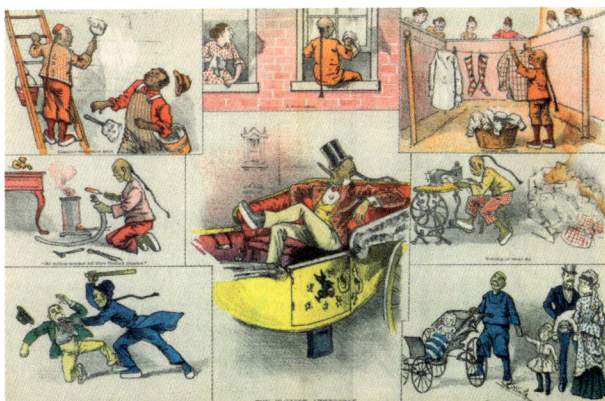

图 2-8-17：《即将到来的诅咒》（the Coming Curse）。《法官》杂志，19 世纪 80 年代。

图 2-8-18：《即使对中国佬也是公正的》（Be Just—Even to John Chinaman）。《法官》杂志，19 世纪 80 年代。

图 2-8-19：《我们来自太平洋和大西洋岸的宠物》（the Pets of Our Pacific and Atlantic Coasts）。《法官》杂志，19 世纪 80 年代。

图 2-8-20:《中国人必须离开》(*The Chinese Must Go*)。《斯克里布纳》杂志,1895 年 10 月,乔治·M. 里夫斯(George M. Reevs)。

实际上同样折射出当时美国社会对于中国移民的抵触情绪。

受美国 19 世纪末期整体社会情绪的影响,不仅占据舆论宣传主流的报刊纷纷出笼讽刺丑化华人的漫画,就连很多企业在他们发行的商业招贴画中,也为了博取消费者的关注而推出大量以丑化华人为主题的广告印刷品。与那些大量发行的讽刺漫画如出一辙,这些招贴画同样乐于将华人描绘为异类、不诚实的商人或是对白人社会构成威胁的群体。这些形象往往夸大华人的某些特征,如服饰、发型等,以此来强化种族差异和文化隔阂。华人常被描绘为具有某些固定特征,如长辫子、穿着传统的中式服装,以及吸食鸦片等。华人在招贴画中通常被描绘为洗衣工、厨师或小商贩,这些职业被视为低贱或边缘,反映了当时社会对华人职业的限制和歧视在一些招贴画中,华人被描绘为对美国社会构成威胁的群体,如被指责为抢去白人的工作机会,或被诬陷为犯罪分子。例如 1886 年一家美国日化商在宣传其所谓的魔力洗涤液时,发行的广告招贴画就引用当时流行的政治口号 "中国佬滚回去",其画面中则是山姆大叔正一脚把华人移民踢出去,对华人的种族歧视与丑化明目张胆;1870 年,一家厂商在兜售其最新设计的赛璐珞假领与袖口时,发行的广告招贴画《打道回府》(*Off for China*),号称如果美国人购买了他们的产品,华人洗衣工就只能卷铺盖走人。

纵观 19 世纪后期美国一度流行的形形色色的涉华讽刺漫画,其实稍加分析就不难看出，这些画面一方面直接映射出当时美国社会出于政治经济原因的排华风潮外，另一方面也彻底暴露出西方社会根深蒂固的种族主义毒瘤。

在当时美国主流社会的眼中，华人被认为是来自"东方专制主义"的苦力，和黑人、印第安人等族群一样不懂自由民主的现代文明，因此理所当然应该区别对待。而令人发指的是，还在西部排华风潮刚刚兴起时，1876年7月，美国联邦国会参众两院分别通过决议，成立一个联合特别委员会前往西海岸对中国移民问题进行调查。参加听证会的一

图 2-8-21：广告招贴画《魔力洗涤液：中国人必须离开》(*The Magic Washer: The Chinese Must Go!*)。1886 年。

名医生斯陶特（Stout A.B.）竟然轻蔑地说："中国人可能会高高兴兴地请求美国人移居到他们的国家去，因为每一个结合都可以改进和提高他们那衰弱了的种族；而相反，每当一个中国佬在我们的土地上定居下来，都会使我们自己的血统降低。"其论调直接将中国人定为劣等种族，自然也从根本上否定了中国移民在美国生存的权利。[①] 实际上不仅仅是在美国，包括英国、澳大利亚、南非乃至加拿大等国家都出现过类似的情况。很大程度上而言，19世纪中期开始华人在走向整个西方时都不得不面临这些困境。例如纳斯特发表于 1881 年 2 月 12 日《哈泼斯周刊》上的一幅漫画，漫画中一条中国龙盘绕在一个中国风的花瓶周围，龙的爪子中掉落了一份标有"新条约"的文件，

---

① 朱骅：《十九世纪后期美国排华运动的"话语"机制》，《福建论坛》（社科教育版），2010 年第 8 期。

图 2-8-22：广告招贴画《打道回府》(*Off for China*)。1870 年。

图 2-8-23："A Diplomatic (Chinese) Design Presented to the U.S."。漫画，纳斯特绘，《哈泼斯周刊》，1881 年 2 月 12 日。

文件落入了花瓶的颈部；花瓶非常华丽，其风格对于当时收集中国艺术和瓷器以展示文化品位的美国家庭来说非常熟悉，然而花瓶上有明显的裂缝，从龙的尾巴下面延伸到瓷器的底部，裂缝在那里又分成另一条裂缝；乍一看，纳斯特画的这条带有邪恶笑容的龙似乎对花瓶占有欲很强，但它可能正试图用身体和尾巴将花瓶保持在一起，似乎寓意着通过谈判让步作为保持团结。至于漫画中的新条约，指的是 1880 年的《安吉尔条约》(*Angell Treaty*)，在当时加利福尼亚州反华情绪的压力下，中国政府被迫同意美国限制华工移民的条件，同时美国承诺不会试图在中国港口交易鸦片。毫无疑问，这幅漫画非常生动地反映了中国形象在当时美国乃至整个西方世界所面临的困境。而更令人深思的是，即便在一百多年后，由于种种复杂的原因，这种特殊历史所造成的困境甚至一直持续至今似乎也难以彻底得到解决。

参考文献：

[美]G.马森编：《西方的中国及中国人观念：1840—1876》，杨德山译，中华书局，2006年7月。

[美]哈罗德·伊萨克斯著：《美国的中国形象》，于殿利、陆日宇译，中华书局，2006年9月。

[美]孔华润：《美国对中国的反应——中美关系的历史剖析》，张静尔译，复旦大学出版社，1998年1月。

[美]李漪莲：《亚裔美国的创生：一部历史》，伍斌译，中信出版集团，2019年7月。

[美]泰勒·丹涅特著：《美国人在东亚：十九世纪美国对中国、日本和朝鲜政策的批判的研究》，姚曾广译，商务印书馆，1959年8月。

[美]张文献编：《美国画报上的中国：1840—1911》，北京大学出版社，2017年9月。

[英]约·罗伯茨编：《十九世纪西方人眼中的中国》，蒋重跃、刘林海译，中华书局，2006年9月。

黄安年：《道钉，不再沉默——建设北美铁路的华工》，白山出版社，2010年6月。

梁碧莹：《龙与鹰：中美交往的历史考察》，广东人民出版社，2004年10月。

徐国琦：《中国人与美国人：一部共有的历史》，四川人民出版社，2019年3月。

朱士嘉编：《美国迫害华工史料》，中华书局，1958年12月。

Romance and the Yellow Peril Race, Sex, and Discursive Strategies in Hollywood Fiction. By Gina Marchetti. University of California Press 1994.

The Chinese Must Go: Violence, Exclusion, and the Making of the Alien in America. Beth Lew-Williams. Harvard University Press，2018.

The Romance of China: Excursions to China in U. S. Culture:1776—1876. By John Rogers Haddad , Columbia University Press, 2008.

Yellow Face:Creating the Chinese in American Popular Music and Performance,1850s–1920s. By Krystyn R. Moon, Rutgers University Press, 2004.

第九章

观奇：19世纪『唐人』逸事

星期六，女王陛下在阿尔伯特亲王的陪同下参观了展览并细看藏品，对其所见及整体布置极其满意。星期一及星期二贵族蜂拥而至，而昨天展览则专向文学家与科学家开放。展出的这套藏品是藏主邓恩先生在华居住十一年心血及巨额花费的结晶……它完整呈现了一个欧洲人尚未熟悉的庞大帝国，不仅包括了其礼俗，在许多方面还包括其历史与宗教。成千上万人应当且必将参观这个展览——事实上，所有对当前在华事态进展感兴趣的人都会前往。这里囊括了与中国制造业、生活方式、服饰、国内经济及艺术之况相关的一切；这里拥有能取悦所有探究者之物。

——《泰晤士报》，1842 年 6 月。

1834 年 11 月 6 日，美国纽约市公园广场 8 号的一栋建筑里开放了一间展厅，里面摆放着从遥远中国运来的家具、陈设，而更吸引市民的则是展厅中居然有一名不久前刚刚抵达美国的中国女子。在《纽约每日广告报》（*New York Daily Advertiser*）刊登的广告中，是这样介绍这名中国女子的："她的名字叫朱莉叶·福奇（Julia Foochee Ching-chang king），今年十九岁，身高四英尺十英寸，身穿自己的民族服装，因她从小穿着铁鞋，所以她的脚只有四英寸长。"广告还标明参观门票为 50 美分。

实际上，这名中国女子的真实姓名叫梅阿芳（Afong Moy），来自中国广州，而其之所以远涉重洋来到美国，则是源自美国船运商人卡恩兄弟在一年多前率"华盛顿"号到广州进行货物贸易时的突发奇想。为了给自己贩运的中国商品卖个好价钱，他们决定利用当时美国人几乎没有亲眼见过中国女性的噱头，便突发奇想，与广州当地一家穷苦人家做了一笔交易，准备将其十多岁的女儿随船带到美国进行巡回展示。返回纽约后，卡恩兄弟很快便对梅阿芳进行了一番包装，宣传其父亲是住在广州郊区的"上等人"，有时甚至声称其是一名"中国公主"。令卡恩兄弟意外的是，当展览开放后，居然迅速引来了络绎不绝的参观者——毕竟这是有明确记录的第一位出现在美国本土的中国女性。[①]

不过鲜为人知的是，早在 1785 年 8 月，美国船运商人约翰·奥唐纳（John O'Donnell）率"智慧女神"号从广州抵达巴尔的摩港时，船上的四名中国水手——阿胜（Ashing）、阿春（Achun）和阿宽（Aceun，另一人不可考），就由于特殊原因而滞留下来，无意间成为首次有档案记载的到达美国本土的中国人。据美国官方档案记载，这三名中国人水手后来被一位费城商人带到费城，他们在费城甚至受到开国元勋本杰明·富兰克林的关注。而受乔治·华盛顿委托购买该船所运中国商品的中间人坦奇·蒂尔曼（Tench Tilghman）在亲眼看到这些中国水手后，在写给华盛顿的信中特意对他们进行了描述："船上有四名中国水手，从肤色到头发以及外表的每一处地方，都和北美的印第安人一模一样。"一年后的 1786 年 9 月中旬，在各方协调下，四位中国水手又乘坐约翰·奥唐纳的商船返回了中国。十年后，荷兰商人范罢览（Andrew E. van Braam）也曾带着五名中国人到达费城。1808 年，广州商人普呱（Punqua Winchong）乘坐美国商船抵达费城，在设法返回中国的过程中还曾得到时任美国总统杰斐逊的帮助。不过总的看来，在 19 世纪中期加州淘金热之前，中国人的面孔在美国本土可谓罕见。由于历史的原因，美国民众对于中国的了解显然要比欧洲大陆滞后一些。1784 年，刚刚独立

---

① 潘雯：《最初的相遇：梅阿芳与美国早期的东方主义——评南希·E. 戴维斯的〈中国女人：梅阿芳在早期的美国〉》，《全球史评论》，2021 年第 2 期。

不久的美国才首次通过"中国皇后"号实现与中国的直接交往。尽管18世纪末期欧洲各国心目中的中国形象已急剧逆转，更多的是一种负面形象。而作为一个新生的国家，美国则受这种转变的影响较浅，特别是在商业贸易的驱动下，广大民众对中国更多的是好奇。

作为第一个到达美国的中国女性，梅阿芳的亮相很快就引起了轰动。当她被展示给纽约市民之后，开展一周就吸引了近2000名参观者。在卡恩兄弟和经纪人精心设计的"中国风"展厅里，梅阿芳穿着中国服装，坐在一张中国椅上任人参观，偶尔表演如何用筷子吃饭。为了便于参观者交流，现场还专门为梅阿芳配了一位名叫阿东（Atung）的翻译。不过最吸引参观者的，还是梅阿芳的小脚。每隔几分钟，阿东就会发出指示让她从椅子上站起来在房间里来回走动，以满足观众的好奇心。鉴于梅阿芳掀起的热潮，卡恩兄弟之后又带着她前往费城的一家博物馆展出，并在那里让当地医生检查她的小脚。不久梅阿芳又被带到华盛顿展出，据说她甚至见到了总统安德鲁·杰克逊。这个中国女孩就此成为卡恩兄弟的摇钱树，之后先后被带到纳查尔斯顿、里士满、波士顿，在返回纽约不久后再次前往新奥尔良、哈瓦那、佛罗里达、费城、巴尔的摩巡回展出。直到1837年4月，随着民众热情的消退，梅阿芳一度消失在人们的视野中。不过几年后，在新经纪人的策划下，梅阿芳再度成为社会热点，重新在纽约、波士顿和费城举办展览，为主办方带来了不菲的收入。1851年2月，在被最后一次公开展览之后，梅阿芳才彻底从公共记录中消失。在十多年的时间里，这名来自大洋彼岸的中国女性，似乎成了中国的缩影，她的表演和展示满足了成千上万美国民众对东方、对中国的幻想。然而必须看到，这种所谓的展示完全是被操控的，既不道德也不客观，其对中国形象的塑造完全是符号化的、负面的。

在19世纪中期通过展览的方式呈现中国形象方面，美国人似乎一直走在前列。就在梅阿芳掀起的热潮在美国方兴未艾之际，费城商人内森·邓恩（NathanDunn，1782—1844）又策划了一次更大规模的中国主题展览，而其影响更为深远。

内森·邓恩是一位美国商人，1782年出生于新泽西，1818年启程前往

图 2-9-1：正在纽约展出时的梅阿芳。1835 年，石版画（印刷品）。

广州经商，直到 1831 年回国。由于同伍秉鉴等十三行行商建立了良好的关系，他在将美货卖到英国、购买英货卖到中国、然后把中国货物运回美国出售的三角贸易中积聚了大量财富。而在经商期间，出于对中国文化浓厚的兴趣，邓恩通过其社交网络收集了来自中国各地的藏品，这些藏品包括了艺术品、手工艺品、植物样本、生产工具、自然样本等，不仅有中国的陶瓷、绘画、雕塑等传统艺术品，还包括了乐器、戏装和道具，在一定程度上构成了中国社会全景的一个缩影。回到美国费城定居后，邓恩经常向周围人展示自己的藏品，引发了当地人士浓厚的兴趣。1838 年费城博物馆新馆建成后，他又精选出上千件中国藏品于 12 月在该馆举办了名为"万唐人物"的展览。展览一经开幕便引起巨大轰动，吸引了大批民众前来参观。许多人在展馆里待上数小时乃至整整数天，美国其他城市乃至英国都有很多人前来参观。由于展览获得了广泛的好评，1839 年邓恩又配合展览出版了《"万唐人物"：费城中国藏品描述目录》，以便观众可以手持目录参观展览，并对这些藏品所反映的中国文化有更多了解。

受在费城展览大获成功的鼓舞，1841 年 12 月，邓恩又将其收藏运往伦敦，于 1842 年 6 月在海德公园附近的圣乔治广场上专门搭建的"唐人馆"中展出，展览还是名为"万唐人物"。为扩大影响，展览在开幕前几天先是邀请女王、贵族、文学家与科学家等特殊群体参观过，之后全面向公众开放。维多利亚女王在参观展览之后给予了很高的评价，著名的伦敦《泰晤士报》在 6 月 23 日展览开幕当天的报道称："星期六，女王陛下在阿尔伯特亲王的陪同下参观了展览并细看藏品，对其所见及整体布置极其满意。星期一及星期二贵族蜂拥而至，而昨天展览则专向文学家与科学家开放。展出的这套藏品是藏主邓恩先生在华居住十一年心血及巨额花费的结晶……它完整呈现了一个欧洲人尚未熟悉的庞大帝国，不仅包括了其礼俗，在许多方面还包括其历史与宗教。成千上万人应当且必将参观这个展览——事实上，所有对当前在华事态进展感兴趣的人都会前往。"

根据当时的资料显示，"万唐人物"展的展品达 1340 余件，内容也十分丰富，最醒目的便是展厅入口的中式亭阁模型、展馆内的大屏风、三尊大佛像以及四十七尊人像，这些人像以中国的官员、士绅、仕女、仆从、剃头匠、打铁匠、船民、商铺老板与伙计、乞丐等各式人等为原型的泥塑，这些泥塑人物是根据邓恩在广州结识的大约 50 位中国人的真实形象制作的，涵盖了中国社会的不同阶层，并被摆放在相应的中国场景里展示；另外还包含了刺绣、家具、瓷器、漆器、竹雕与根雕、陶瓷、象牙雕、玉雕、古镜、成扇等工艺品；甚至还有船、塔等模型以及乐器、布料、服饰、自然标本、外销画等。[①] 当时的展览介绍描述道："入口处从外观来看属于典型的中国式建筑，而且一眼就能看出其建筑风格模仿了馆中陈列的避暑山庄的样式。存放收藏品的房间长约 225 英尺，宽约 110 英尺。顶端由很多彩梁支撑，显得富丽华贵。参观者顺着门廊进入展列室，仿佛进入了一个微型的中国世界。墙上悬挂着一幅幅中国水墨画，石柱和雕塑上镌刻着传统的名言佳句，刺着锦绣的丝绸锦帛色彩斑斓，摆放在盛着收藏品的盒子上面，显得格外雅致。还有许多小盒子中密密匝匝地装着许多珍贵而有趣的小物件，它们显露出独特的魅力，顷刻之间就吸引了众多的参观者。"

参照在费城展览时的成功经验，伦敦的"万唐人物"展览也编辑印刷了图录，该图录由朗顿（William B. Langdon）编撰，详细介绍了各个展区的主题和背景情况以及最具代表性的展品。由于此次展览大获成功，图录在展览期间数次再版重印，销量达 30 万册。在图录中，朗顿对于展览的意义和内容都进行了详细的介绍。尽管当时中英两国已经爆发了第一次鸦片战争，清朝政府被迫签订了《南京条约》，但实际上绝大多数英国人对于中国的了解仍停留在皮毛阶段，有限的信息来源也以文字和图片为主，很少人有机会亲眼近距离观赏集中展现的来自遥远中国的实物。关于这一点，朗顿指出："的确，中国的许多方面都应引起相当的关注，诸如民族特点，政府组成，道德观念，风俗习惯，喜好等方面，都值得我们展开深入研究。可是，迄今为止，我们所做的研究还远远不够。在许多方面，这个国家的神秘面纱尚未揭开。

---

① 谭倚云：《"万唐人物"：内森·邓恩收藏及展出的中国工艺品》，《苏州文博论丛》，2017 年第 1 期。

尽管杜赫德、马戛尔尼、德庇时、乔斯林等作者和阿士美德使团资料的编辑们写了好多有关中国现状和未来的书，这些资料一度曾让文学界人士受益匪浅。但遗憾的是，我们对中国的许多方面还不甚了解。比如，一些有别于其他民族的、显著的民族特征，流行风俗，文学创作，寺庙分布等。我们已经掌握的资料远远不能满足人们对这个文明古国的兴趣，尤其是那些喜欢钻研的、有着强烈好奇心的欧美人。上述这些作家通常是从总体上描绘或勾勒出中国的基本特点和传统习俗等。和他们所不同的是，美国人内森·邓恩先生在这方面的工作就显得格外细致。他从细微的角度，比如衣着装束、行为规范、生活习惯、科学、传统艺术、农业、商贸以及杰出人才等方面，详细研究了这个国家的状况。多达数千种的收藏品，从不同方面展现了中国的发展情况，既折射出中国的光彩，又反映出它的暗淡和衰落；既描述了中国的经历，又介绍了它的思想文化变迁过程。在筹备展览的过程中，我们曾向许多著名作家请教。我们希望这次展示能发挥向导的作用，尽管不开口，依然能激发读者的兴趣，引导读者去探索那些让他们产生兴趣的事物，研究他们的现状和历史背景。我们本着尊重事实的态度，竭尽全力，力求信息的准确。我们认真剔除了一切虚构和浪漫的成分。展示的全部内容都得到了有关方面的确认和肯定。在费城，凡是参观过收藏展的人，几乎无一例外地对它表示满意。有些人流连于展出现场，经常待上好几个小时，甚至整天都泡在里面。不少人在参观一遍之后，又回来参观第二遍，第三遍，乐此不疲。"[1]

　　遗憾的是，邓恩在 1844 年因病去世时，"万唐人物"展的藏品在代理商接手后继续去英国各地巡展。之后的数年间，为了筹措经费，也为了迎合当时英国社会的猎奇心理和文化偏见，展览举办方曾多次增添所谓的新"藏品"。例如在 1844 年 7 月 6 日的《伦敦新闻画报》就曾报道称："海德公园角的'唐人馆'刚刚增添了一个非常有趣的藏品。这个直接从中国收到的藏品是一个全副武装的'水勇'，据信这是带到英国来的唯一标本。这个水勇坐

---

① [英] 朗顿著：《万唐人物》，朱波译，见周宁著/编注：《鸦片帝国》，学苑出版社，2004 年 5 月。

在一个猪皮筏子上，手里拿着三叉戟等武器。在最近的英中交战之前，他被认为是跟英国水兵旗鼓相当的对手，但现在我们怀疑中国人一定是对用这些可怜的武器来抵抗那些习惯于'统治水面'的英国人而沾沾自喜；而这对于一个拥有活字印刷术、火药和指南针这三项现代最重要发明或发现的民族来说是极不相称的。但有人认为，这种'水勇'也许在和平时期用于内陆湖的捕鱼更为合适。应该解释的是，'水勇'是以所乘坐的充了气的猪皮筏子当作'马'。他一手拿着火绳手枪，另一只手里的三叉戟上套有铁环，他就是通过摇晃三叉戟所发出的声音来吓唬'蛮夷'的。水勇的身上穿着普通中式服装，裤腿卷到了大腿之上。"而在一年多后的1845年11月8日，《伦敦新闻画报》再次刊登了相关的报道："在伦敦海德公园角举办的'唐人馆'里来了一对很有趣的陈列品，即'亚城'（A-Sheng）和'亚乔'（A-You）这两位中国青年。他们大约是在八个月之前乘坐'英格尔伍德'号轮船到达利物浦的。那条船的船长不幸在那次航行过程中去世。人们相信那位船长原本是为了想让这两位青年在英国受教育，并最终通过他们跟中国人进行谈判，从而使自己也能获得好处。他俩此前一直住在利物浦，直到本次中国展览馆的主办人兰登先生最近安排他俩在伦敦暂时居住了下来。他俩都非常聪明，并且都受过良好的中文教育。由于都是出身于小商人家庭，他们跟广州的上流社会也保持着广泛的社会关系。目前他俩的英语已经讲得差强人意。"这种情形不禁让我们想起十年前梅阿芳在美国的遭遇，说明在十九世纪中期的英国，中国人同样罕见，因此少数几个来到伦敦的中国人往往会被当作活展品。

不过尽管"万唐人物"展的主办方想方设法保持某种新鲜感，但显而易见，随着鸦片战争结束以及之后一系列不平等条约的签订，原本就已经走下坡路的中国形象更加恶化，这个展览也就很难持久地吸引西方观众了。在短暂的猎奇热潮平息之后，邓恩藏品的命运也可想而知。1849年，部分展品在巡展期间的一次运输事故中被损毁，剩下的则在1851年12月被代理商拍卖。当然，这个昙花一现的展览毕竟从一定层面展示了中国的历史与文化，成为当时西方公众了解中国形象和认知中国的重要媒介。正如邓恩本人当初在编印展览图录时所希望的，他收藏与展示"万唐人物"的动机与出发点在于：让大众更直观地了解"唐人的心智与道德品性"以及"他们衣食住行的世界，如神像、寺庙、宝塔、桥梁、艺术、科学、制造、品位、喜好、厅堂、衣着、盛装、摆设、兵器、船舰、居所等诸事万物"。从这个意义上讲，邓恩的愿望基本实现了。

就在"万唐人物"的展品被拍卖的当年，一场更大规模的"万国工业产品博览会"在伦敦举办，这便是后世公认的首次世博会。而在这次博览会上，以另一种形式呈现的中国形象再度满足了西方世界各国观众的好奇心。

1851年5月1日至10月11日，为向全世界展示工业革命的成果以及自身在经济和文化方面的雄厚实力，英国政府举办了一场"万国工业产品博览会"，重点展示英国工业最新成果的同时，也向全世界发出邀请，展出来自世界各地的轻工业和手工业产品。应维多利亚女王的邀请，当时有十几个国家积极参与了这次博览会。虽然由于众所周知的原因，清朝政府并不在参会之列，但是令人惊奇的是，不但此次博览会盛大的开幕式上赫然出现了一名中国男子的面孔，而且展厅中也陈列了中国商品。而这些元素，都被当时的英国画家如实描绘下来了。中国形象，居然以这样一种特别的方式完成了在世博会的首次亮相。

这名出现在首届世博会开幕式上的中国男子名叫"希生"（HeShing），而他之所以有缘万里迢迢来到伦敦，则缘于一艘名为"耆英"号的中国商船。结合当年《伦敦新闻画报》的两篇报道（分别刊登于1847年5月1日、1848年4月1日）及其他有关记述，后人可以大致还原"耆英"号的波折经历。

"耆英"号原本是清朝道光时期建造于广东的一艘远洋帆船，主要往来于广州与南洋之间贩运茶叶的商船。该船以柚木制成，有三面帆，满载排水量达800吨。1846年，一家英国商业集团为向维多利亚女王献礼，借此激发英国公众对中国市场的兴趣。经过一番秘密运作后买下了这艘中国帆船，并为向当时的两广总督、《南京条约》的参与者之一耆英致敬而命名为"耆英"（Keying）号，所招募的船员包括30名中国人及12名英国水手，由英国船长查理斯·阿尔佛雷得·奥克兰·凯勒特（Charles A. Kellet）指挥。在查理斯指挥下，先是从广州驶往香港，并在这里特邀广东绅士登船充当形象

图 2-9-2："万唐人物"展厅入
口，1842 年。

图 2-9-3："万唐人物"展出的中国神
像，1842 年。

图 2-9-4："万唐人物"展出的反映中国社会生活的外销画，1842 年。

图 2-9-5：出现在伦敦"万唐人物"展的两名中国男人亚乔（A-You）、亚城（A-Sheng）的肖像。版画（印刷品），1846 年，大英博物馆收藏。

使者，此人便是后来著名的"希生"。另外船上还雇请了一名中国画家，专门进行船内外的所有装饰画的保养工作。

1846 年 12 月 7 日，"耆英"号正式驶离香港，原本计划经印度洋绕过好望角前往英国，结果由于特殊原因改变航向，于 1847 年 7 月 9 日抵达纽约，无意间成为第一艘访问纽约的中国船只，在美国引起巨大轰动。对于"耆英"号的到来，纽约当地民众表现出了极大热情，在该船停留的数月间，平均每天有 4000 人支付 25 美分登船参观。不过在此期间，"耆英"号上的大部分中国船员与英国船主诉诸公堂，最终在拿到报酬后返回广东，只留下"希生"及另外几人决定继续随船前往英国。在纽约大赚一笔后，"耆英"号又于 11 月 18 日转到波士顿，据当地报纸记载，仅感恩节当天就有四到五千人登船参观。直到 1848 年 2 月 17 日，"耆英"号才从波士顿驶向英国，最终于 3 月 28 日抵达伦敦，前后共历时 477 天——这也是历史上第一次有中国船只航行到英国。

尽管英国是老牌的海上强国，造船技术居于世界前列，但英国民众对于"耆英"号却大加赞许，甚至认为其总体上要优于英国自己建造的帆船。一时间大量民众前来登船参观"耆英"号，甚至维多利亚女王及王室成员都亲临此船详细参观。为了防止"耆英"号被那些来自河边不付费者观看，主办方甚至匆忙建造起一圈木栅栏。为了增加观赏性，英国主办方还在"耆英"号船舱内布置了一间"交谊厅"，里面陈设了神龛、千手观音、香案、字画、中式灯笼、乐器、红木家具等等。除此之外，他们还别出心裁地让几名中国船员进行武术表演。为了赚取更多利润，主办方对"耆英"号进行了各种宣传，主办方对参观者每人收取 1 先令，同时在船上以 6 便士的价格出售宣传册。伦敦《泰晤士报》的一篇报道声称："在伦敦附近的展览中没有比中国帆船更有趣的了：只要跨进入口一步，你就进入了中国世界；仅此一步你就跨越了泰晤士河到了广州……'耆英'号一鸣惊人，在中国造船史上拥有了一个极其相称的地位，为深厚悠久的中国文化打开了一个通向世界的窗口。"

"耆英"号的主办方显然深谙经营之道，为了迎合英国民众对中国的好奇心，他们很好地利用了随船来英国的希生这个角色，通过宣传其为中国官员等手段，将这名中国男子迅速打造成热点话题，并成为吸引参观者的一大看点。有趣的是希生本人似乎很快就进入了角色并且颇为自得其乐。得益于在同英国人打交道期间学会的英语，希生能够以中国人的身份讲解"耆英"号和船上布置的中国物品，这令英国人大为惊奇。

虽然"耆英"号带来的热度并没有持续太长时间，这艘中国帆船最终也于 1855 年被卖掉并被解体，但是希生本人却在 1851 年再次迎来了自己的高光时刻。

1951 年 5 月 1 日，"万国工业博览会"（Great Exhibition of the Works of Industry of All Nations）在新建的伦敦水晶宫盛大开幕，维多利亚女王、阿尔伯特亲王、坎特伯雷大主教等政界要人以及特邀的各国权贵云集开幕典礼。或许是为了让博览会更具世界性，也或许是在之前参观"耆英"号时留下了深刻的印象，博览会主办方居然特邀希生作为中国代表出席开幕式。而令人瞩目的是，这位来自遥远东方的中国客人不但凭借其外貌和着装引起了全场宾客关注，而且意外地受到了女王的礼遇。据开幕式第二天伦敦当地报纸报道称："在君主周围的贵族圈中，中国皇家帆船'耆英'号的中国绅士希生，异常显著。他乘坐马车，由秘书陪同，10 点半到达水晶宫，一进来，就立即被引入特别为国家重要官员、皇室成员和外国高级代表保留的区域。在庄重地回应了女王和女王的丈夫代表皇室的致辞后，希生绅士被女王特别注意到了，他走近女王，用一个庄重的礼节对女王表示了崇高的敬意，女王

图 2-9-6："耆英"号在 1847 年 7 月的纽约港，船尾飘扬着美国国旗，石版画（印刷品），大都会艺术博物馆收藏。

图 2-9-7，停泊在伦敦的"耆英"号，版画（印刷品），大英博物馆收藏。

也以最庄重的礼节作了回礼。在女王的提议下，阿尔伯特王子殿下很高兴向希生绅士转达了邀请他加入在环绕水晶宫巡阅的皇家队列中，他于是站到了坎特伯雷大主教阁下和女王家族的审计官的中间，陪同皇室队伍一起从头到尾完成了典礼仪式的巡阅。值得指出的是，中国绅士希生是来参加该首届世博会开幕式中拥有全球三分之一人口的巨大帝国的唯一代表。"

对于这次具有历史意义的博览会，英国上下高度重视。开幕式之后，英国画家亨利·考特尼·塞卢斯（Henry Courtney Selous, 1803—1890）受命绘制了巨幅写实油画，以铭记这一重要时刻。画面反映的场景是：皇家成员在蓝色大宝盖下面的中间，阿尔伯特亲王作为皇家专员的主席，正在向女王报告。维多利亚女王站在她的两个大孩子，维多利亚公主和爱德华王子（穿着高级礼服）之间。委员们的报告宣读完后，皇家游行队伍参观了展览。女王随后回到讲台，宣布世博会开幕。开幕式可谓盛况空前，当天有超过50万人聚集在海德公园四周，大约25,000名观众获准在"水晶宫"内参加开幕式。而在画面中间右边前排，赫然有一名穿着清朝官员服装的中国人，正与众人一起朝着讲台靠拢，他便是希生。我们可以看到，希生头带顶戴花翎，为九品文官冬装官帽，冠顶顶珠为黄铜造的阳纹镂花素金顶，官服补子为文官九品图案的练鹊。可以推测，希生所穿的这套官服应该是英国商人从中国搜集回来的藏品，主办方显然是刻意为了抬高希生的身份而拿出来给他穿上。除了塞卢斯的这幅著名画作之外，当时还有许多欧洲艺术家对这次博览会进行了艺术性记录，例如在著名水彩画家约翰·埃布梭伦（John Absolon, 1815—1895）的画作中，我们还可以看到博览会上的中国展区。当然据史料记载，实际上当时还有另一位中国商人、上海英商"宝顺洋行"的买办徐荣村也以私人身份参加了博览会，并带去了自己经营的"荣记湖丝"参展，不过相对而言没有受到外界关注。

作为19世纪崛起的"日不落帝国"，英国在当时无疑是西方世界塑造、传播中国形象的主角，而受益于这种国家实力带来的便利，英国的国民也似乎能获得更多近距离"观看"中国的机会。例如在1865年出现在伦敦的中国巨人詹五九（Chang Woo Gow, 1840—1893），就因其不可思议的身高而

图 2-9-8:《维多利亚女王主持万国博览会开幕式》。油画，1851—1852 年，亨利·考特尼·塞卢斯，维多利亚与艾尔伯特博物馆收藏。

图 2-9-9:《万国博览会内部景观——"中国宫廷部分"》。水彩画，1851 年，约翰·阿布索隆，维多利亚与艾尔伯特博物馆。

图 2-9-10: 油画《维多利亚女王主持万国博览会开幕式》的局部，可以看到希生形象的细节。

在之后二十多年的时间里成为英国人热衷的奇特景观，并在当时留下了大量的照片、版画、明信片乃至工艺品绘图等影像记录。据考证，詹五九原名詹世钗，字玉轩，乳名五九，江西婺源县人，大约出生于1840年。可能是由于"巨人症"的缘故，他的身高据说将近2.4米，被视为那个年代的"世界第一巨人"。成年后的詹五九原本在上海玉映堂墨厂做工，并娶了一位名叫"金福"的女子为妻。后来他偶然间被一位来华美国人发现，后者遂重金聘请其周游世界进行表演。1865年9月，詹五九带着他的妻子一同来到英国进行巡演，立即引起了轰动。而詹五九之所以从美国渡海来到英国，据说甚至是因为英国王室在看到有关报道后对中国巨人萌生了兴趣，特意邀请他到访伦敦。显然，詹五九和他的妻子本身就是一对奇异的组合，足以成为当时英国人猎奇的焦点，例如当时《伦敦新闻画报》就这样报道："詹世钗身高7英尺8英寸，体重约280磅。他因鹤立鸡群的身材被称作'詹五九'。他的妻子跟普通的中国女子一样，也缠着小脚。"有资料显示，詹五九到英国后便在这里长期驻留，其间曾到澳大利亚等国巡演，但却再也没有回到祖国，

最终还加入了英国国籍，并在原配妻子"金福"去世后与一名当地女子凯瑟琳·桑特利结婚。据说他通过数十年的表演而积累了可观的财富，到晚年时在英国伯恩茅斯开了一间茶坊和古玩店，过上了隐居的生活，于1893年去世。从流传下来的照片可以看到，大多数情况下詹五九都面无表情地任人拍照，其穿着打扮则通常是穿朝服、挂朝珠、拖长辫、拿折扇，十足的西方人眼中的"中国趣味"。

图2-9-11：詹五九和他的妻子"金福"以及他的经理爱德华·帕莱特合影。约1871年，英国国家肖像馆收藏。

19世纪中期之后，西方人"观看"中国的这种猎奇视角不但持续了近百年的时间，而且几乎渗透到了各

图 2-9-12：《吸食鸦片的人和吸烟的女人》。展览工艺品，19
世纪末期，大英博物馆收藏。

个领域，中国形象在大多数西方人的脑海中可以说已经固化成某些具象的模
式。例如大英博物馆收藏了一件制作于 19 世纪末期的展品，主体为泥塑的
一对分别吸食鸦片和抽烟的中国男女，其生产地虽然很可能来自中国本土或
者出自中国艺人之手，不过肯定是根据西方人意图定制的。显而易见，每当
举办有关中国题材的展览时，西方人眼中的中国元素，这类象征着愚昧、落
后的形象符号始终是不可缺少的陈设。

　　1851 年的万国博览会之后，世博会这项盛会很快成为欧美国家进入工
业时代后共同谋划的国际盛会，集中、有序地展示各国工业发展、科技进步
的成就，乃至国家形象和实力，成为全球贸易平台暨国际竞争的舞台。世
博会的主办国和参展国都借此展示雄厚国力，争相树立工业强国的国家形
象。① 以 1851 年万国博览会为起点，在此后半个世纪中，中国人开始频繁地

---

① 翁春萌、蒋昕：《近代"中国印象"在西方的演绎变迁———基于晚清世博会
的影像考察》，《福建论坛》，2016 年第 4 期。

通过这个世界性平台展示自己的形象——尽管大多数情况下是被动的。1867年巴黎世博会是中国第一次以官方身份参加的世博会。在这次世博会上，中国馆的建立引起了法国各界的关注。中国馆的设计借鉴了中国建筑设计中最精巧绝伦的部分，由清王朝直接运送展品，并由北京指派的建筑师和工匠建造。在1867年的巴黎世博会上，来自中国广东的书生王韬，远渡重洋到达法国马赛，游历了世博会主会场，他因此被誉为中国睁眼看世博会的第一人。1873年维也纳世博会上，中国的参会由清朝的海关总税务司掌管，而当时任总税务司的是英国人赫德居然派了一个叫包腊的英国人代表中国参加。1876年费城世博会，清政府派出了中国工商业代表人物李圭参加，这是中国第一次以国家名义自派代表参加的世博会。1878年巴黎世博会中，中国也在展馆街上设立了中国馆，并认真进行了布展。这一次，所有的展品都从清王朝直接运送过来，并且政府特意从北京指派了建筑师和工匠来建造中国馆。1900年巴黎万国博览会上，中国馆建设得颇为壮观，给当时的西方人一个很好的机会去了解中国这一神秘的东方国家。据统计，当时有60%的欧洲人专门为中国馆而来。

然而总体上看，西方国家依据其工业文明的参照系对世博会上的中国形象进行符号解读，并在主观意识里对中国怀有根深蒂固的歧视。在进入摄影时代后，许多西方人拍摄的世博会上的中国人或中国展品，始终摆脱不了猎奇的范畴。例如在拍摄于1867年巴黎世博会、1893年芝加哥世博会的照片中，西方摄影师就刻意将镜头对准清朝服装、三寸金莲的中国女性形象。而在1873年维也纳世博会上，中国海关洋员居然自作主张，选送了一套含有吸鸦片烟者、乞丐、送殡者等各种泥塑的中国人形象参展。

图 2-9-13：1867 年巴黎世博会上参展的中国女性。

图 2-9-14：1867 年巴黎世博会的"中国馆"。

1900 年，世博会又一次在巴黎举办时，"中国馆"的设计者却是法国人华必乐。此人虽然曾在中国生活过多年，对中国文化和艺术较为了解，然而其眼中的中国形象同样停留在陈旧、停滞的层面，无非依然是牌坊造型的楼宇。在介绍"中国馆"时，当地一家报纸报道称"在中国展馆，随处可见穿着传统服饰的模特，他们身上的衣服非常奢华，欧洲游客尤为赞赏年轻妇女的衣着。我曾经在游轮上见过两个清朝人，他们每天都会换一条新手帕，身上的裤子用色彩明快的精美丝绸制作而成，令船上的其他乘客羡慕不已。我们还会发现，普通清朝人的腰带搭扣上都镶有宝石。顺便说一下，清朝的宝石种类也很多，比如蓝宝石、红宝石、玛瑙、光玉髓等。清朝人喜欢在手上戴光彩夺目的宝石戒指，清朝妇女自己会编织漂亮的短裙，然后在外面套上一条宽松的长裙。长裙没有腰带，裙角被剪开，里面的短裙若隐若现。我们都知道，清朝妇女一般裹脚，使得脚又小又变形。我们也知道，扇子在清朝

图 2-9-15：1900 年巴黎世界博览会"中国馆"。版画（印刷品），法国《小日报》。

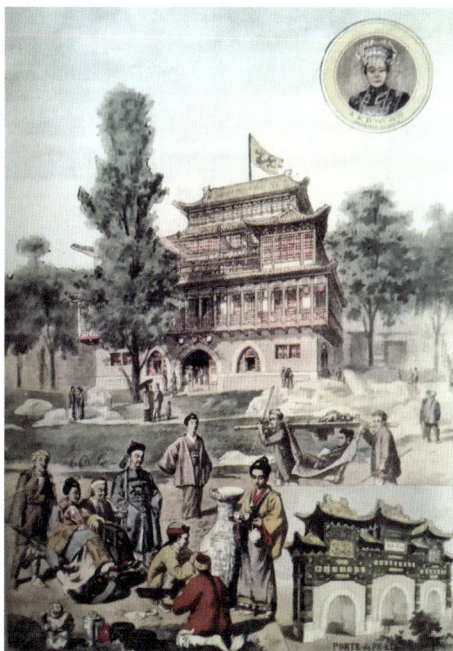

图 2-9-16：比利时皇家历史与艺术博物馆主厅一面墙上的壁画，画面中有中国文物和一名中国男子。

很常见，普通的、高级的，竹子的、檀木的、象牙的、玳瑁的，种类繁多"。①

耐人寻味的是，作为一个典型的中国形象标本，1900 年巴黎世博会上的"中国馆"本身也引起了西方一些国家的强烈兴趣，甚至不惜重金将其据为己有。当年受邀参展的比利时国王利奥波德二世，在看到这座充满异国风情的中国建筑后赞叹不已，决定在自己的皇宫附近盖一栋"中国馆"和"日本馆"，于是便把两座建筑买了下来，叫人小心拆迁到布鲁塞尔，重建在拉肯王宫的御花园内，成为比利时王室的专有物。值得一提的是，这位比利时国王在 1865 年即位前，曾于 1855 年来中国短暂游历。而实际上，利奥波德二世的父亲、比利时第一任国王利奥波德一世似乎也对中国的事物很感兴趣。例如他推动下于 1835 年建立的比利时皇家历史与艺术博物馆（Royal Museums of Art and History），就收藏了不少来自中国的艺术品。更值得关注的是，这座博物馆主厅一面墙的壁画中，在醒目的位置不但有中国文物，还有一名清朝中国男子端坐在国王对面，仿佛正在开展一场东西方之间的对话。

---

① 赵省伟编：《遗失在西方的中国史：海外史料看庚子事变》，侯芙瑶、邱丽君译，重庆出版社，2018 年 10 月。

参考文献：

沈弘编译：《遗失在西方的中国史：〈伦敦新闻画报〉记录的晚清 1842—1873》，北京时代华文书局，2014 年 1 月。

仝冰雪：《世博会中国留影》，上海社会科学院出版社，2009 年 4 月。

王元崇：《中美相遇：大国外交与晚清兴衰（1784—1911）》，文汇出版社，2021 年 1 月。

赵省伟编：《西洋镜：法国画报记录的晚清 1846—1885》，张霞、李小玉译，广东人民出版社，2018 年 10 月。

郑曦原编：《帝国的回忆：〈纽约时报〉晚清观察记》，生活·读书·新知三联书店，2001 年 5 月。

A descriptive catalogue of the Chinese collection. By William B Langdon. 1842.

The Chinese Lady: Afong Moy in Early America. By Nancy E. Davis, Oxford University Press 2019.

The Start of American Accommodation of the Chinese: Afong Moy's Experience from 1834 to 1850. By Tao Zhang.

第三卷

纷乱的土地
（1900—1949）

中国是一面镜子，你只能看到镜中的自己，永远也看不到镜子的另一面。

——艾略特

这对大多数人来讲必然意味着，中国将依然是略微不现实的存在：一个扇子与灯笼、辫子与斜眼、筷子与燕窝汤、亭台楼阁与宝塔、洋泾浜英语与缠足的国度。她与我们相距遥远，我们对她的问题仍将漠不关心，对她的悲剧无动于衷。随着世界的缩小和中国的蓬勃发展，我们的无知变得更加危险了。

——雷蒙·道森

虽然照片不会撒谎，但撒谎者却可能去拍照。

——刘易斯·海恩

第一章

斜阳：大清王朝的最后十年

我遇到过的每个有幸去过中国的聪明人，都曾倾倒在那神奇的人民和神奇的土地的魔力之下。我十分希望，通过用我的钢笔和画笔尽力准确和生动地展示中国的真实面容，这种魔力能将即使从来没到过那里的人也迷住。只要贴得足够近，人们就有可能成功地描述一个民族的心灵，然而一辈子熟悉和热爱中国的外国人会第一个否定这种做法对中国的可行性。我宁愿采取勃朗宁的观点——"心灵帮不了躯体，躯体也帮不了心灵"——力图忠实地记录下我的所见，这样可以让别人自己去研究中国。

——艾米丽·乔治亚娜·坎普，1909 年。

公元 1901 年 9 月 7 日上午 11 时 30 分，在北京东交民巷的西班牙使馆，随着清王朝全权代表奕劻和李鸿章同英、美、日、俄、法、德、意、奥、比、西、荷十一国代表分别在和约上签字，为处理去年庚子事变引发的争端，持续了将近一年的谈判终于宣告结束了。根据各方达成的协议，条约共 12 项条款，外加 19 项附件，其主要内容包括道歉、赔款、惩凶等事项。由于李鸿章的据理力争，列强勉强同意对义和团事件负主要责任的慈禧太后不再追究，并保证在"惩办祸首"的条款中不提及她的名字。而在千里之外的西安，慈禧太后及手下大臣正翘首企盼，焦急地等待着谈判的结果。当天下午，《辛丑和约》签署的消息和具体内容通过电报传到西安。接到电报后，此前还一

400

直提心吊胆的慈禧太后终于长舒了一口气。整整一个月后，慈禧与光绪皇帝一行收拾停当，正式从西安起驾踏上返回北京的旅程，即所谓的两宫回銮。经过了长达三个多月的长途奔波，1902年1月8日，慈禧与光绪皇帝一行终于回到北京。

尽管时值隆冬季节，但北京城外还是挤满了前来迎驾的官员及百姓，甚至东交民巷使馆区的大批外国人也前来看热闹——毕竟在此之前他们很少有机会近距离看到大清皇太后的尊容。时任《泰晤士报》记者的澳大利亚人莫理循就以亲历者的身份记录了这一幕：

今天上午去前门观看朝廷回銮典礼……等了好几个小时。到处都挤满了中国人。等了好长一段时间后，才看到皇家车队蜂拥而来。先出现在视野里的是步兵队伍，举着许多銮旗，迈着整齐的步伐走来，紧接着是手持长矛的骑兵，骑着从德国人手中买来的澳大利亚战马（看到这样的马上骑着这样的骑手，我感到非常惊讶，有万马奔腾之势。）而后才是銮驾。肃亲王身着崭新的黄马褂。通往皇城西北角一座庙宇的路都铺上了黄沙。庙里的僧人都穿上了精美的袈裟。皇帝乘坐的黄色轿子装饰得并不豪华，停在寺门外后。皇帝捧着唾壶下了轿子后就朝庙里走去，神情十分尊严，但又不显得趾高气扬。他双颊深陷，肩窄胸扁，面孔瘦长，满脸戚容，看起来很虚弱。他只在庙里待了一会儿，就回到轿子里。他的穿着很朴素，和一般的中国绅士一样。接踵而来的是慈禧太后的全副车仗，富丽堂皇，盛况空前……慈禧太后也来到这座庙，不同的是她乘着轿子进了庙门。庙不大，勉强能容的下她的随行人员。她的轿子比皇帝的豪华，上面装饰着许多孔雀翎。她昂首阔步走到殿里。烧香拜佛后，她在侍从的簇拥下走了出来。在庙门口，她挥手让他们退下。一名侍从替她撑起一把銮伞，她也挥手让他离开。她独自站在那里，用奇怪的目光看着我们。她衣着华丽，戴着满族的头饰，牙齿脱落，显得苍老，没有给人留下好印象。面对城墙上十多个国家穿各种各样稀奇古怪服装的人，她面不改色，显得勇敢自如，真令人情不自禁地感到钦佩。所有随从都对她毕恭毕敬，但是令人惊讶的是，随从之间却洋溢着友好、亲密无间的民主气氛。慈禧太后上了轿子就离开了，没有再到另一座庙去，那里还有许多人站在城墙上恭候她。我在一片烟尘中回了家。[①]

或许是对去年八国联军入侵北京时的恐惧仍心有余悸，或许是真想利用此次难得的机会向西方世界呈现一个完全不同的形象，当天的慈禧太后显得格外随和，甚至专门对人群中混杂着的洋人含笑示好。对于这一点，当时几家较有影响的西方报纸都予以了特别关注。例如《字林西报》就报道称"皇帝乘黄舆入正阳门，端坐轩昂，皇太后黄舆方入正阳门时向东注视片刻，皇后端坐无视，两宫行经瓮城关帝庙，入庙拈香。西人携照相镜恭待见，两宫出，摘帽高举致敬，两宫掀帘微笑点首者三"。几乎所有媒体都提到了一个细节，即慈禧回銮抵达正阳门后，当她下轿前往关帝庙上香时，抬头看见了正在城楼上对着她拍照的洋人。毫无疑问，这是一个极具历史意味的瞬间。就在一年多前，这位以顽固保守著称于世的清朝最高统治者还将洋人视为万恶的洪水猛兽，不顾一切地宣布与列国开战。而如今，面对与自己仅仅相隔十来米的居高临下的洋人，老佛爷却竟然笑脸相向，任其对着自己拍照，这一切在以往任何时候都是不可想象的。

更令西方人惊奇的是，正是在这次旅途中，受到庚子国难刺激的慈禧太后开始反思帝国的前途命运，并出台了包括新政在内的一系列重大措施，从而奠定了清王朝最后十年的基调。而在许多西方人眼中，这个古老帝国的形象也开始发生微妙的变化。

"慈禧太后在中国历史上没有第二人，在世界历史上也绝无仅有。她不

[①] [澳] 骆惠敏编：《清末民初政情内幕——泰晤士报驻北京记者袁世凯政治顾问乔·厄·莫理循书信集（1895—1912）》（上），刘桂梁译，知识出版社，1986年11月。

图 3-1-1：慈禧太后在正阳门下向城楼上的外国人招手。1902 年 1 月，照片为城楼上看热闹的西方人所摄。

仅在上世纪后半叶统治了大清帝国，她的统治推迟了大清帝国的灭亡，她还把中国政治家们所能想到的某些改革措施也付诸实践了。和满族的其他妇女相比，她可谓鹤立鸡群，出类拔萃。和其他民族的妇女相比，她同样毫不逊色。就性格的坚强和能力而言，她和任何人相比都不差。我们不由自主地钦佩这个女人，她小时候在家里帮母亲干杂活，后来被选入宫做了个'贵人'；她是一个皇帝的生母，一个皇帝的妻子，她立了一个皇帝，她还废了一个皇帝，她统治了中国将近半个世纪——而所有这些都发生在一个妇女没有任何权利的国度。说她是19世纪后半叶最了不起的女人，这不算是夸张吧？"这段话出自美国传教士 I.T. 赫德兰（Isaac Taylor Headland）所著的《一个美国人眼中的晚清宫廷》(*Court Life in China*)。

赫德兰是美国传教士，1888年来到中国，在北京汇文书院任职文科和神科教习。在《一个美国人眼中的晚清宫廷》中，赫德兰详细描述了慈禧太后和光绪皇帝的秘闻，以及宫廷中的女性、格格们的学校、汉族女子的生活和社交等方面的情况。他提到了光绪皇帝对西洋事物的好奇，以及慈禧太后在与外国公使夫人交往时的社交手腕。书中还记录了宫廷礼仪对洋人的照顾，以及满汉之间的分别，这些内容反映了清朝末期中国社会面临的复杂局势和挑战。赫德兰的这本书是写给外国人看的，因为当时的清廷对西方世界来说非常神秘。对于慈禧太后在外交场合的表现，赫德兰曾在其著作中赞叹道："只有在私下接受某外国公使夫人的觐见时，这位非同寻常的女人才会表现出她的机智，她的女人味儿，和她作为女主人的吸引力与魅力。她与每一位客人握手，非常关切地嘘寒问暖；她也抱怨天气的炎热或寒冷；如果茶点不合我们的口味，她会非常着急。她十分真诚地说，能和我们见面是她的一种福气。她还有办法让每一位客人都为她着迷，即使她们以前对她存有偏见。她对每一个客人都很关照，这也充分表现了她作为一朝之主的能力。"从中我们也可以看出，当年在与慈禧太后的接触中，西方人对她的看法是多么得令我们感到诧异。关于慈禧太后身上所体现出的这种新变化，康格夫人恐怕是最有感触的了。

康格夫人本名萨拉·康格（Sarah Pike Conger），她的丈夫爱德温·赫德·康格（Edwin Hurd Conger,1843—1907）是美国外交官，1898年任驻华公使，1905年辞职回美。1898年，萨拉·康格跟随丈夫来到中国，在北京住了7年。1909年，她将自己在北京期间写给家人的书信结集，名为《北京信札》。该书与绝大多数西方来华人士的视角不同，表达了与众不同的中国观。在华期间，康格夫人曾经多次觐见慈禧太后。在《北京信札》一书中，她以女人特有的细腻，披露了许多鲜为人知的情节，展现了慈禧太后的另一个侧面。

原来在1901年《辛丑条约》签订后，慈禧痛定思痛，开始大力调整对外政策。与原先极力躲避洋人不同，在生命中的最后八年，这位当朝皇太后热衷于接见各国公使夫人，试图用"夫人外交"修补与列强的关系。康格夫人高兴地发现："慈禧太后第一次接见来自外交使团的七位女士是在外交大臣的努力和督促之下才得以实现的。1900年的动乱结束之后，宫廷回到北京，太后的态度发生了很大转变，她主动发起了很多次会见的邀请，大家自然都接受了这些邀请。我到宫中出席午宴，格格王妃们也到我家共进午餐。由此，格格、福晋与大臣的夫人们开始邀请款待我们，也受到我们的邀请和款待。"

1902年2月1日，刚刚返回紫禁城没多久，慈禧太后就和光绪在皇宫接见了外交使团的公使夫人和孩子们。康格夫人在北京期间前后共九次觐见慈禧，其中仅1902年就有三次。随着交往的增多，慈禧在西方公使夫人们心中的形象似乎也越来越正面，越来越富有人情味。例如在1903年6月15日第六次觐见后，康格夫人说："除了王室的优雅气度外，太后女性的温柔深深地吸引了我们。太后在召见过程中还热忱地祝贺我喜添外孙女。"1905年4月，美国驻华公使康格离任回国，临行前他率四名使馆工作人员觐见了光绪皇帝，而康格夫人随后也带着私人翻译去觐见慈禧。或许是格外珍惜这最后一次的会面，在正式行过皇家礼仪后，康格夫人和慈禧以两个普通女人身份谈心。为了表彰康格夫人对中美友谊所作出的贡献，慈禧还授予康格夫人"女官"名号。之后还发生了最感人的一幕："我与太后道别，正要告退时，她又把我叫回去。太后的翻译把一块用鸡血石制成的护身玉佩放在我手中，说道：'这是太后随身佩戴的，现在太后想送给你，希望你能一直戴着它渡过

图 3-1-2：慈禧太后与驻华公使夫人合影，右二为康格夫人，1903 年，裕勋龄摄。

重洋，它会保佑你平安到达祖国的。'" 在回到美国后，康格夫人一直对慈禧太后的厚爱念念不忘，她一方面为"繁文缛节使一个女人无法对另一个女人吐露心声"而感到遗憾，一方面又称赞"太后陛下是中国历史上少有的几个性格鲜明的女性之一"。1908 年 11 月 15 日慈禧去世后，康格夫人在第一时间写了题为《国丧》的纪念文章。

实际上不仅仅在外交领域，清王朝在最后的十年间所表现出新气象几乎是全方位的。1901 年 1 月 29 日，《辛丑条约》签订仅仅半个月之后，慈禧太后便以光绪皇帝的名义颁布上谕，命督抚以上大臣就朝章国政、吏治民生、学校科举、军制财政等问题详细议奏。4 月 21 日，朝廷又下令成立了以庆亲王奕劻为首的"督办政务处"，作为筹划推行"新政"的专门机构，同时任命李鸿章、荣禄、昆冈、王文韶、鹿传霖为督办政务大臣，刘坤一、张之洞为参与政务大臣，总揽一切"新政"事宜。这场由朝廷推动的自上而下的改革几乎涉及国计民生的方方面面：军事方面编练"新军"，经济方面全力振兴商务，文化教育方面，1905年大办学堂，甚至断然废除沿袭了千余年的科举。

1905年7月16日，为向西方学习先进经验，清王朝朝廷特派载泽、戴鸿慈、徐世昌、端方等大员分别带队出洋考察。12月19日，端方和戴鸿慈带领首批考察团一行共33人登上美国太平洋邮船公司"西伯利亚"号驶向他们的第一个目的地日本。大约一个月后，由载泽、李盛铎和尚其亨率领的第二批考察团乘坐法国轮船公司的"克利刀连"号扬帆启程。对于这两支中国出洋考察团，国际舆论表现出了高度关注。1906年2月12日，英国《泰晤士报》就发表了一篇题为《中国人的中国》的文章，该文评论说："人民正奔走呼号要求改革，而改革是一定会到来的……今天的北京已经不是几年前你所知道的北京了。"当端方、戴鸿慈使团访问波士顿时，市政府还特意升起了清朝的龙旗。1906年1月24日，适逢中国的除夕，当天，端方、戴鸿慈以及驻美公使梁诚等乘马车到白宫拜访了美国总统西奥多·罗斯福。罗斯福总统在接见完考察团之后，还给光绪皇帝写了一封热情洋溢的信。稍后，

图3-1-3：端方考察团在意大利留影，1906年。

载泽团也去美国考察了一番。离开美国后，两支考察团又相继抵达欧洲，访问了英、法、比、德、奥、丹麦、瑞典、挪威等国，最终于 1906 年 7 月回国。

关于清王朝末年的种种变化，在中国活动多年的莫理循作为近距离观察者，曾多次向西方世界介绍自己的新发现。这位《泰晤士报》的特派记者，对中国社会的变化表现出敏锐的观察力，他捕捉到了"新政"给中国社会带来的新变化。总体上看，莫理循对清末"新政"持有积极的态度，并认为这是中国进步的重要标志。在他看来，晚清十年，"新政"改革使得教育、军制、官制、法制、工商实业、政治体制以及社会风俗都呈现向近代的变迁。莫理循看到了清政府所作的改革努力，并且从觉醒了的中国资产阶级和受西方教育的新式知识分子看到了中国社会的希望与未来。他一改过去漠视中国的态度，开始以乐观的态度来报道中国呈现出的新景象。他在日记中欣喜地写道："北京展现出一个发展中城市的骄傲，处处呈现出比较健康的道德观念。北京在各方面都在取得进步：道路在改善，警力在加强，马车和人力车满街跑，电信事业蒸蒸日上，沿街修造了许多公共厕所，对有伤风化的广告进行大清洗……"，甚至把清末"新政"比作日本的明治维新，认为前途无限。① 1907 年 9 月莫理循回伦敦期间，他在中国协会的年会上发表演说，内容充满了对中国的乐观情绪。他认为中国虽然有许多方面需要批评，但值得赞扬的地方更多，如民族意识的觉醒、西式教育的传播、改变军队的尝试以及国内新闻界的成长等。不仅如此，莫理循还通过实地旅行，目睹了清末"新政"的成果，并对这些成果进行了报道，为西方社会提供了一个相对客观且充满希望的中国形象。1910 年，莫理循以《泰晤士报》驻北京记者的身份，对中国西部的陕西、甘肃、新疆进行了为期半年的考察，在《泰晤士报》上连续发表了 12 篇报道，在使广大西方读者了解中国西部的历史和现实、宣传中国近代化进程方面起到了一定的作用。他对中国"新政"改革中的点滴进步都给予高度的重视和称颂，认为"不论把它设想得多么不成熟，改革正在进行之中。我们可以有把握把全部信心寄托于中国人民的未来"。在 1910

---

① 邵勇：《莫理循眼中的清末新政》，《大庆师范学院学报》，2006 年第 4 期。

图 3-1-4：清朝王公拜访西方驻华使馆，清末，莫理循摄。

图 3-1-5：清末新军训练，莫理循摄。

图 3-1-6：1906 年 11 月 25 日，广西桂林举行庆祝立宪大会，主席台横额上写着"立宪万岁"，照片系容芳斋照相馆拍摄，莫理循收藏，现存澳大利亚新南威尔士州州立图书馆。

年的西北行中，莫理循拍摄了近千张照片，不仅记录了自然风光，还记录了当时的社会状况和民族特色，为后世提供了一个独特的视角。[1]

在清王朝"新政"引起西方社会广泛关注之外，这个古老国度的百姓也以其全新的面貌令西方人刮目相看。

1905年7月下旬，一条爆炸性的新闻在美国引起了轰动。据称，在大洋彼岸的中国，人们因抗议美国施行多年的排华法案，正发起一场声势浩大的抵制美货运动，运动的浪潮已迅速蔓延在上海、天津、北京、广州、南京、苏州、杭州等各大城市。令美国人困惑的是，在这个一向被他们所漠视的国度，突然就爆发出空前的力量。一时之间，各界民众纷纷结成抵制美货团体，相约不买不用美货，商号不卖美货，码头工人不装卸美货，制造工人不用美国原料，邮政工人不收美国标本，学生也不再去美国人办的学校读书。

最让华人感到耻辱的，美国移民局还对华人实行"背屈笼"制度。所谓"背屈笼"制度，是法国在20世纪初发明的一种机器，主要用来测量并记录囚犯的身体特征。1902年，美国财政部长首先提议对华人使用这种机器，其理由居然是因为美国人不太熟悉华人面貌特征，导致常有冒用证件的情况。1903年6月30日，国会竟对此提议批准施行。从此，每当华人在美国登岸时，所被要求做的第一件事，就是脱光衣服，由移民官员进行量身。

尽管当时，无论是美国国内还是国际上，都不断有人对这种政策予以谴责，但顽固的美国政府却从没有停止排华法案的意思。1904年，当限制华工条约又一次期满10年时，西奥多·罗斯福为在大选中赢得力主排华的西部的支持，再次在国会通过延长排华法案的决定。于是日益觉醒的中国民众再也无法忍耐，他们心中长期积压的愤怒将像火山一样爆发出来了。

1904年12月，随着华工禁约的期满，旅美华侨10余万人联名上书清政府，要求与美国政府交涉废约，然而美国政府却蛮横地拒绝了中方的要求，反而决定继续延长该条约的有效期。消息一经传出，立刻激起了中国各界人

---

[1] 窦坤：《20世纪初〈泰晤士报〉记者莫理循对西部中国的认识与报道》,《三条丝绸之路比较研究学术讨论会论文集》, 2001年。

民的强烈愤慨。1905 年 5 月 10 日，上海商务总会会长曾铸提出，以两个月时间为期限，如果美国仍旧拒绝修订条约，中国商民将实行抵制美货运动，并通电全国各大商埠，这一立场立即得到了全国各地民众的热烈响应。7 月 20 日，眼看美方对中方的呼声无动于衷，中国民众决定采取行动，一场声势浩大的正义维权运动从此拉开了序幕。在爱国商人和学生的推动下，这场运动迅速蔓延到各大城市。美国人很快就发现，在中国，搬运工人拒绝运送有美国标识的货物，众多中国客户也断绝了与他们的商务往来，甚至连那些在居华美国人家里干活的中国仆人也纷纷辞职。

在天津、上海等地，那些本来十分畅销的美国牌香烟，由于市民的抵制，都霉烂在了仓库里，有些烟摊前还竖起了"本摊不卖美国烟卷"的木牌。在长沙，著名爱国志士禹之谟等组织领导学界人士，分赴各地进行抵制美货的宣传。在他们的努力下，像《奉劝中国的众同胞勿买美国的货物》之类的小册子，在民众间广为流传。在福州，由美国教会开办的鹤龄英华书院，为抗议曾有三名学生赴美时遭受侮辱，全校两百多名学生公请校长致电美国国务院修改华工条约，否则将全体退学，学生们还直接致书美国总统质问道："我们很不明白，为什么你们在中国大讲爱的信条，而在美国，中国人享受的待遇不如任何一个国家，甚至连黑人都不如？"在天津，租界里的美国商店，也变得门可罗雀。天津商务总会宣布："美国禁止华工条约一日不废除，美货一日不售卖。"各商界代表还号召各行各业不购办美货，不售卖美货，违者将罚款五百元。著名爱国商人、郭庆隆绸缎庄经理宋则久率先出售国产土布，以代替美国花旗布，各布商随之争相效仿。学生则开展了广泛的宣传活动，他们走上街头，散发传单、集会演说，向市民揭露美国迫害华工的事实，有的还组织起来监督销毁美货，鼓励大家团结一致，坚持到底。著名的《大公报》，也站在了抵制美货的前沿，不但增辟"抵制美约要闻专栏"，还宣布拒绝刊登美商广告。而在广州，据说在珠江上靠摆渡为生的一位船妇，在发现旅客携带着美国货物时，断然拒绝其上船！

1905 年的这场抵制美货运动持续了近半年的时间，沉重地打击了美国在华的商业利益。面对中国民众的怒潮，早在上海商人酝酿抵制美货时，著名的美孚石油公司就曾警告美国政府，预言抵制运动将对美国煤油工业带来一场巨大的灾难。果然抵制运动开始后，美国人就发现他们在中国的商务几乎是一落千丈。从事后的统计来看，抵制运动直接导致了美国的对华出口明显下降。1905 年 4 月时，美国每月对华出口额约为 800 万美元；而在抵制运动高潮的 1905 年 10 月，则只有 375 万美元。在运动最为激烈的广州，据美国驻广州总领事的报告称，正常年份美国面粉在广东的销售量是 50 万袋，而在抵制运动开始以后在广州的销售量竟为零；英美烟草公司的销售量也下降了 50% 以上。

在中国所发生的一切，极大震动了美国当局，一些美国人为此惊呼："这是真正的一场伟大的民众运动"。美国总统罗斯福也被迫表态：既然引起抵制的原因是美国对华人不公正，那么国会应当同意修改排华法。正是慑于民众的威力，清政府最终拒绝了美国政府续签华工禁约的无理要求。抵制美货运动，第一次让美国政府行政部门进行了自我检讨，尽管最终整个排华法案并没有被废除。美国政府终于认识到，过于严厉的排华政策，不但直接践踏了华工的人权，同时也会损害自己在中国的商业利益，所以不得不建议修改以往的法律，于 1906 年废除臭名昭著的"背屈笼"制度。

鉴于中国人民掀起的这种抗议浪潮，美国政府不得不史无前例地予以高度重视。为了平息这场风波给中美关系带来的冲击，美国一方面从外交层面向清朝施加压力，一方面也通过民间交流的方式试图向中国释放"善意"。在时任总统西奥多·罗斯福的亲自推动下，美国政府于 1905 年向中国派出了史上首个大型官方访问团。代表团由时任美国陆军部长威廉·霍华德·塔夫脱（后成为第 27 任美国总统）率领，包括了 35 名美国国会议员、7 名美国参议员等社会知名人士，而西奥多·罗斯福的女儿爱丽丝·罗斯福（Alice Roosevelt Longworth，1884—1980）竟也赫然在列。代表团的访华目的之一，就是为了解决当时中美之间的贸易僵局，特别是针对美国排华法案所引发的中国抵制美货运动。

1905 年 7 月 8 日，这支美国代表团乘坐"满洲里"号远洋轮船从华盛顿出发，途经旧金山、夏威夷，7 月 25 日抵达日本，团长塔夫脱作为调停人成功说服日本与战败的沙俄通过和平谈判结束日俄战争。不久代表团前往菲律宾和中国进行访问。代表团抵达广州后一分为二,一路由团长塔夫脱带队到广州和上海与当地官员就解除抵制美国货进行磋商;另一路则由罗斯福总统的私人代表爱丽丝带队北上前往北京。9月11日,爱丽丝一行抵达天津,受到清朝新军仪仗队的列队欢迎。次日,爱丽丝一行从天津坐火车来到北京。在北京,爱丽丝一行的访问足迹遍及了天坛、国子监、雍和宫以及南口、八达岭长城、十三陵等名胜古迹。

当然,由于将爱丽丝视为"美国公主",慈禧太后对这支代表团的到来格外重视,给予了高规格的接待。抵达北京当晚,爱丽丝一行被安排住在颐和园内,慈禧太后甚至特意给爱丽丝专门安排了轿子。在颐和园,慈禧太后和光绪皇帝不仅一同接见了爱丽丝一行,还给她们安排了丰盛的晚宴。爱丽丝的日记中记述道:"各种中西食物交替不断,我只吃了我喜欢的中国菜,特别是鲨鱼翅,是用玫瑰酒把它冲洗过的,而玫瑰酒味道非常棒,类似清酒或非常顺滑的利口酒,且酒劲非常强……"至于对慈禧太后和光绪皇帝的评价,爱丽丝则称慈禧太后"精干、敏锐和威严",而光

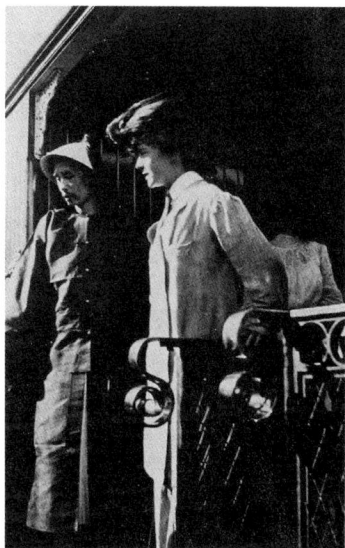

图3-1-7:中国官员在车站迎接爱丽丝。1905年9月,哈里·福勒·伍兹摄。

绪皇帝则"目光呆滞"。会见结束后,慈禧太后甚至邀请爱丽丝一同游览颐和园,并赏赐其贵重的礼物,表达罗斯福总统的问候。9月18日,爱丽丝结束了对北京的访问返回天津,随即从天津乘船回国。

在这次访问途中,代表团中的哈里·福勒·伍兹(Harry Fowler Woods,1859—1955)拍摄了大量照片,这些照片见证了代表团访问途中的各种活动、城市风光以及广大普通百姓的生活状况。

图 3-1-8：美国代表团在天津。1905 年 9 月，哈里·福勒·伍兹摄。

图 3-1-9：美国代表团在北京游览名胜古迹。1905 年 9 月，哈里·福勒·伍兹摄。

图 3-1-10：美国代表团在北京游览名胜古迹，美国代表团成员将手搭在中国向导的肩上。这个看似不经意的动作非常耐人寻味。1905 年 9 月，哈里·福勒·伍兹摄。

自 19 世纪以来，西方来华传教士一向抱有对中国诸多负面看法，并成为构建西方中国形象的主力军。不过到清王朝末年，特别是在经历 1900 年义和团运动的大规模冲击之后，许多传教士也开始自我反省，主动调整观察中国的视角，以一种相对积极的立场看待这个古老的国家。

众所周知，1900 年发生的那场中西方之间的大冲突，究其根本原因，实际上是基督教传播过程中积压的种种矛盾在某种程度上产生了导火索的作用。正因如此，在事件平息之后，在华传教士遭到多方舆论的批评，他们被认为是侵略者，应该对义和团负主要责任。即便是西方社会内部也不乏这种声音。痛定思痛，许多来华传教士更加反省自己在中国的角色，逐渐有意识地改变以往一味对中国进行批评的习惯。许多传教士关于中国的著述及文章等，更多讨论中国的正面形象，不再片面地将中国人民视为等待拯救的 4 亿异教徒。

例如在清末中国最为活跃的美国人丁韪良（William Alexander Parsons Martin，1827—1916），就是一个对华看法转变非常明显的传教士。自从 1850 年美国基督教长老会来中国宁波传教以来，丁韪良前后在中国活动时间长达 62 年。由于熟谙汉语，甚至善操方言，这位传教士在传教之余，不但翻译了大量有关基督教、自然科学、国际法方面的著述，还曾担任同文馆教习、京师大学堂总教习等要职，被朝廷授予二品官衔，被视为清末在华外国人中首屈一指的"中国通"，在清末中国产生了巨大影响。不过作为一名传教士，由于经常对中国提出尖锐批评，并多次参与外交纷争，丁韪良同时也是一位充满争议的历史人物。特别是在 1900 年，由于对义和团充满敌意，他甚至态度激烈地主张推翻腐朽的清王朝，罢黜慈禧太后。不过在清王朝开始推行"新政"后，丁韪良的对华态度迅速发生改变。这种改变在其 1907 年出版的《中国觉醒》（*The Awakening of China*）一书中表现非常明显。《中国觉醒》着重描述了作者菜历的 1902 至 1907 年间清政府推行的新政和改革，试图解释推动中国社会变革的潜在力量，并表达了作者对中国光明未来的极大期盼。丁韪良认为，只要宪政和改革的势头继续保持，中国社会注定会发生翻天覆地的变化，中国也必将能够强盛起来，并融入国际社会。他坚信"只需要几代人的努力，中国人民将在世界民族之林占据一个重要位置"。在当时来华传教士群体中，丁韪良这种"中国觉醒"观的形成颇具代表性，很大程度上反映了中国近代艰难变革的客观现实，也体现了中西文化碰撞与交融过程中，西方人对华观念的某种重大变化。①

　　另一位著名来华传教士明恩溥，之前也是基本上对中国形象持完全否定态度的，其撰写的一系列著述在西方世界产生了深远的影响。然而同样是在1907年，明恩溥出版了《中国的进步》(The Uplift of China) 一书，该书出版后当年就售出了 75,000 本，之后又多次再版。在书中，明恩溥列举了一系列中国的新变化，包括教育、交通、邮政及日常生活、社会风俗等方面。虽然当时中国的新式教育面临很多问题，甚至很多学校没有足够的课本，但他相信有着无尽耐心和忍耐力的中国人最终会克服所有的困难障碍；对于反缠足运动所取得的成就，他表示喜悦；对于立宪运动，他认为中国民众虽然还没准备好，但相信中国人早晚都会实现自治的政府；对于禁烟运动，他认为如能在全国范围内完成，将会是这个世纪最惊人的经济和道德的改革。总之，来华传教士们对清朝末年的中国维持着乐观和积极的态度，直到1911年革命的到来。

　　除了丁韪良、明恩溥等在西方世界知名度颇高的来华传教士外，实际上当时生活在中国的不少传教士都对清末社会进行了细致的观察，并用业余时间拍摄了许多照片，这些照片流传至今，成为研究当时西方中国形象的珍贵视觉资料。

　　梅荫华（Michel De Maynard）是圣方济会的法国传教士，他1906至1912 年间在中国北方地区（主要是陕西，也包括山东和北京）拍摄了大量照片，记录了那个时代激烈变化的中国，内容包括风景、建筑、文化古迹以及宗教、习俗等，还有一些反映"新政"时期中国军队新面貌的照片。

　　还有不少来到中国进行考察和旅行的西方人，尽管在中国停留的时间有

---

① 黄秋硕:《试论丁韪良"中国觉醒"观念的形成》,《福建论坛》(人文社会科学版), 2011 年第 11 期。

8° année. — N° 404   HEBDOMADAIRE — 0 FR. 10 LE NUMERO   6 octobre 1907.

LaCroix Illustrée

ABONNEMENT D'UN AN   REDACTION ET ADMINISTRATION   ABONNEMENT GLOBAL
La Croix illustrée (France et colonies)..   6 fr.   5, RUE BAYARD, PARIS, 8°
La Croix illustrée (union postale)......   7 fr.
La Croix quotidienne (France) hors sér....   20 fr.   Les manuscrits non insérés ne sont pas rendus.
La Croix quotidienne et la Croix illustrée   24 fr.

图 3-1-11：《走向现代化的中国》，版画，法国《十字架画报》（法文），
1907 年 10 月 6 日。

图 3-1-12：清末中国新式军队。1906—1912 年，梅荫华摄。

限，缺乏细致深入的观察，也曾用手中的照相机或画笔也对清王朝覆灭之前的"回光返照"留下了自己的记录。

1908 年，在洛克菲勒基金的支持下，美国芝加哥大学成立东方教育调查委员会，并计划协助在中国建立一所类似芝加哥大学规模的大学，为此需先到中国调查教育、社会和宗教状况。正是在这种背景下，该委员会组建考察团，并于 1909 年 1 月初考察团一行从芝加哥启程，开始了近半年的中国之行。考察团共由四人组成：欧内斯特·伯顿博士担任团长，成员包括著名的地质学家、时任芝加哥大学教授托马斯·张柏林（Thomas Chrowder Chamberlin），担任日常联络、生活起居及摄影师工作的是张柏林唯一的儿子罗林·张柏林（Rollin T. Chamberlin）和一位年轻的华裔翻译王先生（Y T Wang）。在中国考察期间，他们访问了十三个省份。考察结束后，罗林·张柏林留下来一部包含 675 幅照片的摄影集，这些照片记录了他在中国的旅行考察行程，包括香港、广州、广西、湖北、四川、重庆、江西、上海、河南、河北、北京、沈阳等地，内容涵盖山川地理、道路村舍、人文风貌等等。由于很多照片拍摄于四川、广西等偏远的内地，因此也为后人观察晚清中国社会提供了独特视角。作为一名地质学者，一个西方年轻人，罗林在日记中并没有对沿途吃住条件如何进行叙述，更多的是以新奇的眼光对沿途地理风光和人文方面的记述。1911 年 12 月，著名的美国《国家地理》杂志刊登罗林·张柏林撰写的文章《人口稠密的美丽四川》，并配有 20 幅他拍摄的照片及相关地图。

菲尔曼·拉里贝（Firmin Laribe，1855—1942）是一位法国军官，同时也是一位摄影爱好者。拉里贝在 1900 至 1910 年期间在北京担任法国公使馆内的安全保卫工作。在北京的十年间，他利用工作之余拍摄了大量照片，主要拍摄地在北京及附近，内容涉及清末中国社会的种种方面。拉里贝的摄影作品记录了清末中国的各种人物、家具、服饰、戏剧、建筑街道、佛像石刻等，为后人提供了一个了解清末社会和文化的窗口。他留下的照片不仅记录了清末中国的社会面貌，也反映了当时中国社会的变革和冲突。据拉里贝的女儿博德罗克回忆：其父在华期间拍摄的很多照片有相当一部分直接发回到法国国防部，法国著名的《画报》（Le illustration）杂志在当时发表的许多图片新闻均出于拉里贝之手。

与上述几人相比，来自美国的专业摄影师雷尼诺恩（Clarence Eugene Lemunyon，1860—1929）在这一时期拍摄的中国照片显然艺术性更高。雷

图 3-1-13：四川地区劳作的纤夫。1909 年，罗林·张柏林摄。

图3-1-14：四川地区的庙会。1909年，罗林·张柏林摄。

尼诺恩在1900年曾作为美国军队的随军摄影师来到北京，后返回菲律宾，大约1902年到香港开设照相馆，经营从纽约进口的照相器材，大约1905年来北京经营照相馆，一直从事摄影活动到去世。在北京期间，他拍摄了清末民初的北京及周边地区一系列照片，其中部分为手工上色，这些照片反映了当时北京的民生及风貌。凭借外国人的身份，雷尼诺恩甚至在1909年拍摄了慈禧葬礼。雷尼诺恩的摄影风格对后世不少同行都有很大影响，其中就包括二十世纪三四十年代长居北京的德国女摄影师海达·莫理循。

清朝末期，一些来华西方旅行者还用画笔对自己的见闻进行了描绘，这些画作也从不同角度折射出当时西方人眼中的中国形象。

艾米丽·乔治亚娜·坎普（Emily Georgiana Kemp, 1860—1939）是一位英国旅行家、画家和作家，以其对中国的旅行记述而知名，还到缅甸、朝鲜及中亚等地游历，曾因其探险经历被法国地理学会授予勋章。她是清末民初少数到中国内地旅行的外国女性之一，曾先后两次来中国长途旅行，第一次是1893—1894年在山西，第二次则是从1907—1908年，先从上海到青岛，然后途经山东、河北、湖北、四川、云南，最终到达缅甸。她1909年出版的作品《晚清中华面貌》（*The Face of China*）记录了她在中国东部、北

图 3-1-15：清末政府官员。1900—1910 年，拉里贝摄。

图 3-1-16：清末军队乐手。1900—1910 年，拉里贝摄。

图 3-1-17：北京城外的驼队。约 1910 年，雷尼诺恩摄。

部、中部和西部的旅行经历，以及对当时新兴学校和大学的描述，反映了她对中国社会的观察，包括对政治和教育状况以及改革的评论。作为一名西方女性，坎普很少抱有 19 世纪以来西方殖民主义者惯有的那种傲慢和偏见，而是用充满了同情、平等的心态来看待中国和中国人，正如她在该书序言中写道的："力图忠实地记录下我的所见，这样可以让别人自己去研究中国"。在目睹前后两次旅行中国时发现的一些变化，坎普认为："现在一切都变了，我从该国的东北旅行到西南，发现那伟大的觉醒触及了每

图 3-1-18：北京街头的理发师。约 1910 年，雷尼诺恩摄。

一个村庄。第一次的时候，我一直觉察到这里的人民对外国人态度上有某种敌意，这次情况恰恰相反。考虑到许多旅行者对中国人的行为，这在我看来好像实在令人惊讶；不过他们在察觉心理状态时非常敏感，我们通过将自己完全无保留地托付给他们而对他们的求助，得到了他们毫不迟疑的响应。不止一次有人告诫我们别这么做，但事实证明我们的信任是对的。没有一个欧洲国家里我们会得到更殷勤的对待了，很少欧洲国家让我旅行得这么快乐、这么无忧无虑。"基于这些细微的改变，坎普甚至充满信心地表示："整个文明世界惊讶而钦佩地看着日本国最近的迅速演进，现在中国决心作一个相似的改变。这是个困难得多的任务，而且由于中国的规

图 3-1-19：长江上的渔民。1907—1908 年，《晚清中华面貌》，艾米丽·乔治亚娜·坎普绘。

模，对于整个世界很可能重要得多。中国人受到了爱国主义精神的强烈鼓舞；他们有优良的心智，有将必要的改革进行到底的执着的决心。在过去的黑暗时代，他们是艺术、科学和哲学的先锋；所以我们可以满怀希望地期待一个更辉煌的未来，相信刚开始的新纪元对于中国也许是个越来越伟大的纪元。"

作为一名风景画家，坎普还在书中附有 60 余张手绘素描和彩绘插图。透过这些绘画，可以明显感受到坎普对中国以及中国人民的善意："我遇到过的每个有幸去过中国的聪明人。都曾倾倒在那神奇的人民和神奇的土地的魔力之下。我十分希望，通过用我的钢笔和画笔尽力准确和生动地展示中国的真实面容，这种魔力能将即使从来没到过那里的人也迷住。只要贴得足够近，人们就有可能成功地描述一个民族的心灵，然而一辈子熟悉和热爱中国的外国人会第一个否定这种做法对中国的可行性。我宁愿采取勃朗宁的观

点——'心灵帮不了躯体，躯体也帮不了心灵'——力图忠实地记录下我的所见，这样可以让别人自己去研究中国。也许有人反对道这幅画的色彩过于鲜艳，因为我没有对事物的阴暗面着墨太多。然而眼睑和眼睛是一样有用的。"——当然，这种对中国形象高度美化的情况在当时整个西方世界也属少见。

另一位英国画家李通和（Thomas Hodgson Liddell，1860—1925）也曾于20世纪初来中国的旅行和创作。李通和是不列颠皇家艺术家学会成员，其作品被法国奥赛博物馆收藏。1907年，他从香港一路北上先后到上海、杭州、天津、北京以及山海关、北戴河等地旅行并沿途写生作画。1909年他出版了游记《帝国丽影》（*China, Its Marvel and Mystery*），书中记录了自己在中国的旅行经历，表达了对中国山水景色的热爱和对中国文明的尊重，颇具怀旧色彩。书中附有35幅作者创作的水彩画，生动展现了清末中国的自然风光、城市景观和日常生活。

以历史的眼光看，20世纪最初十年间，清王朝的确出现了一些前所未有的新变化。然而这一幕就好像上述这些西方观察者所描绘的水彩画一样，画面中绚烂的色彩注定将成为大清帝国最后的夕阳。因为历史的车轮滚滚向前，仅仅从细枝末节进行变革已经无法挽救封建王朝的命运。恰恰相反，这个古老国度需要的是一场更深层次的革命，只有革命才能彻底带来新生。只不过无论如何作为旁观者，无论是短期来华旅行的匆匆过客，还是久居中国多年的外交官、记者或者传教士，这些西方人士或许看到的只能是浮光掠影的中国形象。

1908年11月14日至15日，光绪皇帝和慈禧太后相继病逝！当时的法国报纸第一时间刊登了具有象征意义的图画报道。而荷兰阿姆斯特丹《电讯报》驻北京记者亨利·博雷尔所写的文字报道中也不乏惋惜之情："1853年，慈禧被咸丰皇帝选作懿妃，后又为咸丰帝生下一子，即后来的同治皇帝，深得咸丰帝宠爱。当她的外甥光绪继同治成为皇帝时，慈禧垂帘听政，成为举世瞩目的东方女皇，在她的统治下，大清帝国走到了尽头。慈禧太后死于一个现代科学文明已经光临中国的年代，但她死后葬礼上所演出的却是具有几

图 3-1-20：美丽的中式庭院。1907—1908 年，《晚清中华面貌》，艾米丽·乔治亚娜·坎普绘。

图 3-1-21：长城景色。1907 年，《帝国丽影》，李通和绘。

图 3-1-22：杭州街景。1907 年，《帝国丽影》，李通和绘。

千年历史的古老礼仪。慈禧太后就这样辞别了人世。这位一生充满传奇，其意志即法律的女人，是神圣和古老理念的最后一位代表。我深信随着她堕入冥世，眼前这一切也成为神圣皇权的一个葬礼。"至于太平洋彼岸的《纽约时报》记者汤玛斯·米拉德，则颇为乐观地认为，相信来自清国体制内部的力量，已经足够推动清国政治改革的继续深化，而像袁世凯这样的"务实型"改革家，则会成为这个体制自我修复运动的领袖：

　　人类总喜欢预先推定历史高潮的到来。长期以来，很多研究清国问题的专家都非常自信地断言，大清国会在慈禧皇太后死后发生一场政治大灾难，十年前当我到东方时这种假设性的推定就已为人们所熟知和公认了。

　　好，现在那个权势显赫的女人已经死了，并且，人们普遍认为是她统御天下之工具的大清皇帝几乎同时也断气了。人们先前针对慈禧皇太后之死会对清国政局产生何种影响作出推断时，大概没有预料到会有这种巧合。事已如此，人们自然而然地会断定这种巧合很可能会加剧清国政局的动荡不定。

　　然而，根据我们所了解到的情况分析，大清国在其如此紧要的历史关头却表现得非常镇静，并且没有显示出任何要歇斯底里发作的倾向。当初人们的判断，实际我本人也持这种判断，并没有获得验证。大清国从整体上表现出了其社会体制的稳定性，并且清国政治家们在面对紧急事态时表现出了十足的信心和能力。显然，他们对这个紧急事态的出现绝对是早有预料。

　　上周清国政局发生的不事声张的变动。其原因可以从目前正在大清国进行的所谓"改革变动"中找到答案。有关这次改革的低声议论我们早就听说了，但这次运动取得发展进步还只是最近这十年间的事。即使在这段短暂的十年时间内，运动也呈现出了两个截然不同的发展阶段，我们可以把这两个阶段分为"理论上的"和"行动上的"。

朝廷和改革运动之间的关系十分耐人寻味。但我想，这种关系并没有某些评论家们认为的那么重要。在过去的五年中，这种关系经历了重大变化，就连慈禧皇太后本人都感受到了持续不断的外界压力所带给她的影响。

很明显地，在最近几年中，朝廷已经意识到改革是不可避免的，并且一直关心这种改革到目前为止已对清王朝的统治产生了什么样的影响。即使在不久前刚刚逝世的两位君主的统治下，朝廷官员们都没有反对改革。朝廷所坚决反对的，仅仅限于两点：改革的目的是废除满族人的统治；或者有任何汉人觊觎皇位。

慈禧皇太后对改革计划持相对宽容的态度，这可以从她对以下事情所持的态度显示出来，即她赞成袁世凯以及以袁世凯为首的那个受过外国教育的汉人政治团体在权力上跃升。其实，毫无疑问，在慈禧太后死前至少一年时间里，她实际上所拥有的权势并没有人们想象中的那么大，她已经不敢把自己直接地置于进步分子的对立面，虽然反对改革的派别一直敦促她这样做。保守派发现进步分子已经在朝廷和中央的政权机构中掌握了权力，并且他们看得非常清楚，一场真正的改革最终将彻底结束他们的统治，不让现今政权继续存在下去。[1]

遗憾的是，西方观察者的乐观预言并无法使清王朝获得新生。由于延续两千年之久的封建制度已病入膏肓，统治者所有的努力最终也难以挽回颓势。整整十年后，在辛亥革命的炮声中，清王朝迅速走向了覆灭。

---

[1] 郑曦原：《帝国的回忆：美国人眼中的晚清社会》，当代中国出版社，2011年8月。

图 3-1-23：法国画报刊登的慈禧太后与光绪皇帝葬礼。版画，1908 年，《小日报》（法文）。

参考文献：

[澳] 骆惠敏编：《清末民初政情内幕——泰晤士报驻北京记者袁世凯政治顾问乔·厄·莫理循书信集（1895—1912）》（上），刘桂梁译，知识出版社，1986 年 11 月。

[法] 菲尔曼·拉里贝著：《清王朝的最后十年》，吕俊君译，九州出版社，2017 年 5 月。

[美] E. A. 罗斯著：《变化中的中国人》，公茂虹、张皓译，时事出版社，2002 年 2 月。

[美] 丁韪良著：《花甲忆记：一位美国传教士眼中的晚清帝国》，沈弘、恽文捷、郝田虎译，广西师范大学出版社，2004 年 5 月。

[美] 丁韪良著：《中国觉醒》，沈弘译，世界图书出版公司，2010 年 1 月。

[美] 赫德兰著：《权谋档案：一个美国人眼中的晚清宫廷》，王秀莉译，团结出版社，2011 年 1 月。

[美] 凯瑟琳·卡尔著：《一个美国女画师眼中的慈禧》，宴方译，中国工人出版社，2008 年 10 月。

[英] 李提摩太著：《亲历晚清四十五年——李提摩太在华回忆录》，李宪堂、侯林莉译，天津人民出版社，2005 年 5 月。

[英] 濮兰德，贝克豪斯著：《慈禧统治下的大清帝国》，牛秋实、杨中领译，天津人民出版社，2008 年 8 月。

[英] 苏慧廉著：《李提摩太在中国》，关志远、关志英、何玉译，广西师范大学出版社，2007 年 12 月。

杨红林：《慈禧回銮：1901 年一次特殊的旅行》，生活·读书·新知三联书店，2017 年 5 月。

顾长声：《传教士与近代中国》，上海人民出版社，2004 年 7 月。

拉里贝的中国影像记录. By Firmin Laribe. 1900—1910.

雷尼诺恩的北京影像集. By C. E. Lemunyon. 约 1910.

梅荫华的二十世纪初中国影像 . By Michel De Maynard. 1906—1912.

沈嘉蔚、窦坤：《莫理循眼里的近代中国》，福建教育出版社，2012 年 12 月。

王立新：《美国传教士与晚清中国现代化者：近代基督新教传教士在华社会、文化与教育活动研究》，天津人民出版社，1997 年 3 月。

赵省伟、李小玉编译：《遗失在西方的中国史：〈法国彩色画报〉记录的中国 1850—1937》，中国计划出版社，2015 年 12 月。

郑曦原：《帝国的回忆：美国人眼中的晚清社会》，当代中国出版社，2011 年 8 月。

An Australian in China. By G. E. Morrison. 1902.

China. By H. Arthur Blake. By Mortimer Menpes 1909 .

China. Its Marvel and Mystery. By Thomas Hodgson Liddell. 1910.

China. Peeps at many lands. By Lena E. Johnston. By Norman H. Hardy. 1910.

Papers of T. C. Chamberlin. By Thomas C. Chamberlin. 1909—1910.

The face of China. travels in east. north. central and western China. By E. G Kemp. 1909.

The Uplift of China. By Arthur Henderson Smith. 1907. Young People's. Missionary Movement New, York.

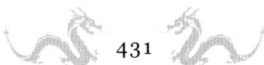

第二章
变乱：短暂的共和气象

你们还记得我曾悬挂在布莱尔楼宿舍 22 号我窗前的朝鲜风铃吗？这个风铃是我被一只东方昆虫叮咬的象征——你很难能从这种叮咬中康复。它后来把我带回到中国，带回到北京的普林斯顿中心，它使我能对第一个东方城市完成了首次的社会调查，发表了《北京的社会调查》一书。

——甘博，1921 年。

1911 年初，一本名为《徒步穿越中国》(*Across China on Foot*) 的书在伦敦首次出版。这本书的作者叫埃德温·J. 丁格尔 (Edwin J. Dingle, 中文名：丁乐梅)。此人原本是一名英国传教士，1884 年来到中国，长期在中国各地传教，甚至还被认为是第一位长期在西藏寺庙内居住的西方人，就连其中文名字"丁乐梅"据说也是由一位西藏高僧所取。由于对中国历史与文化怀有浓厚的兴趣，丁格尔经常撰写有关中国题材的文章发表在西方报刊上，曾著有《我在西藏的生活》，在西方世界具有一定影响。1909 年 3 月，丁格尔从上海出发，沿着长江逆流而上，途经南京、汉口、宜昌到达重庆，然后从重庆徒步向西南穿越中国最为原始和荒凉的地区，包括四川叙府（今宜宾）、云南昭通、昆明、楚雄、大理、腾冲等地，最终于 1910 年 2 月 14 日进入缅甸，全程 1600 多公里。结束行程后，丁格尔便第一时间出版了《徒步穿越中国》，书中收录了他的旅行记录和沿途拍摄的珍贵照片。这些照片从一个特殊视角展现了清末中国的不为人知的社会面貌，特别是那些人迹罕至的西部地区、孤独的行人、四川的商队、东川府受传教士影响的花苗人等。在作者笔下，例如对长江纤夫劳作情形的一段描述，后人可以感受到一个古老国度里最闭塞地区人们的艰辛生存："从那逐渐远去的岸上，我可以望到诸位纤夫——死中求生的男男女女，彼此环着彼此，连成长长一串竭力向前或向后挣扎，四肢绷得紧紧的，撑着大理石，一会儿向左一会儿向右，永远在为了更进一英尺而奋斗，倘若是首次目睹他们所投身的事业，任谁都会觉得这已经超越了人类成就的极限。这些纤夫全都疲惫且饥饿，他们的生活一日较一日，一周较一周变得越发艰难，比普通小贩的驴子更艰难。纤夫们是奇怪的生物。他们时不时就会甩开我们有四分之一英里。每当我们渡过了一个险滩，山涧内便会回荡起他们那刺耳的号子；每当行至靠近航道中央的石岬，我就会看到他们弯下身体开始牵拉，为的是对抗江中激流。偶尔这些可怜人中的某一个会不小心滑倒；那么他的身体随之就会毫不留情地伴着一声尖叫冲向尖利的陡岸，在被反弹没入曾带走无数尸体的滚滚江流，这也就成了他人生中最后一次出船。然而这些冒着最大生命危险参与这个恐怖征战中的人们仅仅以米饭和脏白菜充饥，旅途结束时只能收到最微薄的报酬。"[1]

就在《徒步穿越中国》一书出版后不久，丁格尔开始了新的职业生涯，成为刚刚创刊于上海的《大陆报》（*China Press*）[2]记者。没想到仅过了一个多月，当他受命前往汉口执行报道任务时，竟意外地碰上了震惊世界的武昌起义爆发。而得益于西方新闻记者的特殊身份，丁格尔也无意间成为第一时间对辛亥革命进行图文报道的西方人。作为这一重大历史事件的亲历者，他

---

① [英] 丁乐梅著：《徒步穿越中国：1909—1910 一个英国人的中国旅行记》，陈易之译，光明日报出版社，2013 年 12 月。第 27 页。

②《大陆报》（*China Press*），1911 年 8 月 29 日创刊于上海的英文报纸，该报言论代表在沪美侨的利益，消息报道繁简得当，迅速及时，文笔活泼轻松，为上海最早的美国式编排的报纸，颇受读者欢迎，发行数一度超过《字林西报》，1949 年停刊。

利用自己的特殊身份，奔赴汉口、上海和南京等地，与起义的领导人及清廷官吏都有过接触，探寻政坛幕后的消息，并撰写了大量独家新闻。丁格尔是最早访问武昌起义都督黎元洪的外国记者之一，并对他的领导能力和对革命的贡献给予了高度评价。南北议和期间，他又去上海、南京等地活动，以传教士的身份接触了各方面的代表人物，采访到许多幕后新闻。1912 年 4 月，就在袁世凯就任大总统十多天后，丁格尔以最快的速度写成《辛亥革命目击记》(*China Revolution: 1911—1912*) 一书，并由上海商务印书馆出版，伦敦、纽约也同时发行，这也是关于辛亥革命的第一本书。非常难得的是，该书附有当年拍摄的照片近 80 幅，根据各种资料综合分析，这些照片大部分是作者自己在汉口现场拍摄的。[①]

《辛亥革命目击记》详细记录了辛亥革命的重要事件，包括武昌起义、南北和谈、民国的建立等，并提供了对时局的观察与深层思考。丁格尔对辛亥革命产生的原因进行了分析，认为这场革命不仅仅是要求改革的鼓动，而是有着削弱外族统治的全国起义的性质。他还关注了革命对外国在华贸易的影响，指出革命引起的服饰变化创造了商业机会。丁格尔在书中提到，辛亥革命给中国带来了希望，预示着一个更伟大的日子的开端，并对革命带来的民主与进步给予了充分的解读。当武昌起义刚刚发生后，丁格尔在前线采访时，发现革命军指挥部内一派繁忙，人来人往，所有的人都将热情倾注在自己所做的事上，没有人在浪费时间。他观察到革命军在装备与训练上远逊于清兵，但他们士气高昂。对当时的显要人物，丁格尔也毫不隐讳地表达了自己的看法。对于袁世凯，他形容其是"一个身材魁梧、残忍的、敏感的、乐观的中国人。他拥有广泛的权力"。但又认为后者是一个矛盾的集合体，"中国已经与他的生命和荣誉联系在一起了。这里有两种结局：一个和平安定、从种族苦难中摆脱出来、得到世界支持、雄赳赳地驶出港口的中国。另一种呢？ 一个自身极度绝望、充满新仇旧恨、更多流血冲突的中国"。总体上看，丁格尔对辛亥革命可能给中国社会带来的变化表示乐观，并希望西方社

[①] 冯天瑜：《图片影像与辛亥革命》,《武汉文博》, 2012 年第 2 期。

会对中国保持耐心与客观的立场："可能永远也没有人能够完整而准确地讲述 1911—1912 年发生的这场伟大的中国革命。中国是一个面积辽阔的国家，她的人口占整个人类的四分之一，这个国家尚未建成全国性的公路网或铁路网，旅行总的来说是艰难而缓慢的；像所有的东方国家一样，人口膨胀是她的第二特征。这就使得任何一个人要想追踪报道从去年在武昌爆发并持续到目前为止的这场革命，而且报道准确，范围广泛，同时还要从中得出富有政治性和国际性的见解，都是不可能的。……如果一个通晓汉语的人，只是通过中国报纸上随处可见的传闻就形成自己的观点，将是愚蠢的。只有目睹和亲身经历以后，他才能写出公正客观的东西。"

在当时关注中国的西方人士中，丁格尔对辛亥革命的乐观态度并非例外。有趣的是，其中对中国的看法转变幅度最大的，反倒是过去近百年来对中国负面评价最多的传教士群体。

事实表明，对于 1911 年的辛亥革命以及之后共和国的建立，来华传教士们无不表现出了很大热情。特别是鉴于在此次革命中得到了很好的保护，与十年前义和团运动中遭受的冲击形成了巨大反差，因此他们纷纷对于这次革命的前途寄予了厚望，称之为"伟大的革命""最精彩的转变""史无前例的成就"。例如著名的传教士明恩溥，曾长期认为中国是停滞的，从不进步，不管政府的弊政多严重也不会消亡。而在辛亥革命发生后，明恩溥却明确表示，必须相信中国不是一个例外，革命再次证明了这一点，中国从来不是一个例外，她是因为和世界各国的隔绝、在周边环境中的优越、对自我的思想和理想满意，比历史上的任何人都更难以改变。与明恩溥的态度类似，许多在华传教士纷纷怀着激动的心情，不遗余力地通过书信、报告甚至是著述将关于中国革命的信息及他们乐观的态度传递回国，激起了国内民众对中国的兴趣。受此影响，西方媒体对遥远中国的革命也迅速关注起来，并且报道的基调也发生了很大变化。例如 1912 年 1 月，一家美国刊物在一篇题为《最新和最伟大的共和国》的文章中，就乐观地指出："中国，而非日本，现在是日出之地，日本将不再是东方国家中最西方化的国家，如果中国按照美国的模式，成功建立起联邦共和国，其国家领袖因为在欧美受教育而浸染着西

图 3-2-1：武昌起义时战况（一）。1911 年 10 月，丁格尔摄。

图 3-2-2：武昌起义时战况（二）。1911 年 10 月，丁格尔摄。

图 3-2-3：武昌起义时革命军士兵。1911 年 10 月，丁格尔摄。

方思想。"[①]

1913 年，美国传教士约翰·斯图亚特·汤姆森（John Stuart Thomson，1867—1950）几乎是第一时间撰写了一部反映中华民国刚刚建立之初的著作——《北洋之始》（China Revolutionized），并在美国出版。汤姆森1909年来华传教，辛亥革命爆发时正好目睹了中国社会的剧烈变化。该书详尽地记录了辛亥革命爆发前后中国社会的深刻变化，作者以一个美国传教士的独特视角，对孙中山、伍廷芳、黎元洪、袁世凯等当时的风云人物进行了评价。书中还详细描述了西方传教士和教会在推动中国新式教育和医学发展方面所做出的贡献，以及教会学校和医院所起的重要作用。作者在讲述中国的疾病和卫生方面时，对鸦片贸易和罂粟种植表达了强烈的谴责，并对中国能够迅速根除这些恶习表示赞赏。作为一名政治倾向较为鲜明的传教士，汤姆森在书中也阐述了中国当时的外交状况，以及各国对中国的影响，对日俄等国企图蚕食中国的野心进行了严厉批判，并表达了希望英美等国应坚决制止这种行径的强烈愿望。此外，作者还描述了当时中国人的生活状况以及外国人在中国的生活情况，甚至列出了当时鸡鸭鱼肉、蔬菜水果的市场价格，展现了作者对当时中国社会细致入微的观察，可以说是一部辛亥革命时期有关中国的小百科全书。

值得一提的是，在该书的开篇，便插入了一张袁世凯的大幅照片。袁世凯当时刚刚就任中华民国临时大总统，照片中的他一身戎装，精神抖擞，显得不可一世。显然，对于中国辛亥革命后出现的政治新局面，汤姆逊站在一名西方传教士的立场上是高度赞赏并满怀希望的。他甚至用带有夸张地口吻写道：

在最古老的君主专制国家建立共和政体，这是难以想象的，但它出现了。这就要求黄种人要像白种人一样思考，而这从未有过，

---

① 王静：《觉醒的中国：传教士眼中的辛亥革命》，华中师范大学博士论文，2012年5月。

即使是在之前的日本也未曾有过。这意味着中国要与广阔的世界展开自由的交流，而他们4000年来一直都顽固地拒绝迈出这一步。这意味着世界上最骄傲、最独立的民族现在必须平等地对待其他民族，和他们交流。这意味着绵延4000年的历史和骄傲将随风而去，他们需要谦卑地开启一段崭新的历史。这意味着这个国家将不再只有一个皇帝，四亿人每个人都是皇帝，你要问每个人："皇上，您想怎么样呢？"长达2000年的教育体制在这一刻成为历史！每个人都有自己的上帝（父亲）这一延续了至少5000年的信仰，就像酒、米和儒家教条一样即将成为微不足道的过去！四亿人将担负起个人和民族的责任，他们将进入世界的舞台并对世界产生影响，当然其中不乏荣誉，但也有耻辱！他们要拥有对事情对错与否的发言权，他们要放弃父亲、自身和儿子这个根深蒂固的三位一体概念，转而在有限的时间里展现崭新的自我。这是一场浩大的运动，这片土地有整个欧洲那般辽阔，人口相当于白人的总和！一直都只对祖先崇拜和神话弯腰的四亿人，现在要推开一直以来紧闭着的通向科学和医学的大门，这将对整个世界产生影响。这场运动的广泛而深远的影响，对整个人类而言都可能孕育着巨大的福祉。这艘巨船起锚所掀起的浪潮，可能会让欧洲和美国这两艘已经起航的轮船更进一步，并给它以更多的推动力，虽然暂时似乎还只是一种威胁。整个世界的商业、制造业、劳动力、金融、税务、知识、农业、艺术甚至宗教都

图3-2-4：身穿北洋军统帅服的袁世凯。1913年1月就任中华民国大总统，《北洋之始》。

438

图 3-2-5：安装了电灯的现代化道路。天津，1913 年，《北洋之始》。

图 3-2-6：圣约翰大学学生军训。上海，1913 年，《北洋之始》。

要重组。[①]

正是由于其对辛亥革命不遗余力地支持，呼吁西方国家对新政权予以承认，汤姆森甚至得到了孙中山本人的郑重感谢。1912 年，孙中山在对他的通信中曾写道："悉知你曾多次写信并在接受报纸采访时，敦促美国尽快承认中国共和政府，对此，我深表谢意。你通过接受采访、著书等方式为中国人民谋利益的努力，我本人和所有中国人民都深表感激。"

然而令这些西方观察者失望的是，辛亥革命并没有给中国带来实质性的新生。随着以孙中山为首的革命党在政治上的失利，以袁世凯为代表的北洋集团篡夺了革命果实并主宰了之后十多年的民国政坛，即便是南方的国民党结束了北洋军阀的统治，建立了南京国民政府后，中华民国呈现给世界的依然是一个动荡不安的社会。

严格意义上说，将中华民国的前半期（1912—1928）称为北洋军阀统治时期或者北洋政府时期，本身就带有贬义色彩。然而不得不承认，就其实际情形而言，北洋时期这个名词也准确地反映了当时的历史特色。自从 1912年袁世凯就任中华民国临时大总统以后，一直到 1928 年 6 月张作霖退出关外，北京的中央政权就掌握在北洋军阀手中。短短 17 年间，这个政权经历了太多的动荡与变迁：宋教仁遇刺、袁世凯称帝、护国战争、府院之争、张勋复辟、巴黎和会、五四运动、直皖战争、两次直奉战争、曹锟贿选、北京政变、北伐战争……甚至可以说，在中国历史上，几乎还没有哪个时代能在如此狭小的时空内如此密集地上演混乱场面。毫无疑问，北洋政府是 20 世纪初中国社会转型期的必然产物。一方面，由于辛亥革命的不彻底性，造成大量封建传统因子继续在新制度下发酵，于是便出现了军阀割据、政局动荡。如果单从政治形态方面讲，北洋军阀政府无疑是中国近代史上的一个怪胎。北洋军阀政府共存续了 16 年 3 个月，其间共出现了 8 任国家元首，除了袁

---

① [美] 约翰·斯图亚特·汤姆森著：《北洋之始》，朱艳辉、叶桂红译，山东画报出版社，2008 年 2 月。第 1 页。

世凯的 4 年和徐世昌的 3 年外，其余的都在一年左右。至于内阁总理，就轮换得更加热闹了。据统计，从 1916 年 6 月到 1928 年 6 月仅仅 12 年的时间，北京中央政府居然经历了 38 任内阁，每届内阁平均任期 3 个月半，最短的才 6 天！而至于 1927 年 4 月建立的南京国民政府，也没有成功地将中华民国带入繁荣稳定的时代。虽然这个政权也曾一度出现了颇让国民振奋的新气象，然而其自身无法克服的种种局限性，加上日本帝国主义的悍然入侵，使得中国彻底陷入民族危亡的境地。尽管在付出了沉重的代价后获得了反法西斯战争的胜利，但在关键时刻，国民党政权再度令国民失望，最终遭到历史的抛弃。

对于这一幕幕变乱的局面，许多西方观察者也一直密切关注。

除了新闻记者、传教士这些深度介入中国社会的观察者之外，一些以其他职业在华工作生活多年的西方人，也曾见证了民国时期社会变乱的场景。

普意雅（Georges Bouillard，1862—1930）本是一名法国工程师，1898 年受清朝政府聘请来到中国测绘铁路沿线地图，并担任平汉铁路北段总工程师，后升任全路总工程师，其在中国长期居住并同一位中国女士朱德容结婚。由于对摄影非常痴迷，且对中国文化深感兴趣，普意雅在勘测铁路线路的同时，拍摄和收集了大量关于北京民俗、宗教、名胜古迹的照片，不但包括故宫、颐和园、玉泉山等皇家建筑，以及十三陵、清东陵、清西陵等帝王陵寝，还有北京街头的人力车、小商贩、孩童等市井生活场景。

在普意雅拍摄的照片中，有一组反映的是北京民国初年高级官员祭祀孔子时的场景，实际上折射出当时中国社会隐含的政治危机。

辛亥革命之后，经过一番政治博弈，袁世凯成为中华民国大总统。但是旧式军人出身的袁世凯却对西方所推崇的那种共和制度毫无兴趣，反而一心一意图谋实行独裁。为此，自登上大总统的宝座起，袁世凯就在思想领域支持尊孔复古逆流，以为自己复辟称帝创造舆论环境。1913 年 6 月 22 日，袁世凯发布《尊孔令》，因为历代封建帝王大都利用孔子的学说正君臣之义巩固专制统治。1914 年 9 月 25 日又颁发《祭孔令》："中国数千年来立国根本在于道德，凡国家政治、家庭伦理、社会风俗无一非先圣学说发皇流衍。是

图 3-2-7：祭孔大典。1914 年 9 月 28 日，北京孔庙，普意雅摄。

以国有治乱，运有隆替，惟此孔子之道亘古常新，与天无极。"并规定每年孔子诞辰日由中央和地方一律举行"祀孔典礼"。1914 年 9 月 28 日，中华民国首次"官祭孔子"活动在北京举行。当天早晨 6 点半，袁世凯在一大群全副武装的侍从护卫下抵达孔庙，并换上传统大礼服三跪九叩，7 点半礼毕回府，演出了民国建立以来第一出祀孔丑剧。

约翰·詹布鲁恩（John Zumbrun, 1875—1949）是一位美国摄影师，早年曾在军队服役，参加过美西战争，1910 年来到中国，并在北京东交民巷的使馆区经营一家名为"Camera Craft"的照相馆。他在中国的 19 年间，主要在北京拍摄了大量摄影照片，留下了许多珍贵的历史影像，其中包括壬子兵变、袁世凯祭天祭孔、内阁会议、袁世凯葬礼等重大事件，除此之外还有北京城风景建筑和民风民俗，如改造中的正阳门、颐和园玉带桥、从热气球上俯拍的北京景观。作为一名长期活跃于北京的商业摄影师，詹布鲁恩的敬业精神堪称楷模。每当北京发生重大社会事件时，他总会第一时间到达现场进行拍摄，甚至因为在 1917 年拍摄张勋复辟引发的交战时被炮弹炸伤。他所拍摄的照片当时曾被制作成不同尺寸的照片、幻灯片和彩色明信片售卖，因此在西方世界知名度颇高。当詹布鲁恩于 1929 年 8 月离开中国时，有媒

图 3-2-8："壬子兵变"时的北京街头。1912 年 3 月 1 日，詹布鲁恩摄。

体评论称："詹布鲁恩先生在京开设照相馆 19 年，他的作品蜚声海内外，曾用镜头记录下了这期间发生在北京的几乎所有重大事件。"例如 1912 年 2 月 29 日夜间，袁世凯属下的曹锟的第三镇一部在北京哗变，波及保定、天津等地，造成了很大混乱，是为"壬子兵变"。事件发生后，詹布鲁恩前往现场拍摄下了一组照片，为后世留下了珍贵影像。

1914 年 12 月 23 日，冬至这天一大早，当夜色还未彻底退去时，地处北京老城东南的天坛已笼罩在一派肃穆而又紧张的气氛中。许多不知内情的人们惊奇地发现，当天正阳门至天安门之间的南北大路已采取了临时交通管制措施，所有途经此处的行人均不得不由正阳门左右两门进出。而从新华门到天坛一路则全部用黄土垫道，沿途都有警察守卫，正阳门和天桥两旁的流动摊贩也早已都被赶走，每家商户门前都悬挂着中华民国国旗。至于天坛周围，更是布置了上千名荷枪实弹的士兵。原来就在当天，中华民国大总统袁世凯将亲临天坛举行祭天大典。

对于即将进行的祭天大典，袁大总统格外重视。根据礼制规定，从 12 月 19 日起，他就率各部官员开始了为期 3 天的斋戒，同时发布命令要求各部官员恪尽职守，恭敬从事，以表示对祭天的虔诚和敬畏。为表示隆重，政府还通令各机关、学校休假一天。21日，为晓谕百姓，京师警察厅就祭天时所应遵守的交通规则发布了通告。第二天下午，所有将参与大典的各部官员又齐聚天坛，在典礼官的指挥下举行了彩排演习。为做到万无一失，当天夜里，前门外一带实行戒严，原本热闹非凡的夜市和演出场所全部歇业。

据目击者事后的报道：当天六点钟光景，随着路旁士兵们的一阵骚动，只见袁大总统乘坐装甲汽车由中南海总统府驶出，随后在天坛南门外换乘双套马的朱金轿车，抵达昭亨门外时再换乘竹椅显轿，在朱启钤等人的引导下前呼后拥来到祭坛之前。按照事先安排，大总统进入临时搭建的帐篷内换上复古风格的祭天大礼服，然后接过司祀官进呈的祝版审查后署名。只见祝版上写着古意十足的祭天祝文："中华民国三年十二月二十三日，大总统袁世凯代表国民敢昭告于上天曰：惟天降鉴，集命于民，精爽式凭，视听不远。时维冬至，六气滋生，式遵彝典，慎修礼物。敬以玉帛牺齐，粢盛庶品，备兹禋燎，祗荐洁诚。尚飨。"之后，大总统按照大礼官的指引走出帐篷，在祈年殿之南圜丘前的台阶上率领文武百官依次站好。

关于接下来的场面，詹布鲁恩凭借特殊的身份得以有机会在祭天现场拍照。相比之下，他的另外几位同行就没有如此幸运了。据说，当时外交部也曾找来专门负责照相的外国摄影师，但却因为事先没有和负责警卫的总司令接洽，结果被挡在坛门外，只拍了几张大总统回府的照片。从这组照片可以看出，当时，天坛内外修葺一新。圜丘周围每个栏杆旁都站着身穿制服、手持长矛的士兵，道路两旁有众多身穿长袍、手持仿古乐器的乐师，出席仪式的大小官员们也全都穿着祭祀的长袍。仪式开始后，袁世凯从南面登上圜丘的第二层朝北站定，待篝火点起，他按照祭祀官的口令深深鞠躬四次，文武百官也跟着一起鞠躬，同时盛有兽血和兽毛的盘子被端上了祭坛。敬献了丝绸之后，袁世凯就跪在了圜丘第一层。献祭肉的音乐奏起，兽血兽毛马上撤走，一盅热汤送到了袁世凯手中。击鼓奏乐，接着司祀官念诵祷文，乐声中有人翩翩起舞，袁世凯则举酒敬天。每篇祷文读完袁世凯就朝祭坛磕四个头，文武百官也跟着一起磕头。最后伴着庄严的音乐，祷文牌位、丝绸，酒和谷物等祭品被一起放在柴堆上焚烧，祭天仪式随之结束，这时已是上午8点

50 分了。

不管当时袁世凯祭天究竟出于何种考虑，但这一举动显然在社会上引起了强烈反响。以至于在不久后，西方舆论界几乎一边倒地认为他是为复辟帝制作准备。例如著名的德国籍汉学家、传教士卫礼贤（Richard Wilhelm，1873—1930）^①后来就指责道："1915 年是洪宪元年，为给称帝作准备，袁世凯在北京天坛按照皇家礼节敬献了牺牲。"而时任美国驻华公使的芮恩施则在日记中写道："这件事意味着袁氏正在趋于僭取帝位"。果然，后来发生的事实则

图 3-2-9：袁世凯（左二）前往天坛举行祭天仪式。1914 年 12 月 23 日，詹布鲁恩摄。

证明了这一判断。袁世凯复辟称帝，结果很快就在国内外一致反对声中忧惧而亡，而之后北洋政府更是迅速陷入分崩离析的局面。

进入 20 世纪以后，得益于便携式照相机的迅速普及，来华西方摄影师的数量也呈爆发式增长。而在民国初期，若论在中国开展摄影活动的深度与广度，以及摄影作品对后世的影响力，西德尼·戴维·甘博（Sidney David Gamble，1890—1968）无疑是最具代表性的人物之一。

甘博是一位美国社会经济学家和摄影家。甘博出生于辛辛那提，是著名的宝洁公司的创始人之一詹姆斯·甘博的孙子。从 1908 年到 1932 年，甘博

① 卫礼贤：德国籍汉学家，著名传教士。曾先后翻译出版《老子》《庄子》和《列子》等经典著作，还著有《老子与道教》《中国的精神》《中国文化史》《中国哲学》等，是近代中西文化交流史上具有杰出贡献的先驱。

图 3-2-10：天坛入口。1914 年 12 月 23 日，詹布鲁恩摄。

图 3-2-11：北洋政府一次内阁会议。1917 年，詹布鲁恩摄。

图 3-2-12：五四运动时游行的学生。1919 年，詹布鲁恩摄。

先生先后四次访华。第一次在 1908 年清朝末年，他刚刚高中毕业便随父母第一次在中国的旅行，从此和中国结下了毕生不解之缘。用甘博自己的话说，他的第一次访华像是一只东方的昆虫叮咬了他一口："你们还记得我曾悬挂在布莱尔楼宿舍 22 号我窗前的朝鲜风铃吗？这个风铃是我被一只东方昆虫叮咬的象征——你很难能从这种叮咬中康复。它后来把我带回到中国，带回到北京的普林斯顿中心，它使我能对第一个东方城市完成了首次的社会调查，发表了《北京的社会调查》一书"。在读完普林斯顿大学本科并从加州大学伯克利分校获得社会经济学硕士学位之后，甘博再次回到中国。1917 年 6 月至 9 月，甘博从上海出发沿扬子江而上，长途跋涉，深入四川省西北部羌族和藏族居住的边远山区，总行程超过 6500 公里，拍摄了 3000 余幅关于中国内地人民的生活、劳作、文化和风俗的照片。之后甘博加入了普林斯顿大学中国中心，作为志愿者来中国工作。从 1917 年到 1919 年、1924 年到 1927 年以及 1931 年到 1932 年，他先后任北京基督教青年会和中国平民教育运动的社会调查干事，并就职燕京大学基金会，对中国的城乡作了广泛的社会经济调查。在此期间，甘博拍摄了超过 5000 幅黑白照片、数百幅手工上色的玻璃幻灯片以及 30 盘 16 毫米电影胶片，特别是记录了发生在中国的一系列重大社会历史事件，例如 1918 年华北大洪水、庆祝一战胜利、1919 年五四运动、1925 年孙中山葬礼、"五卅"惨案以及晏阳初等人发起的平民教育运动等。他的行程涉及中国的十几个省份，其数量庞大的摄影作品记录了那个时代中国的社会变迁，为 20 世纪初的中国社会留下了宝贵的图像档案。著名汉学家史景迁曾专门撰文高度评价甘博拍摄的中国影像："对于我们这些为了了解中国过去的动力和未来的前景而不懈努力的人来说，能够目睹任何过去的情况和事件都是有价值的。西德尼·甘博的作品对我们大有裨益，他从三个不同的视角观察中国，并试图将其构成一个连贯的整体画面。这三个视角分别是：第一，他深信基督教教义可以帮助中国摆脱困境；第二，他接受过社会科学和经济学的训练，能够积累一些数据，并最终实现从量变到质变的飞跃；第三，他热爱摄影，并且关注那个时代的危机，这为他的摄像头赋予了一双眼睛。……就照片的拍摄质量、想象力、技术水平和多样性来说，甘博不仅仅是在记录中国的生活和景色的普通摄像师，他是后人所认定的为数不多的伟大摄影师之一。他用镜头捕捉到了一个稍纵即逝的表情、一种姿态和一系列并存的要素的瞬间，那一刻这些要素不再仅仅是表现着它们自身，更蕴含了整个时代及其文化"。

图 3-2-13：民国初年改为总统府的中南海。西德尼·甘博摄。

图 3-2-14：准备拆除克林德牌楼。北京，1918 年，西德尼·甘博摄。

图 3-2-15：庆祝一战胜利游行。1918 年，西德尼·甘博摄。

图 3-2-16：五四运动期间学生演讲。1919 年，西德尼·甘博摄。

图 3-2-17：广州街头的士兵。1920 年，西德尼·甘博摄。

图 3-2-18：九一八事变后北京的抗日集会。1931 年，西德尼·甘博摄。

令人敬佩的是，甘博去世后，他的家属将其所有照片资料捐赠给了美国杜克大学图书馆，数字化副本向公众无偿公开，为全世界关注甘博研究的人士提供了便利。

1924年9月8日，在刚刚创刊不久的美国《时代》周刊封面上，赫然出现了一位中国人的面孔，照片下面还配有文字说明："GENERAL WU"（吴将军）；"Biggest man in China"（中国最强者）。这位"吴将军"，便是当年北洋直系军阀的核心人物吴佩孚。众所周知，创刊于1923年的美国《时代》周刊后来成为具有世界影响力的新闻媒体，而封面人物的创意也是其一大特色。那么，在20世纪20年代初，一向被置于边缘地带的中国为何会博得《时代》周刊的青睐，而作为一介武夫的吴佩孚又是如何成为封面人物的呢？

吴佩孚（1874—1939），字子玉，山东蓬莱人。幼时家贫，6岁入私塾，22岁考中秀才，从而也成为北洋众多军阀中的仅有的三位秀才之一。1897年，吴佩孚投笔从戎，加入淮军聂士成部，从此开始了军人生涯。1903年以优等成绩从保定陆军速成学堂毕业，任北洋督练公所参谋处中尉，之后被派到北洋陆军主力第三镇，历任第三镇第三标标统、第六旅旅长等职，护国运动中被授予陆军中将，成为曹锟的心腹大将。1917年张勋复辟闹剧后，段祺瑞控制了北洋政权并试图武力统一全国。1918年2月，吴佩孚以代理第三师师长身份任前敌总指挥，连克岳州、长沙、衡阳等湘中重镇，被称为"常胜将军"，段祺瑞也封他为"孚威将军"。不久，随着直、皖两系矛盾的加剧，段祺瑞与冯国璋一起下台，北洋元老徐世昌被推选为中华民国第五任大总统。以此为转折点，曹锟、吴佩孚替代冯国璋逐渐成为直系阵营中的实力派人物，而吴佩孚的声望则远远超过老上司曹锟，成为北洋军阀的中心人物。就在吴佩孚驻守衡阳时，全国爆发了反对巴黎和约的五四爱国运动。在对巴黎和会如何决策的问题上，吴佩孚直接通电大总统徐世昌，明确反对在和约上签字。作为军阀中少有的读书人，他对爱国学生的态度也很让人钦佩，因此声望与日俱增。

1920年7月，直皖战争结束后，曹锟改任直鲁豫巡阅使，吴佩孚为副使，张作霖任东三省巡阅使，北洋政府进入到由直、奉两系军阀共同控制时

期。而在此期间，虽然仍只是一名师长，但吴佩孚却已引起国际观察家的重视。一位美国外交官在拜访了吴佩孚后，曾这样评价说："直系首脑中最杰出的是吴佩孚……他的行动是一个真正爱国者的行动，他是为国家利益而不是为个人利益而工作的。"从1920—1922年初，吴佩孚率部驻扎在洛阳，积极扩充实力，其实际地位已不在曹锟之下。1922年4月，第一次直奉战争爆发。吴佩孚全权负责军事指挥，最终打败了张作霖的奉军，而他也凭借这次胜利达到了人生的顶峰。在其最鼎盛时期，拥兵数十万人，手下有五个师和一个混成旅10余万人，控制着直隶、陕西、山东、河南、湖北等省地盘。1924年4月，当吴佩孚50寿辰时，全国各地来洛阳向他祝寿的达官显贵、文化名人及各国驻华使节就有六七百人之多。作为直系的真正首脑，雄心勃勃的吴佩孚接下来准备用武力统一全国。正是在这种形势下，嗅觉灵敏的美国《时代》周刊将目光转向了吴佩孚，使其成为首次亮相该杂志封面的中国人。

在1924年9月8日出版的这期《时代》周刊封面上，吴大帅的照片拍得很有水平，这也很可能是吴佩孚本人最钟爱的一张照片了。照片中，光头的吴佩孚身着戎装，脸微微朝左，两眼炯炯凝望前方，看上去踌躇满志。在杂志的正文中，还对这位来自中国的封面人物进行了简要介绍："他是中国最杰出的军事家，统治着除满洲之外的整个中国北方和中原各省。他的头衔是直鲁豫巡阅使，北京也在其管辖之内。他赞成民主制，但其目的是用武力统一中国。……他不仅是一位军事天才，还精通文化、科学和文学。他学习很刻苦，近来开始学习英语，并聘请了一位家庭教师。"在当时西方人的眼中，一名中国实力派军阀居然拥有如此高的文化水平，无疑会激起广大读者的好奇。

实际上，《时代》周刊并没有夸大其词，因为秀才出身的吴大帅的确堪称军阀中的另类。与许多土匪出身、满嘴土话、吃喝嫖赌的军阀不同，吴佩孚的文化层次已经很高了。关于这一点，几乎每一位接触过吴大帅的外国人都深有体会。或许正是由于这些与众不同的表现，当时的西方观察家普遍看好吴佩孚的前途，上海著名英文杂志《密勒氏评论报》的主编、美国人约翰·鲍威尔就直言不讳地指出，吴佩孚"比其他任何人更有可能统一中国"。那么，"儒将"风度十足的吴大帅最终能否决定中国的未来吗？可惜的是，接下来所发生的事情，将再次令西方人大跌眼镜。就在吴佩孚登上《时代》周刊封面的当月，第二次直奉战争爆发。10月，当吴佩孚亲率10万大军正在前线与奉军激战之时，早已对其心怀不满的部将冯玉祥突然率军倒戈发动"北京政变"，囚禁了吴佩孚的上司、靠贿选上台的总统曹锟，直系中央政权随即垮台，此次战争也以直系惨败告终，吴佩孚也从人生的顶峰跌落下来。而此时，距离他登上《时代》周刊的封面也就一个月的时间。而对于西方人来说，再一次见识到了民国政局的变幻莫测。

在吴佩孚之后，整个民国时期还先后有蒋介石、冯玉祥、阎锡山、汪精卫等人登上过《时代》周刊的封面。只不过无论这家影响力与日俱增的西方媒体如何解读这些中国人物，所直观呈现给西方读者的中国形象依然是动荡不安的。

TIME
The Weekly News-Magazine

VOL. IV NO. 10　　GENERAL WU　　SEPTEMBER 8, 1924
"Biggest man in China"
(See Page 12)

图 3-2-19：吴佩孚，第一位登上《时代》周刊封面的中国人。1924 年 9 月。

参考文献:

[美]古德诺著:《解析中国》,蔡向阳、李茂增译,国际文化出版公司,2005年7月。

[美]史景迁:《中国纵横:一个汉学家的学术探索之旅》,钟倩译,四川人民出版社,2019年3月。

[美]约翰·斯图亚特·汤姆森著:《北洋之始》,朱艳辉、叶桂红译,山东画报出版社,2008年2月。

[美]周锡瑞著:《改良与革命:辛亥革命在两湖》,杨慎之译,江苏人民出版社,2018年12月。

[英]埃德温·丁格尔著:《辛亥革命目击记》,刘丰祥等译,中国青年出版社,2002年2月。

[英]丁乐梅著:《徒步穿越中国:1909—1910一个英国人的中国旅行记》,陈易之译,光明日报出版社,2013年12月。

李欣主编:《约翰·詹布鲁恩镜头下的北京1910—1929》,中国摄影出版社,2016年11月。

王兴科主编:《辛亥革命图史》,湖北美术出版社,2011年7月。

邢文军、陈树君:《风雨如磐:西德尼·D.甘博的中国影像1917—1932》,长江文艺出版社,2015年10月。

China revolutionized. By John Stuart Thomson. 1913.

Peking. a social survey conducted. By Sidney. D. Gamble. 1921.

第三章
寄托：充满温情的浪漫国度

随着旅行深入中国内陆，映入眼帘的乡村景色感动着我，而且我从未被如此深刻地感动过。每一寸土地都被开垦，都经过精耕细作，梯田盘旋到山顶，就像埃及的金字塔，山坡上的田埂犹如精美的石阶。黄土筑成的村舍，围着黄土筑成的墙，与黄土的自然景观融为一体，一切都是浑然而自然的。放眼望去，随处可见正在劳作的农民，他们熟练、细心、全神贯注。正是这些农民，赋予这片广阔的平原以生机。他们身上的蓝袄与田野里的绿苗、浅黄色的干涸的河床，共同构成中国的风景。

——赫尔曼·凯泽林，1919 年。

萨义德在其《东方学》中开宗明义地指出："东方几乎是一个欧洲人的发明，它自古以来就是一个充满浪漫传奇色彩和异国情调的、萦绕着人们记忆和视野的、有着奇特经历的地方"。关于这一点，20 世纪初西方知识界的中国体验与呈现无疑是最具代表性的。

1911 年底，正值辛亥革命发生后不久，一位名叫赫尔曼·凯泽林（Hermann Keyserling，1880—1946）的欧洲贵族从德国远道来到中国。作为其环球旅行计划的一部分，他在中国先后游历了香港、广州、澳门、青岛、山东、济南、北京、汉口和上海等地。不过与其他西方游历者的目的有所不同，凯泽林来中国的目的更多的是寻找一种精神文化上的寄托。

赫尔曼·凯泽林原本出生于爱沙尼亚的一个世袭伯爵家庭，后移居德国并接受教育，致力于研究哲学与地理学。难得的是，凯泽林的哲学思想具有超越国家、民族和文化的特点，能够跳出西方中心主义的束缚，以平等的眼光看待非西方文化中的积极成分。受前辈汉学家们的影响，在研究东方历史文化的过程中，他想象中国是一片永恒和平与秩序的土地，在那个孔夫子的国度里，到处是礼貌、平和、秩序。正是怀着这种憧憬，凯泽林专程来到中国。从最南端的广州到北方的青岛，他沿途看到绵延无尽的田野村落与朴实勤劳、安分守己的农民，深感自己发现了真正的中国。正如他在旅行日记中所记述的："随着旅行深入中国内陆，映入眼帘的乡村景色感动着我，而且我从未被如此深刻地感动过。每一寸土地都被开垦，都经过精耕细作，梯田盘旋到山顶，就像埃及的金字塔，山坡上的田埂犹如精美的石阶。黄土筑成的村舍，围着黄土筑成的墙，与黄土的自然景观融为一体，一切都是浑然而自然的。放眼望去，随处可见正在劳作的农民，他们熟练、细心、全神贯注。正是这些农民，赋予这片广阔的平原以生机。他们身上的蓝袄与田野里的绿苗、浅黄色的干涸的河床，共同构成中国的风景。人们几乎无法想象，如果没有这些黄皮肤的农民在这里生息劳作，这片广阔的土地会是什么样子。这片黄色的土地，既是田畴，又是墓地。它像一片无边广阔的墓场，没有哪块土地上没有坟丘，耕犁在星缀的墓碑间蜿蜒行走，一次又一次地划破土地。世界上没有哪里的农村像这里一样执着于土地并与土地融为一体。这里无数代人生生死死，都寸步不离故土。人属于土地，而不是土地属于人；人是土地的孩子，永远也离不开土地。不管人口如何增长，他们还紧守着脚下的那片故土，依靠勤劳从贫瘠的自然中攫取生命。他们生在那里生，死在那里死，抱着孩童式的信念，相信死后葬在泥土中就像回到母亲的子宫，生命将再次开始，直到永恒。中国农民像史前的希腊人那样相信死后的生命。土地滋养着他们祖先的精神，报答他们的勤劳，惩罚他们的懒惰。故土就是他们的历史、他们的回忆、他们的纪念；他们不可能背离故土就像他们不可能背离自己一样，因为他是土地的一部分。"当他乘船航行在长江上时，望着两岸农田中劳作的农民，不禁感叹："尧舜时代即已耕种这片土地的家族，如今依旧守在故土上，种祖先的土地说祖先的语言，他们安土重迁。农民生耕作在这片土地上，死安息在这片土地下。犁耕过的田野是偌大中国的摇篮。中国没有世袭的贵族，偶尔有一两个农家子弟通过科举可能升到显赫高位，但大众依旧永远守在土地上。我相信，任何人如果在中国农民中生活过一段时间，都会深爱他们甚至尊敬他们。在他们身上依旧保存着父系时代的美德。"①

1919 年，也就是第一次世界大战刚刚结束后，凯泽林根据自己的环球旅行出版了《一个哲学家的旅行日记》，随即在西方世界引起轰动。在该书中，作者用较浓的笔墨叙述了自己在中国的旅行经历及对中国哲学的认识，特别是对儒学的极度推崇。凯泽林认为，中国文化归根究底是一种伦理学或首先是实践哲学，中国人则是当今世界最高尚、最完美的民族。可以说，他对中国的美化和赞誉到了无以复加的地步，甚至将中国作为人类精神和希望的代表，而西方社会则已千疮百孔，非动大手术不可。令凯泽林感到遗憾和担忧的是，他在中国的旅行正值辛亥革命结束，新旧政权交替之际。而对于这场革命，凯泽林站在文化保守主义的立场上，含蓄地表达了对革命和共和制度的怀疑。由于不相信一场充满暴力与混乱的革命可以谋得人与社会的幸福文明，更不相信革命会发生在中国，因此他甚至发出"我选择了一个最不幸的时节来到中国，因为中国发生了革命"这样的哀叹。

凯泽林心目中的中国形象，实际上正是第一次世界大战前后西方知识界心理的真实写照。自进入 20 世纪以后，西方社会就经历了一场精神危机。特别是 1914—1918 年间波及多个国家的第一次世界大战，不但在物理层面对西方社会造成了巨大破坏，对人们的心理也产生了强烈冲击。作为近代基本的政治思想和政治制度的发源地，战争的浩劫却使西方人开始丧失信心，并开始思考资本主义现代文明在精神领域给人们带来的创伤，同时却将新的希望转向遥远的东方。

作为一种呼应，此时的中国也有一些知识分子进行了同样的思考。1915

---

① 转引自周宁：《牧歌田园：二十世纪西方想象的另一个中国》,《书屋》, 2003 年第 6 期。

年 4 月，中国学者辜鸿铭在北京出版了一部名为 *The Spirit of the Chinese People*（《中国人的精神》，原中文名为《春秋大义》）的英文版著作。在书中，辜鸿铭毫不客气地唱衰基督教文明，分析欧洲战争的起因和出路，宣称只有中国的儒家文明才能拯救世界。当时第一次世界大战激战正酣，西方各国的人们普遍陷入精神上的迷惘乃至绝望。面对欧洲大陆上令人绝望的战乱，他们开始反思自己文化的弊端，试图转而向古老的东方文明寻求智慧，而辜鸿铭则适时将中国文化的精神内核理想化地呈现给西方人："实际上，我的确相信，欧洲人民于这场大战之后，将在中国这儿，找到解决战后文明难题的钥匙。我再说一遍，正是在中国，存在一笔无法估价的、迄今为止毋庸置疑的巨大的文明财富。这笔财富，就是真正的中国人，因为他拥有欧洲人民战后重建新文明的奥秘。"

辜鸿铭并非盲目自信，事实上在第一次世界大战前后，像凯泽林一样来到中国寻找精神寄托的西方知识分子还有很多。因为这场世界大战彻底暴露了西方政治制度的弊端，粉碎了西方文明是世界上最先进的文明的神话，给西方世界带来无法弥补的精神创伤。例如在 1913 年世界大战爆发前夕，一向仰慕中国文化的英国作家迪金森终于踏上了中国的国土。他先后访问了香港、广东、上海、北京等地，还前往山东曲阜实地探访孔子故里。在 1914 年出版的旅行日记中，他表达了对中国的美好印象，认为中国的农业文明造就了人对大地的亲切的依存关系，并非常欣赏中国人安时处顺、乐天知命的生活方式："在这样一个民族里不会存在疯狂的竞争，没有主人，也没有仆人，有的只是平等，不折不扣的平等规范，维系着他们的日常交往。健康的劳作，充足的闲暇，坦诚的友善，一种与生俱来、不为不实际的空想所折磨的满足感，一种造物主所赋予的审美感在无法以艺术形式表达时，代之以优雅、庄重的礼仪。"[1] 另一位知名度更高的英国作家威廉·毛姆同样对中国文化怀有浓厚的兴趣，并在一战刚刚结束便来到中国进行访问。1919 年 10 月，

---

[1] 陈友冰：《二十世纪中期以前英国作家笔下的中国形象及特征分析》，《华文文学》，2008 年第 2 期。

毛姆首次来到中国，游览了北京、上海、重庆等多座城市，并在中国花了大约四个月的时间收集素材，后来他在此基础上创作了五部以中国为背景的文学作品，包括散文集《在中国屏风上》、戏剧《苏伊士之东》、长篇小说《面纱》、中篇小说《信》和短篇集《阿金》。在这些作品中，他在作品中表达了对中国的复杂情感，既有对异国情调的向往，也有对当时中国社会问题的批判。他的一些描述可能带有西方中心主义的色彩，但同时也不乏对中国人民的同情和对中国文化的尊重。可以看出，毛姆作品中的中国形象是多面复杂的，他一方面把中国描绘成了一个宁静华美的文明古国；另一方面又把中国描绘成了一个黯淡破败腐朽的国家。另外，包括约翰·杜威、伯特兰·罗素等西方著名文化名人在内，都曾在第一次世界大战之后来中国访问，从不同角度表达了对中国传统文化表示出了极大的尊重和兴趣。受此影响，许多西方人眼中的中国被赋予一种神秘、浪漫、温情的色彩。而这种微妙的倾向，在一定程度上也体现在当时许多西方摄影师的镜头中。

美国摄影师赫伯特·克莱伦斯·怀特（Herbert Clarence White, 1896—1962）和詹姆斯·亨利·怀特（James Henry White, 1896—1954）是一对双胞胎兄弟，他们分别于1921年和1922年来到中国，并在北京学习中文，同时从事传教、摄影和出版事务。作为优秀的摄影师，怀特兄弟主要活跃于北京。从到达北京的第一天起，就深深爱上了这座古老的城市。他们毫无保留地表达着对这座古都的赞美，甚至认为北京已经超越了世界上其他伟大的城市。在北京期间，怀特兄弟拍摄了大量反映20世纪初北京风光人文的精美照片，数量多达近4000张，并于1927年出版了名为《燕京胜迹》（*Peking the Beautiful*）的摄影集。这本摄影集收录了怀特兄弟具有代表性的70幅精美照片，其中58幅为黑白照片，另外12幅为手工上色照片，展现了北京的辉煌与色彩。《燕京胜迹》的出版得到了许多知名学者的帮助，包括著名学者胡适作序，慈禧太后的御前女官德龄公主对赫伯特的写作进行了指导，并修正了图片说明。摄影集中的照片以建筑风景为主，记录了如画一般的北京名胜，如颐和园、圆明园、西山戒台寺、长城、天坛、古观象台、北海等，同时也包含少部分人物照片。通过这些照片可以看到，怀特兄弟的摄影风格

图 3-3-1：北京，护城河。赫伯特·克莱伦斯·怀特摄，《燕京胜迹》，1927 年。

图 3-3-2：北京，国子监牌楼。赫伯特·克莱伦斯·怀特摄，《燕京胜迹》，1927 年。

擅长运用柔和的光线，构图通过优美的线条来凸显建筑物的造型之美，使得他们的作品不仅具有很高的艺术价值，为后世留下了一个壮美而宁静的"自由境地"。怀特兄弟认为，如果想了解中国，必须先看北京，而北京，在他们眼中充满了冒险和浪漫气息："这里的每一寸土地都有意境、有讲究，就算是最缺乏想象力的西方人也会意识到，正徜徉在一片古老的文化氛围当中"。

唐纳德·曼尼（Donald Mennie，1876—1944）是一位苏格兰摄影师，1899 年来到中国，在上海屈臣氏大药房担任董事经理，1943 年被日本军方关入上海的龙华集中营，1944 年去世。曼尼在中国创作了大量的画意派风光艺术照片，记录了民国时期的北京城、三峡、江南风景等地的自然美和建筑风貌。他出版了多本摄影画册，包括《北京美观》（*The Pageant of Peking*）和《扬子风景》（*The Grandeur of the Gorges*）。《北京美观》收录了 66 幅作品，内容包括北京的风景名胜以及市井生活场景。《扬子风景》则记录了三峡的

图 3-3-3：北京，颐和园玉带桥。赫伯特·克莱伦斯·怀特摄，《燕京胜迹》，1927 年。

图 3-3-4：北京，颐和园之铜器与石座。赫伯特·克莱伦斯·怀特摄，《燕京胜迹》，1927 年。

图 3-3-5：北京，万里长城。赫伯特·克莱伦斯·怀特摄，《燕京胜迹》，1927 年。

461

图 3-3-6：北京，城外景色。唐纳德·曼尼摄，《北京美观》，1920 年。

风光，该画册出版于 1926 年，限量发行 1000 本，包含了 12 幅手工上色的原版银盐照片和 38 幅凹版印刷照片。曼尼的摄影作品强调艺术性，追求照片的意境与情感表达，不仅捕捉了 20 世纪初期中国的自然风光和城市风貌，反映了那个时代的生活气息和社会面貌，也透露出他作为西方人对中国的观感。例如在前往长江流域拍摄时，他曾感慨道："长江上游流域气候湿润，多雾，光线阴沉，给拍摄带来了极大的困难。然而，我不得不说，即便在最理想的光照条件下，镜头也无法充分重现那些恢宏壮阔的景色。我只是希望，这本相册中的作品可以部分呈现幻化万千的长江景色，揭开那层神秘面纱的一角，将长江上游峡谷鲜为人知的自然景色展现在世人面前。"[1]

作为 20 世纪前期活跃于中国的为数不多的女性职业摄影师，赫达·莫里逊（Hedda Morrison，1908—1991）则以其独特的视角而独树一帜。她出生于德国斯图加特，少年时代就对摄影产生浓厚兴趣，后在慕尼黑国立摄影艺术学院进行了为期三年的学习。1933 年，赫达·莫里逊应聘到北京阿东德国照相馆做管理工作，1940 年与乔治·莫理循的儿子阿拉斯泰在北京相

---

[1] 车亮：《遗憾：民国绝美风光却被历史遗忘》，《摄影之友》，2016 年第 4 期。

图 3-3-7：北京，碧云寺僧人与佛塔。唐纳德·曼尼摄，《北京美观》，1920 年。

图 3-3-8：北京，进城路上。唐纳德·曼尼摄，《北京美观》，1920 年。

图3-3-9：江南凉亭。唐纳德·曼尼摄，《北京美观》，1920年。

图3-3-10：江南牌楼。唐纳德·曼尼摄，《北京美观》，1920年。

识后结婚。其后十三年里，她骑着一辆自行车跑遍北京的大街小巷和名胜古迹，拍摄了大量照片。在北京居住期间，她还曾到河北、陕西、江苏等省进行采访拍摄。赫达·莫里逊的摄影作品记录了北京城的市井生活、建筑风光以及百姓的日常生活。1946年，随着中国内战爆发，莫里逊夫妇离开中国。1991年赫达·莫里逊逝世以后，根据其遗嘱，她1933年至1946年间在中国所摄的一万多张底片、六千多幅照片，以及二十九本影集被赠予哈佛—燕京图书馆。

赫达·莫里逊在中国的摄影作品，不仅捕捉了北京的大街小巷、名胜古迹，还涵盖了中国各地的人文风景，如山东、承德、石家庄、太原、云冈、济南、威海、青岛、泰安、泰山、西安、秦岭、南京等地，还记录了当时的生活方式、行业、手工艺、景观、宗教实践以及建筑结构。与众不同的是，她的照片重点表现当时中国人的日常生活，包括小商贩、工匠、僧侣和普通市民，从而透露出她对中国人民和文化的深厚感情。在她的镜头下，无论是华山上的道士、潭柘寺的和尚，还是威海卫的渔民，或北京街头上的各类小商贩，看起来都神态自若，很少有愁苦之态，形象地为世界呈现了一个宁静的东方社会，而这又似乎印证了那个年代西方人欣赏中国景象时的特殊视角。

威廉·埃德加·盖洛（William Edgar Geil，1865—1925）是20世纪初著名的美国传教士、旅行家、地理学家和作家，英国皇家地理学会会员。1865年出生于美国宾夕法尼亚州，1890年从拉斐特学院毕业后成为一名传教士。尽管成为一名神职人员，但由于受过严格系统的地理学专业训练，因此在后来的职业生涯中，盖洛一边传教一边周游世界，随身携带照相机和打字机，足迹遍布非洲、太平洋群岛、大洋洲、欧洲和亚洲大陆。而在生命的最后20年里，他又同中国结下了不解之缘，先后多次来中国旅行，不但完成了许多史无前例的壮举，同时还留下了大量沿途拍摄的照片和一系列有关中国的著作。

1903年，盖洛首次来到中国，他从上海乘船溯流而上，一路考察了南京、汉口、宜昌、重庆、泸州、昆明和大理等地方，将长江的地理地貌，沿

图 3-3-11：北京，制伞匠人。赫达·莫里逊摄，1933—1946 年。

图 3-3-12：北京，流动匠人。赫达·莫里逊摄，1933—1946 年。

图 3-3-13：江苏，农妇（一）。赫达·莫里逊摄，1933—1946 年。

图 3-3-14：江苏，农妇（二）。赫达·莫里逊摄，1933—1946 年。

江的风土人情以及途经四川、云南到缅甸八莫的旅途见闻记录了下来，共计拍摄了五千余张照片，次年即出版了《扬子江上的美国人》（*A Yankee on the Yangtze*）一书。在书中，盖洛既呈现了一个古老纯朴的中国，又看到了西方文明对于古老封建体制的巨大冲击。而在他的镜头下，除了壮丽的自然景观，既有长江上辛苦拉船的纤夫、质朴而勤劳的脚夫、保镖、厨师，也有各地政府官员以及接受过西方现代文明的上层人士。正是在此次长江之旅后，盖洛便对中国产生了难以割舍的情结。

1908 年，盖洛从旧金山出发再度来到中国，而这次他的目标更加宏伟——考察长城全线，成为第一个完整地穿越中国万里长城的外国人。盖洛带领着一支精干的考察队沿着中国长城徒步考察，从山海关一直走到嘉峪关。从渤海之滨到戈壁沙漠，从长城东部的山海关到西部的青藏高原，每个途经的城市，每一座烽火台、关隘遗迹，他都用照相机记录下来。作为最早对长城进行细致观察的外国人之一，盖洛采访沿线官民，收集地方文献，记录了大量笔记，回国后第二年便写成《中国长城》（*The Great Wall of China*），该书收录了长城沿线民俗风景照片 116 幅，细致入微地将有关长城的传说和沿线的风土人情，用最直观的视觉影像真实地向人们反映出一百多年前中国长城的原始风貌。

1910 年，对中国的兴趣丝毫不减的盖洛第三次来到中国，他走访了中国内地 18 个省的省府，并于 1911 年出版了《中国十八个省府》（*Eighteen Capitals of China*）一书。与前两次聚焦于自然地理不同，这次盖洛来中国时，恰逢中国面临改朝换代的巨变。他敏锐地意识到，此时的中国正处在社会大变局的前夜。于是为了发现中国社会各阶层的新变化，他从南到北依次游览了南方，长江、黄河流域，每到一处都拍摄当地自然景色以及人文景观。在《中国十八个省府》一书中，收录了 137 余张照片，既包括江河湖海、名山大川、著名建筑、街道、城门、庙宇、衙门、学堂、兵营、被拆毁的贡院、新建的西式学校、旧式的藏书楼、公共图书馆和邮局，也有总督、巡抚、商人、工匠以及道士，还有谈论革命和民主的学生，完整地勾勒出一个正处于新旧交替的中国。有趣的是，盖洛似乎与同一时代许多西方知识分子一样，对古老的中国存有某种精神上的寄托。在该书的序言中，他多少有些失落地感慨道："当君士坦丁堡的学者们携带着古希腊的学问逃到西方时，没过几年以后，那些古老而受到敬仰的拉丁语教科书便被当作废纸从欧洲的大学里扔了出来。中国目前正在经历这么一个时刻。在过去两千年中被用来训练中国文人的那些典籍和更为短命的那些通俗小说和志怪杂记同样即将寿终正寝。西方的学问和垃圾正在将原来的那些书籍取而代之。过不了多少年，那些老的书就会几乎看不到了，因为官方的毁书行动已经开始。在总督、巡抚、翰林学者、藏书家和书商的帮助下，我们收集到了一大批这样的老书，并在本书中选用了其中的少数范例，以便使读者能了解这些古书的风格。"

1919 年，也就是五四运动爆发那年，54 岁的盖洛尽管身体已经很虚弱，但仍在妻子的陪同下坚持最后一次来到中国，并一道游览了中国的五大名山。1926 年，他出版了《中国五岳》（*The Sacred Five of China*）一书。书中同样附有大量照片。[①] 值得一提的是，盖洛以实际行动诠释了自己对中国文化的尊重与热爱——与同时代的其他探险家不同，尽管他踏访了那么多的中国历史古迹，但除了照片和少量拓片之外，没有从中国带走任何一件文物。

20 世纪初还有一些知名度不高的西方摄影师在其作品中展现了对中国的浪漫情怀，如英国人斯坦利·格雷戈里（Stanley O. Gregory，1902—1955）就是代表人物之一。他 1920 年来到香港，1930 年被派往上海工作，在香港和上海为著名的出版商别发书局（Kelly & Walsh）工作。在此期间，这位对中国文化抱有浓厚兴趣的业余摄影师拍摄了大量照片，涵盖了多个地区的风光、建筑和日常生活场景，这些照片不仅记录了那个时代的中国风貌，也展示了他对中国和中国人民的深刻理解和同情。

1937 年，美国好莱坞导演查尔斯斥巨资拍摄了一部名为改编自詹姆斯·希尔顿（James Hilton，1900—1954）同名小说《消失的地平线》（*Lost Horizon*）的电影，一经公映便轰动全球，连续三年打破票房纪录。而这小

---

① 沈弘等：《告诉世界一个"真实的"中国——对 20 世纪初 W. E. 盖洛系统考察中国人文地理的评述》，《北京大学学报》（哲学社会科学版），2004 年第 2 期。

图 3-3-15：古老的万里长城。威廉·埃德加·盖洛摄，1908年,《中国长城》。

图 3-3-16：嘉峪关。威廉·埃德加·盖洛摄，1908 年,《中国长城》。

图 3-3-17：广西桂林阳朔山水。威廉·埃德加·盖洛摄，1910 年，《中国十八个省府》。

图 3-3-18：陕西西安城墙外。威廉·埃德加·盖洛摄，1910 年，《中国十八个省府》。

图 3-3-19：江南农民插秧。斯坦利·格雷戈里摄。

说《消失的地平线》中神奇故事的发生地，正是中国云南的一处浪漫王国。

希尔顿是英国作家，因小说《消失的地平线》而声名大噪。小说讲述了英国驻巴基斯坦的领事康维及助手马林逊上尉、法国传教士布琳克罗小姐、美国人巴纳德所乘飞机失事，侥幸生还的他们来到一个名叫香格里拉的地方，书中呈现了一个叫蓝月亮的峡谷，这里有一座形如金字塔，高耸入云的雪山，山腰有一座喇嘛寺。优美的自然环境和宜人的气候条件让这个神秘的峡谷一开始就蒙上了一层神秘的面纱："这个远离人烟的山谷竟是一个富饶迷人的乐园，山谷里的气温随着海拔的升高与早晚而变化，从温暖到炎热再到清凉；土地各尽其用，精耕细作，农作物品种繁多，丰收在望。沿着山谷开垦的田地呈狭长状，长约十二英里，宽在一至五英里不等。正午时分，这里能够享受到温暖的阳光，雪峰上融化的雪水，化作清流蜿蜒在山谷中，灌溉着这片富饶的土地，温暖的和风轻拂着万物，即使在阴凉处的人们也丝毫不会感到寒冷。"这里还有特别丰富的矿产资源，人们生活非常富足，可以偶尔用黄金到外界去交换物品。生活在此的人们，由于特殊的地理环境和气候，可以长生不老，青春永驻。虽然是与世隔绝，但是香格里拉的文化氛围却非常浓厚，这里有来自世界各地的文物收藏，以及大批让收藏家们发狂的奇珍异宝安静地放置在收藏馆里，散发出清雅的气息，甚至有一座大量珍贵藏书的图书馆。总之，这里的万物都沉浸在宁静的喜乐中，没有繁杂的琐事和无谓的纷争，时光缓缓流动，人与人、人与自然和谐相处，美丽得让人窒息。可以说，整部小说的描述处处透露着美化崇拜的色彩。然而这些描述并不是真正的中国形象，也不是真正的对中国的敬仰。这是部分西方人东方主义的另一种表现，即将东方美化、神化、诗意化，对东方采取玩味、欣赏和赞美的态度。①

《消失的地平线》出版后，立刻在欧美引起了轰动，不但获得了著名的霍桑登文学奖，而且引发全世界上百万读者踏上寻找香格里拉旅途的热潮，

---

① 黄河卫：《西方人眼中的完美中国形象——以东方主义视角评〈消失的地平线〉》，《辽宁科技大学学报》，2009 年第 3 期。

据说英国女王伊丽莎白二世和美国总统罗斯福都对这本小说钟情有加。不过有趣的是，实际上作者希尔顿从未到过云南，而所谓"香格里拉"的灵感主要来源于约瑟夫·洛克（Joseph Francis Charles Rock，1884—1962）在云南省西北部的探险经历。

约瑟夫·洛克是奥地利裔美国探险家、植物学家和人类学家。洛克在童年时就向往中国，在维也纳一所博物馆时自学了一点中文。作为一名冒险家，他迷恋中国少数民族的文化，也憧憬着能够深入当地那些让人望而却步的群山，去成为"第一个到达那里的白人"。1924 年，受哈佛大学派遣，洛克以一名植物学家的身份前往中国西南部省份，旨在收集尽可能多的种子、树苗和灌木。在为期三年的探险中，他为阿诺德树木园收集了 20,000 个标本。除了植物学，洛克还是一位民族学家，他拍摄了数百张关于纳西族的照片，记录了他们现在已经消失的生活方式，这些记录为哈佛和《国家地理》所记录。他还为纳西族的语言表达做了笔记，最终编纂成 500 页的词典。在长达 25 年的时间里，洛克总共拍摄了上千张照片，他的中国之旅充满了传奇色彩，不仅在植物学领域取得了显著成就，而且对纳西文化的研究和传播做出了巨大贡献。而作为美国《国家地理》杂志的撰稿人和摄影师，洛克发表了一系列关于中国西南边陲的文章和照片。这些作品不仅展示了中国西部的自然风光和民族文化，还激发了西方世界对中国的好奇和探索欲望。1924 年至 1935 年间，洛克撰写的 9 篇附有照片的有关中国的文章被美国《国家地理》杂志陆续发表。这些文章给读者们带来一个生动而奇异的美妙王国和有关那遥远国度的人们的信息，以及那些覆盖着冰雪的山峰，这些山峰即使是地理学家对它们也很少了解。而得益于美国《国家地理》的世界影响力，洛克的探险故事广为传播，并为希尔顿创作《消失的地平线》提供了灵感。

中国西南山区艰苦的自然条件，不可避免给洛克的旅程带来很多困难，而沿途所目睹的政治动荡与腐败、生活悲惨的百姓以及那些吸食鸦片的烟民，又常常使得洛克情绪消沉，甚至曾多次发誓永远离开中国。但是过不了多久，他又会迅速返回中国。这不仅因为他深爱着丽江和纳西族文化，将丽江视为自己的精神家园。更因为他发现自己更加厌恶那个"充满汽车狂热的美国"和"所谓的文明社会"。正如他在给一位编辑的信中坦白的，在自己所在的中国西南地区，"人们不知道什么叫沮丧。这里没有为生存而奔忙，像在工业化国家里那样。因此，这个地方不存在艰难岁月"。① 可以说，洛克是 20 世纪初长期生活在中国西南边疆地区的极少数西方人之一。那个年代有一批堪称"失落的一代"的西方旅行家、探险家、传教士和学者，他们在中国的西部边疆寻求自己的认同和精神归宿，同时也给西方带去了有关中国的各类信息和知识，打开了西方人了解中国、研究中国的窗口。②

图 3-3-20：一位纳西族少年。约瑟夫·洛克摄，1930 年。

① [英] 迈克·爱德华兹：《约瑟夫·洛克在中国》，白枫译，美国《国家地理》杂志，1997 年 1 月号。

② 李若虹：《重识约瑟夫·洛克》，《读书》，2014 年第 8 期。

参考文献:

[德]奥斯瓦尔德·斯宾格勒著:《西方的没落》,齐世荣、田农等译,商务印书馆,2001年1月。

[德]赫尔曼·凯泽林著:《另眼看共和:一个德国哲学家的中国日志》,刘姝、秦俊峰译,福建教育出版社,2015年5月。

[德]卫礼贤著:《中国心灵》,王宇洁译,国际文化出版公司,2005年7月。

[捷]基希著:《秘密的中国》,周立波译,群众出版社,1981年8月。

[美]威廉·埃德加·盖洛《扬子江上的美国人:从上海经华中到缅甸的旅行记录》,晏奎、孟凡君、孙继成译,山东画报出版社,2008年2月。

[美]盖洛著:《中国长城》,沈弘、恽文捷译,山东画报出版社,2006年4月。

[美]斯蒂芬妮·萨顿著:《苦行孤旅:约瑟夫·F. 洛克传》,李若虹译,上海辞书出版社,2013年12月。

[英]伯特兰·罗素著:《中国问题》,田瑞雪译,中国画报出版社,2019年9月。

[英]威廉·萨默塞特·毛姆著:《毛姆文集》,叶尊等译,人民文学出版社,2016年7月。

[英]詹姆斯·希尔顿著:《消失的地平线》,胡蕊、张颖译,云南人民出版社,2006年6月。

辜鸿铭:《中国人的精神》,黄兴涛、宋小庆译,海南出版社,1996年4月。

赵省伟编:《西洋镜:燕京胜迹》,赵阳、于洋洋译,广东人民出版社,2018年4月。

Collection of Photographs of China. By Stanley O. Gregory. 1920—1930.

Eighteen Capitals of China. By William Edgar Gei. 1911.

Glimpses of China. A Series of Vandyck Photogravures Illustrating Chinese

Life and Surroundings. By Donald MENNIE. 1920.

Hedda Morrison Photographs of China.

Lamas, Princes, and Brigands Joseph Rock's Photographs of the Tibetan Borderlands of China. By Michael Aris 1930.

Lamas, Princes, and Brigands Joseph Rock's Photographs of the Tibetan Borderlands of China. By Joseph F. Rock / Michael Aris. China House Gallery 1992.

Peking the Beautiful. By Herbert C. White. 上海商务印书馆.1927。

The Ancient Na-Khi Kingdom of Southwest China. BY Rock, Joseph F.

The Great Wall of China. By William Edgar Geil. 1909.

The Pageant of Peking. By Donald Mennie. 1920.

第四章
秘境：探险家们的中国访古

如此这般庄严神圣、风景如画的美丽都城还会延续多少年，每年还将有多少精心雕饰的商铺和牌楼遭到破坏，还将会有多少古老宅院连同假山、凉亭、花园一起被夷为平地，以便为半西式的三层砖楼腾出位置，还将会有多少旧街道被拓宽、多少壮美的城墙被推倒，为了给有轨电车让道，古老的北京城正以迅雷不及掩耳之势消失着。

——喜龙仁，1924 年。

从 19 世纪末到 20 世纪初，西方世界的中国探险热骤然升温，众多考古学家、艺术家和探险家，抱着不同目的，肩负不同使命来到中国，深入到那些沉睡已久的历史古迹、人迹罕至的荒漠地带、与世隔绝的丛林部落……从而将中国各个角落一个个神秘的所在呈现在世界面前。而这些专业探险家当时所留下的考察报告和图像资料，同时也成为西方人眼中近代中国的特殊记忆。

1907 年 11 月 11 日，清政府外务部收到一份来自署理法国驻华公使潘苏纳（Frédéric Boiissonnas）的照会，照会意在表达中国各有关方面对法国学者沙畹在前不久的考察期间给予的支持表示感谢，内称："照得本国博士沙畹遵奉本国政府特遣，来华考求古迹，昨已游毕回京。面称，凡经过各处，地方官均皆优加接待，百端助考，以致考究一切，无不易于措手。……本署大臣据此，除将该博士沙畹感谢之忱代为奉达外，查贵国政府暨外省各宪员礼仪笃厚，在本国政府实纫雅意，相应一并感谢。"①

爱德华·沙畹（Edouard Chavannes，1865—1918），著名的法国汉学家和东方学家，被誉为"第一位全才的汉学家"，他的研究领域广泛，包括中国古代史、佛教研究、考古学、语言学等多个方面。1889 年，毕业于巴黎高等师范学院的沙畹作为法国驻华使团译员首次来到中国，也开始了对中国语言和文化的深入学习与研究。1893 年回国后，年仅 28 岁的沙畹成为法兰西学院的汉学讲座教授，后来他甚至培养了伯希和、马伯乐、葛兰言等一大批杰出的汉学家。沙畹的研究成果丰富，翻译和注解了《史记》等中国古代文献，还对考古学和碑铭学做出了开创性的工作。而沙畹在汉学研究方面最大的贡献，无疑是他在中国的实地考察及其间留下的图像资料。

在近代西方汉学界，法国曾长期走在各国前列，并涌现出好几代世界闻名的学术大家，但是这些学者的研究却长期局限于文献层面，都不曾踏足中国的土地。进入 20 世纪后，欧洲各国的亚洲探险正如火如荼地进行，而法国已经落后于多国。于是面对有志前往中国开展实地考察的沙畹，法国教育部、法兰西铭义学院、美文学院及法兰西远东学院等机构对其提供了资助，使得后者被称为第一个真正实地考察中国的法国汉学家。

1907 年 3 月 27 日，沙畹从巴黎出发前往中国。他先是乘火车穿越欧洲大陆，经西伯利亚大铁路进入中国东北，于 4 月 14 日抵达奉天（今沈阳）。在东北地区，沙畹参观了沈阳故宫以及努尔哈赤、皇太极的陵墓，在鸭绿江探访了高句丽王国古迹。之后他前往北京，在那里与圣彼得堡大学学者阿列克谢耶夫等汇合，组成一支 5 人的考察队，队员还包括北京一家照相馆的摄影师周裕泰、拓印师宗怀璞以及一位宋姓杂役。5 月 29 日，沙畹一行从北京出发，经天津、德州至济南府，然后前往泰安、曲阜、嘉祥等地，重点考察山东境内以武梁祠、孝堂山为代表的汉代墓群、碑碣造像等；接着进入河

---

① 中国第一历史档案馆：《晚清欧洲人在华游历史料》，《历史档案》，2002 年第 4 期。

南，历访开封、巩县、洛阳、登封等地石窟、陵墓及碑刻，尤其对龙门石窟做了详细考察和拍摄；之后西至西安府，探访史迹、碑林，徒步考察乾陵、昭陵等唐代帝王陵墓，并将昭陵骏马石刻一一拍摄下来；然后向北前往韩城，拜谒司马迁墓；然后东渡黄河进入山西，一路北上到太原府，先后探访五台山、大同云冈石窟等，最终于11月4日经张家口返回北京。

沙畹的这次中国考古之旅，前后历时五个多月，集中完成了对华北地区汉代石刻及石窟造像的考察。通过实地踏勘，沙碗不仅获得研究上极为重要的感性认识，而且拍摄了数以千计的照片，制作了大量石刻拓片，录下无数考察文字，还购买了不少地方志文献、拓本等，为以后的研究奠定了坚实的基础。[①] 1908年回国后，沙畹便以这些资料为基础编纂出版了著名的《华北考古记》（*Mission archéologique dans la Chine septentrionale*），其中包含了约1800幅拓本图片和摄影作品，记录了云冈石窟、龙门石窟等重要文化遗迹，对西方学界了解中国佛教遗址和北方石窟艺术起到了重要作用。

通过对中国考古文献的研究，沙畹解释说儒家经典既体现在每个人的日常生活中，又谈到儒家体系的不足之处，批评传统中国教育的产物缺乏科学的观察意识和严谨的演绎能力，使得19世纪末的中国国力衰落，陷入内忧外患的境地。例如在考察云冈石窟后，沙畹在报告中写道："说实话，眼前的景象不大让我们心慕神追。大佛的规模相当宏大，面部呆板，形态笨重，这与其被重绘或重塑过有关。总的来说，聚集在寺院中央区的大部分洞窟并没有为考古学者提供所有期待的东西，因为洞窟毁坏和重修严重。在石头风化的地方，开了一个柱状的孔洞，往里插入了一些小木桩，以此固定泥层。不少雕塑上留下了修复工作的痕迹。胶泥脱落，木榫腐烂，因为岩体崩裂，柱状孔洞也无法看到。即使雕塑没有用草拌泥重修过，也涂刷了石灰浆。"但他并没有全盘否定中国的传统教育，而是赞扬中国人民忠君爱国、中国人的孝道，呼吁西方学者开始研究这个在世界上必将占据重要地位的国家，向西方人描述了中华文明独特的文化与魅力，以及它值得人们更深入地了解和

---

① 蒋向艳：《法国汉学家沙畹》，《国际汉学》，2005年第1期。

研究。1917 年 7 月 7 日，沙畹在索邦大学举办的讲座上，再次提起有关中国人道德思想的内容。当时中国刚刚对德国宣战，正式参与第一次世界大战。在讲话中，他重申儒家思想及其伦理道德准绳在中国人生活中占重要分量，儒家提倡责任、公正、孝顺、对祖先的崇拜，正是所有这些根深蒂固的传统道德习俗使得中国虽历经数千年的历史演变，其主流思想却一脉相承；且中国文化还能从西方民主思想中汲取养料，从中获得启发。[1]

这一时期，在沙畹影响下前往中国开展考古活动并留下大量影像的西方学者当中，维克多·谢阁兰（Victor Segalen，1878—1919）无疑是最具传奇色彩的一位。

法国人谢阁兰，确切地说首先是著名诗人和作家，其次才是汉学家和考古学家，另外也是一名医生和民族志学者。出生于法国西部布列塔尼地区海滨小城布雷斯特的谢阁兰，青年时期原本是一名法国海军的军医，却在日后的人生中与遥远的中国结下了不解之缘。从 1908 年起，立志创作以异域风情为题材的文学作品的谢阁兰开始学习中文，并于次年在其挚友、著名探险家奥古斯都·吉尔贝·德·瓦赞（Augusto Gilbert de Voisins，1877—1939）的资助下一道前往中国内地进行旅行。在这次中国之行中，谢阁兰一行主要在北京、山西等地进行

图 3-4-1：山东嘉祥，武氏祠。1907 年，沙畹摄。

---

①[法] 戴仁：《西方汉学第一人——爱德华·沙畹》，阮洁卿译，《史学理论研究》，2012 年第 1 期。

图 3-4-2：山东，灵岩寺墓塔林。1907 年，沙畹摄。

图 3-4-3：陕西，乾陵。1907 年，沙畹摄。

了实地考察，尤其对沿途见到的古代陵墓、石碑等遗迹产生了浓厚的兴趣。例如在北京郊区，谢阁兰看到："路旁道边，旅途中随处可见石碑。它们每个都是那么美，四四方方，一目了然，高高地耸立在石雕龟趺上，碑首装饰着两条腾转盘旋的螭，在两兽的中间往往还有一个圆孔穿透石碑，凝望着遥远碧蓝的天空，这无疑是最纯粹、最完美、最经典的中国式；而石刻'汉字'则是最美的象征手法和纪念方式……"

图 3-4-4：山西，云冈石窟。1907 年，沙畹摄。

不过由于当时正值清王朝崩溃前夕，谢阁兰并没有机会系统地对自己所感兴趣的历史古迹进行考察，并于 1913 年 1 月返回法国。直到 1914 年 2 月，在沙畹、伯希和等著名汉学家的支持下，谢阁兰再次和瓦赞以及法国海军上将、汉学家让·拉尔蒂格（Jean Lartigue，1886—1940）等组成一支考古队，主要目的便是对中国古代石刻艺术及汉代丧葬古迹进行考察。他们从北京出发，历经河南、陕西、四川、云南。6 月末，考古活动基本完成。恰逢第一次世界大战爆发，谢阁兰一行到达丽江时匆忙返回法国继续从事军医老本行。谢阁兰等人此次考察过程中运用了当时最先进的测量摄影装备，对陕西、四川两省的汉唐陵墓、石雕与佛教造像进行测量数据，绘制地形图、分布图、整体结构与细节图，同时精心制作拓片、照片，进行图像与风格研究。除海军部赞助外，谢阁兰自行筹集寄往中国的摄影装备包括蔡司箱式立体相机、8.5×10 大画幅相机、24×30 大画幅相机配两个蔡司镜头、2000—3000 张玻璃底板，全套冲洗设备，拉尔蒂格的柯达折叠相机。不同于先前在华考察研究把图片当作文字资料的辅助阐释证据，谢阁兰等人注重运用摄影、测绘、描摹等手段揭示石雕视觉图像的多层结构和艺术价值的内在层次，把作为艺术品的石雕放进地理环境中，从空间、图像、数据等多个层面进行观察理解，由此呈现石雕艺术的规律性和多样性，指出图像和文字表达的相互辅助性。尤其值得一提的是，此次考察队的成员中，甚至包括当时在北京知名度很高的专业摄影师雷尼诺恩。①

到 1917 年 1 月，谢阁兰再次以法国在华征工军事团随团医生的身份来到中国。在此期间，他考察了南京附近的古陵墓，对宋文帝陵、齐武帝陵、梁武帝陵等陵墓的神道石刻进行了详细的记录和研究，包括麒麟石雕、辟邪石雕、石柱等。

从 1909 年至 1917 年间，谢阁兰前后在中国待了七年的时间。这七年中，他除在北京、天津、南京等地生活、工作外，还同友人在黄土高原、青藏高原、四川盆地、长江流域等地做过两次为期各半年的观光旅行和考古旅行，足迹踏遍大半个中国。在对中国古代的许多重要的文化遗址进行实地考察的基础上，他写出了多部有关中国古代陵墓建筑和雕塑艺术的学术论著，其考古成就至今为行家称道。不仅如此，作为一名诗人和作家，谢阁兰还以中国文化带来的灵感为源泉，创作了大量的诗歌、散文和小说，包括《古今碑录》《勒内·莱斯》《历代图画》等，因此他被人称之为"法国的中国诗人"。某种程度上看，深受尼采哲学影响的谢阁兰最初是抱着滋养想象力、寻找新的精神支柱的目的来到中国的。而通过谢阁兰留下的大量中国影像，后人也不难看出其对中国形象的认知，这种认知可以说存在于当时西方世界许多知识分子的身上。在他们的镜头和笔墨下，中国是一个古老的田园牧歌式国度，有着广袤的农田、宁静的乡村、缓慢的生活节奏，人们过着自给自足的农耕生活，虽走向衰微，但依然鲜活存在。

遗憾的是，20 世纪初西方学者在中国掀起的探险和考古活动热潮中，

---

① 别致:《谢阁兰、瓦赞、拉尔蒂格 1914 年在华考古行动考述》,《中山大学学报》（社会科学版）, 2022 年第 6 期。

图 3-4-5：明十三陵石兽。1909 年，《谢阁兰的中国考古摄影集》，法国国家图书馆收藏。

图 3-4-6：明十三陵石碑。1909 年，《谢阁兰的中国考古摄影集》，法国国家图书馆收藏。

图 3-4-7：四川乐山白岩洞。1914 年，《谢阁兰的中国考古摄影集》，法国国家图书馆收藏。

像沙畹、谢阁兰等人这样目的单纯者并不多。特别是随着敦煌莫高窟被发现，藏经洞内大量古代文献及纸本绢画出土后，斯文·赫定（Sven Hedin，1865—1952）、斯坦因、伯希和等多位西方探险家接踵而至，对中国西域地区进行了广泛的考察。然而这些活动虽有学术研究的目的，却也伴随着对文物的劫掠，用欺骗手段获取文物。

瑞典探险家斯文·赫定曾先后在中亚进行了四次考察，其间发现了喜马拉雅山脉、雅鲁藏布江、印度河和象泉河的发源地，以及罗布泊和塔里木盆地沙漠中的楼兰古城遗址等重要地理和历史遗迹。特别是 1900 年，由于一个偶然机遇，他发现了楼兰古城，一时震惊世界。作为地理学家、地形学家、探险家、摄影家、旅行作家，赫定在探险活动中还拍摄了大量照片。在新疆，他留下了 5000 多幅记录性绘画，1000 多张照片，为后世提供了珍贵的图像资料。但是与此同时，赫定的一些行动又使其被世人目为"文物大盗"。比如在发掘楼兰遗址的过程中，为了回报瑞典国王对其探险行动的资金支持，赫定将挖掘得来的文物打包用八头骆驼载运带出沙漠，然后派人取道印度送回瑞典。如今，在著名的瑞典东方博物馆，数万件馆藏中国文物中，就有很大一部分属于赫定的"战利品"。就赫定本人而言，其对中国的感情显然是复杂的。在其人生的暮年，或许是怀有愧疚之情，也或许是真心热爱中国文化，他曾多次以实际行动进行弥补。在担任瑞典学院院士 40 年间，赫定曾先后五次提名胡适、林语堂、赛珍珠等人为诺贝尔文学奖候选人。

1926 年冬天，赫定第五次来华。与以往单枪匹马不同的是，他这次带来了一支由瑞典人、德国人及丹麦人组成的探险队。而他此行的目的，则是受德国汉莎航空公司的委托，为开辟经中亚通往中国的航线作航空气象考察。没想到，就在赫定雄心勃勃地准备大展身手之际，来自中国民间的抗议却纷至沓来。

原来在 1927 年初，当时控制北京政局的张作霖曾接见了赫定，他许诺探险队进入新疆境内考察。与此同时，赫定还与北洋政府签订了一项条约，规定考察团只容中方 2—3 人参加，负责与沿路地方政府接洽，限期一年即返回；将来采集的历史文物先送往瑞典研究，等中国有相应的研究机构后再送还。然而该协议传出后，中国舆论顿时一片哗然。为防止国宝外流，著名学者刘复、沈兼士、马衡等人联络在京各个学术团体负责人召开紧急会议，商讨对策。3月5日，北京大学、故宫博物院等14个学术团体决定成立中国学术团体协会，发表宣言，反对外国人随意进入中国掘取古物。

1927年3月9日，舆论压力之下赫定主动表示，愿意将此行所获历史文物全数由随行的中国学者带回北京。作为一位科学家和探险家，赫定毕竟不同于那些殖民主义者和盗宝人。经过一番激烈的谈判，双方最终于4月26日达成了著名的"19条协议"。协议规定：此次考察由中国学术团体协会下设理事会监察并指导；设中外两名团长，拥有同等权利；10名中国团员参加；采集品由中国团长负责运往北京，经理事会审查后处置；涉及中国国防国权的事物不得考察；经费由赫定负责，中国团员每月补助费850美元；考察期限为两年；协议附有英文译本一份，应以中文为准等。面对这一结果，赫定曾感慨道："至此，中国人在竞争中终于得胜了"；而大受鼓舞的中国学术界也兴奋地称其为"翻过来的不平等条约"。

根据协议，科考团分别由北京大学教授徐炳昶和赫定分别担任中、外方团长，这也是中国历史上第一次以中国为主，与外国平等合作的大型科考团。尽管后来赫定遭到了外国同行的责难，但他却回答说："我从来没有因为接受了中国人的条件而遗憾过。"

1930年，瑞典考古学家贝格曼与中方队员陈宗器等人来到额济纳河进行考古活动。4月27日，在额济纳河的博罗松治汉代烽燧旁，当贝格曼测量一道长方形墙体时，他的钢笔掉在了地上。在他弯腰捡拾钢笔时，意外发现钢笔旁有一枚保存完好的汉朝五铢钱。受此鼓舞，他们从最东边开始发掘，很快就发现了大量的木简。在大约30个考察点，贝格曼等共发掘采集了一万多枚汉代简牍。因为这些简牍是在居延地区汉代烽燧遗址发现的，所以被称为居延汉简。这次重大发现一经披露，立刻震惊了中外学术界。由于其极高的学术价值，人们将居延汉简与河南安阳殷墟甲骨、敦煌莫高窟藏敦煌遗书、故宫内阁大库档案一起并称为20世纪中国文化史上的四大发现。1931年5月下旬，科考团的一支骆驼队驮载着一万余枚汉简返回北平。据说在当时，贝格曼曾强烈要求将汉简带回瑞典，但在众多中国学者的据理力争下，汉简最终留在了西北科学考察团理事会。理事会又按照中瑞协定，将这批汉简送到北平图书馆保存，后又转存到北大图书馆。

由于此次中瑞双方合作愉快，收获巨大，中国西北科学考察团两次申请延期，直到 1933 年才结束。至于遭受外国同行指责的赫定，同样深有感触地表示："我们与中国朋友的合作是完美的，在一起情同手足。能有这种殊荣去与中国的一些最杰出的学者在野外及北平共事，我抱着友情与感谢，将终身铭记他们中的每一个人！"

匈牙利裔英国探险家奥莱尔·斯坦因（Aurel Stein, 1862—1943）同样以其在中国西部的考古发现而著名。特别是 1906—1908 年第二次中亚考察期间，斯坦因在敦煌莫高窟获取了大量珍贵的文书和艺术品。当时，尽管清朝陕甘总督升允曾试图阻止斯坦因在敦煌进行的考古挖掘，但后者最终还是成功地将大批藏经洞文物带离中国。虽然斯坦因出版了《西域考古图记》《亚洲腹地考古图记》和《斯坦因中国探险手记》等多部著作，推动了西方世界对中国文化遗产的了解，但他的某些做法却存在争议，其行为严重地损害了中国人民的感情。

斯坦因在《西域考古图记》中曾这样描述其发现尼雅遗址时的场景："但是，最迷人的莫过于开阔荒凉的沙漠。最北端的遗址延伸到红柳沙丘的区域之外。眼前的沙丘像海洋里的波浪，只有褐色的树干，或者成排干裂的木柱，还能表明在这片沙丘上曾经建造过房子。我一直感觉像是置身于海洋之中，从远处看，那些遗址像一幅图画，如一艘沉船，现在只剩下几根木头。这里还有新鲜的微风，以及大海的静谧。"显然，通过赫定、斯坦因等人考察期间拍摄的照片，西方人发现了一个湮没已久的神秘王国，也间接感受到当时中国国力的衰败与中华文明的低谷。中国在许多西方人眼中，似乎就是一个静静地等待掠夺的文化资源宝库。

继斯坦因之后，法国探险家伯希和也来到敦煌掠走了大量珍贵文物。作为汉学大家沙畹的学生，伯希和（Paul Pelliot, 1878—1945）曾就读于巴黎斯坦尼斯学院，师从沙畹，1887 年毕业于法国东方语言学院，1900 年被派

图 3-4-8：尼雅遗址发掘现场。1906 年，斯坦因摄。

图 3-4-9：敦煌莫高窟外景。1907 年，斯坦因摄。

图 3-4-10：敦煌莫高窟藏经洞内景。1907 年，斯坦因摄。

往法属印度支那的法国远东学院工作。他不仅在汉学研究方面有深厚的造诣，而且在目录版本、语言文字、考古艺术、宗教文化、东西交通以及边疆史地等领域都有重要的贡献。伯希和精通13种外语，包括流利的汉语，这使他能够与中国学者深入交流，并在1906至1908年间对中国甘肃、新疆地区顺利进行了广泛的考察。1908年，紧随斯坦因的步伐，伯希和在敦煌莫高窟的藏经洞中发现了大量珍贵的文献和艺术品，后以此为基础出版了《敦煌石窟》（*Les Grottes de Touen-houang*）一书，这些发现对汉学研究产生了深远的影响。伯希和曾赞叹"千佛洞是中亚及东亚古文化整体中最重要的组成部分之一。敦煌处在中国文化与西方汇合的前沿阵地，因此它使得亚洲古代诸文明与远东贯通，正是通过这块绿洲，昔日最伟大的旅行家横穿东西"。然而他也通过一些有争议的手段获取了大量珍贵文物，包括六千余种文书、二百多幅唐代绘画与幡幢、织物、木制品、木制活字印刷字模和其他法器，并将所劫文物全部运往巴黎。在考察过程中，伯希和带领的考察团对敦煌莫高窟进行了全面详细的编号、测绘、摄影和文字记录工作。考察团的专业摄影师夏尔·努埃特（Charles Nouette）拍摄了大量照片，这些照片记录了莫高窟的外景、洞窟、彩塑和壁画等，具有极高的史料价值。

令人唏嘘的是，在之后一百多年的时间里，由于自然、历史及人为因素，敦煌莫高窟已经发生了诸多变化，一些当时完好的壁画和彩塑如今已经不存，但伯希和考察队拍摄的照片却意外地保留了下来，因此显得尤为珍贵。

1912年，一位名叫帕金斯基的西方男子来到北京，此人自称来自德国，是一名旅行家、艺术收藏家和商人，而他此行真正的目的，实际上是搜罗珍贵的中国古代艺术品并售卖到西方。

弗里德里希·帕金斯基（Friedrich Perzynski，1877—1965）年轻时就对亚洲艺术产生了浓厚的兴趣，并自学了日语，1904年出版了一部关于浮世绘艺术家葛饰北斋的专著，1905年前往日本为不来梅艺术馆购买版画和相关书籍，从而确立了自己作为亚洲艺术品商人的地位，向私人收藏家和机构出售艺术品。1912年，为了寻找新的宝藏，帕金斯基又来到中国，打着旅行者的幌子搜罗文物。而当时中国正逢改朝换代之际，社会动荡，导致许多

图 3-4-11：敦煌鸣沙山月牙泉。1908 年，伯希和摄，《敦煌石窟》。

图 3-4-12：敦煌莫高窟外景。1908 年，伯希和摄，《敦煌石窟》。

珍贵文物流失海外。帕金斯基来中国后，除了四处旅行，基本一直活跃在北京的古玩市场，专门收集中国古代佛教造像。就在这一年，一次偶然的机会，他在北京看到了一尊令人叹为观止的辽代三彩罗汉像，其大小和真人相仿、通体施釉、古朴沉静，以及其恰当的人体比例和准确的人体结构，代表了唐代以来写实主义风格的最高成就，堪称后人无法企及的宗教美术作品。几经打探，他得知这尊佛像来自河北省易县八佛洼的睒子洞中。于是帕金斯基又马不停蹄前往易县，查访

图 3-4-13：敦煌莫高窟内景。1908年，伯希和摄，《敦煌石窟》。

到睒子洞内的辽代三彩等身罗汉像原本一共 16 尊，在当地村民私盗过程中至少毁坏了 3 尊。梁思成先生在《中国雕塑史》曾这样评价："其貌皆似真容，其衣褶亦甚写实。……或容态雍容，……或蹙眉作恳切状，要之皆各有个性，不徒为空泛虚缈之神像。其妙肖可与罗马造像比。皆由对于平时神情精细观察造成之肖像也。不唯容貌也，即其身体之结构，衣服之披垂，莫不以写实为主；其第三量之观察至精微，故成忠实表现，不亚于意大利文艺复兴时最精作品也。"遗憾的是，如此精彩绝伦的古代中国艺术品，却被西方文物商人劫掠到了海外，而其中帕金斯基就经手了 8 尊。目前可查的存世易县罗汉像共有 10 尊收藏在世界各地博物馆中，包括美国大都会博物馆、纳尔逊·阿特金斯博物馆、宾夕法尼亚大学博物馆、波士顿美术馆、大英博物馆、法国吉美国立亚洲博物馆、加拿大皇家安大略博物馆、俄罗斯埃尔米塔什博物馆、日本现代美术馆等机构。

基于此段经历，帕金斯基于 1920 年出版了一部专门研究中国佛像研究的著作——《神佛在中国：中国行记》(*Von Chinas Göttern: Reisen in*

China)，书中包含了北京、河北、广州、杭州、热河等地的约八十幅照片及版画图版，另外还特别记录了他在易县寻找三彩罗汉像的经历，以及其与中国古董商和地方官员打交道的细节。从中不难看出，作为一名职业文物古董商，帕金斯基尽管对目睹的中国风景充满了兴趣，对自己的寻宝经历津津乐道甚至充满自豪，却唯独缺少了对中国历史文化的敬意。在其心目中，中国显然只是一个遍布宝藏，足以实现其人生成功梦想的神秘王国。

不可否认的是，20世纪初期，包括沙畹在内的许多热爱中国文化的西方学者，他们身上的确具有浓厚的中国情结，并且通过其传播的大量视觉材料不断深化西方世界对中国形象的解读和诠释。然而与此同时必须看到，虽然这些考察行动促使西方世界重新认识中国古代历史和文化，但是也刺激了一批西方收藏机构对中国文物，尤其是佛教艺术品的掠夺热潮。当时的中国政府对文物保护的力度很弱，结果导致西方考古学

图 3-4-14：云冈石窟。1912年，帕金斯基摄。

图 3-4-15：易县晱子洞内景。1912年，帕金斯基摄。

家们的考察行动间接对中国文物流失海外起到了推波助澜的作用。

与这些以考古发现为主要目的的西方探险家相比，另两位世界知名的中国建筑研究专家柏石曼和喜龙仁则拥有完全不同的经历。

恩斯特·柏石曼（Ernst

Boerschmann，1873—1949）是德国建筑师，以其对中国古建筑的全面考察和研究而闻名。他1891年高中毕业后入夏洛腾堡工学院学习建筑工程，1896年到1901年在普鲁士一些政府机构中担任建筑和军事事务官员。1902年，柏石曼作为高级建筑官员随德国东亚驻军被派往中国。在中国，众多建筑遗存中所呈现出来的伟大而自成一体的东方文明和世界观，深深地打动了这位年轻建筑师，驱使他决意把余生投身于中国建筑艺术研究。幸运的是，由于一些有识之士的奔走和游说，德国国会同意提供必要的经费支持柏石曼的中国建筑研究，随后他便以学术顾问的身份被正式派往德国驻北京公使馆任职。

图 3-4-16：易县睒子洞发现的辽三彩罗汉像。1912年，帕金斯基摄。该罗汉像现藏于美国大都会博物馆。

1906年8月，柏石曼开始了他的东亚之旅。接下来的三年之中，他长途跋涉，穿越了中国的十二个省，行程数万里，对中国古建筑进行全面考察，拍下了数千张古代皇家建筑、宗教建筑和代表各地风情的民居等极其珍贵的照片。回国以后，柏石曼根据这次考察所获的资料，于1923年出版了《中国建筑与景观》（*Baukunst und Landschaft in China*）一书，该著作收录了288幅摄影作品，不仅记录了中国各类建筑的外观，还深入探讨了中国建筑的设计理念和文化意义，如建筑与自然环境的和谐关系，以及建筑中体现的宇宙观和哲学思想。

柏石曼认为，建筑是一个民族精神和文化的外在表现，而中国悠久的历史、灿烂的文化造就了不朽的建筑艺术。他发现，中国建筑元素背后，往往都蕴含着深厚的文化意义。例如，中国的城市、宫殿、陵寝、庙宇中蕴含着阴阳、五行、风水、天人合一等哲学思想，建筑选址、布局、形制、装饰中体现着皇权、王权、神权以及家庭生活中的辈分、长幼、从属关系。因此他由衷地感叹道："我们希望解释一下，为何在看到中国建筑时从我们的灵魂中会升腾起一种宁静而和谐的感觉。因为我们不仅为看到众多建筑和地面与周围环境和自然的统一，以及自己成为建筑与风景这个画面中的一部分而感到愉悦，而且我们还感觉到那些建筑本身，不，甚至连同它们的装饰物，都在某种程度上注入了一种鲜活的灵魂，只有这样，它们才能够造成一种完全超脱淡泊的氛围。"柏石曼撰写这部著作时，西方世界刚刚经历了第一次世界大战，知识界对西方的宗教和文化正陷入空前的绝望，因此纷纷来到东方寻找精神寄托。而柏石曼似乎在中国的历史建筑中找到了一种神奇的精神力量："中国建筑中最有代表性的是一种宗教观念。一旦我们认识到这一点，我们也就能够理解那些建筑本身了。而且中国人最好的信念也都表现为这种宗教精神。这就是产生所有行动的根源。由此造成的内在力量使我们在观看如诗如画的中国山水风景，观看造就华夏民族的大自然，以及观看使中国充满活力的建筑物时会受到深深的感动。……然而中国人知道，等待我们的死亡并不等于消亡。相反，它是对于谜语的解答，是我们和我们的孩子们的力量源泉。中国人漫长而繁复的历史，他们永恒的精神和艺术作品均证明他们并非仅仅满足于放弃，而是对生活总是持一种积极向上的观点，乐观地默许生活。然而他们总是从自然的沉默中，从孤独和超凡脱俗中获取力量。"

由于对中国古建筑文化的痴迷，1933 年 9 月，柏石曼筹划再次前往中国，进行了一次历时 16 个月之久的考察，先后访问了华南地区的广州、澳门、肇庆，长江流域的上海、南京、扬州、九华山、天目山、天台山以及金华、兰溪、绍兴等地，中原地区的龙门石窟、白马寺、嵩山、潼关、西安，华北地区的察哈尔、绥远、包头、云冈石窟、恒山等等，实现了遍访中国四大佛教名山和五岳的梦想。回国后，他几乎将毕生心血都投入中国古建筑文化的研究中，陆续出版了《中国建筑》《普陀山》《中国祠堂》《中国建筑陶艺》《中国宝塔》等著作，被誉为西方"全面考察和记录中国古建筑的第一人"。而他在这些著作中，以大量精美的建筑摄影作品生动诠释了中国形象的特殊一面，带给人们视觉上的震撼、心灵上的冲击和长久的沉思。

图 3-4-17：碧云寺的佛塔，北京。
1906—1909 年，柏石曼摄，《中国建
筑与景观》。

图 3-4-18：明思陵华表，北京。
1906—1909 年，柏石曼摄，《中国
建筑与景观》。

图 3-4-19：热河行宫，河北。1906—1909 年，柏石曼摄，《中国建筑与景观》。

494

图 3-4-20：二郎神庙，四川。1906—1909 年，柏石曼摄，《中国建筑与景观》。

1923 年 4 月 23 日，美国《纽约时报杂志》（*New York Times Magazine*）刊登了一篇来自中国的报道，题为《一位中国的皇帝扮演了摄影家的助手》（*A Chinese Emperor Plays Photographer's Assistant*）。报道称，在前一年 5 月份，来自瑞典的喜龙仁在中国末代皇帝溥仪的洋教师庄士敦的斡旋下，被特许进入紫禁城进行了一次史无前例的拍摄。而在拍摄过程中，时年 16 岁的溥仪对摄影萌生了浓厚的兴趣，不但亲自陪同喜龙仁参观并拍摄了这座紫禁城内的宫殿建筑，甚至屈尊为其充当助手。后来在 1926 年出版的《中国北京皇城写真全图》（*The Imperial Palaces of Peking*）中，喜龙仁还无限感慨地回忆说：“我得到了内政部的官方许可考察了紫禁城已经收归国有的部分区域。但内廷当时还是保留的皇室居所，无论是中国人还是外国人，极少有人曾涉足其中。我却有幸在退位皇帝的亲自引领下，参观了其中的许多庭院。”实际上，这次紫禁城的拍摄行动，只是喜龙仁六次访华中的一次，由此可见其对中国的特殊感情。

喜龙仁（Osvald Sirén, 1879—1966）是 20 世纪中国艺术史研究领域的先驱人物，他的研究涵盖了中国建筑、雕塑、园林、绘画等多个方面。喜龙仁可谓年少成名，1901 年，当其获得博士学位后的第二年，就任斯德哥尔摩国家博物馆的助理，次年因结识了意大利艺术鉴赏名家、美术史家贝伦森（Bernard Berenson, 1865—1959）而开始研究早期文艺复兴艺术并很快在该领域享有盛誉，1908 年便成为斯德哥尔摩大学的艺术史教授。然而没过多久，他又将兴趣转向中国艺术史，并将几乎将余生全部投入对这方面的研究中。据说在 1913 年，喜龙仁在著名收藏家丹曼·罗斯（Denman Ross，1853—1935）的带领下，前往美国波士顿美术馆欣赏南宋画家林庭珪、周季常画的部分《五百罗汉图》，当看到一幅名为《云中示现》的画作时，包括喜龙仁在内的现场几位西方学者似乎同时受到了极大的心理冲击，他们突然跪倒在地，抱头痛哭，仿佛看到了一种完全不同于西方艺术的东西。正是这次偶遇，喜龙仁突然意识到，中国绘画能引导人脱离凡尘，进行内心的对话；在中国传统艺术中看到，无论是图像、装饰还是建筑等，都不是为了外在形象而创造，而是有更深层的含义。由此，他开始义无反顾地转向中国和东亚艺术的研究。

从 1918 年到 1956 年，喜龙仁共 6 次来华，短则停留 1 个多月，多则 2 年有余。为了能游览、考察更多的名胜古迹，进行田野考古发掘，喜龙仁坐着颠簸的骡车，带着考古和摄影设备，足迹遍布北京、上海、南京、杭州、西安等历史名城，甚至深入西北和中原腹地发掘第一手资料，对中国的文化遗产进行了广泛记录和深入研究。他被中国城墙、园林、宫殿、雕塑和绘画的美深深打动，以至于宁愿放弃在斯德哥尔摩大学的教授职位来探索中国艺术。而在中国众多的考察对象中，喜龙仁尤其对北京城表现出了特殊的感情，并以其为主题出版了一系列著述，包括《北京的城墙与城门》（1924）、《5—14 世纪中国雕塑》（1925）、《中国北京皇城写真全图》（1926）、《中国早期艺术史》（1929—1930）、《中国画论》（1933）、《中国园林》（1949）、《中国绘画：名家与原理》（1956—1958）等，堪称中国艺术研究的百科全书式人物，在西方产生了重要影响。

喜龙仁同时又是一名杰出的摄影师，因此在中国拍摄了大量艺术水平极高的照片。作为一名完美主义者，他往往会为一幅照片耗费很多心血，因此拍摄的大部分照片几乎如同绘画般精美，充满了诗情画意。因此在他的镜头下，中国那些古老的建筑和艺术品呈现给西方观察者的形象大多充满了唯美的浪漫色彩。在中国考察过程中，喜龙仁对北京这座古老的城市尤为痴迷，投入的精力也最多。经过多次详尽考察，他认为北京的城墙是最激荡人心的古迹，有一种沉稳雄壮的美，有一种睥睨世界的气势，足以与万里长城媲美。他倾心于北京城墙那独特的节奏，在他看来，整个城墙如一首完整的音乐，而那些气势恢宏的角楼就如同每个乐章中的休止符。在考察紫禁城时，尽管昔日的皇家宫殿已因无人养护而杂草丛生，但气势恢宏的格局、雕梁画栋的楼宇，以及精巧唯美的艺术珍玩，还是让喜龙仁深受震撼。对于围绕皇宫而建的雉堞连绵的城墙和城门以及皇家园林，他也不遗余力地用镜头向西方读者呈现其壮丽的景观。

在研究中国艺术时，喜龙仁特别重视中国文化深处的哲学和宗教因素。诚然，面对20世纪初期中国的社会现状是令西方人失望的、轻视的、同情的，这种情绪同样弥漫在喜龙仁的内心深处。例如在考察北京的城墙与城门时，他对眼前的景象曾这样描述："毗邻城墙的城门两侧，是位于两条铁路线旁的候车室。其建筑样式十分传统，带有拱券式的大屋顶和开放的柱廊，将城楼与突兀的西式火车站联系起来。它们之间的开放空间——过去瓮城内的区域——十分荒凉，路两边拉着铁链，两只孤独的石狮彼此遥望，新生的树木显得萎靡不振。广场上唯一活动的生命是一些邋遢的乞丐和游手好闲的流浪汉，栏杆恰好将他们与汽车和人力车隔开，于是他们便在通道中间长住下来。箭楼城台下深邃的券门如今已没人从中穿过，于是这里就成了乞丐们遮风避雨的场所，而城门外繁忙的商业街则恰好为他们带来行乞的机会。在我所看到的北京城的乞丐和流浪汉中，这里是最丑陋肮脏的，而这就是前门古老门洞之下最真实的情形。"然而他真正关心的似乎并不是北京街市上的行人，反倒是对面临坍塌危险的城墙更为牵挂，忧心忡忡地感叹："如此这般庄严神圣、风景如画的美丽都城还会延续多少年，每年还将有多少精心雕饰的商铺和牌楼遭到破坏，还将会有多少古老宅院连同假山、凉亭、花园一起被夷为平地，以便为半西式的三层砖楼腾出位置，还将会有多少旧街道被拓宽、多少壮美的城墙被推倒，为了给有轨电车让道，古老的北京城正以迅雷不及掩耳之势消失着。"

图3-4-21：北京城墙外围。1922年，喜龙仁摄，《北京的城墙和城门》。

图3-4-22：北京城墙脚下。1922年，喜龙仁摄，《北京的城墙和城门》。

图3-4-23：北京城门。1922年，喜龙仁摄，《北京的城墙和城门》。

参考文献:

[法]爱德华·沙畹著:《华北考古记》,袁俊生译,中国画报出版社,2020年5月。

[法]伯希和著:《敦煌石窟笔记》,耿昇译,甘肃人民出版社,2007年12月。

[瑞]斯文·赫定著:《丝绸之路》,江红、李佩娟译,新疆人民出版社,2010年4月。

[瑞]喜龙仁著:《北京的城墙和城门》,赵晓梅、佟怡天译,学苑出版社,2017年4月。

[瑞]喜龙仁著:《遗失在西方的中国史:老北京皇城写真全图》,沈弘、聂书江编译,广东人民出版社,2017年8月。

[英]斯坦因著:《斯坦因中国探险手记》,巫新华、伏霄汉译,春风文艺出版社,2004年6月。

Baukunst und Landschaft in China. By Ernst Boerschmann. 1923.

Die Baukunst und religiöse Kultur der Chinesen. By Ernst Boerschmann. 1914.

Les grottes de Touen-Houang. By Paul Pelliot. 1920—1924.

Mission archéologique dans la Chine septentrionale. By Edouard Chavannes. 1909.

Photographies de la Mission Pelliot en Asie centrale. 1906—1909.

Ruins of Desert Cathay. By Sir Aurel Stein. 1912.

The Walls and Gates of Peking. By Osvald Siren. 1924.

Von Chinas Gottern. Reise in China. By Friedrich Perzynski. 1920.

你可以想象一个人，瘦高，耸肩，像猫一样地不声不响，行踪诡秘，长着莎士比亚式的眉毛，撒旦的面孔，秃脑壳，细长眼，闪着绿光。他集所有东方人的阴谋诡计于一身，并且将它们运用发挥得炉火纯青。他可以调动一个富有的政府，可以调动的一切资源，而又做得神不知鬼不觉。

——萨克斯·罗默，1913 年。

1929 年，旅居英国的中国作家老舍在小说《二马》中写下这样一段感慨："在伦敦的中国人，大概可以分作两等，工人和学生。工人多半是住在东伦敦，最给中国人丢脸的中国城。没钱到东方旅行的德国人、法国人、美国人，到伦敦的时候，总要到中国城去看一眼，为的是找些写小说、日记、新闻的材料。中国城并没有什么出奇的地方，住着的工人也没有什么了不得的举动。就是因为那里住着中国人，所以他们要瞧一瞧。就是因为中国是个弱国，所以他们随便给那群勤苦耐劳，在异域找饭吃的华人加上一切的罪名。中国城要是住着二十个中国人，他们的记载上一定是五千；而且这五千黄脸鬼是个个抽大烟，私运军火，害死人把尸首往床底下藏，强奸妇女不问老少，和作一切至少该千刀万剐的事情的。作小说的，写戏剧的，作电影的，描写中国人全根据着这种传说和报告。然后看戏，看电影，念小说的姑娘，老太太，小孩子和英国皇帝，把这种出乎情理的事牢牢的记在脑子里，于是中国人就变成世界上最阴险，最污浊，最讨厌，最卑鄙的一种两条腿儿的动物！"①

　　作为一名二十世纪二十年代生活在西方的中国人，老舍之所以发出这番感慨，显然是因为有切身的体会。正如许多西方学者指出，在相当长的一个时期里，西方社会对华人一直有着偏执的成见和根深蒂固的恐惧。在英国，知识界甚至早在维多利亚年代就有将华人妖魔化的倾向。例如 1869 年，著名作家狄更斯在小说《艾德温·德鲁德之谜》(The Mystery of Edwin Drood) 中，就曾嘲讽华人的面容如同生了"亮闪闪的黄疸病"。到 20 世纪初期，受"黄祸论"的影响，英国社会对中国的厌恶和恐惧更为加剧，许多杂志、花边小报和漫画书中，都充斥着心狠手辣的华人想要摧毁西方的故事。1911 年，英国内政部甚至散发了宣传册《华人在英国：日益严重的社会问题》。而就在这样一种社会氛围中，一个经典的负面中国形象在英国诞生了。

　　1913 年，原本默默无闻的三流英国小说家萨克斯·罗默（Sax Rohmer，1883—1959）创作了一部名为《傅满洲之谜》(The Mystery of Dr. Fu Manchu) 的悬疑小说，没想到居然一举成名，在整个西方社会引起轰动，并从此一发不可收拾，45 年间接连不断创作了十多部以傅满洲（Fu Manchu）为主角的小说，包括《恶魔医生》(The Devil Doctor, 1916)、《傅满洲的踪迹》(The Trail of Fu Manchu, 1934) 和《皇帝傅满洲》(Emperor Fu Manchu, 1959) 等。萨克斯·罗默原名亚瑟·亨利·沃德（Arthur Henry Ward）出生于英国伯明翰一个工人阶级家庭，其早期作品多为音乐厅表演者撰写的喜剧小品和杂志上的短篇故事及连载小说。必须指出的是，此人一生中从未到过中国，然

---

①1924 年，老舍受聘于伦敦大学东方学院（现伦敦大学亚非学院），担任中文讲师，在英国居住了近五年时间。在此期间，他创作了自己的第一部长篇小说《老张的哲学》，并在《小说月报》上发表，这也是他首次使用"老舍"作为笔名。老舍在英国的生活经历，尤其是他在伦敦的所见所闻，深刻地影响了他的文学创作。《二马》是老舍客居英国时写作的最后一部长篇小说，讲述的是马家父子在英国的生活和爱情故事。作者借此谴责了英国社会的民族文化偏见，同时也为国人的庸散懒惰、麻木不仁和不思进取而愤慨，表达了青年作家老舍强烈的爱国主义情怀。

而他却靠着想象在小说中塑造了一个影响深远的负面中国人形象——傅满洲（Fu Manchu）。

在傅满洲系列小说中，主人公大反派傅满洲博士是一个邪恶的天才科学家，他拥有多个外国大学的学位，精通多种语言，并且掌握着各种科学知识和技能。他行踪诡秘，幽灵般地兴风作浪，其目标就是消灭白人并征服全世界，而与他对抗的是像福尔摩斯一样的白人警探丹尼斯·史密斯（Denis Smith）。他有着东方民族特有的冷酷和精明，富可敌国却神出鬼没，无人知晓他的存在，海盗、土匪、小偷都是他的爪牙，蝎子、毒蛇、迷药都是他的武器。而对于傅满洲的外表，罗默将其描述为身材高挑、精瘦、秃顶，长着倒竖长眉和绿眼睛："这男人穿着普通的黄色长衫，一顶瓜皮帽严丝合缝地扣在光滑的脑门儿上。他的一双手硕大、修长而又枯瘦。手肘支在桌上，十指交叉着，下巴抵着指节。他的眉骨相当突出，眉毛却甚是稀疏。桌子后边的那张脸望向我，这是一张我无法用语言形容的脸。像是堕落天使的脸，那对怪异的眼睛吸引了我全部的目光，那眼睛毫无人性的光彩"；"想象一个人，细高干瘦而且阴险，双肩高耸，长着莎士比亚式的额头，撒旦式的面孔，头发奇短的脑壳，还有真正猫绿色的细长而夺人魂魄的眼睛。如果你愿意，那么赋予他所有东方血统残酷的狡狯，集聚成一种大智，再赋予他一个富裕国家的所有财富，尽管那个国家根本不知道他的存在。想象一下那个可怕的生灵，于是黄祸的化身傅满洲博士，你心中就有了一个形象"。而面对批评声，罗默曾辩解称："当然，并非所有生活在莱姆豪斯的中国人都是罪犯。但不可否认，不远万里来到这儿的中国人大多都有着迫不得已的原因，他们除了犯罪之外，不懂任何营生的手段。"

显然，罗默凭空捏造出来的让人联想到魔鬼的傅满洲形象，属于典型的对亚洲人的种族刻板印象和负面描绘，集合了当时西方人对亚洲人的种种偏见，其实就是西方"黄祸论"的拟人化，并一度在西方文化中成为"黄祸"恐慌的代表。而其系列小说之所以能在 20 世纪初非常流行，无非就是因为迎合了西方人对中国鄙夷而又憎恶的情绪。正如美国著名学者何伟亚（James Hevia）指出的："正是这种东西方的组合使傅满洲比欧洲人幻想中的经典的东方野蛮人入侵更可怕，也比廉价的华工在欧美的泛滥来得更为深刻，因为这种东西方知识的融合蕴含着像推翻骨牌一样推翻西方、破坏帝国结构乃至全球白人统治的可能"。①

不过，傅满洲能够迅速成为西方流行文化中知名度最高的负面的亚洲人形象，并借助小说、电影、电视、广播、音乐和漫画等媒介广为流传，主要还要归因于美国社会的推波助澜。要知道，20世纪初时，美国社会的排华风潮仍时不时兴风作浪，而1900年的义和团事件又导致"黄祸论"持续盛行，加上电影工业的空前崛起，流行文化需要各类充满耸人听闻的元素来刺激，又恰逢美国的综合国力实际上已跃居西方世界首位，因此很自然地，傅满洲题材的文艺作品正好迎合了美国社会的需求，吸引了数以百万的读者与观众，甚至就连美国第三十任总统柯立芝（Calvin Coolidge）都曾是傅满洲小说的追捧者。而作为最具象化的艺术载体，电影在传播形象方面无疑拥有无可比拟的优势。

追溯起来，其实自1895年电影技术诞生后不久，银幕上就很早就出现了中国和中国人的形象。早在1896年，当李鸿章访问纽约时，美国谬托斯柯甫公司（American Mutoscope Company）曾拍摄并发行了两部纪录短片《李鸿章在格伦特墓前》和《李鸿章乘车经过第四号街和百老汇》。1898年，美国爱迪生公司派遣的摄影师前往上海实地拍摄了《上海街景》与《上海警察》等短片。1899—1900年间，英国的欧内斯特·海奇爵士（Sir Ernest Hatch）在访问中国期间，用摄影机拍摄了北京的一条街道、从天津到北京的火车上看到的风景、河中的船舶、纺纱的妇女等镜头，曾在伦敦影院放映。八国联军侵华期间，英国电影摄制者约瑟夫·罗森塔尔（Joseph Rosenthal）在北京拍摄了联军瓦德西在紫禁城外举行的入城仪式等镜头，美国摄影师卡尔·弗莱德·阿克曼（C. Fred Ackerman）则以情景再现的方式拍摄了短片《攻打南大门》（*Assault on the South Gate*），此外还拍摄了《北京紫禁城》（*The*

① 何伟亚：《档案帝国与污染恐怖——从鸦片战争到傅满洲》，何鲤译，《视界》第一辑，河北教育出版社，2000年5月，第104—106页。

Forbidden City, Peking)、《李鸿章及其随从：展示电影放映机》(Li Hung Chang and Suite: Presentation of Parlor Mutoscope) 等纪录片。美国"观光电影之父"博顿·霍尔姆斯 (Burton Holmes, 1870—1958) 于 1901 年用摄影机拍摄了一些北京市井生活的镜头，展现了晚清时期破败的城市景观、落后的道路与杂乱的交通。此外，法国银行家阿尔伯特·卡恩 (Albert Kahn, 1860—1940)、美国福克斯公司等都曾在 20 世纪初期来华拍摄了大量反映中国社会生活、自然风貌的纪录片。[1] 不过应该看到，虽然电影技术的诞生推动了中国形象在世界广为传播。但在西方拍摄者眼里，当时的遥远中国只是一个猎奇的对象，因此在他们的镜头里，中国人呈现出来的面貌无非就是匪夷所思的愚昧习俗，麻木又不无狡黠的神态、病弱的身体。通过这些模糊不清的影像，仿佛可以阅出当时中国的表情，中国人的麻木、软弱、愚昧是写在脸上的，那种对外国人的好奇，透过他们对镜头的注视生动地表达出来。[2] 在故事片方面，美国电影界几乎从一开始就经常将银幕上的中国人塑造为恶棍形象。最典型的例如格里菲斯 (D. W. Griffith) 1919 年导演的《残花泪》(Broken Blossoms)，该影片取材于英国小说家托马斯·伯克 (Thomas Burke) 1916 年出版的小说集《石灰屋之夜》(Limehouse Nights)，故事讲述一位嗜食鸦片的单身华人爱上白人少女白花，少女之父是残暴成性的职业拳师，常对亲生女儿拳脚交加发泄比赛失败后的郁闷，后因发现女儿在黄种人的阁楼后怒不可遏，强行把女儿带回家打得她奄奄待毙，华人赶来目睹此景开枪打死拳师，最后在香消玉殒的白花身旁自尽。而在罗默的傅满洲系列小说问世后，美国电影界迅速将其搬到银幕上，并将傅满洲塑造成了一个炙手可热的反派角色。从 1929 年到 1932 年，美国好莱坞先后拍摄了多部以傅满洲为主角的电影，如《神秘的傅满洲博士》(1929) 和《傅满洲的面具》(1932)

---

① 朱靖江：《北京民族志电影史：从王朝末日到市井生活（1900—1949）》，《北京电影学院学报》，2023 年第 11 期。

② 肖同庆：《早年纪录片里的"中国形象"》，《人民日报》，2004 年 11 月 30 日，第 16 版。

等。这些电影中的傅满洲通常被描绘为一个阴险狡诈的中国人，有着瘦高的身形、秃头、倒竖的长眉和狰狞的面孔，他走路无声，举止中透露着阴谋与危险，他或亲自出马，或派遣女儿，兴风作浪，为害西方世界，而苏格兰的史密斯爵士挺身而出，与"恶魔"斗智斗勇，电影的结局当然是白人最终战胜野心勃勃的异类。由于好莱坞电影的巨大影响力，傅满洲的形象在西方世界中广泛传播。因为许多无知的西方人，竟然真相信这个虚构的恶棍，就是所有华人的形象代表，导致对全世界华人造成了曲解、侮辱和伤害，影响深远，甚至在近百年来都一直影响着西方人对中国人的看法，英国学者弗雷林就认为，傅满洲"是人们印象最深的文学中虚构的中国性格，这种中国性格无情、高深莫测、记仇、狡猾无比。在世界各地，要感谢无数的书籍、漫画、卡通、电视节目和电影的功劳，他们设计了一个'中国性格'的刻板扭曲的形象，仿佛这就代表了所有中国人，这个形象会杀害女婴、会强迫女人裹脚、会施行千刀万剐这一酷刑、会在 1900 年的义和团起义时屠杀基督教传教士、会以狗和猫为美食、并在近期成了拥有统治全球的共产主义野心的'觉醒的巨人'"。[①]

不过就在傅满洲系列电影开始在西方世界流行时，国际形势以及中国国内政局也开始发生变化。特别是随着中国国内民族意识的觉醒，这种单方面扭曲丑化中国形象的行为越来越遭到抵制和抗议。为了维护在世界的民族形象，当时的中国社会各界曾多次向美国交涉。例如在 1930 年 2 月 21 日，美国派拉蒙公司拍摄的名为《不怕死》的辱华影片在上海两家影戏院公映。《不怕死》由美国著名喜剧演员哈罗德·劳埃德（Harold Lloyd，1893—1971）主演，讲述了一位美国植物学家受聘在旧金山中国城稽查绑票贩毒集团的故事。影片中出现的中国人形象多为形貌猥琐之辈，女人裹小脚，男人吸鸦片。片中还多次出现诸如哈罗德饰演的植物学家抓住一名华人老头的小辫子并戏弄的侮辱性情节，丑化华人的意味十分明显。在中国社会各界的呼吁下，南京国民政府当局以罕见的强硬姿态宣布取缔《不怕死》，通告市民勿观看此

---

① 恺蒂：《让西方惊恐的中国邪恶博士傅满洲》，《文汇学人》，2015 年 1 月 15 日。

图 3-5-1：一幅反映西方人对"黄祸"想象的宣传画。

图 3-5-2：《傅满洲的面具》电影海报，1932 年。

图 3-5-3：好莱坞电影中塑造的傅满洲形象，很大程度上影响了西方人心中的中国形象。

片，责令电影院向上海市民道歉，各报停止刊登广告，并通过外交途径严正交涉。在多方压力之下，上海两家影戏院先后登报道歉，哈罗德·劳埃德也致函中国驻旧金山领事馆，向中国观众道歉，并声明该片拷贝将全部收回。①而当 1932 年米高梅电影公司根据同名小说改编的电影《傅满洲的面具》公映时，中国驻华盛顿使馆曾提出抗议。与此同时，随着美国本土的排华倾向有所减弱，中美外交关系进入新的阶段，好莱坞电影中也开始出现不同于傅满洲的新的中国形象。

1925 年，一部名为《没有钥匙的房子》（*The House Without A Key*）的侦探小说在美国出版。小说的故事发生在美国夏威夷檀香山，当地的首富在自己从不上锁的房间里被刺杀，这是一个牵扯了死者女儿的凶杀与遗产窃取案件。在破案的过程中，檀香山警察局的华人警探陈查理（Charlie Chan）突破层层障碍，根据各种蛛丝马迹抓住了凶手。尽管在这部小说中陈查理并不是主角，但得益于作者比格斯（Earl Derr Biggers，1884—1933）生动、幽默的描写，他的形象却迅速吸引了读者的关注。小说中，陈查理和妻子以及十四个孩子一起住在檀香山市里，他"身材矮胖，但走起路来脚步像女人一样轻，脸像婴儿一样丰满，皮肤平滑，黑色的头发非常密集，斜吊着琥珀式的眼睛"。这位华人侦探虽然英文口语不是很好，讲话语法经常搞错，但却非常讲究礼节，并且有一流的侦探智慧。他喜欢说"孔夫子说"之类的口头禅，但却很少提到中国。显然，比格斯笔下的陈查理是那种已经美国化的中国人，尽管仍然具有某些西方人看来怪异可笑的特征，但不像傅满洲那样邪恶，属于不会对西方社会造成危害的正面形象。《没有钥匙的房子》出版后，由于许多读者纷纷来信表示希望能看到更多的陈查理作品，于是比格斯又一鼓作气，接连推出了五部以陈查理为主角的侦探小说，包括《中国鹦鹉》（*The Chinese Parrot*）、《帷幕背后》（*Behind That Curtain*）、《黑骆驼》（*The Black Camel*）、《陈查理再接再厉》（*Charlie Chan Carries On*）和《钥匙保管

---

① 蒋梅：《轰动一时的"不怕死"事件——一部美国影片在中国的上映与被禁》，《中国档案报》，2018 年 11 月 21 日。

者》（*Keeper of the Keys*）。与十多年前罗默创作傅满洲系列小说的初衷不同，比格斯通过自己小说的成功，开始意识到西方社会正在调整看待中国和中国人的眼光，时代需要新的中国形象。在一次接受采访时，他明确指出："阴险、邪恶的中国人形象已经成为历史，而一个温和的、站在法律和正义一边的中国人，还没有过。"与此同时，嗅觉灵敏的好莱坞迅速跟进，开始同步在银幕上打造陈查理这个的全新的中国形象。从 1925 年改编《没有钥匙的房子》开始，到 1949 年热度渐消，好莱坞有四家电影公司先后拍摄了 47 部"陈查理"题材的电影，福克斯公司甚至正是依靠该系列电影的成功度过了大萧条时期。在这些好莱坞电影中，陈查理拥有一系列西方人所喜欢的正面形象，他温和、机智又顺从于白人。有研究者就认为："陈查理的出现标志着美国的中国形象与对中国人的态度的转变，标志着美国关于中国人的套话（stereotypes）的转变。过去的'异教中国佬'（heathen Chinese）让位给一种新的正面的中国人形象，这种形象尽管仍有些类型化和种族主义色彩，但无

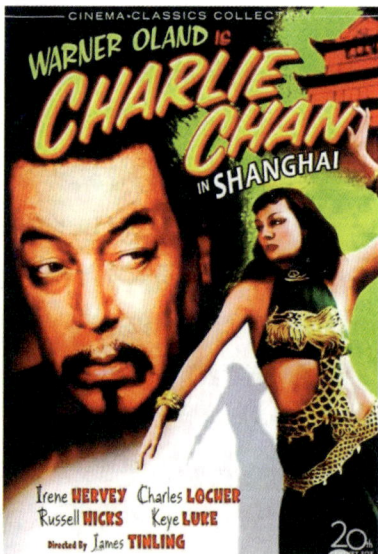

图 3-5-4：陈查理系列电影《陈查理在上海》（1935 年）海报。

图 3-5-5：好莱坞电影中塑造的陈查理形象，开始拥有一些西方人所喜爱的正面因素。

疑已多了些人性特征，也有些动人了。陈查理是美国公众的中国形象转变的一个关键人物，他体现的那种新观念正在广泛流传并扩大影响。"①

当然，陈查理这个形象得以在西方世界广为流行，还有一个重要的客观因素，就是因为在此期间，随着日本军国主义在亚洲的侵略与扩张，美日关系日益紧张，中美关系渐趋密切直至成为第二次世界大战时的盟友，而好莱坞自然需要积极塑造正面的华人形象。实际上自进入 20 世纪 30 年代之后，好莱坞开始更多推出真实反映中国形象的电影，例如纪录片《中国发言》（1932）以及旅行见闻片《东方之鼓》（1932）、《上海》（1932）等，而最具有标志性的当数 1937 年上映的故事片《大地》（*The Good Earth*），该影片改编自赛珍珠（Pearl Sydenstricker Buck, 1892—1973）1931 年出版的同名小说。

赛珍珠是美国著名女作家，并且与中国之间有着非常特殊的情缘。她出生在美国西弗吉尼亚州，出生三个月时便跟随身为传教士的父母一同到中国生活，并在江苏镇江长大成人。为了让她融入中国文化，父母甚至在她先学会汉语和习惯中国风俗后才教她英语，她的中文名字"赛珍珠"是依据她的英文名和父姓的中文译音而来。由于这种渊源，赛珍珠一直将镇江视作"中国故乡"。1910 年，赛珍珠离开中国，到美国弗吉尼亚州伦道夫·梅康女子学院（Randolph-Macon Woman's College）学习，1914 年获得学位后又回到中国，并且在 1917 年嫁给了农业经济学家约翰·洛辛·卜凯，随后举家移居到安徽北部的宿县，在此期间的生活经历成为她创作《大地》的素材。1921 年底，赛珍珠迁居南京，在金陵大学教授英语文学。1930 年，赛珍珠出版了她的第一部作品《东风：西风》，从而开始了写作事业，1931 年又创作了小说《大地》，次年便获得了普利策奖。1934 年，鉴于中国政局陷入了混乱，赛珍珠被迫离开中国回到美国，之后相继完成了《流亡》和《搏斗的天使》等作品。1938 年，凭借其小说《大地》的巨大影响力，赛珍珠获得了诺贝尔文学奖。诺贝尔颁奖委员会对她的评语是："对中国农民生活进行

---

① 张燕：《由好莱坞生产到中国制造：早期陈查理电影的类型创作与文化影响》，《当代电影》，2014 年第 2 期。

了丰富与真实的史诗般描述，且在传记方面有杰出作品。"她也由此成为同时获得普利策奖和诺贝尔奖的唯一女作家，以及作品流传语种最多的美国作家。

赛珍珠在中国生活了将近 40 年，毫无疑问对中国人民充满了深厚感情，并试图通过文学创作帮助西方世界更好地了解中国和中国文化，这种意图集中体现在小说《大地》中。小说讲述了一个发生在旧中国农村的故事，主人公王龙和他的妻子阿兰，是真正执着于土地的中国农民，贫困与饥荒曾使王龙逃离故土去城市出卖苦力，而意外获得的财富又使他能够重新回到故土。正是由于多年在中国的生活体验，使得赛珍珠能够以生动而充满感情的笔触描绘出中国农民的生活："太阳火辣辣地照在他们身上，这是初夏时节，她的脸上不久就挂满了汗珠。王龙脱下衣服，光着脊背，但她仍旧穿着衣服，尽管衣服已经完全湿透，就像一层皮肤那样紧紧地裹着她的肩膀和身子。不用任何的言语交流，他和她一小时接着一小时默契地配合着，他已感觉不到劳动的辛苦，他只知道他们两人似乎已融为一体。他已经失去了连贯的思维。这里只有完美的劳动韵律，一遍又一遍地翻耕土地。土地令他们拥有了家庭，土地是他们的衣食父母，土地成了他们的上帝。土地中有财富与秘密，土地在他们的锄头下翻转。有时他们会在土地中找到一块砖头，发现一段木头。这并不稀奇。有时土地里会出现已被埋葬的尸体，已逝的家园。或许土地本身就是一种轮回。他们在土地上耕作，一起劳动——一起——在土地上创造成果——无须任何言语。"

出人意料的是，赛珍珠的小说《大地》一经出版便在美国引起巨大轰动，美国人几乎是史无前例地对遥远的中国给予了如此关注。《大地》在 1931 年出版当年就创下了 180 万册的纪录，并连续 22 个月登顶畅销书排行榜首位，随后重印了多次，总销售量达数百万册之多，被译为三十多种文字。难能可贵的是，小说通过王龙一家的曲折命运，为美国公众提供了丰富的中国农民形象，纠正了他们对中国人的笼统而模糊的认识，改变了自十九世纪以来西方流行的负面的中国形象，扭转了一百多年间西方文化对中国丑化的倾向，使西方人感觉到中国人不仅是与他们同样的人，具有相同的人性，而且还具有西方文化价值推崇的某些高贵品质，这种对中国形象认知在美国国内体现得尤其明显。在《大地》出版之前，美国人想象中的中国人，只是面目模糊、行为古怪的没有个性甚至没有人性的群体，而这部小说很大程度上改变了他们的印象。甚至在几十年后，一位新闻记者曾回忆说"中国对我来说只是地图上的一个地方，具有四亿人口，他们倒扣洗碟盆当帽子戴，坐人力车，用筷子吃米饭。这些大部分是我在高中时期获得的印象。后来我读到了《大地》，赛珍珠为我展现了中国人人性的一面。"

小说《大地》的成功自然吸引了好莱坞的目光。1933 年，米高梅公司决定拍摄同名电影。为了拍摄该片，导演西德尼·富兰克林在加利福尼亚州租下了五百英亩土地，重建了中国农舍、道路、水井，甚至修筑了一段中国长城。剧组还特别注意细节，从中国收集了演员使用的椅子、衣服等道具，以求达到逼真的效果。值得一提的是，在电影拍摄过程中，中国政府希望影片不要再现原作中对中国人不友好的描述，并参与了剧本的审查与修改。剧本经历了 16 次审查和修订，最终获得批准。不过虽然中国政府希望影片的主角能由华人出演，但好莱坞最终未能答应这个要求，男女主角王龙和阿兰均由美国好莱坞演员扮演，而在片中担任配角并与米高梅签有长期合同的华人共计 16 人，临时招募的华人群众演员多达两千以上。影片讲述了中国农民王龙（由保罗·穆尼饰演）和他的妻子阿兰（由路易丝·赖纳饰演）的生活故事，他们面临着生存的挑战，包括饥荒、蝗虫灾害和贪婪。尽管遭遇了种种困难，王龙凭借自己的智慧和勤劳，最终从一个贫穷的农民变成了一个富有的地主。影片的主演保罗·穆尼和路易丝·赖纳都是当时著名的演员，他们在剧中的表现赢得了广泛的赞誉。路易丝·赖纳因在影片中扮演阿兰一角而获得了奥斯卡最佳女主角奖。此外，影片的摄影师卡尔·弗罗伊德也因本片获得了奥斯卡最佳摄影奖。

电影《大地》在 1937 年上映后获得了巨大成功，在第 10 届奥斯卡金像奖上除了获得最佳女主角和最佳摄影两项大奖外，也获得了包括最佳影片在内的其他几项提名。电影不仅在美国，也在丹麦、芬兰等国家上映，并受到了观众的欢迎。总的来看，《大地》在西方世界塑造了真实可信的中国人形

象，架起了西方人了解中国和中国人的桥梁，对改善和提升中国人在西方的形象起到了积极作用。该片主题思想积极健康、励志向上，演员的表演精湛，成功地刻画了中国农民形象，扭转了美国人对中国人的片面观念，跨越了种族与文化之间的藩篱，引起世界不同国家观众的共鸣和反思。电影描绘了一个贫困潦倒的农夫通过辛勤劳动逐渐改善生活，经历饥荒、逃荒、革命等社会变迁，最终在种种挑战中坚守土地和家庭的感人故事。它通过王龙一家的故事，展现了中国社会在动荡时期的变化，以及农民在自然灾害和社会变革中的生存斗争；展现了中国农民的勤劳与坚韧，他们在土地上耕作，过着传统的大家庭生活，体现了中国人对土地的深厚情感和依恋。而对于当时的美国人来说，电影《大地》所描绘的苦难中国，使得他们长期以来从传教士那里得到的有关中国的印象变得清晰可见，这最终加强了他们的自豪感——中国是一个"待拯救的世界"，那里有亿万待拯救的异教徒还在苦难中挣扎，而西方人作为上帝的宠儿，正是那个拯救者。

图 3-5-6：电影《大地》剧照（一），1937 年。

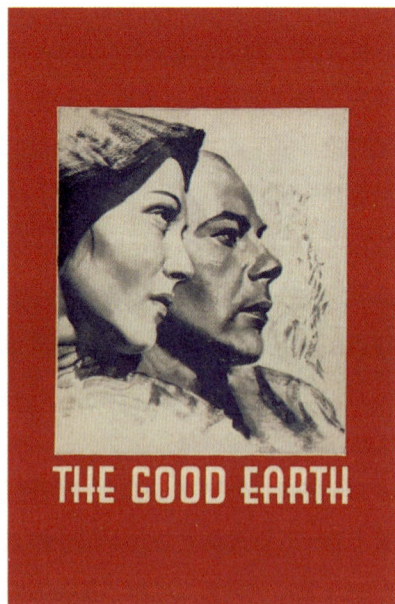

图 3-5-7：电影《大地》剧照（二），1937 年。

遗憾的是，尽管 20 世纪 30 年代起好莱坞的银幕上出现了陈查理这样相对正面的中国形象，也出现了《大地》中可爱可敬的中国主人公。然而必须看到，这种转变实际上只是历史潮流推动下的一种矫正，甚至只是一种国家利益的需要。如果没有文化上真正的理解与尊重，西方文化中根深蒂固的傲慢与偏见就很难彻底改变，而傅满洲那种角色的退隐就只能是暂时的。后来的事实也表明，在好莱坞电影中，中国形象始终是变幻不定的。关于这一点，美国华裔演员黄柳霜（Anna May Wong, 1905—1961）的境遇就是最好的证明。

　　黄柳霜是第一位美籍华人好莱坞影星，也是第一个获得国际声誉的亚裔美籍女演员，她的演艺生涯和个人生活体现了 20 世纪初期华人移民在美国社会中的复杂地位和挑战。

　　黄柳霜出生于美国洛杉矶的一个华人移民家庭，她从小就对电影产生兴趣，并在 12 岁时开始了她的演艺生涯。黄柳霜在好莱坞的早期电影中扮演了各种角色，特别是在《海逝》（1922 年）、《唐人街之旅》（1926）等片中的出色表演，使她成为好莱坞第一位华人女星。她在多部电影中展现了才华，包括与美国大明星范朋克合作的《巴格达窃贼》（1924 年）。1929 年，著名评论家沃尔特·本雅明曾这样称赞黄柳霜："实际上，若是越过所有动人之处，用朋友般的态度认真的凝视，你就会发现，这个健康耿直的女孩子丝毫不像一个电影明星：丰满的脸庞像一阵春风。其形若圆，其神平和宁静。"然而尽管黄柳霜演技出众，但由于当时好莱坞的种族主义偏见，她的职业生涯受到了限制。她经常被迫扮演一些具有刻板印象的角色，这让她感到不满和挑战。尽管她努力试图在银幕上展示正面的华人形象，但终其一生都无法突破无形的桎梏。

　　事实上稍加回顾就不难发现，在好莱坞早期电影中，大多数中国人均由白人扮演，扮演方法除了换上中式服装，将皮肤涂黄，最重要的是用胶布将眼睛向后粘，以显得又细又长，毫无精神。在当时的好莱坞，电影用图像定义了源于想象的、符合"中国性"的中国女性样貌。黄柳霜杏眼弯眉，但在电影中却经常眯缝着眼睛，或以细长、浓重的眼妆与封闭型眼线示人，刻板规整中既显得阴险狡诈，又表现出呆板无趣，与电影中西方女性的妆容迥然不同。① 在这样一种时代背景下，黄柳霜悲哀地发现，从出现在好莱坞电影镜头前那天起，她就成为东方的符号。她除了演绎卑微的华裔女性，别无其他选择。她的大部分角色是裸露身体充满诱惑的妓女，鸦片贩子，或只是帮助增添异域特色。她的人物命运通常难逃自杀或服食过量鸦片而亡的结局。在西方的视界里，她就是个"心肠恶毒的龙女，没有灵魂与个性的色情的中国娃娃，电影里她要么被杀、要么自杀"。黄柳霜的演艺事业从美洲大陆到欧洲大陆，从无声电影到有声舞台剧，她的影迷遍布世界各个地区，有关她的文字和照片出现在美国、欧洲、澳洲、南美以及日本、中国的电影刊物上。她努力提高自己的表演技术，甚至认真学习英国上流社会的英语口音、德语等语言，她尽其所能在公众面前表现她的美丽和优雅。但是她仍然没能脱离时代、民族赋予的刻板形象。② 最终，这位内心充满矛盾的华裔女星只能愤慨哀叹"为什么银幕上的中国人都是恶棍？我们不是这样的！"特别是当好莱坞筹拍电影《大地》时，很多人都认为凭借黄柳霜的演技，以及华裔的天生优势，必定能出演阿兰一角。然而片方最终还是决定由德裔女演员路易斯·赖纳出演阿兰，后者也凭此获得了奥斯卡金像奖。

我们还可以看到，在早期西方电影中，中国男性常被描绘为麻木不仁、呆头呆脑，而中国女性则常被描绘为需要白人男性保护的性对象，如"龙女"和"中国娃娃"这样的角色。特别是在 20 世纪前半期的好莱坞，傅满洲形象、陈查理形象以及《大地》中的中国形象相继出现，这些形象也在一定程度上体现出美国社会的对华意识形态。如果说在 20 世纪初期好莱坞电影把中国构想成贫穷、愚昧、落后、专制的封建帝国，或者是战祸连连、贫穷落后的中国形象，那么到三四十年代，出于国际形势的剧烈变化和国家利益的需要，美国文化中独特的"中国情结"开始产生影响，所谓的"恩抚主

---

① 牛琳：《想象、权力与博弈：好莱坞电影里中国女明星的表演轨迹》，《河南社会科学》，2019 年第 5 期。

② 侯东晓：《从虚构的"傅满洲"到假想的"拯救者"——论好莱坞银幕"华人"想象与形构》，《当代电影》，2020 年第 1 期。

图3-5-8：充满西方人想象中的东方风情的华裔电影明星黄柳霜（一）。

图3-5-9：充满西方人想象中的东方风情的华裔电影明星黄柳霜（二）。

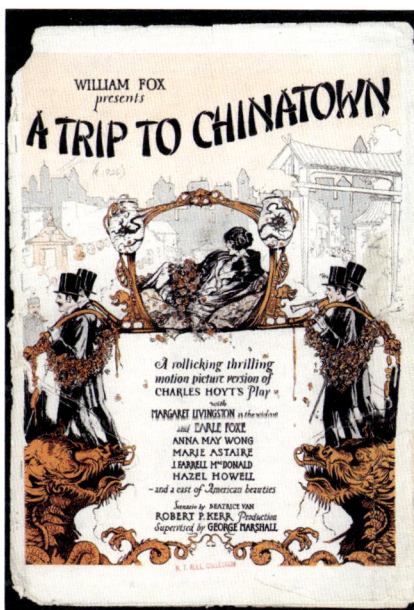

图3-5-10：黄柳霜主演的美国无声喜剧电影《唐人街之旅》（A Trip to Chinatown）海报，1926年。

义"(Paternalism) 使他们在关心、爱护、援助中国的同时，开始在好莱坞银幕上的中国塑造成勤劳、质朴、善良、值得同情的形象。

当然，这种西方中国形象的蜜月期可想而知注定是昙花一现的。

参考文献:

[美]厄尔·德尔·比格斯著:《陈查理探案》,鲁玉荣、孙小芬、车宁国译,群众出版社,2012年8月。

[美]韩瑞著:《假想的"满大人":同情、现代性与中国疼痛》,袁剑译,江苏人民出版社,2013年。

[美]郝吉思著:《黄柳霜:从洗衣工女儿到好莱坞传奇》,王旭/杨长云/李文硕译,香港大学出版社,2013年1月。

[美]赛珍珠著:《大地》,王逢振、韩邦凯、沈培锡等译,漓江出版社,1988年7月。

[美]陶乐赛·琼斯著:《美国银幕上的中国和中国人(1896—1955)》,邢祖文、刘宗锟译,中国电影出版社,1963年12月。

老舍:《老舍作品集04》,译林出版社,2012年5月。

吴卫华:《好莱坞电影里的中国想象》,中国社会科学出版社,2017年10月。

Chinese American Masculinities: From Fu Manchu to Bruce Lee. By Jachinson Chan, Routledge 2001.

The Yellow Peril: Dr. Fu Manchu and the Rise of Chinaphobia. By Christopher Frayling, Thames & Hudson 2014.

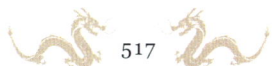

第六章
窥伺：日本间谍的在华摄影情报

我们一行从大连出发还是寒风料峭的三月初。从那时以来，大约半年都在长江上漂流，或者在四川的深山中。有时被野蛮的土著迫害，或者与酷热作战，但大家都努力收集珍贵的材料，直至八月二十一日乘"神丸"号平安归来。回顾这次旅行，真是件辛苦的事情。要用什么样的方法把这些纪行发表出来也是值得思考的。

——岛崎役治，1926 年。

英国著名学者理查德·迪肯在《间谍秘史：日本间谍惊人成功的奥秘》一书中曾写道："在日本，与其他国家的观念相反，他们一向把间谍活动视为一种光明正大和爱国的行为。在日本的许多参考书中，对他们的许多大人物曾参与过间谍活动这一事实，并不隐瞒。"[1] 自近代以来，为了更好地为其对外侵略服务，日本曾向周边国家尤其是中国派出大量间谍，通过各种手段窃取情报。而在这一过程中，摄影便是他们所使用的重要手段之一。实际上早在甲午战争之前，日本间谍就"以外交官、商人、学者、医生、旅行家、

---

① [英] 理查德·迪肯：《间谍秘史：日本间谍惊人成功的奥秘》，王殿忠译，军事科学出版社，1989 年 10 月，第 1 页。

侨民、妓女等身份为掩护，深入宫廷官府、穷乡僻壤，探悉了处在风雨飘摇中的大清帝国的内幕"。甲午战争爆发后，日本官方又专门派出114名随军记者及4名摄影师前往战场实地拍摄。[1] 而著名的职业摄影师小川一真、龟兹井明等人，当时还曾以个人身份与日军"陆地测量部"的官方摄影师一起工作。到日俄战争前后，为深入了解中国东北的情形，日本又设立了专门的拍摄机构，而这些机构都直接从政府或有政府、军界背景的商业机构那里获得财力支持。进入20世纪20年代以后，随着日本侵华脚步的加速，大批日本间谍打着旅行考察的幌子潜入中国各地进行调查，收集地理、军事、经济、人文等方面的资料，而一些摄影师所拍摄的照片则为其主子提供了更形象真实的情报，这类行动一直持续到了二战结束。

2009年，中国国家博物馆入藏了3000余幅日本间谍在中国各省拍摄的原版照片，时间跨度为1924至1942年。这些照片绝大多数尺寸为10×15cm，贴在21×30 cm的黑色相册纸上，每张照片的旁边贴有一张印有日文说明的标签，注明拍摄地点及情况简介。这些照片当年是作为出版物而向社会公开发行的，相册的名称有《亚细亚大观》《满蒙大观》《满蒙印画辑》《亚东印画辑》等，其中保存最完整、文献信息最齐全的为《亚细亚大观》。《亚细亚大观》通常根据主题按月发行，每回（期）含10张照片及相关的背景文章。

据考证，这批照片的主要摄影者包括岛崎役治、樱井一郎等人。1937年日本大连殖民当局编撰的档案资料《满洲绅士录》表明，岛崎役治的公开身份是亚细亚写真大观社社长。此人出生于日本明治二十五年（1893年）10月，本籍高知县香美郡大楠植村，毕业于东方摄影学校，个人兴趣有照相、读书、地理、历史、旅行，住所为大连市山县通193号。他1918年来到中国东北谋生，先在丰年制油会社工作了三年，1921年辞职后曾在黄渤海裕民渔业会社担任监察，1924年5月成立亚细亚写真大观社并创办摄影月刊《亚细亚大观》，同时出售满蒙等地的风景、风俗、产业、交通、矿业及其他

---

① 宗泽亚著:《清日战争（1894—1895）》, 世界图书出版公司, 2012年, 第98页。

学术资料照片。该刊物除在东京设有支社外，在北海道、札幌、京都、大阪、北京、新京（今长春）、奉天（今沈阳）、哈尔滨、上海、牡丹江、齐齐哈尔等地都设有代理店，影响很大。[①]另据日本学者研究，岛崎役治当初是与合伙人共同经营《亚细亚大观》的，1932 年 11 月后改为个人独自经营，属于当时东北日本侨民中有一定影响力的人物。[②]由于刊物本身具有较强的阅读性和利用价值，因此《亚细亚大观》的发行一直持续到 1942 年。与此同时，岛崎役治所拍摄的照片还经常被《满蒙大观》《满蒙印画辑》《亚东印画辑》等同类刊物采用。尤其是《亚东印画辑》，其性质和内容几乎与《亚细亚大观》完全相同，只是不像后者那样每期除照片外还刊登相关背景文章。资料显示，《亚东印画辑》创刊于 1924 年 9 月，几乎与《亚细亚大观》同时，发行方为亚东印画协会，地址在大连市淡路町三番地。巧合的是，与《亚细亚大观》一样，《亚东印画辑》也一直发行到了 1942 年。除了发行以照片为主要内容的《亚东印画辑》外，亚东印画协会还发行一份名为《亚东》小刊物，每月 15 日发行，32 开本，主要以当月出版的照片为主题，刊登一些研究性文章以及照片的背景资料，介绍东亚各地的民俗风情。

耐人寻味的是，虽然从表面上看，《亚细亚大观》只不过是一份以刊登照片为主的消遣类刊物，但却与日本官方有着千丝万缕的联系。特别是在 1932 年之前，这份刊物每期的封面上居然印有"赐天览"的字样，并以大号字体标明"天皇陛下睿览、摄政宫殿下睿览"或"天皇陛下皇后陛下睿览、闲院宫御用"等。或许是为了突出刊物的权威性，在发行页上还罗列了众多名誉赞助员及评议员的名字，其中包括：国学院大学教授鸟居龙藏、陆军大将大庭二郎、总理大臣田中义一、侯爵中御门经恭、满铁社长山本条太郎、侯爵松平康庄、前朝鲜总督斋藤实、前文部大臣水野錬太郎、陆军大臣白川

---

① 满蒙资料协会编：《满洲绅士录》（昭和十二年版），满蒙资料协会东京支社，1937 年，第 857 页。

② 【日】柳沢遊：《1940 年代初大连日本人个人经营者经历》，《经济学研究》（日本九州大学），第 70 卷，第 4、5 合并号，2004 年 4 月 30 日。

图 3-6-1：位于大连的满铁本部，《亚细亚大观》。

义则、帝国大学名誉教授白鸟库吉等。这些人要么是日本当时的军政首脑，要么是学术权威，其中的田中义一、山本条太郎、白川义则等人更是鼓吹侵华的急先锋。

透过其摄影活动和拍摄内容可以很清楚地看出，作为一名职业摄影师和刊物经营者，岛崎役治其实还扮演着日本间谍的角色，长期打着旅行考察的幌子在中国各地搜集情报，直接为日本政府的渗透与侵略服务。根据笔者的梳理，仅在 1925—1931 年间，岛崎役治就几乎跑遍了大半个中国，其行迹大致如下：

1925 年：黑龙江、呼伦贝尔、山西等地；

1926 年：上海、江苏、浙江、安徽、湖北、湖南、四川等地；

1927 年：北京、河北、河南等地；

1928 年：吉林、上海、湖北、四川等地；

1929 年：山西、察哈尔、绥远、山东、江苏、广东、辽宁、吉林等地；

1930 年：山东、湖南、江西等地；

1931 年：云南、福建等地。

民国外交档案显示，早在 1925 年 7 月 8 日，外交部奉天交涉署就曾向有关各县知事下达训令，内称："案准驻奉日总领事馆函送日人岛崎役治赴东三省一带地方游历护照，请查照加印送还等因，除将原照加印送还暨分行外，合行刊登公报，通令各该县仰即遵照，俟该游历人到境验明护照妥为保护，并将入出境日期报查，此令"（《奉天公报》第五一四号）。而 1928 年 5 月 24 日，当岛崎役治随同日本著名人类学家鸟居龙藏再度前往东北各地考察时，中国官方机构同样特地予以保护。外交部奉天交涉署训令令各县知事称：

图 3-6-2：1932 年，《亚细亚大观》的摄影师们在河南、陕西交界实地考察时的情形。在炎炎烈日下，他们身背照相机，或徒步、或乘马车穿梭在中国内地，冒着巨大的风险，不辞辛劳地搜集各类情报。他们匆忙的背影尽管已被老照片定格，却仿佛又穿越了历史的隧道。

"案准驻奉日总领事馆函送日人鸟居龙藏等四人赴左表所开一带地方游历护照，请查照加印送还等因，除将原照加印送还暨分行外合行刊登公报，通令各该县仰即遵照，俟该游历人到境验明护照妥为保护，并将入出境日期报查，此令"（《奉天公报》第五一四号）。

在 1926 年 8 月《亚细亚大观》发表的一段卷首语中，亚细亚写真大观社就公开表示："我社的本旨是负责诚意制作，险难僻远之地，瘴烟瘴雾之境又兵火劫乱匪贼出没的地方，都是亲自踏入，冒着诸多艰难困苦编辑的，精益求精以实现我们的志向。我们只有更加发奋，才能报答诸君的鼓励和圣上的无上荣誉。"而在《亚细亚大观》上，该社编辑部也经常标榜他们的功绩和辛劳。例如在 1929 年考察完山东泰山之后，他们就宣称："我社同人摄影担当者岛崎役治经历各种痛苦后才得以逃脱土匪巢窝，实在是国家好汉、上神加护。"

综合各种信息我们又发现，岛崎役治本人及其刊物的主要靠山便是近代日本侵华的大本营——南满洲铁路株式会社（简称"满铁"）。《亚细亚大观》不但在"满铁"沿线图书馆都设有发行所，该社组织的许多摄影考察活动也时常得到"满铁"的支持。例如 1925 年 10 月的"云冈摄影行"，岛崎役治就特邀"满铁"人事课的加藤新吉同行以获得沿途关照；在 1928 年"北满之冬"专号的拍摄过程中，他声称得到了"满铁"情报课的摄影指导。而在发表这些照片的同时，亚细亚写真大观社"驻日本东京的总支社还在日本本土各地举行过多次关于中国的照片展览。该社还向日本各地学校、团体免费寄赠发表这些照片的'大观'刊物"。在 1926 年的一篇"宣言"中，岛崎役治曾以亚细亚写真大观社的名义这样大声疾呼："当然，对于南中国、云南等地的情况，我们也必须了解。但是与此相比，我们正住在满洲，尽力了解自己脚下的满蒙的事务难道不是更为紧急的事情吗？比如对于'满铁'沿线，每个人都具有一定的知识，但若自沿线一步步深入，应该会有不为世人所知的珍稀事物和宝藏发现等着我们。我们现在要好好考虑这件事情。我社今后满蒙以外的广大地方都要向大家介绍，同时，也要考虑对满蒙介绍的精进。要完成这个艰难的任务，还请大家多多帮助赐教。"

众所周知，"满铁"虽然名义上是一家铁路公司，但实际上却在近代日本侵略中国的过程中扮演着重要角色，特别是其开展的"情报工作极为广泛，举凡政治、经济、军事、商业、工业、历史、地理、风俗习惯、司法等等无不在搜索之中"，更对日本发动侵华战争起到了推波助澜的作用。"满铁"存在四十年间，对我国东北乃至全国各地区的政治、经济、军事、文化等各个方面进行了无孔不入的调查研究，搜集了大量情报资料，所提出的报告达 6200 份，积累的各种资料有 5 万多件，这些"卷帙浩繁的调查资料包罗万象，涉及面十分广泛，为日本帝国主义制定侵华政策提供历史与现实的各种资料，同时歪曲历史事实，割裂东北与中国的统一关系，为发动侵略战争制造根据"。① 很显然，岛崎役治等人所拍摄的大量照片正是这类资料的有益补充。

这批日本摄影师的作品，其内容涉及东北、北京、天津、河北、山西、河南、内蒙古、山东、江苏、上海、浙江、福建、广东、湖北、湖南、安徽、江西、四川、重庆、云南、西藏、香港等地区，涵盖城市面貌、山川河流、地理交通、资源物产、民俗民情、名胜古迹等题材。通过对这些照片进行分析，不难看出当年在华日本间谍从事摄影活动时所暴露出的侵略野心。

在岛崎役治等人的镜头下，中国各地的城市乡村、港口码头、铁路航道、名胜古迹等是最重要的内容，显而易见的是："上述照片的大多数并没有什么观赏价值，相对来说，作为侵略时占领一城一池的需要，却很有实用价值。阅览这些占有极大比重的中国城镇照片后，人们会发现这只是一种情报搜索式的摄影，对于有强烈征服欲和殖民欲的军国主义分子则可以起到明显的诱导作用。" 在给每幅照片所配的文字说明中，岛崎役治等人的真实用心更是不言而喻。例如在 1926 年考察南京时，他就详细介绍了这座城市的人口、交通、商业贸易等概况："现江苏省首府，扬子江沿岸通商港，人口约四十万，在留外人五百余，内邦人（日本人）百三十余……贸易额二亿"；在介绍宁波码头时特意指出这里"自古以来就是南中国贸易大港"；介绍南昌时写道："南昌是江西省省府，赣江右岸，以日本借款修建的铁道南浔线终点九江距此 70 里。近来中国地方革命势力造成恐慌，城墙被拆除，目前正建设近代化都市"；介绍长沙时说："长沙在湘江沿岸，是湖南省省会，粤汉铁路上仅次于汉口的大城市。人口 50 万，国民革命后拆除城墙，开始近代改造。河中三角洲对岸商埠地供各国人居住，水上常有日、英、美等国军舰巡游"；介绍烟台时称："此地是青岛出现之前山东唯一贸易港，每年夏季美国东洋舰队航行至此避暑"；介绍上海时更是详细说明："八十余年前黄浦江岸边一渔村部落，今三十亿贸易年额，支那第一商埠，人口二百四十万，二十数国异国民族"。在拍摄过程中，岛崎役治等人还特意搜

---

① 刘永祥：《满铁情报调查机构述论》，《辽宁大学学报》，1991 年第 3 期。

集具有军事价值的各种情报。例如在介绍山海关的城墙时注明："高三十尺，厚二十尺，周长三里，坚城铁壁"；在介绍济南的津浦铁路黄河铁桥时也着意指明该桥长度为 4800 尺。

图 3-6-3：南昌城，《亚细亚大观》。

图 3-6-4：山海关，《亚细亚大观》。

在拍摄过程中，岛崎役治等人身为异国摄影师，却对于中国当时的政局和社会动向格外关心。例如在震惊中外的"济南惨案"结束后，他就第一时间来到事件发生地进行窥探。后来的事实表明，"济南惨案是日本帝国主义对中国发动的一次有计划、有预谋的军事侵略……是日本大规模侵华战争的前奏和开始"。1928年4月下旬，日本帝国主义悍然出兵山东，自5月3日起对济南军民进行疯狂屠杀，打死打伤中国军民7000余人，制造了震惊中外的"济南惨案"。直到1929年3月28日，在逼迫南京国民政府签订了屈辱性的《济南惨案协定》后，日军才撤出济南。此次事件表明，当时日本军国主义侵略中国的野心已昭然若揭。就在这样一种特殊的背景下，岛崎役治于1929年2月来到济南实地"考察"，为《亚细亚大观》拍摄了一组照片，详细介绍当时山东的政局、人文历史、交通、贸易、物产等情况，并专门撰写了题为"济南展望"的前言。值得一提的是，对于当时中国共产党在江西、湖南一带展开的革命斗争，岛崎役治也不惜冒着生命危险亲赴现场进行窥探，甚至近距离拍摄了一些苏区红军哨兵的照片，照片的标题则为"共匪见张兵队"，直截了当地表明了他的反共立场。在江西景德镇进行拍摄时，岛崎役治还污蔑说，景德镇原本是举世闻名的瓷都，但现在却由于"共匪变乱"而日益衰败。1931年九一八事变之后，日军在东北的侵略遭到了各地义勇军的顽强抵抗。而对于这些抵抗力量，日方统统视其为"匪"。为了侦查这些抵抗力量的虚实和分布情况，岛崎役治甚至不惜冒着巨大风险，深入辽西一带进行拍摄，全面掌握了当地义勇军的发展渊源、人员组成、武器特点、战斗方式等信息。至于他使用了什么手段，竟然能顺利地完成拍摄任务，我们不得而知。但可以肯定的是，他的这些第一手情报对于日本在东北的军事行动将起到很大作用。

岛崎役治等人这种明目张胆的间谍活动，恰恰反映了近代以来日本侵华行径的一大特色，即不遗余力地搜集各种军事地理情报。实际上，自从"明治维新"后，日军为获得中国军事地理情报，不断派员来华进行谍报活动。民国时期，日军成立专业测绘队，有计划、有步骤地秘密测绘长城以南地区。依靠这种精细盗测，日军绘制成中国十万分之一军用地图，为全面侵华铺平了道路。从军事意义上讲，对城市、河流、桥梁、港口等目标进行拍摄，再结合其他数据信息，所产生的作用将是不可估量的。通过岛崎役治的拍摄路线不难看出，他的首要任务就是为政府搜集此类情报，例如 1926 年对长江沿岸的考察就是如此。回顾这次"江南之旅"时，他本人在一篇致辞中曾不无得意地称："我们一行从大连出发还是寒风料峭的三月初。从那时以来，大约半年都在长江上漂流，或者在四川的深山中。有时被野蛮的土著迫害，或者与酷热作战，但大家都努力收集珍贵的材料，直至八月二十一日乘'神丸'号平安归来。回顾这次旅行，真是件辛苦的事情。要用什么样的方法把这些纪行发表出来也是值得思考的。"正是由于岛崎役治之流长期的情报活动，"至二十世纪二十年代末，日军已经详细掌握了长江及其支流的水文信息。日军长期精细的谍报活动，为入侵长江流域铺平了道路。七七事变爆发后，日海军正是沿长江快速向内地进攻的"。当然，对于岛崎役治之流的间谍活动，无论其伪装得如何隐蔽，中国人民也并非完全没有警惕意识。根据岛崎役治本人的供述，他在多次拍摄活动中都曾遇到过当地民众的攻击。例如在 1926 年 6 月，他在汉阳拍摄时就曾遭到数名"暴徒"袭击，以至于鲜血直流，差点送命。尽管如此，他在脱险后仍溯江而上潜赴重庆活动。在九一八事变前后，像岛崎役治这样的日本间谍并不在少数，不过有些人则没有他这样幸运。例如在 1931 年 6 月，日本陆军大尉中村震太郎秘密潜入中国大小兴安岭地区搜集军事情报，结果就被中国军队截获后处死。

由于资源贫乏的原因，很大程度上刺激了日本自近代以来屡次发动对华侵略战争。而在这一过程中，日本甚至将对中国丰富资源的调查和觊觎上升到了基本国策的高度，而执行这一政策最不遗余力的当数"满铁"。

早在日俄战争结束后不久，"满铁"就于 1907 年 4 月成立调查部，"并立即开展对中国东北地区农村的现状进行经济调查。第二年，又从日本国内调来了一批农林专家，开始有重点地对当地的农业资源、生产状况、农村人口等进行大规模地实地调查。……'满铁'的这些经济情报刺激了日本政府的侵略野心，为其决定以武力吞并东北提供了依据"。1927—1929 年间，"满铁"下属的临时经济调查委员会所提交的 34 项调查报告书中，涉及东北、

图 3-6-5：鸭绿江岗哨，《亚细亚大观》。

图 3-6-6：黄河铁桥，《亚
细亚大观》。

图 3-6-7：滇越铁路，《亚
细亚大观》。

图 3-6-8：大虎山，
《亚细亚大观》。

图 3-6-9：罢市中的
上海南京路，《亚细
亚大观》。

图 3-6-10：山东，
长城关门，《亚细
亚大观》。

529

内蒙古、山东等地物产资源状况的就占据了绝大多数。

九一八事变前后，随着其军事侵略的脚步不断延伸，"满铁"所谓的资源调查也从东北迅速扩展到整个中国。例如为在经济上得到当地丰富的农畜产、矿产等资源，"'满铁'对东蒙古进行大量实地调查，并不断向日本政府提出建议索取各种权益。从调查活动的内容而言，它主要对铁路经营、矿产开采、土地和财产的占有、农牧工业的发展及移民政策服务"。

作为与"满铁"关系密切的情报人员，岛崎役治等人在拍摄照片时，自然也将很多精力投入中国各地的资源调查中，举凡铁路、煤矿、锡矿、木材、大豆、牧业、毛皮、棉花等等门类，都一一被他摄入镜头之中。例如在1929年2月考察山东"淄川炭坑"时，岛崎役治就详细介绍了这里的情况："淄川炭坑既开矿区面积60平方米、炭层平均超过六米，炭质稀见理想，炭量六亿余吨，出炭量每日一至二千吨"；同年8月在考察京奉铁路上的锦县时说该地为："东蒙物资集散地，盛产毛皮、甘草、棉花、杂谷等"；在《亚细亚大观》1928年8月的"吉会线及其附近"专号上，又刊登了一组反映间岛地区木材资源丰富的照片。

像岛崎役治等人这样的专业摄影师，之所以将镜头频频对准毫无艺术性可言的矿坑、棉花堆、大豆囤、木材山等目标，恰恰折射出当时日本觊觎中国丰富资源的野心。自近代以来，日本政府就一直以中国资源丰富、地大物博来诱惑其国民，从而促使国内形成为利益而战的舆论氛围。到九一八事变前夕，在一部分狂热侵华分子的鼓吹下，日本从上而下都弥漫着渴望获取中国资源的心理。例如1927年东方会议后，当时的日本首相田中义一在秘密文件《对满蒙之积极政策》（即后来臭名昭著的"田中奏折"）中就公然提出："惟欲征服支那，必先征服满蒙；如欲征服世界，必先征服支那"，因为"最后之胜利，赖粮食也；工业之隆盛者，赖原料也；国力之充实者，赖广大之土地也"，而"满蒙广袤七万四千方里，人口两千八百万人，较我日本国土大逾三倍。其人口只有我国三分之一。不惟地广人稀，令人羡慕。农矿森林等物之丰，当世无其匹敌。我国欲开拓其富源，以培养帝国恒久之荣华"。而时任日本驻华公使馆武官的本庄繁也鼓吹道："满蒙及华北一带的物质，是帝国国防上唯一的粮源，开发该地并提高其经济价值，使之达到无论平时或战时，均能满足我国需要的程度，并且促进其与帝国间之关系，予以诱导、统制，惮能满足上述之需要，此乃保障日本及日本人得以永远生存的唯一方法，也是攸关帝国存亡的需要关键。"正是由于这些侵华先锋的诱导，日本国内的民众也急切地希望了解中国的资源状况。为了满足这种需求，日本地理研究会的参考书中甚至赤裸裸地写道："满洲地广而肥，有大平野，有大森林，矿产又富，是将来工业绝好的经营地，作为日本的殖民地再好没有了。"由此，我们就不难理解岛崎役治这位摄影师特别的兴趣了。

有了岛崎役治这类间谍搜集的情报作为基础，日本在后来的侵华战争中，对于资源的掠夺自然更加得心应手。仅以东北为例，九一八事变后，以"满铁"为首的殖民机构便展开了长期的疯狂掠夺。据统计，"在长达14年的'人肉开采'政策下，日本侵略者用中国矿工的血肉和生命换取了214亿吨煤炭。1942年—1945年，日本侵略者平均每年掠夺653万立方米木材，伪满14年间总计掠夺木材1亿立方米，遭破坏的森林面积达600万公顷。……每年强制掠夺东北粮食总产量的40%—50%，使广大农民生活无着落，挣扎在饥饿和死亡线上"。

在审视岛崎役治等人所拍摄的照片时，其中那些所谓的"土俗"类内容往往很容易引起人们的兴趣。无论是老北京的街头万象、大漠草原上的蒙古包，还是福建女子的三把簪、云南边民的奇异装扮，都很有些人类学意义上的"学术"色彩。然而如果稍加分析就会发现，作为肩负专事搜集情报的日本间谍，岛崎役治等人的镜头显然是别有用心的，其照片上中国人的形象也是扭曲的。事实上，尽管他们拍摄的"各行各业各个阶层的人物，很具有旧中国社会人群的广泛代表性"，但其"眼光里充满了对中国人的轻蔑和歧视"，因而"把镜头尽量瞄准人物的封闭、落后、穷困、愚昧，甚至麻木的状态，借此为他们极端反动的'种族文化论'所说的'优等种族'对'劣等种族'统治的'合理性'"。

就像近代以来许多西方来华摄影师一样，岛崎役治等人在中国各地拍摄的"土俗"类照片往往暴露出明显的猎奇心理。例如小脚、麻将、妓女、乞

图 3-6-11：山东淄川煤矿，《亚细亚大观》。

图 3-6-12：东北的大豆粮仓，《亚细亚大观》。

图 3-6-13：江西苏区的红军哨兵，《亚细亚大观》。

图 3-6-14：九一八事变后的辽西义勇军，《亚细亚大观》。

丐、怪病等内容的镜头，就经常刊登在《亚细亚大观》或《亚东印画辑》上。而这种猎奇心理的背后，所体现的正是摄影者的文化优越感。不仅如此，通过这种图文并茂的形式，岛崎役治之流还试图从民族性上极力丑化贬低中国人，从而为他们的殖民与侵略寻找"学术"上的依据。在《亚东》杂志上，日本官方所豢养的一些所谓的"学者"，就经常抛出此类言论，其中不乏题为"支那人心理变态面""变态国家支那之一面"之类的长篇大论。到九一八事变前后，随着日本国内侵华舆论的高涨，他们的"中国观"也日趋畸形，诸如"支那民族无民族精神，极端缺乏爱国心。支那是半开化的国家，富有野蛮的迷信性，是极卑怯的国民，言行不一致。富残忍刻薄性，吐虚言，甚巧，极不洁，自私自利"之类的言论更是甚嚣尘上。为了替本国发动侵华战争寻找"依据"，一些右翼日本学者甚至对中国的国民性全盘否定。著名的汉学家原惣兵卫就在其《中国民族性之解剖》一书中公开声称，中国民族缺乏国家观念，既然缺乏国家观念，当然就不承认国家订立的条约，故违背条约是他们的家常便饭；中国民族的外交是口舌欺诈的外交，能怎样欺诈就怎样欺诈，就是毫厘之利也想以诈术取得；中国实行借势压人政策和远交近攻政策；中国民族习性是贪婪的等等，据此日本应采取"自主强硬"的对华政策。在这种历史氛围下，就连一向与中国学界关系密切的著名学者白鸟库吉等人，也表示出了"对中国文化的否定，加深了近代日本人对中华文明乃至中国人轻蔑的程度"。

发人深思的是，日本间谍对于中国国民性的研究几乎贯穿于整个侵华战争期间。例如日军于 1937 年编印的《长江下游地方兵要地志拔萃》中，就有对江南地区中国汉民族的 17 条概括性总结。毫无疑问，这些情报对于他们在侵略过程中采取何种政策具有重要的参考价值。

通过《亚细亚大观》上刊登的一些照片及文章还可以发现，在九一八事变前后，当岛崎役治这类间谍人员在中国的内蒙古、云南、西藏等边地进行拍摄时，一些著名的专家学者也积极参与其中，而他们的真实目的，则是打着所谓人类学考察的旗号搜集情报。早在 1907 年时，东京帝国大学教授白鸟库吉在写给"满铁"总裁后藤新平的意见书中就呼吁："值此之际，从长

图 3-6-15：浙江，演戏，《亚细亚大观》。

图 3-6-16：吸水烟的女人，《亚细亚大观》。

图 3-6-17：打麻将的女人，《亚细亚大观》。

远考虑，乃为完成战后之经营，树立国家百年之大计。关于东洋事物——学术上的调查、研究之事尚有不足，对亚洲学界计划实施之事业虽然颇多，但以往研究拘于最近战争及爆发之原因。 今后我国尽力经营之任务在于满洲地方的研究，此最为迫切、紧要。"1925 年 7 月奉命考察内蒙古东部的克鲁伦河流域时，岛崎役治就特邀蒙古研究者志水语一起从满洲里出发同行；1927 年赴黑龙江及内蒙古拍摄时，又特地邀请著名人类学家鸟居龙藏担任摄影顾问并在《亚细亚大观》"满蒙处"专号上撰写了题为"金上京遗址"的文章；1929 年前往济南拍摄时，邀请的则是著名考古学家八木奘三郎，后者还在《亚细亚大观》"济南"专号上发表了题为"济南近乡胜区"的文章。

综观岛崎役治等人所拍摄的这些照片，虽然大多数作品艺术性并不高，但对于研究近代日本不断向中国渗透及侵略的细节问题，无疑具有较高的历史价值。更重要的是，与文献资料相比，照片有时往往有更强烈的视觉冲击力和历史说服力。特别是在反击日本右翼妄图美化侵略、否认历史的丑恶行径时，这些发黄的老照片将是更有力的铁证。

参考文献：

［英］理查德·迪肯著：《间谍秘史：日本间谍惊人成功的奥秘》，王殿忠译，军事科学出版社，1989 年 10 月。

宗泽亚著：《清日战争（1894—1895）》，世界图书出版公司，2012 年 4 月。

关捷主编：《日本对华侵略与殖民统治》，社会科学文献出版社，2006 年 6 月。

解学诗主编：《满铁档案资料汇编》，社会科学文献出版社，2011 年 11 月。

乌丙安、李家巍主编：《20 世纪初日本间谍的镜头：窥伺中国》，辽海出版社，1998 年 1 月。

杨红林：《暗夜中的眼睛：一名日本间谍的摄影情报档案》，广西师范大学出版社，2019 年 5 月。

第七章

同情：为盟友重塑形象

作为中国撤退政府的首府汉口，其贫民窟里火焰万丈，日军飞机轰炸后，到处滚滚浓烟……一名穿蓝衬衫的女苦力一脸悲伤，无望地守护着家中的杂物，而正午的汉口正在炽热的空气中燃烧。

——卡帕，1938 年

众所周知，由于历史地理等方面的因素，独立后的美国国内一直流行一种以本土安全为主的"孤立主义"情绪。而在整个 20 世纪 30 年代，这种孤立主义思潮更是渗透到美国的各个角落。当时，面对史无前例的经济危机，美国人普遍只关心本国的经济复兴，对于美国以外的事务基本不感兴趣。在这种外交思路的支配下，奉行实用主义的美国人为谋取利益，甚至公然将各种军事物资装备和武器输入德国，支持希特勒扩军备战。尽管当时执政的罗斯福总统希望打破孤立主义的禁锢，但是面对参议院中孤立主义拥护者的压力，他也不得不在第一个任期内于 1935 年 8 月通过了中立法案。该法案宣布禁止将美国的武器输往一切交战国，但对战略物资的贸易未加限制，也未禁止把武器输往其他不作战的国家。虽然美国政府一向打着维护国际正义的旗号，但在中国遭受日本侵略时，却一度表现得漠不关心。甚至在 1937 年七七事变之后的好几年内，当中国人民浴血奋战抗击日本侵略者时，美国政府似乎被"孤立主义"的魔咒禁锢地格外麻木而冷漠。面对国民政府发出的请求，美国国务院的那些外交官们拒绝以调处者的身份采取任何措施，认为美国向中、日两国表明其对远东的敌对行动"极不赞成"就足够了。这种表面上的"中立"，其实是在间接帮助日本封锁和孤立中国。具有讽刺意味的是，虽然多年来美国一直标榜自己遵守《九国公约》，维护中国独立和领土完整，但为了维护自己眼前的经济利益尤其是出口贸易的需要，却始终不敢对日本人说"不"。有数据显示，1938年，美国输日的作战物资，竟占日本全部消耗额的92%！只是在1940年日本公然扶植汪精卫汉奸政权后，加上日本在东南亚咄咄逼人的态势，美国政府才开始转变立场。当时，美国驻华大使纳尔逊·詹森向国务院警告说，除非华盛顿采取措施，给予蒋介石新的财政和政治援助，否则重庆的垮台就迫在眉睫。罗斯福随后才催促有关方面迅速采取行动，以加强对中国的援助。

相比之下，日本发动全面侵华战争后，受欧洲各国舆论的影响，美国民间则开始掀起同情中国的热潮，很多正义人士很早就开始谴责日本法西斯的侵略行为。特别是在观看了日本空袭中国上海的纪录片后，美国民众对日本侵略中国日益感到反感和愤怒，对中国的同情也迅速提升。据美国著名的舆论调查机构盖洛普1937年9月的一项民意测验，当时有55%的美国人对中日战争的任何一方都不抱同情态度，有95%的美国人不赞成美国银行向中国或日本提供贷款。而到1939年6月的一项民意测验表明，同情中国者占74%，同情日本者占26%；赞同不买日货者66%，反对者34%；赞同对日禁运军用品达72%，反对者28%。正是在民意的推动下，美国一方面加大了对中国的援助力度，同时也开始扩大对日禁运。1941年3月，美国终于通过了租借法案，中国列入租借法案借贷国。4月10日，美国总统罗斯福又秘密发布命令：允许美国预备役军官和陆海军航空部队退役人员参加美国支援队。

随着国际形势的发展，美国与中国之间的关系日益密切。特别是太平洋战争爆发后，中国成为美国在远东的盟国。为了动员本国国内乃至整个西方世界的对华同情，美国政府的宣传部门也迅速加大力度，一改多年来对中国的冷漠与轻视，开始不遗余力地想塑造一种正面的中国形象。当时美国政府

LE MONDE ILLUSTRÉ

MIROIR DU MONDE

HEBDOMADAIRE FONDÉ EN 1857   DIRECTEUR : PIERRE MORTIER   N° 4.175. — SAMEDI 22 JANVIER 1938.

PRIX DU NUMÉRO :
France et Colonies .... 2 fr. 50
Étranger (tarif postal) ...... 3 fr. 50
— plein tarif .... 4 fr.

41, Avenue de Friedland, PARIS (VIII°)
Téléphone : Élysées 93-64 et 93-65
Chèques Postaux N° 1157-15 Paris

ABONNEMENTS
France et Colonies :   Un an : 100 fr.
Six mois : 51 fr.   Trois mois : 26 fr.
Étr. 1/2 tarif post. 140 fr. Plein tarif 160 fr.

DES FEMMES CHINOISES SUR LE FRONT !... Une des sections du régiment chinois de Chungking est composée de femmes dont l'allure martiale et décidée, fait curieusement contraste avec l'image traditionnelle que nous nous faisions encore dernièrement de la Chinoise en kimono et en souliers étroits...

图 3-7-1：刊有中国女兵照片的法国《世界画报》（法文），1937 年。

的官方宣传机构——战争信息署，专门在中国设立了分部，全面负责对华宣传。为促进美国战争目标和对华政策目标的实现，战争信息署中国分部通过一系列对华宣传项目，将中国描绘成一个正在崛起的抗日英雄，希望全世界都看到中国是一个全民抗战的英雄国度；中国是肩负国际责任的世界大国中国正在走向以美国为模本的"改革"之路。尽管在抗战初期国民政府在正面战场上的表现并不理想，但战争信息署刻意回避国民政府军队战斗力差、武器落后的情况，而是把受过美式训练的士兵作为报道重点。而在宣传中国人民的战时形象时，美国新闻宣传部门把重点放在为抗战作出突出贡献的中国劳工身上，描述了一种默默无闻、勤劳勇敢、为国效力的中国大众形象。当然，美国官方宣传机构在抗战中最重要的宣传对象无疑当属中国"领袖夫人"宋美龄①。

1942年9月底，美国总统罗斯福的特使威尔基（Wendell Willkie）来华访问。在一次晚宴上，威尔基建议宋美龄访问美国，向美国朝野宣扬中国军民抗日的决心。他说，让美国人民了解亚洲问题和亚洲人民的观点是极其重要的，未来世界的和平乃系于战后东方问题是否能够获得公正解决。威尔基还以恭维的口吻对宋美龄说，以她的才气、智慧、说服能力和魅力，必能使美国人民更加了解中国。他甚至说这项任务只有宋美龄可以完成，她将是一个"完美的大使"，美国人民"就需要这样的访客"。面对威尔基热情的建议，宋美龄终于动心了。经过一番斟酌后，蒋介石最终决定派夫人到美国进行高层外交。随后在美国方面的安排下，一架由美国陆军部向环球航空公司租来的最新式波音307四引擎飞机抵达重庆。11月27日，宋美龄带着宣传部副部长董显光、两名美国护士和她的外甥女孔令伟抵达纽约。

1943年2月18日，按照美方的安排，宋美龄应邀前往国会发表演讲，这使她成为第一位以平民身份在美国国会发表演讲的妇女。宋美龄的演讲赢得了众议员们热烈而长久的掌声，美国众议院外交委员会主席勃罗姆说："蒋

① 王睿恒：《太平洋战争时期美国对华宣传中的中国形象》，《历史研究》，2016年第4期。

夫人演讲时态度之优雅，揭示世界局势之透彻，运用英语之流利灵巧，不但使每一听众能了解其意义，且能与其抱取同一见解，莅美外宾之影响美国民众者，从无若蒋夫人之甚！"议员凡登堡被宋美龄的演说感动得流下眼泪，并说："蒋夫人在参议院之即席演讲，为本人列席国会17年以来最佳之演讲词，预料国会必能实际援华，不徒以空言塞责。"这场演说通过美国的四大广播网现场直播，估计有25万人收听了这次演讲。美国各大报纸则全文刊出，在美国公众中间

图 3-7-2：1943 年 2 月 18 日，宋美龄在美国国会演讲时情形。

引起了强烈的反响。《纽约时报》的评论则称，"宋美龄是地球上最有影响力的女性之一"。第二天，罗斯福总统亲自为宋美龄主持了有 172 名记者参加的记者招待会。当有人问到中国何时能收到美国援助的所需物资时，罗斯福当场回答道："把飞机和供应品运往中国存在巨大的困难，但是美国正在努力把东西运进去。如果我是中国政府一个成员的话，肯定会问：什么时候再增加一点，为什么不增加一点？作为美国的一个成员，我就必须回答：上帝愿意让我们多快就多快。"对于宋美龄的表现，当时的《时代》周刊上有一篇文章评价道："有朝一日他们可能让海伦·海斯上演这个角色，但她却不会比现实生活中的蒋夫人演得更好。"

为了进一步扩大影响，美国方面随后又安排宋美龄在美国各地进行了一系列演讲。直到 6 月 29 日，宋美龄才从美国南部乘坐专机回国，结束了历时 7 个月之久的美国之行。在此期间，美国新闻处驻重庆的代表伯克（James Burke）和沙尔（George Shull）一路陪同，对宋美龄在美国的访问活动进行

了全程报道。途中两人撰写的新闻和拍摄的照片，通过战争信息署的全球通讯网络以最快速度传遍世界的每个角落，战争信息署电影部还专门制作了纪录片《蒋夫人访问美国》。正是由于美国政府的精心策划，宋美龄此行大获成功，美国各地掀起了支援中国抗战的浪潮。正因如此，美国著名的《新闻周刊》、《时代》周刊将她作为封面人物，而《纽约时报》等媒体甚至誉之为"世界著名的女政治家"。

除此之外，出于种种考虑，美国当时还有意识地将中国塑造为肩负国际责任的世界大国形象。特别是到太平洋战争中后期，随着中国作为军事斗争舞台的意义在减弱，但作为政治斗争舞台的意义则在增长，将中国塑造成负责任的国际大国又成为美国对华宣传的重要工作。在1942年1月，中、美、英、苏等26国代表在华盛顿发表了《联合国家宣言》后，为了抬高中国的地位，在美国宣传机构印刷的"联合国家为自由而战"的英文海报中，国民政府的青天白日满地红旗赫然位于海报最上方，与美、英、苏国旗并列第一排，形象地代表着中国的"四大国"之一身份。1943年1月，美国又携手英国宣布废除在华治外法权、与中国缔结新约。1943年10月28日，美国总统罗斯福发电报给蒋介石，邀请后者出席有中、英、苏、美领导人参加的"四巨头"会议。当时中国正处于抗战最关键的时刻，大部分国土依然在日本人手中，中央政府还偏安于西南山区中的重庆。即便如此，罗斯福总统仍将中国视为强国，不遗余力地拔高蒋介石，使其跻身"四巨头"之列。因此在收到罗斯福的邀请电后，喜出望外的蒋介石立即答应远赴埃及。11月18日上午，蒋介石偕夫人宋美龄以及国防最高委员会秘书长王宠惠、美国驻华军事指挥官史迪威、飞虎队司令官陈纳德等20余人，分乘两架飞机从重庆飞往埃及。抵达开罗后，虽然英国首相丘吉尔常常在蒋介石面前表现出傲慢与无礼，但作为"三巨头"之一，他仍享受到了极高的礼遇。在各路记者频频闪烁的镁光灯下，他与罗斯福、丘吉尔并排而坐，对国际形势侃侃而谈。特别是他的夫人宋美龄，更是以干练的才华、优雅的风姿、娴熟的英语，周旋于巨头之间。在会谈中，罗斯福认为，战后的中国应该和美国、苏联、英国一样，是四大强国之一，平等地参加四强机构，平等地参与制定该机构的

图 3-7-3：蒋介石在开罗会议上与罗斯福、丘吉尔一起。

一切决定。《纽约时报》强调说，在美国的支持下，国民党中国在战后将起到东方领导者的作用。

具有讽刺意味的是，面对美国政府不遗余力地美化蒋介石政权的行为，当时一些身处其间的当事人却颇不以为然。一位战时情报局驻重庆的官员多年后就曾抨击道："美国新闻处通过我们的无线电设备发出左一条右一条新闻，对中国，对国民党及其领导人，特别是对蒋介石进行毫无根据的吹捧。"在美国报纸刊登的一些文章中，蒋介石甚至被描绘成一个英勇的基督教战士，一个一手捧着《圣经》、一手举着枪同日军作战的孤胆英雄。然而那些在实地了解真相的美国人士并非不知道，当时国民党统治下的中国，依然是黑暗的现实、腐败的政治、遭受苦难的人民，至于美国官方塑造的美好形象，只不过是一个光影朦胧的神话而已。

在美国民间舆论层面，对中国形象认知的转变则要早于政府。自从进入 20 世纪 30 年代后，美国人发现真正的"黄祸"不是中国而是日本，中国则变成了值得同情的受难者。特别是在赛珍珠《大地》的影响下，美国人开始想象无数个像王龙那样热爱土地的农民变成不屈的战士，用生命保卫祖先的土地。而在美国新闻界，另一位与中国颇有渊源的人物依托自己掌控的传媒网络，开始不遗余力地重塑中国形象，此人便是大名鼎鼎的亨利·卢斯（Henry Luce，1898—1967）。

同赛珍珠的情况极其类似，亨利·卢斯同样因其早年经历而怀有特殊的中国情结。他1898年出生在中国山东省的登州（今蓬莱），其父是美国基督教会长老会派到中国的传教士。在中国，卢斯度过了14个春秋。后来，他违背父母的意愿返回美国。25岁时，从耶鲁大学毕业的卢斯创办了《时代》（TIME）周刊，并迅速将其打造成美国三大时事性周刊之一。1930年和1936年，他又相继创办了影响世界的《财富》（FORTUNE）周刊和《生活》（LIFE）杂志。

由于其早年特殊的成长经历，卢斯对中国始终保持着一种特殊的情结，他甚至认为，中国是自己除美国之外最热爱的国家。早在1924年9月8日，《时代》就将军阀吴佩孚列为封面人物，而这只是它关注中国的开始。童年的卢斯目睹了上世纪初中国的贫穷和战乱，对中国既爱又恨。长大后，他坚信只有依靠美国方式才能帮助中国实现"富强"和"民主"。为此，他在美国利用手中的杂志，不遗余力地为中国摇旗呐喊。抗日战争初期，美国社会还深受"孤立主义"思潮的影响，卢斯却对中国报以同情，他向中国前线派遣了十多名战地记者，率先在《时代》上大量报道中国抗战。不过这些报道都带有明显的倾向性和目的性——在大量报道、抨击日军暴行的同时，他还竭力树立蒋介石中国战时领袖的形象，以此获取美国公众的同情和政府的援助。为此，蒋介石、宋美龄接二连三成为《时代》封面人物，两人甚至在1938年被评为年度风云人物中的"风云夫妻"。可以说，在整个抗日战争期间，卢斯是真正关心中国的少数美国人之一。《时代》对中国大批量、轰炸式的报道，也确实对美国社会产生了巨大影响，很多美国人通过《时代》了解到了抗战的中国，在舆论的压力下，美国政府和民间对中国的援助也迅速增加。卢斯旗下的《生活》同样在宣传中国抗战方面作出了巨大努力，而其特色则在于刊登大量摄影作品。据统计，从 1936 年创刊到 1945 年 9 月，《生活》杂志先后加起来总共发行了 467 期，其中与中国相关影像专题报道、插图影像介绍、产品广告、漫画、宣传海报等，共出现了 124 次，平均约每 3.7 期就会出现跟中国有关的影像报道。

但是必须看到，由于怀有特殊的个人偏好和政治意图，卢斯在塑造中国形象时却出现了严重的偏差。尽管卢斯对中国的热爱在客观上极大地支持了中国抗战，那么他对蒋介石的偏爱就背离了他作为职业新闻人的初衷。蒋介石的反共立场、基督教徒身份以及宋氏家族的背景，都使得卢斯将他视为美国式中国未来的希望，并在几十年间全力给予其舆论支持。1932 年，卢斯时隔 20 年回到中国，受到了蒋介石政府国宾般的接待，在此期间，他还迅速与宋氏家族结下了深厚的私交，并成为宋美龄的忠实支持者。当 1943 年宋美龄访美寻求援助时，卢斯专门成立了"纽约公民欢迎蒋夫人筹备委员会"。据统计，在卢斯执掌《时代》的几十年间，蒋介石夫妇前后十几次登上该刊，成了美国家喻户晓的"中国第一伉俪"。如果说赛珍珠塑造了一个质朴善良、乐观坚定的中国农民形象，那么卢斯控制的三大媒体，则进一步将这片土地上耕耘的农民变成了抵御外族入侵的不屈的战士，而且他们拥有了自己出色的领袖，一个肩负着复兴中国大任的基督教国王——蒋介石。卢斯以传教士的信仰与热情指挥他的媒体，要求他的杂志按照美国人希望如此的中国形象报道中国，而不是按照中国的实际情况报道中国。于是就出现了这样一种情况：二十世纪三十至四十年代，卢斯旗下的杂志坚持对中国进行正面报道，它们所塑造的那个抵御外侮、蒙受苦难的坚强不屈的中国形象，广泛地赢得了美国公众的同情与敬慕，从而将西方的中国形象推向高峰。但同时又必须看到，为了极力美化国民党的统治，卢斯对手下记者从中国发回的国民党腐败不堪、溃不成军，以及共产党深得民心的大量客观报道视而不见，却弄虚作假极力掩盖历史的真相。这种丧失了原则的偏爱，最终使卢斯在中美关系史上扮演了不光彩的角色，并且在很大程度上误导了美国的对华政策。1945 年日本投降时，卢斯准备再次让蒋介石成为《时代》封面人物。当时，他的密友、《时代》驻华资深记者白修德对此坚决反对。他致电卢斯说：

图 3-7-4：日军空袭时重庆公共防空洞内坚持上课的中国师生。1941年，《生活》杂志摄影师卡尔·迈当斯摄。

图 3-7-5：重庆大轰炸后，中国民众在清理废墟。《生活》杂志摄影师卡尔·迈当斯摄。

"如果《时代》明确地、无条件地支持蒋介石的话，我们就没有对千百万美国读者尽到责任。"由于在这一问题上的严重分歧，二人最终分道扬镳。毫不夸张地说，蒋介石及宋美龄之所以能长期得到美国方面的政治支持，卢斯在其中发挥了不可忽视的作用。不过令卢斯尴尬的是，抗日战争胜利后，随着国民党政权日益背离美国人的期望，将中国一步步

图 3-7-6：抗战期间的蒋介石夫妇。《生活》杂志摄影师卡尔·迈当斯摄。

带入内战的深渊，像《时代》周刊这样的亲蒋媒体即便再努力也很难有所作为了。因为在美国政府决策者看来，国民党政权已彻底无可救药了。

正如有研究者指出，在二十世纪三四十年代，美国的中国形象更多地取决于美国人关于自身的看法，他们并不了解也不想去真正了解中国的现实，只是按照自己的期望与自己心目中的形象塑造中国。其中最典型也最成功的例子就是卢斯控制下的美国三大杂志在美国公众间创造的理想化的中国形象。而卢斯等人通过媒体误导虚构的中国形象，直接影响到美国的对华政策的失误以及最后"丢失中国"的结局。卢斯的媒体王国在创造这种中国形象，美国大众也在召唤这种形象，从某种意义上说，他们提供的中国形象，正是美国大众文化心理此时要求他们提供的，他们只不过为大众文化心理中的中国原型提供了一个理想的表达方式而已。[①]

为了动员美国民众支持中国抗战，1941年2月，卢斯还整合七个美国组织组建了著名的美国援华救济联合会（United China Relief）。这个民间组织原本的主旨是募集资金，帮助受战争影响的中国人，包括用于医疗援助、

---

① 周宁：《牧歌田园：二十世纪西方想象的另一个中国》，《书屋》，2003年06期。

提高生活质量、培训新领导人和照顾战争孤儿等方面。而为了最大程度上动员美国民众，美国援华联合会在抗战期间同样通过多样化的宣传手段，在塑造中国形象方面投入很大精力。对于战时中国的形象，美国援华联合会不仅特别强调中国军队的骁勇善战、中国民众的坚韧顽强，而且有意描绘一幅文明古国正向现代化民主国家转型的欣欣向荣之景象。为了扭转美国一般民众对中国的刻板印象，该组织先后制作了大量形式多样的宣传品向基层广泛投放，这些图文并茂、多管齐下的宣传品有效传递了新的中国形象，取得了良好的宣传效果。尽管当时真实的中国战场情况异常艰苦且损耗极大，美国援华联合会仍有意将中国构建为"骁勇善战""欣欣向荣"的盟友形象，并努力让美国民众认同"援助中国就是援助美国自己"的观点。[1]

在抗战期间，还有许多来自西方国家的摄影师，怀着正义之心前往中国实地拍摄，用他们的镜头真实地记录下中国人民的苦难与抗争，为中国呐喊助威，对侵略者无情揭露。在这方面，最著名的代表当数罗伯特·卡帕和尤里斯·伊文思。

罗伯特·卡帕（Robert Capa，1913—1954）具有世界声誉的战地摄影师，他出生于匈牙利布达佩斯，17 岁时就立志要当摄影家，先在柏林一家通讯社做暗房工作，后到巴黎当记者。由于摄影作品受到一家摄影杂志社的重视，他便被委派到战地进行采访，从此开始了传奇般的战地摄影记者生涯。1936

图 3-7-7：美国艺术家 Cryus LeRoy Baldridge 正在创作支持中国抗战的海报《中国加油》。1943 年，*News of China. By United China Relief*。

① 王博伟：《抗战时期美国援华救济联合会述论》，《高校马克思主义理论研究》，2021 年第 4 期。

图 3-7-8：《中国加油》海报。美
国国会图书馆收藏。

图 3-7-9：美国艺术家 John Gaydos 创
作的支持中国抗战的《中国在战斗》海
报。1944 年, *News of China*.By United
China Relief。

图 3-7-10：《中国在战斗》海报。1944
年，美国国会图书馆收藏。

图 3-7-11：美国儿童在书写"中美亲善"字样口号。1945 年，*News of China.*
By United China Relief。

图 3-7-12：日本宣布无条件投降后，美国唐人街庆祝抗战胜利。1945 年，
*News of China.*By United China Relief。

年西班牙内战期间，卡帕在战场拍摄了一个战士中弹后将要倒下那一瞬间的照片。这幅使人有身临其境之感的作品先后以《西班牙战士》《战场的殉难者》《阵亡的一瞬间》等标题发表，随即便震动了当时的摄影界，成为战争摄影的不朽之作，也成为卡帕的传世之作。在战场上无所畏惧的卡帕曾有一句名言："如果你的照片拍的不够好，那是因为你靠的不够近。"然而，卡帕却对战争本身深恶痛绝。虽然他一生的摄影创作多取材于战争，但他只是把照相机作为揭露战争的武器。他说："照相机本身并不能阻止战争，但照相机拍出的照片可以揭露战争，阻止战争的发展。"

1937年7月卢沟桥事变爆发后，卡帕又把目光转向了中国。1938年2月，他在《生活》杂志的资助下前往中国，先后在武汉、徐州、重庆等地进行战地采访，拍摄了一系列影响深远的摄影作品。1938年3月12日，武汉各界举行集会，纪念孙中山去世13周年，市民手举小旗在街头游行，士兵举手宣誓，表明坚决抗日的决心；民间机构募集旧衣服，在街头发给贫困孩子……卡帕还把学生演出街头剧宣传抗日的情景拍成一组图片故事，发表在1938年5月16日出版的《生活》杂志上；他拍摄的一名头戴钢盔、年龄只有十几岁的娃娃兵的特写照片，被用为该期《生活》杂志的封面。4月初，卡帕又乘火车前往徐州拍摄台儿庄战役有关的镜头，并发表在1938年5月23日出版的《生活》杂志上。之后他又在武汉拍摄了中日空战时的场景。这位对中国百姓深怀同情的摄影师，在其照片说明中写道："作为中国撤退政府的首府汉口，其贫民窟里火焰万丈，日军飞机轰炸后，到处滚滚浓烟……一名穿蓝衬衫的女苦力一脸悲伤，无望地守护着家中的杂物，而正午的汉口正在炽热的空气中燃烧。"作为一名拥有巨大影响力的西方摄影大师，卡帕在中国留下的摄影作品不仅记录了战争的残酷，也展现了中国人民在战争中的坚韧和不屈。

与卡帕一起到达中国的战地摄影师，还有被称为纪录电影先驱的尤里斯·伊文思（Joris Ivens，1898—1989）。伊文思出生于荷兰的尼梅格城，后因遭到祖国的放逐而被称为"飞翔的荷兰人"，而在其一生中，这位荷兰人有着难以割舍的中国情结。1938年，在"当代历史电影公司"及一些华侨的资助下，他邀请卡帕等著名摄影师一同来到中国，开始筹备拍摄记述中国人民抗战的纪录片《四万万人民》(The 400 Million)。1938 年 4 月初抵达中国不久，伊文思与卡帕一起奔赴前线拍摄了台儿庄战役的战况。关于这次拍摄，伊文思后来回忆说："我不是一个作家，我通过画面能够更好地表达自己，我一定要表达死亡对我意味着什么，不仅仅是拍几个尸体，而是拍摄整个一段，死亡牵连到的往往是许多人。我触到了中国，中国也触到了我，我拍了战争，拍了一个在战争中瓦解，又在战火中形成的国家，我看到了勇敢！"离开台儿庄后，伊文思与卡帕都曾试图前往延安拍摄，但最终由于国民党方面的阻拦没有成行。此后，伊文思又率领着他的摄制组辗转于抗日各个战场进行采访拍摄，最终完成了纪录片《四万万人民》的制作。该影片成为关于中国抗日战争的真实写照，也成为后世中国抗战影片的重要素材。1939 年，《四万万人民》在美国及法国上映。影片开头用长条字幕介绍中国战争简要的情况，随后在战鼓声中出现中国大地，日军飞机铺天盖地而来，城市遭轰炸，人民遭灾难，逃难的人群拥挤着；转而介绍有悠久历史、古代文明的中国在近代遭受帝国主义的侵略，孙中山领导中国革命，推翻清朝建立民国；还以很大篇幅介绍武汉、西安的群众抗日宣传活动，中国士兵的训练、作战及将士阵亡追悼会。全片以庆祝台儿庄战役胜利结束。影片揭露日寇的侵略并以生动感人的画面反映中国人民抗战的决心。《四万万人民》一经推出，便立刻受到西方观众极大欢迎，起到了声援中国人民的抗日战争的积极作用，而伊文思也因此成为少数亲历东方战场以及第一个用电影记录中国反法西斯斗争的西方人。关于这部纪录片，伊文思后来曾说："我觉得十分欣慰和骄傲的是，早在十多年前我就在《四万万人民》的影片中，预告了中国人民一定能获得自由！"

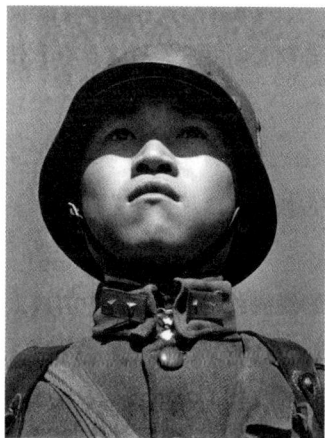

图 3-7-13:《生活》杂志的封面《保卫中国的战士》(一)。武汉，卡帕摄，1938 年。

图 3-7-14：《生活》杂志的封面《保卫中国的战士》（二）。武汉，卡帕摄，1938 年。

太平洋战争爆发后，随着中美结盟，继各路新闻宣传机构之后，大批美国军人和技术人员前往中国参战。二十世纪四十年代照相机在西方已经较为普及，许多来华服役人员都随身携带着照相机，而他们在华期间不经意间拍摄的大量照片，相比那些官方宣传机构而言，反倒显得镜头下的中国和中国人更加真实可亲。

2005 年，在有关人士的支持下，200 余张反映二战时期昆明风土民情的珍贵的原版胶片入藏中国国家博物馆，而这是到目前为止中国发现最早的彩色反转胶片。而它们的拍摄者——美国人米勒特和伯彻，当年正是作为众多援华美国人士中的一分子，不远万里来到中国，用他们手中的相机记录下了所见所闻。

克林顿·米勒特（Clinton Millett）博士 1910 年生于美国，1945 年作为援华美军中的一员来到中国，曾在中国昆明担任美国陆军第 172 医院的副院长。作为一名摄影爱好者，在昆明期间，米勒特用世界上第一代柯达彩色反转胶片拍摄了大量珍贵的、反映昆明风土人情的照片，将抗战期间昆明这座美丽城市的色彩真实地呈现在今天的人们面前。在米勒特眼中，昆明是美丽的，他认为昆明是他所见过的最漂亮的地方，群山环抱，湖边的落日余

图 3-7-15：前线士兵，徐州前线。台儿庄，卡帕摄，1938 年。

晖蔚为壮观，成百上千的小渔船张开白帆在湖中游弋，真是风景如画。城里有漂亮的建筑，有石头铺的街道，有土房、小商店，每一条街上都挤满了人，时不时还会碰到送葬的队伍。虽然战争期间，许多来华美国军人都曾拍摄了大量照片，但这些照片大都只表现战争和他们自己的生活。而米勒特却把镜头专门对准昆明的普通百姓。在他的镜头里，各行各业的人物都有所体现。难能可贵的是，米勒特通过不同百姓的形象准确地将抗战时期中国人任劳任怨的性格和不屈不挠的精神表现出来。他镜头里的人物，虽然处在战争年代，但丝毫看不到对战争的恐惧，也看不出贫困的生活给他们带来的压力和无奈。乐观、忙碌和安详的表情体现了战时生活在大后方的昆明人的整体形象。面对克米勒特拍摄的照片，后人除了感叹 80 多年前的彩色昆明是如此之美外，更多感受到的是这位美国人利用他手中的相机，将处于战火中中国最普通民众的坚韧、乐观、豁达、向上的生活态度记录下来。

保罗·伯彻（Paul Bochel），1915 年出生于美国密歇根州，在俄亥俄州的商学院毕业以后，22 岁的他到底特律进入克莱斯勒公司工作，任《克莱斯勒汽车新闻》的助理编辑。这是一份内部刊物，面向公司的 8 万名员工发行，当时克莱斯勒是美国三大汽车制造商之一。在美国卷入第二次世界大战之前，克莱斯勒接到了国防部的订单，为美国陆军生产坦克。随着时间的推移，尤其是珍珠港事件之后，克莱斯勒的坦克产量逐渐增加到了每 3 个月生

产 2000 辆的规模。1942 年和 1945 年间,克莱斯勒公司停止了传统的汽车制造,全力投入军工生产,业务涵盖范围自欧洲到太平洋,包括中印战场。作为中国军用卡车的主要供货商,克莱斯勒生产的道奇 T234 型卡车在滇缅公路上随处可见。为了调动所有的资源为战争服务,克莱斯勒又创办了另一份刊物《战争工作》,以此来全面报道该公司在各个战场的动态。伯彻的工作也从《克莱斯勒汽车新闻》转移到了它的姊妹刊物《战争工作》上。1945年 6 月,受克莱斯勒公司委派,伯彻辗转来到中国昆明,负责报道关于道奇卡车的新闻,同时也兼做一些技术员的工作,被安排在昆明的海外卡车维修部门,该部门负责为运送战争物资的数千辆卡车服务。作为一名记者,伯彻的工作除了继续从昆明前线给《战争工作》发回报道外,还包括为运抵昆明的物资登记造册,他在这里一直工作到 1946 年初。

在中国期间,由于酷爱摄影,伯彻用他的 ArgusC3 型相机及柯达彩色反转胶片拍摄了大量反映昆明百姓生活及乡间风光的照片,并在 1945 年回家过圣诞节时,把这些胶卷拿到了克莱斯勒公司的冲印室冲印。作为二战时期热门刊物《战争工作》的记者,伯彻以他职业特有的眼光真实地反映当时昆明的城市建筑、乡村景色、军事设施等场景,并注重画面的质量。他拍摄的照片构图完美,色彩鲜艳。昆明的乡间美景,是保罗拍摄的重要主题。从他的镜头里可以看到绿油油的田地一马平川,红色的乡间小路蜿蜒伸向村庄,青山环抱、绿树丛生、湛蓝的天空、浓密的白云,村边的小河里,一群脸上写满了天真的儿童在戏水,阳光洒在他们光鲜的皮肤上,使人充满愉悦和快乐。在他的镜头下,一队骡马驮着货物在乡间土路上悠闲地行进,边上跟随的农夫头戴斗笠,在微微浮起的尘埃中,一抹斜阳照射其间,给人以安详静谧的感觉。中国西南地区的民风民俗同样是伯彻关注的主题,他拍摄的庆丰集市照片,色彩搭配非常讲究,黄色的街道,蓝色的天空,身穿蓝色和黄色服装的赶集百姓,出现在画面中央,纯朴、平和、毫不张扬的神情挂在脸上。

毋庸置疑,由于第二次世界大战法西斯同盟这个特殊的历史背景,在美国的主导下,二十世纪三十年代中期到四十年代中期成为西方的中国形象最美好的时期。当然,这一时期中国自身也发生了一些新变化,特别是与美国

图 3-7-16：昆明百货大楼旁花市。克林顿·米勒特摄，1945 年。

图 3-7-17：拿铁锹的中国女孩。克林顿·米勒特摄，1945 年。

图 3-7-18：两名美军和中国人在圆通山合影。克林顿·米勒特摄，1945 年。

图 3-7-19：庆丰街集市。
保罗·伯彻摄，1945 年。

关系密切的蒋介石国民党政权逐渐稳固，这既符合美国的在华商业与传教利益，又让美国人的"恩抚主义"开始滋长。而日本军国主义的对华侵略以及中国军民的抵抗，又引起美国社会对中国的普遍同情乃至敬慕。1938 年美国的一次民意调查表明，美国人第一关心的是俄亥俄州的洪水，其次就是日本侵华。但是正如有学者所分析的，这种美好中国形象的背后，是"中国接受了美国的基督教与民主，变成了一个统一、坚强的国家，这证明美国价值与意义的普遍性；中国处在苦难中又不断努力，需要美国的援助，这又证明美国的强大与尊严，让美国在弱者的身影中感受自身的伟岸与高尚"。①

---

① 周宁：《牧歌田园：二十世纪西方想象的另一个中国》,《书屋》, 2003 年第 6 期。

参考文献：

[美] 杰斯普森著：《美国的中国形象 :1931—1949》，姜智芹、刘东译，江苏人民出版社，2010 年 8 月。

[美] 孔华润著：《美国对中国的反应——中美关系的历史剖析》，张静尔译，复旦大学出版社，1989 年 8 月。

[美] 理查德·维兰著：《珍藏卡帕》，陈立群译，中国摄影出版社，2011 年 6 月。

高维进：《中国新闻纪录电影史》，世界图书出版公司，2013 年 2 月。

南无哀：《东方照相记：近代以来西方重要摄影家在中国》，读书·生活·新知三联书店，2016 年 1 月。

周宁：《永远的乌托邦：西方的中国形象》，湖北教育出版社，2000 年 12 月。

周勇等：《〈苦干〉与战时重庆——影像史学视野下的战时首都》，重庆大学出版社，2020 年 8 月。

News of China. By United China Relief. 1942—1946.

第八章

惊雷：红色中国的新气象

过去有人告诉我们：八路军不打仗，现在我们亲眼看见了八路军是作战的。过去有人同我们讲八路军没有伤兵，现在我们看到了八路军是有伤兵的。过去有人给我们讲八路军没有捉住俘虏，现在我们看到了八路军捉住了俘虏。过去有人给我们讲这地方的人民害怕并恨八路军，现在我们看到了人民是爱护八路军、拥护八路军的。现在最好的一个证明，即你们都有武器，如果人民怕八路军，或八路军怕人民，八路军就不会给人民枪支。这次参观使我最受感动的，是人民都武装起来了。

——哈里森·福尔曼，1944 年。

"中国共产党的军队几乎完全是神秘的。将近十年的时间里，他们行踪不定，与蒋介石委员长的国民党政府进行战斗。下面发表的这些关于漂泊的红军的照片，是第一次被带到国外。他们的领导者毛泽东被称作'中国的斯大林'，或者'中国的林肯'，他的新首都在中国西北的保安⋯⋯"，1937 年 1 月 25 日，刚刚创刊两个月的《生活》杂志第 2 卷第 4 期第 9 页有这样一段编者按语。该页还刊登了一张大幅照片，照片中的人物正是中国共产党的领导人毛泽东，照片下方的简略说明为："毛是他的名字，他的头值 25 万大洋。"

如前所述，《生活》杂志的老板亨利·卢斯当时正致力于向西方人塑造中国的正面形象，为此不惜刻意美化蒋介石及其国民党政权。不过鉴于当时日本军国主义正变本加厉地侵略中国，出于一名新闻人的职业本能，卢斯同样希望尽可能多地了解中国的各方政治力量，并希望这些力量能紧密团结起来抵抗日本的侵略者。正因如此，当身在中国的西方记者埃德加·斯诺、史沫特莱等人发来有关中国共产党人的有关信息时，卢斯自然大为振奋，立即毫不犹豫地第一时间将这些信息公布在旗下刊物上，在1937年1月25日和1937年2月1日出版的《生活》杂志上连载。

在1937年1月25日出版的《生活》杂志，从第9页起用数页篇幅发表了一组照片，标题是《中国漂泊的共产党人的首次亮相》。这些照片的作者是美国记者斯诺，几个月前他刚完成在陕北"匪区"的探险，从红色首都保安（今志丹县）回到北平。毛泽东的大幅照片出现在第9页上，这也是其照片第一次公开出现在西方读者面前。据说《生活》杂志当年为独家发表这批照片，向斯诺支付了1000美元，这在当时是非常可观的一大笔报酬。《生活》杂志在发表斯诺拍摄的这些照片时，配发了另一位也曾到陕北采访过的美国作家史沫特莱的照片，以及她所写的关于西安事变和中国局势的文章——《关于中国不为人知的长征》，文章写道："多年来，新闻机构一直模模糊糊地报道说在中国境内有一支时隐时现的共产主义军事力量。我们可以看到的关于中国共产党的书籍也主要是以这些二手报道为基础拼凑起来的。事实是，几乎没有任何西方记者对中国共产党做过深入的跟踪考察。下面就是这支以大约12万正规部队为核心的总人数近50万人的奇特军队的第一批照片，这支红军作战部队控制并管理着中国西北地区大约两千万人口。30岁的斯诺和他的作家妻子幸运地走进了共产党的战线。中国共产党指挥的军队已在中国的心脏地带进行了将近10年无休止的斗争，他们现在的根据地位于中国极具战略意义的西北角。中国红军一向带有神秘色彩，因为国民党政府向来拒绝承认，仍然信仰共产主义的中国人用了四年时间才在中国东南成立了中华苏维埃临时政府。他们的领袖是主席毛泽东和战地司令朱德，众多军官聚集在他们周围。这些人不像中国的军阀那样，他们不接受贿赂。蒋介石用了近四年时间才将他们驱逐。1934年，他们从包围中突围，以一次伟大的长途行军转移向中国西北。在这次英勇的长途跋涉中，这支10万人的共产党军队积极地同蒋介石的军队作战。最终共产党的军队到达西北，这一地区拥有完美的战略优势，大山将西北和东部隔断。"除此之外，《生活》杂志还形象地描述了红军长征的过程，以及一个在长征中成长起来的孤儿，并用照片和文字介绍当时的彭德怀、周恩来等的基本情况，以及他们长征时在蒋介石眼中的价值，比如彭德怀的人头标价 10 万大洋、贺子珍人头是 25 万大洋、肖克的人头标价为 10 万大洋、邓发的人头标价 3 万大洋……

实际上，《生活》杂志上刊登的那张由埃德加·斯诺（Edgar Snow，1905—1972）拍摄的毛泽东戴着红军八角帽的照片，两个多月前已经出现在中国国内出版的《密勒氏评论报》（China Weekly Review）上了。

埃德加·斯诺，美国著名作家和记者，他 1928 年来到中国，先后任数家欧美媒体驻华记者、通讯员，并兼任北平燕京大学讲师。随着对中国国内局势的了解，斯诺一直关注共产主义思想在中国的传播，并下决心撰写一部关于中国共产主义运动的著作。1936 年春，在获准前往陕北采访之后，斯诺从北平出发，于 7 月辗转进入苏区，并于 7 月 15 日在中共中央所在地保安见到了毛泽东。在简朴的窑洞里，斯诺对毛泽东先后进行了数十次采访，后者坦诚地就国际统一战线战略、抗日形势和苏维埃政府的对内政策、中共与共产国际和苏联的关系等一系列问题进行了回答。7 月底到 9 月下旬，斯诺还曾前往甘肃、宁夏前线采访红军部队，其间广泛接触了红军将领、士兵和普通群众，先后采访了十余位红军领导人。10 月 12 日，斯诺离开苏区返回北平，并在临行前给毛泽东拍摄了那张后来闻名世界的头戴八角帽的照片。11 月 14 日，上海《密勒氏评论报》率先发表了斯诺对陕北苏区的访问报道，并刊登了这张毛泽东头戴八角帽的大幅照片。

1937 年 10 月，斯诺将自己在陕北的所见所闻和采访手记整理成英文版著作《红星照耀中国》（Red Star Over China）在伦敦出版，1938 年 2 月，中译本《西行漫记》在中国出版。在书中，斯诺将一个兼具坚定共产主义信仰和革命浪漫主义情怀的红色中国首次展现在世人面前。他在书中这样描述毛泽东："他有着中国农民的质朴纯真的性格，颇有幽默感，喜欢憨笑……但是这种孩子气的笑，丝毫也不会动摇他内心对他目标的信念……做了十年红军领袖，千百次地没收了地主、官僚和税吏的财产，他所有的财物却依然是一卷铺盖，几件随身衣物。"他在描述苏区的见闻时写道："不论他们的生活是多么原始简单，但至少这是一种健康的生活，有运动，新鲜的山间空气、自由、尊严、希望，这一切都有充分发展的余地。"这位美国记者以历史亲身见证者的视角、态度和语言，通过一个个鲜活的画面、人物、细节，向外界生动呈现了毛泽东等中共领导人的真实形象。

对于当时的西方世界而言，由于此前十年来国民党对中国共产党人的严密包围和封锁，加上其宣传工具的诽谤丑化，使得他们对中国共产党人的认识被严重歪曲。而正是通过斯诺的著作，"读者可以约略窥知使他们成为不可征服的那种精神，那种力量，那种欲望，那种热情"。他向全世界澄清和解答了关于中国共产党、中国红军的一系列问题，诸如"中国共产党人究竟是什么样？""他们的领导人是谁？""中国的苏维埃究竟是怎样的？有没有得到农民的支持？""中国共产主义运动的军事和政治前景如何？"等等。正如毛泽东后来曾对斯诺妻子海伦所言："斯诺先生让世人看到我们共产党人和红军并不是红毛绿眼睛，杀人放火的'土匪'，我们非常感谢他！"而西方世界同样要感谢斯诺的著作，《红星照耀中国》在伦敦一经出版便在世界范围内引起轰动，销量超过 10 万册，随后多次再版。美国著名汉学家拉铁·摩尔曾评论说，"书中介绍了人们闻所未闻的或者只是隐隐约约有点儿感觉的情况。那本书里没有什么宣传，只有对实际情况的报道。原来还有另外一个中国啊！"甚至于美国官方决策者们也很大程度上深受影响，直接促使他们对中国共产党的认知发生改变。二战期间，美国总统罗斯福曾三次约见斯诺讨论中国问题，了解毛泽东等中共领导人，并表达出希望与中共直接打交道的愿望。

继斯诺之后，在中国全面抗战爆发前，曾先后有十批西方客人访问延安。1937 年 1 月，史沫特莱（Agnes Smedley）到达延安，此后还有《纽约先驱论坛报》记者维克多·基恩（Victor Keen）、合众国际社记者厄尔·利夫（Earl Leaf）、摄影记者哈里·邓纳姆（Harry Dunham）和斯诺夫人海伦·斯诺（Helen Foster Snow）以及 1937 年 6 月 21 日到达延安的美国《太平洋事务》

杂志主编欧文·拉铁摩尔（Owen Lattimore）、美国外交政策协会远东问题专家托马斯·阿瑟·毕森（T.A.Bisson）、美国《美亚》（*Amerasia*）杂志主编菲利普·贾菲（Philip Jaffe）等一行。这些西方客人尽管只能在延安进行短暂的参观访问，但几乎无一例外对这片红色区域留下了美好印象。

几乎就在《红星照耀中国》刚刚出版的同时，卢斯旗下的《生活》杂志再次对中国共产党人进行了专题报道。1937年10月11日发行的《生活》杂志以《前往救援的中国共产党人》（*Chinese communists to the rescue*）为题，刊出了一组由摄影师哈利·邓纳姆拍摄的有关中国共产党人的照片，内容包括军队武器、领导人、延安人民日常生活乃至文体娱乐等画面。邓纳姆是一位摄影师和电影制作人，1937年，他受边疆电影公司（Frontier Films）委派拍摄纪录片《中国的反击》（*China Strikes Back*）深入中国西北地区，成为第一名进入陕西地区并获取中国共产党力量影像的专业摄影师。在延安，他拍摄了中国共产党的武装力量，包括八路军的游击

图 3-8-1：1937年10月，《红星照耀中国》在英国伦敦出版。

战术、教育计划以及他们与农民的关系，其摄影作品不仅记录了战争的残酷，也展示了中国共产党领导人的形象，如毛泽东和朱德，以及延安人民的日常生活，这些珍贵的影像为西方世界提供了了解中国共产党和中国抗日战争的窗口。

瑞士记者瓦尔特·博萨德（Walter Bosshard，1892—1975）在延安的拍摄也值得一提。博萨德1931年4月来到珍珠港，1933年定居北京，中国全面抗战爆发后曾服务于英国的《图片邮报》和美国的《生活》杂志，1939

Red cavalry, mounted on Mongol ponies, stages a spectacular charge (*above*). On the opposite page are two pictures of the Chinese Soviet Army in southeast China before the "Heroic Trek" to the northwest. They show cadet graduates of the Red Military Academy in Juichin, Kiangsi Province, in front of the academy building (*top*) and at drill (*bottom*). At least a third of these Communist youths are now dead. In the Red Army, unlike other Chinese armies, officers lead, instead of following their troops.

COMMUNIST ARMIES OF CHINA

The Chinese Soviet Army numbers 120,000 crack troops, some of whom are shown on these two pages, and 400,000 irregulars armed with swords and scythes. The cavalry of the First Army (*at top of page*) was trained by the Red Army's only foreign adviser, a German. Center right are Red company commanders, all in their early 20s, at one of the frequent Red sings. At right are 5,000 First Army soldiers getting a military lecture. Above is a Communist banner whose staff is inscribed, "Chinese People's Vanguard Anti-Japanese Red Army."

图 3-8-2：1937 年 1 月 25 日《生活》杂志刊登的红军照片。

图 3-8-3：史沫特莱保存的新四军照片。

年被正式任命为《新苏黎世报》的通讯员。1938 年 5 月，博萨德与《芝加哥每日新闻》的通讯员、美国记者斯蒂尔为伴，踏上了奔赴延安的旅程。而在延安的摄影报道使他击败了朋友和对手——战地摄影师罗伯特·卡帕。他深入中国共产党领导的抗日根据地，采访了毛泽东、周恩来、朱德等中国领导人，并用 16 毫米摄影机拍摄了名为《通往延安之旅》的黑白无声纪录片，记录了总时长为 21 分 49 秒的影像，纪录片中包括了毛泽东走出窑洞的画面、抗大女生歌唱祖国、士兵操练等各种场景，以及从西安前往延安的艰苦路程。博萨德对延安的印象非常深刻，他描述延安是一个充满生机的小城，人们居住在土窑洞内，街道干净整洁，士兵们在学习读写，整个根据地都非常重视教育和学习。

　　1937 年中国的全面抗战爆发后，中国迅速成为全世界关注的焦点，大量西方记者纷纷来到中国进行报道。而出于对中国共产党人的强烈兴趣，其中许多记者想方设法进入中共的抗日根据地进行了深入细致的持续报道，他们忠实地报道了中国军民的抗战情况，揭露了日寇的残暴罪行，在全世界产生了广泛影响。而在这些记者当中，大多数都属于美国媒体。例如 1938 年 3 月到 1939 年秋，美联社记者霍尔多·汉森 (Haldore Hanson) 先后随八路军转战河北、山西、陕西等地，进行了大量实地走访调研，并采访了毛泽东；1938 年 12 月，合众社及《上海晚邮报》记者杰克·贝尔登 (Jack Belden) 在安徽泾县深入接触了新四军的主要将领和普通士兵，拍摄了大量新四军战斗生活的照片，写了 10 多篇报道；1939 年 2 月，合众社记者罗伯特·马丁（Robert Martyn）采访了毛泽东；1939 年 4 月，合众社记者薛立登采访了晋察冀边区；

图 3-8-4：延安抗日军政大学的学生。瓦尔特·博萨德摄，1938 年。

1939 年 5 月间，美国记者乔伊·荷马 (Joy Homer) 赴山西、陕西等地考察，并到达延安采访了毛泽东和其他中共领导人；1939 年 9 月，《时代》杂志记者白修德 (Theodore Harold White) 在山西采访中国共产党控制区域……这些记者的大量报道和宣传引起了美国政府的关注。[①]

1944 年 12 月 18 日，在时隔七年之后，《生活》杂志再次对中国共产党进行了一次专题报道，刊登了驻东亚记者泰迪·怀特（Teddy White）所写的《红色中国内幕》(*Inside Red China*)，并配发了中共主要领导人毛泽东与朱德以及他们夫人的照片。也正是在 1944 年，美国记者、摄影师哈里森·福尔曼（Harrison Forman）与另外 5 名西方记者，终于冲破国民党长期的阻挠，随中外记者西北参观团再度奔赴延安，进行了一次深入的采访与拍摄。

福尔曼出生于 1898 年，1929 年毕业于威斯康星大学后，第二年曾作为

---

① 杨善尧:《美国人眼中的"红色中国内幕"：〈生活〉杂志的中共抗战影像》,《抗战史料研究》, 2016 年第 1 期。

一家航空公司的代表首次来中国。不久后他改行成为一名记者，先后三次前往西藏采访，并于 1935 年出版了《被禁止通行的西藏》一书，从此成为美国有名的探险家、摄影家、记者。1937 年初看到埃德加·斯诺有关中国共产党人的报道后，福尔曼深受吸引，并在卢沟桥事变爆发前夕成功到达陕北，采访了正准备奔赴抗日前线杀敌的中国红军，并会晤了彭德怀、贺龙等红军将领。尽管这次采访时间较为短暂，但福尔曼却对中国共产党提出的抗战政策及其领导的人民抗日武装表示高度赞赏。1940 年，福尔曼作为《纽约时报》和英国《泰晤士报》、国家广播公司驻中国记者再次来到中国。遗憾的是，由于此时国民党已抛弃了全面抗战初期与中共密切合作的政策，不但打压八路军、新四军，甚至频频制造各种诬蔑丑化中国共产党的舆论，并对陕甘宁边区严密封锁，禁止任何外国记者访问中共所辖区域，这也直接导致西方媒体很长时间内都无法了解中国共产党及其军队的真实情况。福尔曼就产生了种种疑问："究竟封锁线的后面发生了什么？这些共产党果真依政府当局所形容的那样坏吗？他们是不是背叛了中央军？他们可曾拒绝打日本？他们是不是跟南京的汉奸相勾结？他们是不是压迫着人民？他们跟俄国的共产党究竟有什么关系，如果有，莫斯科究竟给他们怎样的影响和指示？他们在双重封锁的后面，怎样地维持下去——一面是日本而另一面是中央军的封锁？国共两党基本的区别之点是什么？怎样才能有和平解决的可能？在抗日战争中，他们曾经或能够尽怎样的贡献？"而国民党越是采取封锁政策，包括福尔曼在内的西方驻重庆记者就越是不满，他们强烈希望进入陕甘宁边区实地采访，不断向重庆方面提出强烈要求，终于在 1944 年 2 月得到许可。

之后，由 21 人组成的中外记者西北参观团于 6 月 9 日抵达延安，其中就包括了 5 名西方记者：美联社、美国《基督教科学箴言报》的冈瑟·斯坦因（Gunther Stein），美国《时代》杂志、《纽约时报》《同盟劳工新闻》的伊斯雷尔·爱泼斯（Jsrael Epstein），合众社、伦敦《泰晤士报》的福尔曼、路透社、多伦多《明星》周刊及《巴尔的摩太阳报》的莫里斯·埃尔德雷德·武道（Maurice Eldred Votriw），美国《天主教信号杂志》《中国通讯》的夏南汉神甫（Father Isaiah Berlin）。在延安，记者团受到了毛泽东的热烈欢迎，他们不但了解了中共军队发展壮大的状况、作战状况、所抗击的日伪军人数、敌后抗日根据地的建立及各项政策，还先后单独采访了毛泽东、周恩来、朱德、彭德怀、贺龙、聂荣臻、陈毅等，对陕甘宁边区的历史渊源、行政机构、民主政治、财经贸易金融政策及状况、工农业生产状况、文教政策及发展等都进行了详细了解，之后还在延安参观了新华社、《解放日报》社、中央印刷厂、自然科学院、兵工厂、难民工厂、皮革厂、振华纸厂、光华农厂、被服厂、国际和平医院、中央医院、医科大学等。在中共方面的帮助下，福尔曼等记者还冒着危险奔赴晋西北抗日根据地进行战地采访，亲身经历了八路军同日本军队的激烈作战，目睹了八路军的英勇顽强、边区老百姓的踊跃支持。深受震动的福尔曼情不自禁地表示："我要将所看到的八路军英勇战斗的事迹，写成文章，拍成照片，告诉全世界人士，争取美国对八路军给以武器援助，最后将日本法西斯打垮。"10月下旬，福尔曼等西方记者相继离开延安返回重庆。在近5个月的访问期间，他们向各自所在的报社、新闻社发出了大量电讯和通讯，《泰晤士报》《纽约时报》《纽约论坛报》《基督教警世报》等媒体先后刊登了有关陕甘宁边区的信息。福尔曼更是第一时间出版了他的著作《来自红色中国的报道》(Report from Red China，又名《北行漫记》)一书，向全世界真实报道了陕甘宁边区及艰苦卓绝、英勇抗日的八路军。福尔曼在书中写道，他通过对延安的访问，了解到中国共产党的领导人和军队与人民群众之间有着深厚的联系，并且共产党领导的军队与人民群众结下了鱼水深情。福尔曼的报道打破了当时国民党对中国共产党的负面宣传，向世界展示了一个真实、积极、得到人民支持的中国共产党形象。福尔曼在访问期间还拍摄了大量照片，后来专门选编出版了《西行漫影》。①

值得一提的是，陕甘宁边区的全新面貌以及八路军的英勇抗战，不仅深深打动了福尔曼，即使参观团中原本倾向于国民党的两名记者也扭转了此前的看法。《巴尔的摩太阳报》记者武道，原本曾是国民党中央宣传部的顾问，

---

① 李良志：《福尔曼的延安之行与〈北行漫记〉》，中国人民抗日战争纪念馆文丛第五辑，1995年8月。

并且和宋美龄关系密切，甚至在中外记者参观团组建之初由于其特殊的身份而遭到抵制。然而在武道先后在延安和晋察冀根据地实地采访后也深受触动。从延安回重庆之后，武道还专门写了一篇报道《我从陕北回来》，他公开承认自己之前的观点是错误的，驳斥国民党散布的有关中国共产党游而不击谣言的报道。另一位倾向于国民党的记者夏南汉神甫虽然提前结束参观访问，后来也在《益世报》上撰文批评国民党御用记者的那些歪曲事实的报道。

1944 年 7 月 22 日，由时任美国驻华使馆武官包瑞德（David Dean Barrett）、驻华使馆秘书谢伟思（John S.Service）等人组成的"美军中缅印战区驻延安观察组"抵达延安，这是第一个与中国共产党最高层接触的美国官方组织。这个美军观察组也称为迪克西使团（Dixie Mission），是抗日战争期间美国政府派遣到中国共产党控制区域的一个军事小组。在延安的时间从 1944 年 7 月 22 日开始，直到 1947 年 4 月美军人员全部撤走。该观察组的主要任务是实地考察共产党军民的抗战情况、收集日军情报，并协调营救被日军击落的美军飞行员等工作。观察组的成立基于美国政府对共同对日作战的需要以及战后加强对中国的影响和控制这一长远目标。美军观察组在延安的考察活动主要包括听取情况介绍、开展专门座谈和实地考察参观。在这段时间里，美军观察组与中国共产党进行了广泛的接触和交流，对共产党领导的抗日根据地有了深刻的了解，认识到共产党在中国的重要作用和影响力。例如美军观察组成员谢伟思刚到延安后不久，在其所写的第一份报告中，就充分肯定了中国共产党开展的各项工作，称"我们的全体成员有一个同样的感觉，好像我们进入了一个不同的国度和遇见了不同的人民"。在谢伟思眼中，中国共产党有一种生机勃勃的气象和力量，一种和敌人交战的愿望，这在国民党统治区是难以见到的。他进一步指出，未来的中国属于中国共产党。

谢伟思的感受并非个例，实际上美军观察组成员通过在延安的深入考察，几乎都得出一个结论，即认为中国共产党是一支深受人民爱戴的政治力量。在朝夕相处过程中，他们发现其上至党的领导干部、军队骨干，下至普通党员、军队士兵，总是紧密联系群众，时时刻刻为人民着想。在考察途中，他们至少有三次看到八路军和农民一起在田里共同劳动，而不像国民党那样

图 3-8-5：延安。福尔曼摄，1944 年。

图 3-8-6：八路军医护人员。延安，福尔曼摄，1944 年。

图 3-8-7：行军中的八路军。延安，福尔曼摄，1944 年。

图 3-8-8：慰问八路军的老百姓。延安，福尔曼摄，1944 年。

去抢农民的粮食，这使他们感叹不已。更重要的是，美军观察组还得出一个结论，即认为中国共产党是一支有信仰、民主、简朴、实干、正直的政治力量。在延安展现出的民主性，令这些远道而来的美国人眼前一亮，并由此对中国共产党产生了正面的印象。总之，他们对中国共产党及其领导的军队和根据地有了全新的认识，给予了客观的高度评价。观察组认为，共产党的力量是中国人民的希望，并且与美国在该地区的利益相符。美军观察组的报告对美国政府客

图 3-8-9：抗日根据地民兵与外国访问者交流。延安，福尔曼摄，1944 年。

观认识和评价中国共产党及其武装力量起到了积极作用。[1]

在延安期间，美军观察组成员们用手中的照相机拍摄了大量照片，这些照片的传播对于塑造中国共产党的正面形象发挥了一定作用。

总体上看，抗战期间与中国共产党有过接触的许多美方人士，无论是记者还是军方人员，对于中共所做的宣传基本都是正面的。他们在抗日根据地实地观察采访，全面真实地记录了共产党人、抗日根据地军民抗击日本侵略者、保卫家园的努力和成效。他们从独特视角描述了共产党领导下的抗日军民，通过与侵华日军、国民党政府进行详细比较，建构了一个始终坚持群众

---

[1] 王志全：《美国派往延安的第一个官方代表团——美军观察组》，《光明日报》，2021 年 7 月 24 日，第 10 版。

图 3-8-10：孩子们为来访的美国军事观察组唱爱国歌曲。河北，美军观察组摄，1944 年。

图 3-8-11：八路军阅兵。延安，美军观察组摄，1944 年。

图 3-8-12：延安机场义务劳动。美军观察组摄，1944 年。

路线、一切为老百姓福祉着想、让人耳目一新的红色中国形象。^① 正是由于他们的努力，打破了国民党对中国共产党领导的抗日根据地的新闻封锁，让美国民众知晓在中国，除了国民政府以外，还有一个强大的政治力量，在西北、华北等地，同日本侵略者在进行着殊死的抵抗，更让美国政府看到了中国共产党的清廉、朝气与国民党的腐败与堕落形成的鲜明对比。特别是美军观察组的部分成员就明确提出，美国必须立即对中国共产党日益壮大的力量，调整外交政策。他们的报告发回华盛顿后，曾经一度引起罗斯福政府内部讨论，促成了美国政府此后对华政策的调整。

---

① 陈勇、胡步芬：《延安时期外国记者笔下红色中国形象的建构与传播研究》,《苏区研究》, 2019 年第 5 期。

参考文献:

[美]D. 包瑞德著:《美军观察组在延安》,解放军出版社,1984 年 12 月。

[美]埃德加·斯诺著:《西行漫记》,董乐山译,东方出版社,2005 年 12 月。

[美]白修德,贾安娜著:《中国的惊雷》,端纳译,新华出版社,1988 年 2 月。

[美]福尔曼摄影:《西行漫影》,上海画报公司,1946 年 1 月。

[美]哈里森·福尔曼著:《北行漫记》,陶岱译,新华出版社,1988 年 2 月。

[美]迈克尔·沙勒著:《美国十字军在中国 (1938—1945)》,郭济祖译,商务印书馆,1982 年 7 月。

[美]尼姆·威尔斯著:《红色中国内幕》,马庆军、万高潮译,华文出版社,1991 年 2 月。

[美]史沫特莱著:《中国在反击——一个美国女人和八路军在一起》,江枫译,北京出版社 2018 年 7 月。

宋玉武编著:《从北平到延安:1938 年美联社记者镜头下的中国》,广西师范大学出版社,2020 年 6 月。

陶文钊:《中美关系史》,中国社会科学出版社,2007 年 3 月。

Making Revolution: The Communist Movement in Eastern and Central China, 1937—1945. By Yung-fa Chen, University of California Press. 1986.

The New York Times Report from Red China. By Tillman. Durdin, Avon 1972.

第九章 新生：臆想的轮回

撤退的国民党士兵失去了秩序，看上去大概是在广阔无际的华北平原上经历了巨大危险之后撤了回来，就像一股从丛林里爬出的蚁队，疲惫而失魂落魄。当我们的队伍与士兵的队伍相遇之时，两支队伍竟无人互相观望，好比两个世界里的人根本没有相遇一样。这时迎亲的队伍已到了新郎的家门外，抬轿的人从狭窄的门洞中挤进去，士兵的队伍还没有走完，他们正走向命运的未知目的地。

——亨利·卡蒂埃-布勒松，1948 年。

1945 年 9 月 18 日，日本刚刚无条件投降后不久，大名鼎鼎的美国《时代》周刊驻华记者白修德便匆匆告别重庆返回美国。而他此次回国的主要目的，却是要向更多美国民众披露蒋介石及其政权的真实面目——尽管他已经意识到，接下来自己的行动甚至将导致与老板亨利·卢斯的彻底决裂。

白修德本名西奥多·H.怀特 (Theodore Harold White，1915—1986)，1934 年进入哈佛大学历史系读书，之后转入东方研究所学习中国历史，是著名汉学家和历史学家费正清的第一位弟子。毕业后，白修德带着费正清赠送的一台旧打字机来到中国上海开始了记者生涯。1939 年 3 月，白修德被前往重庆，以宣传部顾问的头衔为国民政府工作，负责审查和指导在重庆的外国记者的新闻报道，实则是通过美化国民政府以得到美国的支援和资助。尽管经常目睹国民政府的腐朽，但为了支持中国的抗战事业，他依然写下了许多对蒋介石及国民政府有利的报道。1939年12月，白修德辞去国民政府的头衔，专职为《时代》周刊提供中国战区的报道。然而三年后的一场报道，却促使他的立场发生了巨变。

　　1942年，中国河南省遭受了严重的旱灾和蝗灾，导致了一场大饥荒。这场灾难导致了大约300万人死亡，1000万人流离失所。得知河南灾情的消息后，1943年2月，白修德与伦敦《泰晤士报》的摄影记者哈里森·福尔曼一道亲赴河南实地采访。结果在沿途，他们目睹了一场真实的人间惨剧，每天都有人死去，野狗在啃噬着倒毙的饿殍，难民们在饥饿中麻木、疯狂。而政府组织的赈灾活动不见踪影，听任难民们的生命像草芥一样消失。白修德写道："我的笔记告诉我，我报道的内容都是亲眼所见或亲自证实：野狗在路边啃着尸体，农民在夜色的遮掩下寻找死人肉，无边无际的荒村野岭，乞丐聚集在城门口，弃婴在路边啼哭死去。没有什么能够描绘出河南大饥荒的恐怖情形，讽刺的是，青绿的麦苗本来是庄稼丰收的指望，现在却等不到两个月后成熟收割。最恐怖的是，你知道这样的灾荒本来可以避免。……由于惊人的计算错误，本来应该准时送到灾区的粮食，到了秋天也没有发放。现在，除了美国援助的资金和物资，饱受战争折磨的中国内陆省份似乎没有希望得到足够的粮食，避免悲剧的发生。"具有讽刺意味的是，当数百万灾民挣扎在生存边缘时，国民党军政人员们却视而不见，听而不闻，依旧是山珍海味，锦衣玉食，过着骄奢淫逸的生活。白修德与福尔曼离开郑州的前一夜，郑州的政府长官为他们饯行，宴请菜单有莲子羹、辣子鸡、栗子炖牛肉、炸春卷、热馒头、大米饭、豆腐煎鱼等，此外还有两道汤，三个馅儿饼，饼上撒满了白糖。

　　3月22日，《时代》周刊刊登了白修德关于河南大灾的报道《等待收成》，很快就在美国引起巨大轰动，美国朝野对当时中国国民政府不顾民众死活的做法大为不满，甚至愤怒。对于白修德本人而言，这次经历使他对国民党彻底失望，他坦言自己对蒋介石政权"一开始是尊敬和钦佩，然后是同情和怜悯，最后是鄙视和不屑"。实际上，到抗战后期，越来越多的西方人士已经对蒋介石政权的腐朽本性有了更深的认识，甚至认为这个政权行将灭亡。例如费正清就在《中国之行》中毫不客气地写道："国民党政权正在自我消灭，并且走上了丧失权力的道路"。

当白修德的那篇报道在《时代》刊出时，宋美龄正在美国四处游说，以争取美国政府对中国抗战的援助。白修德对河南灾情的披露使她极为恼火，认为有损"中国政府形象"，因此强烈要求《时代》的老板卢斯解雇白修德。虽然当时卢斯并没有听从宋美龄的要求，但显然也对昔日的好友白修德深感不满，二人的关系由此日益紧张。到1944年底，白修德从中国发回《时代》的报道几乎无法刊出。与此同时，由于在同年10月访问了延安，白修德开始认定，中国共产党才是中国未来的希望，因此希望《时代》周刊不再支持蒋介石及其国民政府，他直言不讳地向卢斯指出："如果《时代》有限公司执行的是绝对的、无条件支持蒋的政策，我们就极端地损害了美国千百万读者的利益，并对中国人民犯下了罪行，他们个人主要关心的问题也是如此……我们希望您能以公正的态度，毫不偏颇地搜集事实。"由于白修德坚信中国内战将会爆发，而蒋介石会一败涂地，最终在1946年与老板卢斯彻底决裂，正式离开《时代》周刊。

白修德的预言很快就被证实了。1945年8月15日，日本宣布无条件投降。1945年抗战刚刚胜利之时，国民党政权还被看作是领导全国抗战胜利的功臣，蒋介石本人也被看成是"民族英雄"。这时的国民党政权，无论是在威望上、实力上，还是在国际地位各方面，都达到了前所未有的高度。然而万万没有想到，就是这样一个国民党，在胜利到来的时候，迅速在政治上、经济上暴露出它的独裁、官僚体制所形成的腐败。到1946年的时候，仅仅过了一年，大街上欢呼抗战胜利的纸屑还没有冲刷干净的时候，国民政府就被民众抛弃了。民众不相信它，不相信它能给中国带来幸福，不相信它能把中国引领到富强。到1948年前后，国民党的威信已经是急剧下降，不可收拾了。

耐人寻味的是，正是由于目睹国民党的整体腐败，原本与蒋介石政权关系密切的美国人也开始动摇了。1948年11月，美国军事顾问团团长戴维·伯

图 3-9-1：灾民正把树皮扒下来，以磨成粉充饥。河南，哈里森·福尔曼摄，1943 年。

图 3-9-2：逃荒路上的难民。河南，哈里森·福尔曼摄，1943 年。

图 3-9-3: 饥荒中的灾民。河南，哈里森·福尔曼摄，1943 年。

将军在向华盛顿的报告中提到："自从我来到这里后，从来就没有一个战役的失利说是因为武器弹药的缺乏。依我看来，国民党军队的败北是因为糟糕透顶的指挥和其道德败坏的因素，把军队弄得毫无战斗意志。……在整个军界，到处是平平庸庸的高级军官，到处是贪污和欺诈。"而到 1949 年 8 月，美国国务卿艾奇逊在致杜鲁门总统的信中，同样指出了国民党的失败是因为其腐败无能。他说："我们在中国的军事观察家曾报告说，国军在具有决定性的 1948 年内，没有一次战役的失败是由于缺乏武器或弹药。事实上，我们的观察家于战争初期在重庆所看到的腐败现象，已觉察出国民党的抵抗力量受到致命的削弱。国民党的领袖们对于他们所遭遇的危机，是无能为力的。国民党的部队已丧失了斗志，国民党的政府已经失去了人民的支持。"

　　抗战胜利后，随着中国内战的爆发，许多来华西方摄影师又将镜头转向了新的领域，留下了这一动荡时期特殊的视觉记忆。特别是卢斯旗下的《生活》杂志，当时曾先后派出不少摄影师在中国各地进行摄影报道，而这些摄影师拍摄的影像也在很大程度上改变了西方的中国形象。

　　杰克·伯恩斯（Jack Birns）是美国的一位著名摄影师，他曾作为美国《生活》杂志的摄影记者在中国内战的最后几年被派往上海进行战时报道。1946年，伯恩斯开始以自由摄影师的身份在美国洛杉矶工作，随后被派往中国进行采访。1947年，他被派往上海，当时正值中国内战时期，上海这座繁华的国际都市正处于贫困、腐败和混乱之中。伯恩斯不顾卢斯的反对，将镜头聚焦在战乱中的普通人和他们日常生活上。他在极其困难和危险的情况下，拍摄了难民、乞丐、儿童、妓女、士兵以及贫富悬殊的生活、街头的行刑和市民的反抗。这些照片以静态的视角记录了一个时代的转折。伯恩斯的摄影作品不仅记录了当时一些日常生活情况以及普通老百姓，如工人、乞丐、警察、妓女、士兵、政客以及难民的影像，还记载了中国那场内战所引发的社会剧变。通过伯恩斯的镜头，后人可以看到，在国民党统治下，1947年至1949年的中国已是风雨飘摇，广大百姓生活在水深火热之中：穷人们迫于经济压力，大批涌入城市谋求生路，甚至在黄浦江边搭建临时窝棚；城市贫民每日为生计苦苦挣扎；受物价飞涨沉重打击的公司小职员和工人们每周的劳动所得竟是一捆捆不断贬值的法币……与此同时，国民党高官却贪污腐败，过着奢华的生活，租界里的西方人也依然享受着他们的特权生活。而在国共内战的战场上，面对中国共产党军队的节节胜利，垂头丧气的国民党士兵仓皇撤退。透过这些画面不难看出，一个时代很快就要终结，一场巨大的社会变革即将来临。当然也正因如此，伯恩斯拍摄的许多照片当时并未被《生活》杂志采用。为了向西方世界掩盖国民党政权即将土崩瓦解的真相，卢斯显然不允许这类照片公开发表，以免破坏自己此前苦心经营的国民党政权的正面形象。正如伯恩斯本人后来回忆的："《生活》杂志的编辑们将它们弃之不用，也从不说明原因。而在我来说，我自己的目的只不过是客观地记录下一个饱尝战争之苦的民族，记录他们极度艰难的日常生活。从1900年义和团起义到1947年的国内战争，这个国家的老百姓已被战争煎熬了将近半个世纪。然而这些记录日常生活的照片却被认为毫无新闻价值。……一个摄影记者，当他在抓拍照片时，是无法奢望能够表达自己的同情心的。但是，许许多多类似的悲惨画面都深深地烙刻在我心中，令我永志难忘！"

另一位《生活》杂志摄影师马克·考夫曼（Mark Kauffman）所拍摄的

图 3-9-4：逃难的百姓。上海，杰克·伯恩斯摄，1949 年。

图 3-9-5：仓皇撤退的国民党士兵。上海，杰克·伯恩斯摄，1949 年。

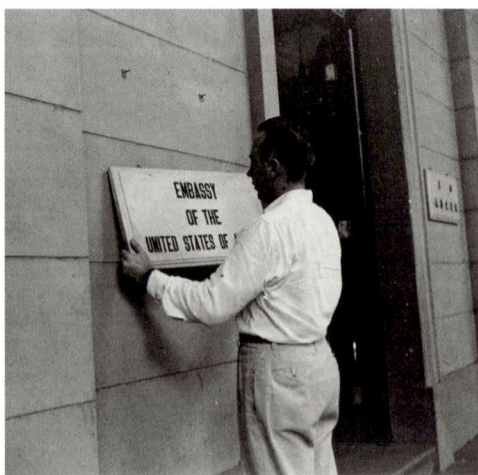

图 3-9-6：准备撤退的美国外交人员。上海，杰克·伯恩斯摄，1949 年。

大量照片，同样反映了内战时期中国社会的现状。作为《生活》杂志重要的摄影师，考夫曼于1945年至1949年间在中国许多地方拍摄了照片，同一时期《生活》杂志有关中国主题的照片皆出自他手。他的摄影作品记录了抗战结束后国民政府统治下中国的军事政治、宗教民生等社会状况。

对于中国历史上这样一个关键的转折时期，法国著名摄影师布列松作为目击者，在中国各地拍摄的一系列著名照片在西方世界产生的影响力无疑最为典型。

亨利·卡蒂埃·布列松（Henri Cartier-Bresson，1908—2003），世界著名的人文摄影家，决定性瞬间理论的创立者与实践者，被誉为"现代新闻摄影之父"。作为20世纪最伟大的摄影家之一以及现代新闻摄影的创立人，他个性鲜明的摄影作品曾登上过全世界最著名的杂志和报纸。他毕生用他小巧的、35毫米的莱卡照相机走遍全世界，见证了20世纪几乎所有的重大事件：从西班牙内战到德国占领法国、印度的分裂、1968年法国学生的起义……布列松一生到过中国两次，时间分别是内战时期的1948—1949年，以及1958—1959年。在1949年中国内战即将结束之际，他

图3-9-7：溃败的国民党士兵。上海，考夫曼摄，1947年。

图3-9-8：反对国民党统治的游行队伍。上海，考夫曼摄，1947年。

目睹了国民党的全面溃退和中国共产党政权的建立，而他在这一时期所拍摄的照片尤其震撼人心。时至今日，我们依然能从这些照片中感受到那个年代百姓的无奈以及政局的动荡。

1947 年，布列松同罗伯特·卡帕、戴维·西蒙等创立了著名的马格南图片社。他们的摄影作品经常成为西方各大媒体争抢的目标。1948 年 11 月，当《生活》杂志听说布列松将要前往中国拍摄，并准备将照片出售给欧洲的竞争对手后，立即通过马格南图片社与布列松取得联系，希望后者能提供中国题材的照片。马格南图片社随即向布列松指示，让其首先在北平进行拍摄。按照计划，布列松本来只打算停留两周，但由于时局混乱，他前后在中国又待了 10 个月，先后在北平、上海、南京、香港等地拍摄，直到 1949 年 10 月才离开。而布列松在中国新旧交替时期拍摄的照片，真实地记录了当时中国政局的剧烈动荡给人民带来的悲惨和苦难。

在布列松拍摄于这一时期的照片中，最经典的当数表现 1949 年上海抓拍的"黄金挤兑风潮"场面。从布列松的照片可以看到，人们疯狂地挤在银行门口，企图兑换一点黄金，眼神中充满恐慌和无助。这张照片后来也成为世界摄影史上的经典之作，而在塑造特殊历史时期的中国形象方面也曾产生了深远影响。

对于内战爆发后的国民党政权而言，战场上的变数固然重要，但广大民众的背弃与金圆券引发的民怨同样是导致其走向失败的诱因。要知道，自从抗战胜利后，国民政府网罗了一大批专业人才，国际上又有美国的援助，国民党政权完全应该先把经济搞上去。但令人失望的是，即便在内战爆发前，国民党在民生问题上的表现就如同一个小学生般拙劣而无能。原本在抗战胜利之初，国民政府接收了价值达 100 亿美元以上的日伪资产和美军剩余物资，时任财政部部长宋子文趁机出售物资回笼了大量货币，遏制了抗战后期严重的通货膨胀。然而好景不长，随着政治局势的变化，国民党军费支出急剧增加，于是好不容易被抑制下去的通货膨胀等问题再次浮出水面。1946 年 3 月初，抗战胜利仅仅半年，国统区便出现了物价飞涨的局面，原本很吃香的法币顿时陷入危机。为了挽救危局，号称财政专家的行政院长宋子文建议政府开放外汇市场，实施黄金买卖政策。却不料在这一过程中，官僚特权势力狼狈为奸，趁机大肆贪污营私，从而引发了一场极为混乱的社会动荡，这就是著名的"黄金风潮案"。

从 1946 年 3 月 8 日开始，中央银行开始在上海抛售黄金，配售价格随市价变动。在开始抛售黄金的半年时间内，一切都风平浪静，但随着 1946 年 6 月全面内战的爆发，平静被打破了。混乱的局势加上国民政府的滥发纸币引起通货膨胀，人们纷纷抢购黄金以自保，黄金价格迅速上涨，销售量也随之直线上升。8 月 17 日到 18 日，中央银行两天就卖出黄金 1 万两。在汇价、金价的共同作用下，国内物价开始全面上涨。到 1947 年 1 月，黄金价格已经逼近 400 万元一条的高价，仅在 1 月 30 日一天之中就售出 19000 条。最初抛售黄金的一个目的是回笼法币，抑制通货膨胀，但由于国民政府滥发货币，法币信用严重不足。币值下挫一方面促升金价，一方面让所有的持币人，无论是金融家到工厂主、大商人，无不倾其所有抢购黄金。到最后，全国都陷入了轰轰烈烈的黄金抢购潮中：政府部门挪用行政经费，事业单位拿出人头工资去抢购黄金；因为当时只有上海一地销售黄金，各部队长官纷纷将军饷运往上海，抢购黄金，甚至央行由南京开往徐州等处的运送钞票的专列，开到半路也掉转车头，回到上海。到 1946 年 12 月初，金价从几天一涨变为一天一涨，又从一天一涨变为一天几涨，最多的一天金价涨了 9 次。1947 年 2 月 16 日，行政院通过经济紧急措施，禁止黄金、美钞自由买卖。在这次黄金风潮的影响下，国统区金融市场也一片混乱，物价一再狂涨，社会动荡不安。2 月中旬，上海多家米店、银楼被愤怒的市民捣毁，随后广州、武汉、长沙等地也相继爆发相同的事件。

到 1948 年，由于陷入内战的泥潭中无法自拔，国统区通货膨胀已十分严重，法币急剧贬值，法币的发行量由抗战胜利时的 5 万亿元快速增至 1948 年 8 月的 604 万亿元，造成了民间的恶性通货膨胀。1947 年 7 月，美联社上海分社的一则电讯曾形象地描写道：法币 100 元可购买的物品，1940 年为一头猪，1943 年为一只鸡，1945 年为一条鱼，1946 年为一个鸡蛋，1947 年为 1/3 盒火柴。统计数字表明，当时的物价较抗战前已上涨 60，000

倍。最后，有的造纸厂干脆以低面额的法币作为造纸的原料，因为这比用其他纸成本还低。为挽救财政经济危机，维持日益扩大的内战军费开支，国民党决定废弃法币，改发金圆券。8月19日，国民政府以总统命令发布《财政经济紧急处分令》，规定自即日起以金圆券为本位币，发行总限额为20亿元，限11月20日前以法币300万元折合金圆券1元、东北流通券30万元折合金圆券1元的比率，收兑已发行之法币及东北流通券；限期收兑人民所有黄金、白银、银币及外国币券；限期登记管理本国人民存放国外之外汇资产。由于发行金圆券的宗旨在于限制物价上涨，因此又规定"全国各地各种物品及劳务价，应按照1948年8月19日各该地各种物品货价依兑换率折合金圆券出售"。结果这一政策反而造成了商品流通瘫痪，整个社会陷入混乱。

在金圆券发行之初，由于普通老百姓害怕"违者没收"或被投入监牢，只好将金银外币向银行兑换金圆券。10月1日，国民政府被迫宣布放弃限价政策，准许人民持有金银外币，并提高与金圆券的兑换率。但是限价政策一经取消，物价再度猛涨，金圆券也随之急剧贬值。10月11日，焦头烂额的国民政府又被迫公布《修改金圆券发行办法》，取消发行总额的限制。至1949年6月，金圆券发行总额竟达130余万亿元，超过原定发行总限额的65，000倍。钞票面额也越来越大，从初期发行的最高面额100元，到最后竟出现50万元、100万元一张的巨额大票。尽管如此，仍不足以应付交易之需，各式买卖经常要以大捆钞票进行。1949年5月，一石大米竟要4亿多金圆券，算下来买1粒就要130多元。当时流行着这样的笑谈："在中国唯一仍然在全力开动的工业是印刷钞票。"可以说，金圆券流通不到一年，形同废纸，国民政府财政金融陷于全面崩溃。直到7月3日，已经败退至广州的国民政府才正式停发金圆券，这场为期10个月的闹剧就此收场。

与《生活》杂志派往中国的其他几位摄影师一样，布列松正巧在现场目睹了发生在中国的金融奇观。面对1948年末上海上演的"轧金子"风潮，出于一名纪实摄影家的敏感，他在第一时间以相当近的距离抓拍了这一历史性照片，从而将上海抢购黄金风潮和国民党末日来临的社会背景淋漓尽致地表现出来。

图 3-9-9：正在一家店铺前吃自己带的干粮的农民。北京，布列松摄，1948 年。

图 3-9-10：正在垃圾堆中寻找食物的人们。上海，布列松摄，1948 年。

图 3-9-11：正在银行前排队挤兑黄金的群众。上海，布列松摄，1948 年。

随着国民党政权将中国一步步带入内战的深渊，日益背离美国舆论的期望，即使像卢斯旗下《时代》《生活》这样的亲蒋媒体即便再努力也很难有所作为了。而在美国政府许多决策者看来，国民党已彻底无可救药了。

1949 年 8 月 18 日，中国共产党领导人毛泽东发表了题为《别了，司徒雷登》的著名文章。文章以辛辣的口吻写道："人民解放军横渡长江，南京的美国殖民政府如鸟兽散。司徒雷登大使老爷却坐着不动，睁起眼睛看着，希望开设新店，捞一把。司徒雷登看见了什么呢？除了看见人民解放军一队一队地走过，工人、农民、学生一群一群地起来之外，他还看见了一种现象，就是中国的自由主义者或民主个人主义者也大群地和工农兵学生等人一道喊口号，讲革命。总之是没有人去理他，使得他'茕茕孑立，形影相吊'，没有什么事做了，只好夹起皮包走路。"

司徒雷登（John Leighton Stuart，1876—1962）原本是美国基督教长老会传教士，1876 年 6 月出生于杭州，其父母也均为美国在华传教士。受家庭的影响，他 1904 年开始在中国传教，后又投身教育事业，1919 年起任燕京大学校长、校务长。正是通过他几十年不懈的努力，燕京大学成为当时蜚声中外的一所大学，校园美丽、师资一流、人才辈出。抗战结束后，为了更好地开展对华外交，美国白宫方面将目光投向了这位中国通。1946 年 7 月，司徒雷登接受杜鲁门总统的任命，成为新的驻华大使。但是过了不久，司徒大使便在与蒋介石政权打交道的过程中发现，以往美国媒体所营造的所谓美好的中国形象都是建立在谎言基础上的。随着对国民党政府腐败程度的日益了解，他由希望而失望，由失望而绝望。

随着国民党挑起内战，之后又日益走向独裁，司徒雷登的政治立场动摇了。1946 年 11 月 15 日至 12 月 25 日，在中国共产党和中国民主同盟拒绝参加的情况下，制宪国民大会在南京召开。司徒雷登讥讽与会的青年党、民社党及多数无党派代表为"民主花瓶"。1948 年 2 月 18 日，他通过驻南京的美国新闻处发表了致中国人民书，并且声明"得到了美国国务院的赞成"。司徒雷登说："不论美国物资援助之数量如何，均不足以供应中国政治安定和经济复兴之需求。最主要之力量，仍为中国人民，且尚需有牺牲小我为公共福利努力之赤诚决心。"出于对国民党政权的失望，司徒雷登在 1948 年 10 月 14 日的报告中直言不讳地认为，蒋介石从政坛上消失是"指日可待"，而美国"必须谨慎地注意事态的发展"。随着国共内战形势的变化，司徒雷登甚至打算与中共高层接触。1949 年 3 月 10 日，他向白宫方面请求授权他与中共高级领导会谈。报告说："我希望我不仅作为美国官方代表与共产党接触，而且也作为一个久居中国，致力于中国的独立和民主进步，致力于造福于中国人民而联络两国关系的中国人民的朋友与共产党接触。无论他们怎样将我等同于好战的帝国主义分子而对我不加信任，我希望我以前的活动以及我与中共许多人的个人交往是不会使他们忽视的。"

1949 年 4 月 24 日人民解放军占领南京后，司徒雷登积极赞成美国大使馆留在南京。在随后的一段时间里，他同自己曾经的学生黄华向中共方面表示自己的立场，并曾希望亲赴北平。遗憾的是，由于种种复杂的原因，司徒雷登的愿望并没有实现，中美两国终于擦肩而过。对于司徒雷登的言行，当时蒋介石极为恼火，他甚至将国民党军队在国共内战中失败的原因之一归咎于司徒雷登对其"支持不力且背后拆台"。其实蒋介石完全用不着埋怨司徒雷登，因为当时美国舆论的主流已彻底丧失好感了，七年前宋美龄辛辛苦苦攒下的人气早已化为乌有。美国人无论如何也理解不了，国民党原本占有绝对的优势，为何最终却被共产党打败？痛定思痛，美国的新闻界、知识界和政界开始展开调查讨论。到头来他们终于发现：是美国人自己"用金钱催生出了一群寄生虫"——以蒋介石为首的国民党政权。而要挽救国民党政权，就必须将以蒋介石为首的"贪污腐化的一伙"赶下台。于是在时任美国总统杜鲁门的坚持下，蒋介石被放弃了。

1948年底，眼看国民党军在战场上节节败退，蒋介石给杜鲁门写信表示：如果美国不能提供经济军事援助的话，就请美国政府发表一个坚决支援国民政府的书面宣言，增加军队的士气和人民的信心。但是本来就与蒋介石有过节的杜鲁门连精神上的支援也不肯答应，拒绝发表支援蒋介石政府的声明。而当蒋介石希望派宋美龄访问美国再次上演当年的演讲秀时，国务卿马歇尔却要求宋美龄以私人身份访问。1949年1月21日，失去美国支持的蒋介石被迫宣布"引退"。8月5日，美国发表了《中美关系白皮书》，指责蒋介石政府腐败无能，表示今后不再援助蒋介石政府。尽管如此，出于冷战的需要和敌视共产主义的意识形态，美国政府之后仍采取了"援蒋反共"的政策，对新生的中华人民共和国实行封锁，肆意抹黑新中国的国际形象。

1949年2月7日，中共领导人毛泽东第一次登上《时代》周刊封面。画面上的毛泽东抬头仰望，面带笑容，封面标题为"民主统一"四字。报道称，毛泽东把中国划入了国际共产主义集团的版面，对西方而言，这是一件无法估计的灾难。对于多年来致力于美化国民党统治的卢斯而言，中国形象的这种转变无疑是难以接受的。在很长一段时期内，他对旗下记者从中国发回的国民党腐败不堪、溃不成军，以及共产党深得民心的大量客观报道视而不见，反而弄虚作假极力掩盖历史的真相。这种丧失了原则的偏爱，最终使卢斯在中美关系史上扮演了不光彩的角色，并且在很大程度上误导了美国的对华政策。而国民党政府垮台后，抱着强烈反共心态的卢斯，又开始极力扭曲新中国及其领导人的形象，为此他甚至自创过这样一句"名言"——"一个有用的谎言胜过有害的真相"。新中国领导人毛泽东、周恩来、刘少奇等都先后登上过《时代》封面，但形象都遭到了恶意扭曲。从某种程度上讲，《时代》的许多偏见都成为二战后美国对华政策的重要理论来源。即使在冷战结束多年后，《时代》对中国的许多负面报道，偏颇之处仍时时可见。

新中国成立后，以美国为首的西方世界就对中国采取政治上不承认、经济上封锁禁运、军事上包围威胁和外交上孤立的政策，企图扼杀掉"红色中国"。而在冷战时期，包括《时代》在内的美国媒体开始大肆丑化中国，好莱坞同样也在渲染"红色中国"的恐怖色彩。直到 1972 年尼克松访华，中美关系开始缓和，西方的中国形象才开始出现新的转变。

1949 年 10 月 1 日，毛主席在北京天安门城楼上向世界庄严宣告：中华人民共和国成立了！中国人民从此站起来了！中国这片古老的土地从此进入了一个全新的时代，中华民族的面貌从此焕然一新，中国巨龙从此以新的姿态屹立在世界东方。在中国共产党的领导下，新中国仅仅用了短短七十多年的时间，一跃成为世界第二大经济体，政治、经济、社会、文化、生态各个领域都发生了巨大变化。这些伟大的历史成就足以震惊世界，也同样足以改变世界的眼光。事实证明，今天的中国形象早已今非昔比，五千多年灿烂文明孕育的现代中国已呈现在世界面前。然而我们同时也要看到，无论是冷战时期《时代》周刊的封面报道，近年来屡遭诟病的 BBC 滤镜，还是某些国家民众对中国不可思议的无知，依然不断折射出西方世界对中国形象认知上的缺陷，而这种缺陷，除了现实政治的因素之外，显然还来源于历史。历史是最好的教科书，既可以告诉我们过去，也可以为现实提供借鉴，更可以照亮未来。回顾近五百年来西方刻画中国形象的历史，我们不会因为早期传教士们的极力美化而沾沾自喜，也不会因为各种讽刺漫画的刻意丑化而愤怒怨恨。恰恰相反，在历史面前，我们会冷静思考，以实际行动做好自己的事情，全面提高国家软实力，努力掌握国际话语权。在新时代，中华民族要实现伟大复兴，必然提高国际传播力和影响力，讲好中国故事，既要塑造可信、可爱、可敬的中国形象，更要展示真实、立体、全面的中国形象。从这个意义上讲，我们任重而道远。

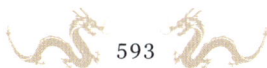

参考文献：

杰克·伯恩斯著：《内战结束的前夜》，吴呵融译，广西师范大学出版社，2009 年 3 月。

李希光等著：《妖魔化中国背后》，中国社会科学出版社，1996 年 12 月。

刘建飞：《美国与反共主义》，中国社会科学出版社，2001 年 10 月。

师永刚主编：《中国时代：美国主流报刊撰写的中国百年史 1900—2000》，作家出版社，2016 年 10 月。

约翰·S.谢伟思、周锡瑞著：《在中国失去的机会》，罗清、赵仲强译，国际文化出版公司，1989 年 4 月。

邹谠著：《美国在中国的失败 1941—1950》，王宁、周先进译，上海人民出版社，2012 年 2 月。

The Rise of Red China. By Robert C. Goldston. the Bobbs-Merrill Company 1962.

参考书目

[澳] 骆惠敏编:《清末民初政情内幕——泰晤士报驻北京记者袁世凯政治顾问乔·厄·莫理循书信集(1895—1912)》,刘桂梁译,知识出版社,1986 年 11 月。

[澳] 乔治·厄内斯特·莫理循著:《1894,中国纪行》,李磊译,中华书局,2017 年 3 月。

[波] 爱德华·卡伊丹斯基《中国的使臣:卜弥格》,张振辉译,大象出版社,2001 年 5 月。

[德] 阿塔纳修斯·基歇尔著:《中国图说》,张西平、杨慧玲、孟宪谟译,大象出版社,2010 年 3 月。

[德] 爱德华·福克斯著:《欧洲漫画史 1848—1900 年》,王泰智、沈惠珠译,上海人民出版社,2006 年 1 月。

[德] 奥斯瓦尔德·斯宾格勒著:《西方的没落》,齐世荣、田农等译,商务印书馆,2001 年 1 月。

[德] 本雅明著:《摄影小史+机器复制时代的艺术作品》,王才勇译,江苏人民出版社,2006 年 7 月。

[德] 贡德·弗兰克、安德烈·冈德·弗兰克著:《白银资本:重视经济全球化中的东方》,刘北成译,中央编译出版社,2008 年 9 月。

[德] 赫尔曼·凯泽林著:《另眼看共和:一个德国哲学家的中国日志》,刘姝、秦俊峰译,福建教育出版社,2015 年 5 月。

[德] 黑格尔:《历史哲学》,王造时译,上海书店出版社,1999 年 9 月。

[德] 克里斯托费尔·弗里克、克里斯托弗尔·施魏策尔著：《热带猎奇：十七世纪东印度航海记》，姚楠、钱江译，海洋出版社，1986 年 11 月。

[德] 莱布尼茨著：《中国近事：为了照亮我们这个时代的历史》，[法] 梅谦立、杨保筠译，大象出版社，2005 年 7 月。

[德] 马克斯·韦伯著：《儒教与道教》，洪天富译，江苏人民出版社，2018 年 12 月。

[德] 瓦德西著：《瓦德西拳乱笔记》，王光祈译，中华书局，2009 年 9 月。

[德] 瓦尔特·本雅明著：《机械复制时代的艺术作品》，王才勇译，中国城市出版社，2001 年 12 月。

[德] 卫礼贤著：《中国心灵》，王宇洁译，国际文化出版公司，2005 年 7 月。

[德] 夏瑞春编：《德国思想家论中国》，陈爱政等译，江苏人民出版社，1997 年 3 月。

[法] 阿兰·佩雷菲特著：《停滞的帝国——两个世界的撞击》，王国卿、毛凤支等译，生活·读书·新知三联书店，1995 年 8 月。

[法] 爱德华·沙畹著：《华北考古记》，袁俊生译，中国画报出版社，2020 年 5 月。

[法] 伯希和著：《敦煌石窟笔记》，耿昇译，甘肃人民出版社，2007 年 12 月。

[法] 奥古斯特·博尔热著：《奥古斯特·博尔热的广州散记》，钱林森、张群、刘阳译，上海书店出版社，2006 年 9 月。

[法] 奥古斯特·弗朗索瓦（方苏雅）著：《晚清纪事——一个法国外交官的手记 1886—1904》，罗顺江、胡宗荣译，云南美术出版社，2001 年 8 月。

[法] 菲尔曼·拉里贝：《清王朝的最后十年》，吕俊君译，九州出版社，2017 年 5 月。

[美] E. A. 罗斯著：《变化中的中国人》，公茂虹、张皓译，时事出版社，2002 年 2 月。

[法] 伏尔泰著：《风俗论：论各民族的精神与风俗以及自查理曼至路易

十三的历史》，梁守锵译，商务印书馆，1994 年 11 月。

[法] 老尼克著:《开放的中华：一个番鬼在大清国》，钱林森、蔡宏宁译，山东画报出版社，2004 年 5 月。

[法] 李明著:《中国近事报道》，郭强、龙云、李伟译，大象出版社，2004 年 7 月。

[法] 谢和耐著:《中国人的智慧》，何高济译，上海古籍出版社，2004 年 10 月。

[法] 谢和耐著:《中国与基督教：中西文化的首次撞击》，耿升译，上海古籍出版社，2003 年 8 月。

[荷] 伊兹勃兰特 · 伊台斯、[德] 亚当 · 勃兰德著:《俄国使团使华笔记》，北京师范学院俄语翻译组译，商务印书馆，1980 年 6 月。

[荷] 约翰 · 尼霍夫原著，[荷] 包乐史、[中] 庄国土著:《〈荷使初访中国记〉研究》，厦门大学出版社，1989 年 1 月。

[加] 卜正民《维米尔的帽子：17 世纪和全球化世界的黎明》，黄中宪译，湖南人民出版社，2017 年 7 月。

[捷] 基希著:《秘密的中国》，周立波译，群众出版社，1981 年 8 月。

[罗马尼亚] 尼 · 斯 · 米列斯库著:《中国漫记》，蒋本良、柳凤运译，中华书局，1990 年。

[美]D. 包瑞德著:《美军观察组在延安》，解放军出版社 1984 年 12 月。

[美]E. A. 罗斯著:《变化中的中国人》，公茂虹、张皓译，时事出版社，2000 年 2 月。

[美]G. 马森编:《西方的中国及中国人观念：1840—1876》，杨德山译，中华书局，2006 年 7 月。

[美]T. 克里斯托弗 · 杰斯普森著:《美国的中国形象（1931—1949）》，姜智芹译，江苏人民出版社，2010 年 6 月。

[美] 埃德加 · 斯诺著:《西行漫记》，董乐山译，东方出版社，2005 年 12 月。

[美] 爱德华 · W. 萨义德著:《东方学》，王宇根译，生活 · 读书 · 新知

三联书店，2007年7月。

[美] 白修德、[美] 贾安娜著：《中国的惊雷》，端纳译，新华出版社，1988年2月。

[美] 柏理安著：《东方之旅：1579—1724耶稣会传教团在中国》，毛瑞方译，江苏人民出版社，2017年4月。

[美] 保罗·肯尼迪著：《大国的兴衰：1500—2000年的经济变迁与军事冲突》，陈景彪等译，国际文化出版公司，2006年1月。

[美] 布热津斯基著：《大抉择：美国站在十字路口》，王振西等译，新华出版社，2005年1月。

[美] 邓恩著：《从利玛窦到汤若望：晚明的耶稣会传教士》，余三乐、石蓉译，上海古籍出版社，2003年1月。

[美] 丁韪良著：《花甲忆记：一个美国传教士眼中的晚清帝国》，沈弘、恽文婕、郝田虎译，广西师范大学出版社，2004年5月。

[美] 丁韪良著：《中国觉醒》，沈弘译，世界图书出版公司，2010年1月。

[美] 厄尔·德尔·比格斯著：《陈查理探案》，鲁玉荣、孙小芬、车宁国译，群众出版社，2012年8月。

[美] 福尔曼摄影：《西行漫影》，上海画报公司，1946年1月。

[美] 盖洛著：《中国长城》，沈弘、恽文捷译，山东画报出版社，2006年4月。

[美] 古德诺著：《解析中国》，蔡向阳、李茂增译，国际文化出版公司，2005年7月。

[美] 哈里森·福尔曼著：《北行漫记》，陶岱译，新华出版社，1988年2月。

[美] 哈罗德·伊萨克斯著：《美国的中国形象》，于殿利、陆日宇译，中华书局，2006年7月。

[美] 韩瑞著：《假想的"满大人"：同情、现代性与中国疼痛》，袁剑译，江苏人民出版社，2013年。

[美] 郝吉思著：《黄柳霜：从洗衣工女儿到好莱坞传奇》，王旭/杨长云

/李文硕译，香港大学出版社，2013年1月。

[美]何伟亚著：《怀柔远人：马嘎尔尼使华的中英礼仪冲突》，邓常春译，社会科学文献出版社，2002年10月。

[美]赫德兰著：《权谋档案：一个美国人眼中的晚清宫廷》，王秀莉译，团结出版社，2011年1月。

[美]亨特著：《旧中国杂记》，沈正邦译，广东人民出版社，2000年11月。

[美]杰克·伯恩斯著：《内战结束的前夜》，吴呵融译，广西师范大学出版社，2009年3月。

[美]杰斯普森著：《美国的中国形象：1931—1949》，姜智芹、刘东译，江苏人民出版社，2010年8月。

[美]凯瑟琳·卡尔著：《一个美国女画师眼中的慈禧》，宴方译，中国工人出版社，2008年10月。

[美]孔华润著：《美国对中国的反应——中美关系的历史剖析》，张静尔译，复旦大学出版社，1989年8月。

[美]李漪莲：《亚裔美国的创生：一部历史》，伍斌译，中信出版集团，2019年7月。

[美]理查德·维兰著：《珍藏卡帕》，陈立群译，中国摄影出版社，2011年6月。

[美]马士著：《中华帝国对外关系史》，张汇文译，上海书店出版社，2000年9月。

[美]迈克尔·沙勒著：《美国十字军在中国(1938—1945)》，郭济祖译，商务印书馆，1982年7月。

[美]孟德卫著：《1500—1800中西方的伟大相遇》，江文君等译，新星出版社，2007年3月。

[美]孟德著：《莱布尼兹和儒学》，张学智译，江苏人民出版社，1998年2月。

[美]明恩溥著：《中国人的气质》，刘文飞、刘晓旸译，上海三联书店，2007年11月。

［美］明恩溥著：《中国乡村生活》，陈午晴、唐军译，时事出版社，1998年2月。

［美］尼姆·威尔斯著：《红色中国内幕》，马庆军、万高潮译，华文出版社，1991年2月。

［美］彭慕兰著：《大分流：欧洲、中国及现代世界经济的发展》，史建云译，江苏人民出版社，2004年3月。

［美］奇迈可著：《成为黄种人：亚洲种族思维简史》，方笑天译，浙江人民出版社，2016年10月。

［美］萨义德著：《文化与帝国主义》，李现译，生活·读书·新知三联书店，2003年10月。

［美］塞缪尔·亨廷顿著：《文明的冲突与世界秩序的重建》，周琪、刘绯、张立平、王圆译，新华出版社，1998年3月。

［美］赛珍珠著：《大地》，王逢振、韩邦凯、沈培锱等译，漓江出版社，1988年7月。

［美］赛珍珠著：《我的中国世界——美国著名女作家赛珍珠自传》，尚营林等译，湖南文艺出版社，1991年。

［美］桑贾伊·苏拉马尼亚姆著：《葡萄牙帝国在亚洲1500—1700：政治和经济史》，巫怀宇译，广西师范大学出版社，2018年11月。

［美］史华慈著：《中国的共产主义与毛泽东的崛起》，陈玮译，中国人民大学出版社，2006年1月。

［美］史景迁：《中国纵横：一个汉学家的学术探索之旅》，钟倩译，四川人民出版社，2019年3月。

［美］史景迁讲演：《文化类同与文化利用：世界文化总体对话中的中国形象》，北京大学出版社，1997年5月。

［美］史景迁著：《胡若望的困惑之旅：18世纪中国天主教徒法国蒙难记》，吕玉新译，上海远东出版社，2006年2月。

［美］史景迁著：《利玛窦的记忆之宫》，陈恒译，上海远东出版社，2005年7月。

[美]史沫特莱著:《中国在反击——一个美国女人和八路军在一起》,江枫译,北京出版社,2018年7月。

[美]斯蒂芬妮·萨顿著:《苦行孤旅:约瑟夫·F.洛克传》,李若虹译,上海辞书出版社,2013年12月。

[美]苏珊·桑塔格著:《论摄影》,黄灿然译,上海译文出版社,2006年1月。

[美]泰勒·丹涅特著:《美国人在东亚:十九世纪美国对中国、日本和朝鲜政策的批判的研究》,姚曾广译,商务印书馆,1959年8月。

[美]唐纳德·F.拉赫,埃德温·范·克雷著:《欧洲形成中的亚洲》,周宁总校译,人民出版社,2013年3月。

[美]陶乐赛·琼斯著:《美国银幕上的中国和中国人(1896—1955)》,邢祖文、刘宗锟译,中国电影出版社,1963年12月。

[美]威廉·埃德加·盖洛著:《扬子江上的美国人:从上海经华中到缅甸的旅行记录》,晏奎、盂凡君、孙继成译,山东画报出版社,2008年2月。

[美]威廉·亨特著:《旧中国杂记》,沈正邦译,广东人民出版社,1992年12月。

[美]约翰·S·谢伟思、周锡瑞著:《在中国失去的机会》,罗清、赵仲强译,国际文化出版公司,1989年4月。

[美]约翰·斯图亚特·汤姆森著:《北洋之始》,朱艳辉、叶桂红译,山东画报出版社,2008年2月。

[美]詹姆斯·利卡尔顿著:《1900,美国摄影师的中国照片日记》,徐广宇译,福建教育出版社,2008年12月。

[美]张文献编:《美国画报上的中国:1840—1911》,北京大学出版社,2017年9月。

[美]周锡瑞著:《改良与革命:辛亥革命在两湖》,杨慎之译,江苏人民出版社,2018年12月。

[美]邹谠著:《美国在中国的失败1941—1950》,王宁、周先进译,上海人民出版社,2012年2月。

[葡] 曾德昭著：《大中国志》，何高济译，上海古籍出版社，1998 年 12 月。

[葡] 多默·皮列士著：《东方志：从红海到中国》，何高济译，江苏教育出版社，2005 年 8 月。

[葡] 费尔南·门德斯、平托等著：《葡萄牙人在华见闻录作者：十六世纪手稿》，王锁英译，三环出版社，1998 年 6 月。

[日] 宫崎正胜著：《航海图的世界史：海上道路改变历史》，朱悦玮译，中信出版社，2014 年 5 月。

[瑞] 斯文·赫定著：《丝绸之路》，江红、李佩娟译，新疆人民出版社，2010 年 4 月。

[瑞] 喜龙仁著：《北京的城墙和城门》，赵晓梅、佟怡天译，学苑出版社，2017 年 4 月。

[西] 胡安·冈萨雷斯·德·门多萨著：《中华大帝国史》，孙家堃译，中央编译出版社，2009 年 10 月。

[西] 帕莱福等著：《鞑靼征服中国史 鞑靼中国史 鞑靼战纪》，何高济译，中华书局，2008 年 11 月。

[意] 利玛窦，金尼阁著：《利玛窦中国札记》，何高济、王遵仲、李申译，中华书局，1983 年 3 月。

[意] 马国贤著：《清廷十三年：马国贤回忆录》，李天纲译，上海古籍出版社，2004 年 4 月。

[英] 阿绮波德·立德著：《穿蓝色长袍的国度》，王成东、刘云浩译，时事出版社，1998 年 1 月。

[英] 埃德温·丁格尔著：《辛亥革命目击记》，刘丰祥等译，中国青年出版社，2002 年 2 月。

[英] 爱尼斯·安德逊著：《英国人眼中的大清王朝》，费振东译，群言出版社，2002 年 1 月。

[英] 安格斯·麦迪森著：《世界经济千年史》，伍晓鹰等译，北京大学出版社，2022 年 10 月。

[英] 彼得·伯克著：《图像证史》，杨豫译，北京大学出版社，2008 年

3月。

[英]伯特兰·罗素著:《中国问题》,田瑞雪译,中国画报出版社,
2019年9月。

[英]博克舍编:《十六世纪中国南部行纪》,何高济译,中华书局,
2006年8月。

[英]丁乐梅著:《徒步穿越中国:1909—1910一个英国人的中国旅行记》,
陈易之译,光明日报出版社,2013年12月。

[英]哈·麦金德著:《历史的地理枢纽》,林尔蔚、陈江译,商务印书馆,
2008年4月。

[英]赫德逊著:《欧洲与中国》,李申、王遵仲等译,中华书局,2004
年6月。

[英]杰里·布罗顿著:《十二幅地图中的世界史》,林盛译,浙江人民
出版社,2016年8月。

[英]雷蒙·道森著,《中国变色龙》,常绍民、明毅译,中华书局,
2006年7月。

[英]李提摩太著:《亲历晚清四十五年:李提摩太在华回忆录》,李宪堂、
侯林莉译,天津人民出版社,2005年5月。

[英]理查德·迪肯著:《间谍秘史:日本间谍惊人成功的奥秘》,王殿忠
译,军事科学出版社,1989年10月。

[英]罗伯茨著:《十九世纪西方人眼中的中国》,蒋重跃、刘林海译,
时事出版社,1999年1月。

[英]罗伊·莫克塞姆著:《茶:嗜好、开拓与帝国》,毕小青译,生活·读
书·新知三联书店2015年11月。

[英]麦克法兰,开乐凯等著:《上海及其周边掠影:十九世纪末西方人
眼中的中国》,曾新译,上海社会科学院出版社,2021年12月。

[英]曼德维尔著:《曼德维尔游记》,郭泽民、葛桂录译,上海书店出
版社,2010年3月。

[英]濮兰德,贝克豪斯著:《慈禧统治下的大清帝国》,牛秋实、杨中

领译，天津人民出版社，2008 年 8 月。

　　[英]乔治·马戛尔尼、[英]约翰·巴罗：《马戛尔尼使团使华观感》，何高济、何毓宁译，商务印书馆，2013 年 12 月。

　　[英]沈艾娣著：《翻译的危险：清代中国与大英帝国之间两位译者的非凡人生》，赵妍杰译，民主与建设出版社，2024 年 7 月。

　　[英]斯当东，叶笃义著：《英使谒见乾隆纪实》，上海书店出版社，2005 年 1 月。

　　[英]斯坦因著：《斯坦因中国探险手记》，巫新华、伏霄汉译，春风文艺出版社，2004 年 6 月。

　　[英]苏慧廉著：《李提摩太在中国》，关志远、关志英、何玉译，广西师范大学出版社，2007 年 12 月。

　　[英]泰瑞·贝内特：《中国摄影史：西方摄影师 1861—1879》，徐婷婷译 中国摄影出版社，2013 年 6 月。

　　[英]泰瑞·贝内特著：《中国摄影史 1842—1860》，徐婷婷译，中国摄影出版社，2011 年 7 月。

　　[英]汤森著：《马礼逊：在华传教士的先驱》，吴相译，大象出版社，2002 年 1 月。

　　[美]爱德华·V.吉利克著：《伯驾与中国的开放》，董少新译，广西师范大学出版社，2008 年 10 月。

　　[英]托马斯·阿罗姆绘图，李天纲编著：《大清帝国城市印象：十九世纪英国铜版画》，上海古籍出版社，2002 年 12 月。

　　[英]威廉·萨默塞特·毛姆著：《毛姆文集》，叶尊等译，人民文学出版社，2016 年 7 月。

　　[英]威廉·亚历山大著：《1793：英国使团画家笔下的乾隆盛世——中国人的服饰和习俗图鉴》，沈弘译，浙江古籍出版社，2006 年 1 月。

　　[英]休·昂纳《中国风：遗失在西方 800 年的中国元素》，刘爱英、秦红译，北京大学出版社，2017 年 1 月。

　　[英]亚当·斯密：《国民财富的性质和原因的研究》，郭大力、王亚南译，

商务印书馆，1974年。

[英]伊莎贝拉·伯德著：《1898：一个英国女人眼中的中国》，卓廉士、黄刚译，湖北人民出版社，2007年1月。

[英]约·罗伯茨编：《十九世纪西方人眼中的中国》，蒋重跃、刘林海译，中华书局，2006年9月。

[英]约翰·巴罗著：《我看乾隆盛世》，李国庆，欧阳少春译，北京图书馆出版社，2007年7月。

[英]詹姆斯·希尔顿著：《消失的地平线》，胡蕊、张颖译，云南人民出版社，2006年6月。

卞修跃主编：《西方的中国影像（1793—1949）》，黄山书社，2016年6月。

陈怀宇：《近代传教士论中国宗教：以慕维廉〈五教通考〉为中心》，上海人民出版社，2012年6月。

陈继春：《钱纳利与澳门》，澳门基金会，1995年8月。

陈伟、周文姬：《西方人眼中的东方陶瓷艺术》，上海教育出版社，2004年8月。

丁光：《慕雅德眼中的晚清中国（1861—1910）》，浙江大学出版社，2014年11月。

高维进：《中国新闻纪录电影史》，世界图书出版公司，2013年2月。

辜鸿铭：《中国人的精神》，黄兴涛、宋小庆译，海南出版社，1996年4月。

顾长声：《传教士与近代中国》，上海人民出版社，2004年7月。

关捷主编：《日本对华侵略与殖民统治》，社会科学文献出版社，2006年6月。

广州市文化局、广州博物馆、中山大学历史系编：《西方人眼里的中国情调：伊凡·威廉斯捐赠十九世纪广州外销通草纸水彩画》，中华书局，2001年9月。

何伯英著：《影像中国——早期西方摄影明信片》，张关林译，三联书店（香港）有限公司，2008年9月。

何兆武著：《中西文化交流史论》，湖北人民出版社，2007年6月。

胡光华：《中国明清油画》，湖南美术出版社，2001年12月。

胡垣坤、曾露凌、谭雅伦：《美国早期漫画中的华人》，三联书店有限公司，2018年12月。

黄安年：《道钉，不再沉默——建设北美铁路的华工》，白山出版社，2010年6月。

黄时鉴编著：《维多利亚时代的中国图像》，上海辞书出版社，2008年12月。

江滢河：《清代洋画与广州口岸》，中华书局，2007年3月。

姜智芹：《傅满洲与陈查理》，南京大学出版社，2007年6月。

姜智芹：《美国的中国形象》，人民出版社，2010年6月。

姜智芹：《文学想象与文化利用：英国文学中的中国形象》，中国社会科学出版社，2005年6月。

解学诗主编：《满铁档案资料汇编》，社会科学文献出版社，2011年11月。

李冬君：《走进宋画：10—13世纪的中国文艺复兴》，北京时代华文书局，2023年1月。

李希光等著：《妖魔化中国背后》，中国社会科学出版社，1996年12月。

李欣主编：《约翰·詹布鲁恩镜头下的北京1910—1929》，中国摄影出版社，2016年11月。

梁碧莹：《龙与鹰：中美交往的历史考察》，广东人民出版社，2004年10月。

梁嘉彬：《广东十三行考》，广东人民出版社，2009年1月。

刘建飞：《美国与反共主义》，中国社会科学出版社，2001年10月。

刘潞、[英]吴芳思编译《帝国掠影——英国访华使团画笔下的清代中国》，中国人民大学出版社，2006年12月。

南无哀：《东方照相记：近代以来西方重要摄影家在中国》，生活·读书·新知三联书店，2016年1月。

沈弘编译：《遗失在西方的中国史：〈伦敦新闻画报〉记录的晚清》，北京时代华文书局，2014年1月。

沈嘉蔚、窦坤：《莫理循眼里的近代中国》，福建教育出版社，2012年

12 月。

师永刚主编:《中国时代:美国主流报刊撰写的中国百年史 1900—2000》,作家出版社,2016 年 10 月。

施爱东:《中国龙的发明:16—19 世纪的龙政治与中国形象》,生活·读书·新知三联书店,2014 年 6 月。

宋玉武编著:《从北平到延安:1938 年美联社记者镜头下的中国》,广西师范大学出版社,2020 年 6 月。

陶文钊:《中美关系史》,中国社会科学出版社,2007 年 3 月。

仝冰雪:《世博会中国留影》,上海社会科学院出版社,2009 年 4 月。

童炜钢:《西方人眼中的东方绘画艺术》,上海教育出版社,2004 年 8 月。

王崇元:《中美相遇:大国外交与晚清兴衰(1784—1911)》,文汇出版社,2021 年 1 月。

王鹤鸣,马远良主编:《西方人笔下的中国风情画》,上海画报出版社,1997 年 10 月。

王立新:《美国传教士与晚清中国现代化者:近代基督新教传教士在华社会、文化与教育活动研究》,天津人民出版社 1997 年 3 月。

王向韬:《一九四九:在华西方人眼中的上海解放》,上海书店出版社,2020 年 9 月。

王兴科主编:《辛亥革命图史》,湖北美术出版社,2011 年 7 月。

乌丙安、李家巍主编:《20 世纪初日本间谍的镜头:窥伺中国》,辽海出版社,1998 年 1 月。

吴海勇:《Long 之炫奇:百年世博的中国表情》,上海锦绣文章出版社,2010 年 3 月。

吴乃华著:《冲突与融合——近代以来的中国文化与西方文化》开明出版社,2000 年 9 月。

忻建飞:《世界的中国观——近两千年世界对中国的认识史纲》,商务印书馆,2022 年 10 月。

邢文军、陈树君:《风雨如磐:西德尼·D.甘博的中国影像 1917—

1932》，长江文艺出版社，2015 年 10 月。

徐国琦：《中国人与美国人：一部共有的历史》，四川人民出版社，2019 年 3 月。

徐家宁编：《托马斯·查尔德：中国历史影像·早期摄影家作品集》，文心出版社，2017 年 1 月。

许明龙：《欧洲十八世纪"中国热"》，外语教学与研究出版社，2007 年 1 月。

杨红林：《暗夜中的眼睛：一名日本间谍的摄影情报档案》，广西师范大学出版社，2019 年 5 月。

杨红林：《慈禧回銮：1901 年一次特殊的旅行》，生活·读书·新知三联书店，2017 年 5 月。

杨红林：《经典影像背后的晚清社会》，中国青年出版社，2011 年 7 月。

杨红林：《照鉴北洋：历史影像背后的历史》，团结出版社，2024 年 7 月。

杨红林：《照鉴民国：历史影像背后的历史》，团结出版社，2024 年 7 月。

于语和、康良辰：《近代中西文化交流史》，山西教育出版社，1997 年 6 月。

张功臣：《外国记者与近代中国》，新华出版社，1999 年 6 月。

张国刚、吴莉苇：《启蒙时代欧洲的中国观》，上海古籍出版社，2006 年 7 月。

张国刚：《从中西初识到礼仪之争：明清传教士与中西文化交流》，人民出版社，2003 年 1 月。

张国刚：《明清传教士与欧洲汉学》，中国社会科学出版社，2001 年 5 月。

张明编著：《外国人拍摄的中国影像》，中国摄影出版社，2008 年 3 月。

张明明：《〈中华帝国全志〉研究》，学苑出版社，2017 年 12 月。

张西平：《欧洲早期汉学史：中西文化交流与西方汉学的兴起》，中华书局，2009 年 2 月。

赵省伟、李小玉编译：《遗失在西方的中国史：法国彩色画报记录的中国 1850—1937》，中国计划出版社，2015 年 12 月。

赵省伟编：《西洋镜：法国画报记录的晚清 1846—1885》张霞、李小玉译，广东人民出版社，2018年10月。

郑曦原编：《帝国的回忆：〈纽约时报〉晚清观察记》，生活·读书·新知三联书店，2001年5月。

郑伊看：《来者是谁：13—14世纪欧洲艺术中的东方人形象》，江苏凤凰美术出版社，2023年3月。

中国第一历史档案馆编：《英使马戛尔尼访华档案史料汇编》，国际文化出版公司，1996年。

中华世纪坛世界艺术馆编：《晚清碎影：约翰·汤姆逊眼中的中国》，中国摄影出版社，2009年4月。

周宁：《龙的幻象——中国形象》，学苑出版社，2004年5月。

周宁：《异想天开：西洋镜里看中国》，南京大学出版社，2007年6月。

周宁：《永远的乌托邦：西方的中国形象》，湖北教育出版社，2000年12月。

周宁编注：《鸦片帝国》，学苑出版社，2004年5月。

周宁著／编：《大中华帝国》，学苑出版社，2004年5月。

周宁著：《大中华帝国》，学苑出版社2004年5月。

周宁著：《天朝遥远：西方的中国形象研究》，北京大学出版社，2006年12月。

周勇等：《〈苦干〉与战时重庆——影像史学视野下的战时首都》，重庆大学出版社，2020年8月。

周重林、太俊林：《茶叶战争——茶叶与天朝的兴衰》，华中科技大学出版社，2012年8月。

朱士嘉编：《美国迫害华工史料》，中华书局，1958年12月。

朱小雪主编：《外国人眼中的中国形象及华人形象研究》，旅游教育出版社，2011年9月。

资中筠著：《追根溯源：战后美国对华政策的缘起与发展：1945—1950》，中国社会科学出版社，2007年3月。

宗泽亚著：《清日战争（1894—1895）》，世界图书出版公司，2012年4月。